재외동포의 이해

Understanding the Korean Diaspora: A Textbook for Politics and Administration

박인규

박영사

머리말

한인들의 해외 이주는 우리 한민족 역사 과정과 그 맥을 같이 하며 꾸준히 이어져 왔다. 이들은 우리 한민족 역사에서의 각 시대별로 상황에 따라 고난과 시련의 냉혹한 역사 현실을 마주하며, 세세손손 이어 온 본래의 터전을 떠나 자의든 타의든 해외 각지로 이주해 갔다.

가까이로는 중국과 일본, 중앙아시아 등지로 혹은 저멀리 유럽, 중동, 미주 대륙에 이르기까지 이들은 가족 생계를 위해서 혹은 국가의 독립 투쟁을 위해, 그리고 나라의 경제발전을 위한 산업 역군으로서 분연히 당시의 시대적 사명을 감당하며, 해외로 이주해 갔다.

오늘날 우리는 이들을 "재외동포"라 부르고 있다. 이들 중에는 일찍이 한국을 떠나 현지에 정착하면서 이미 외국의 국적을 취득한 채 외국인으로 살아가는 이른바 '외국국적 동포'가 있는가 하면, 혹은 대한민국 정부 수립 이래 경제 발전 과정에서 우리의 국민의 신분으로, 해외에서 장기 체류하며 외국의 영주권을 취득한 '재외국민'이 있는데, 이들 모두를 통칭하여 '해외 한인' 혹은 '재외동포'라 부르고 있다.

이들 재외동포들은 일찍이 오랜 기간 외국에 정착하여 외국인으로 살아가고 있음에도 불구하고, 우리 국민과는 혈연적으로 뿌리를 함께 하는 한 가족이며, 또한 동일한 역사적 운명을 함께 짊어지고 가는 해외 한민족공동체이다. 이들은 외국에 살면서도 태생적 요인으로 인해 우리의 전통문화를 그대로 계승, 보존하며, 또한 해외 각국에서 한민족 정체성을 유지하며 한국의 문화를 빛냄으로써 우리의 국격을 높이는 데 크게 기여하는 중요한 외교적 자산으로 인식되고 있는 것이다.

특히 정부 차원에서도, 1993년 문민정부가 탄생하면서부터 재외동포를 과거 "정책적 관리 대상"으로부터 국가 발전과 국격 증진에 기여하는 "해외의 중요한 민족 자산”으로 간주하여 재외동포 정책에 대한 혁신적 전환을 이룬 바 있다. 특히 1990년대 탈냉전 이후 ‘세계화’가 급진전되면서 정보, 통신기술이 발달하고, 인적, 물적 교류가 활발해짐에 따라 재외동포에 대한 중요성도 더욱 부각되는 계기로 작용했다.

이후 현재까지 재외동포를 바라보는 정부와 국민의 시각도 바뀌었고, 재외동포 정책에 대한 발전도 지속적으로 이루어져 왔다. 또한 지난 2023년에는 재외동포에 대한 정부 지원을 더욱 강화하기 위해 ‘재외동포청’이 신설되기에 이르렀다.

그럼에도 불구하고, 현재 해외 체류 중인 재외동포들은 해를 거듭하며 급속히 증가하는 추세에 있어 우리 정부의 더 큰 관심과 지원 또한 매우 절실한 실정이다. 특히, 재외동포들이 현지에 잘 정착하여 정체성을 유지하며 국격 증진에 기여하도록 유도하는 한편, 정부로서도 우리나라와 재외동포가 ‘상생 발전’할 수 있도록 보다 혁신적인 정책 전환이 이뤄져야 할 긴요한 시점이다.

필자는 지난 30여 년간 외교부 및 해외 주재 대사관에 근무하며 현지의 수많은 재외동포들을 접하면서 그들의 지난한 정착 과정들을 직접 목도할 수 있었다. 그러면서 우리 재외동포들의 지나온 발자취를 찾아 정리해 보고, 이들의 해외 정착 과정에서 나타난 고충과 어려움들을 해소할 방안들을 찾아 제시해 보겠다는 의무감을 느꼈다. 이후 외교부를 퇴임한 이래 대학 강단에서 “재외동포사회의 이해”란 과목을 강의하면서 이에 대한 필자의 바람이 보다 구체화 되었고, 본 서는 대학 강단에서의 본인의 강의록을 토대로 정부의 재외동포 정책 관련 주요 정책 제언들을 추가로 정리하여 나름대로 책으로 출간하게 되었다.

본 서는 다음과 같이 총 4개의 부문으로 구성되었다. 제1부는 재외동포에 대한 기본적 이해로서, 재외동포의 개념과 정치적 의의, 재외동포의 규모와 법적 지위, 그리고 재외동포사회의 역사적 형성 과정 등 재외동포 및 동포사회에 대한 기초적 이해와 특징적 요소들을 수록했다.

제2부는 우리나라의 재외동포 정책과 정책 추진체계에 관한 내용으로서, 주로 우리 정부가 입안하여 추진하고 있는 재외동포 정책 관련 내용과 함께 재외동포 정책의 전담 기관으로서 최근 신설된 ‘재외동포청’의 전략 목표 및 정책 기

능, 그리고 여타 주요국들의 재외동포 정책들을 상호 비교하여 설명했다.

제3부는 각론 부분으로서, 해외 각 지역에 거주하는 우리 재외동포들의 실제 거주 현황과 거주 실태를 보다 구체적으로 설명하였다. 전 세계에 거주하는 우리 재외동포들을 각 대륙별로 나누어 우선 아시아 지역의 일본 재일동포와 중국의 재중동포, 그리고 유라시아 지역의 러시아·CIS지역 내 고려인동포에 이어 미주 대륙의 미국, 캐나다 동포(미주동포) 및 중남미 지역 동포, 기타 유럽, 중동 및 아프리카 지역의 재외동포 사회에 대한 구체적인 현황 및 거주 실태를 분석했다.

마지막으로 제4부는 우리 재외동포 정책의 현 문제점과 앞으로의 미래 방향에 관한 제언을 담고 있다. 현재까지 정부의 주요 정책 추진 현황과 함께 재외동포 사회의 역할에 관해 조망해 본 후, 정부의 바람직한 정책 방향과 우리 재외동포사회가 나아가야 할 미래 방향에 관해 제시했다.

끝으로 이 책이 출판되기까지 어려운 여건하에서도 기꺼이 출간을 결정해 주신 박영사 대표님과 임원분들, 그리고 편집 과정에서 물심양면 지원을 아끼지 않으신 편집부 직원분들께도 심심한 감사를 드리고, 아울러 심리적 위안과 여러 행정적 도움을 아끼지 않은 아내 양미경과 우리 가족 성준, 지우에게도 무한한 사랑과 감사를 전한다.

앞으로 본 서가 재외동포 및 재외동포 사회에 관심을 갖고 재외동포 정책 분야를 깊이 있게 연구하는 모든 분들에게 학문적인 도움을 줄 수 있고, 아울러 실제적으로도 우리 정부의 재외동포 정책 발전에도 미력이나마 기여할 수 있기를 희망한다.

2025년 12월

박 인 규 씀

차례

제1부. 재외동포에 대한 기본 이해

제3부. 지역별 재외동포사회의 현황 및 실태

제 13 장 우리 재외동포 정책의 나아갈 길

제1부

재외동포에 대한 기본 이해

제1장

재외동포의 개념 및 정치적 의의

제1절 '재외동포'란?

우리는 보통 해외에서 장기적으로 체류하는 우리 한인들을 부를 때 "해외 한인", "해외 동포", "교민", "교포" 등 다양한 형태로 부른다. 그러나 이 용어들의 개념에 대한 차이에 대해서는 간과하는 경우가 많다. 그렇다면 이 '해외 동포'란 명칭은 정확히 누구를 지칭하는가? 그리고 공식적, 법적으로 어떤 부류의 한인들이 이 범주에 포함되는가? 우선 이러한 내용들을 포함하는 재외동포의 정확한 범주와 이들의 법적 개념 등을 살펴볼 필요가 있다.

우선 '해외 동포'의 의미를 한자로 풀어서 설명해 보면, "외국 혹은 해외에 체류하고 있는(海外) 우리 민족 혹은 혈통(同胞)"으로 정의될 수 있다. 다만 일반적으로 '해외 동포'를 얘기할 때, 우리는 '디아-스포라'라는 외래어적 표현을 자주 사용하는데 먼저 이 언어적 표현에 대해 좀 더 상세히 살펴보고자 한다.

본래 '디아스포라(dia-spora)'라는 용어의 어원은 고대 그리스어에서 파생된 것으로서, 우선 이 용어의 어원을 살펴보면, 이 단어 앞 음절의 dia는 곧 '~을 넘어서, ~을 지나서(영어로는 across, through)'란 의미를 지니고 있고, 뒷 음절의 spora는 '흩뿌리다. 혹은 흩어져 퍼지다(영어로는 spread)'라는 의미를 지닌 두 음절의 합성어로 구성되어 있다. 따라서 이 '디아스포라'의 본래 의미는 "자신의 국경을 넘어서 다른 곳으로 퍼져 나간 민족"을 의미한다고 볼 수 있다.

고대 이스라엘의 역사를 살펴보면, BC 10세기경 이스라엘 민족이 지중해 동쪽 끝 팔레스타인 지역(가나안 지방)에 '히브리 왕국'을 건설하여 번창한 문화를 이루고 있었다. 구약성경에서는, 당시 이 지역을 기후가 온난하고 과일 등 농작물 재배가 잘 되어 인구가 늘고 무역이 활발하였다고 설명하고 있다. 특히 최초의 국왕 자리에 오른 사울에 이어, 다윗과 솔로몬 국왕의 치세 아래 최전성기를 구가하며 통일된 이스라엘 왕국을 건설하고 있었다.

그러다가 솔로몬이 죽은 뒤 유대교의 12지파 가운데 10개 지파가 반란을 일으켜 상호 연합하여 '북이스라엘 왕국'을 건설하자, 남은 유대지파와 벤야민 지파가 연합하여 남부 지역에 '유다 왕국'을 건설함으로써 이 히브리 민족 국가는 남과 북의 두 개의 국가로 분열되었다. 이 왕국들은 각각 별도의 왕국을 유지해 오다가 북이스라엘 왕국은 BC 722년에 강한 철기문화를 가진 북쪽의 '앗시리아 왕국'에게 패하여 멸하였고, 이어 남유다왕국도 BC 597년에 지금의 튀르키예 지역에 대제국을 이루며 흥성했던 '신바벨로니아 왕국'에 의해 멸망당하였다.

당시 유다왕국이 멸망하면서 유다 왕인 치트키아 왕을 포함하여 수많은 유대인들이 신바벨로니아의 수도 바빌론으로 포로로 잡혀 갔었는데, 이를 이스라엘 역사에서 '바빌론 유수(幽囚)'라 칭한다. 당시 포로로 끌려간 유대인들은 노예로서 비참한 생활을 영위하며 BC 538년경 신바벨로니아를 정복한 "페르시아 제국"의 키루스 2세에 의해 풀려날 때까지 약 60여 년 동안 고초를 겪으며 포로 생활을 해 왔던 것이다.

이들 가운데 일부 유대인들은 여전히 바벨론에 잔류하며 집단 공동체를 유지해 왔는데, 이들이 오늘날 일컫는 '디아스포라'라는 명칭의 최초 사례가 되었고 여기에서 이 '디아스포라'란 명칭이 유래되었다고 한다.

고대 유대인들은 이때부터 나라를 잃고 해외를 떠돌기 시작했다. 그래서 당초 '디아스포라(Diaspora)'라고 하면, 본래의 삶의 터전인 팔레스타인 지역을 떠나 전 세계를 전전하다가 한 곳에 정착하여 거기에서 자신들의 전통과 관습을 유지하며 살아가는 유대인을 일컫는 '차별적 의미'의 용어로 사용되어 왔으나, 오늘날에는 이 '디아스포라'라는 명칭이 보다 보편화되어 좀 더 중립적 개념으로 바뀌게 되었다. 즉, 원래 살고 있는 본토를 떠나 해외에 장기 거주하면서 민족 정체성을 유지하며 살아가는 민족을 통털어 '디아스포라'라고 일컫는 것이다.

오늘날 전 세계적으로 재외동포, 즉 디아스포라를 가장 많이 보유하고 있는 대표적인 국가로는 중국과 이스라엘을 들 수 있다. 중국은 전 세계에서 가장 많은 인구를 보유한 국가로서, 총 14억 인구 중에서 약 4,250만 명의 해외 화교를 두고 있다. 그중에서도 동남아 지역이 가장 많은 약 3,100만 명의 화교가 분포되어 있고, 그 외 북미지역에 810만 명, 유럽 지역에 175만 명, 호주에 115만 명, 그리고 아프리카 지역에 약 50만 명의 해외 화교가 정주하고 있다.

또한 이스라엘의 유대인 경우는 총인구 1,390만 명 중에서 약 50%인 790만 명이 해외에 체류 중이다. 그중에서도 북미지역인 미국과 캐나다에 약 610만 명으로 가장 많이 거주하고 있고, 그 외 유럽지역에 95만 명, 중남미 지역에 30만 명 및 러시아, CIS 지역에 약 25만 명이 정주하고 있다.

한편 우리나라 한인의 경우는 2024년 말 현재 남한과 북한을 합쳐 총 약 8,000만 인구 중에서 약 8.8%인 708만 명이 디아스포라로서 해외 각지에 거주 중인 것으로 파악되었다. 지역별로는 북미 지역(미국, 캐나다)에 약 310만 명, 중국 지역에 210만 명, 일본 지역에 약 80만 명, 그리고 유럽과 러시아, CIS 지역에 약 65만 명, 중남미 지역에 약 10만 명, 기타 중동, 아프리카 지역에 57만 명이 거주하는 것으로 추산하고 있다.

1 재외동포의 기본 개념

우리가 보통 일컫는 '디아스포라', 즉 '해외동포 혹은 재외동포'란 어떤 개념적 의미를 지니고 있는가? 우리는 보통 이 재외동포를 간단히 동포, 교포, 교민 혹은 해외동포 등으로 혼용해서 사용하고 있으나, 본래의 정확한 개념을 살펴볼 필요가 있다.

우선 사전적 의미를 보면, 동포(同胞)란 '같은 나라 또는 같은 민족의 사람'이란 뜻이다. 여기서 한자 포(胞)자는 '배아 혹은 어머니의 배'란 뜻으로 '같은 혈통'을 의미한다 하겠다. 반면 교포(僑胞)란 '다른 나라에 더부살이하면서 그 나라 국적을 취득한 한국사람'을 의미한다. 여기서 한자 교(僑)자는 '더부살이' 혹은 '남의 집에 얹혀사는'의 뜻을 내포하고 있다.

이는 앞에서 설명한 동포(同胞)란 개념이 혈통에 기반을 둔 데 반해, 이 교포는 거주지를 기반으로 하여 개념을 정의하고 있음을 알 수 있다.

한편, 이와는 달리 교민(僑民)이란 개념은, '임시로 외국에 나가 살고 있는 대한민국 국민', 즉 우리의 상사 주재원, 혹은 유학생 등을 모두 일컫는다 할 수 있다. 이는 곧 우리 국민으로서 해외에 장기 체류하고 있는 '재외국민'을 의미함을 알 수 있다.

다시 말해, '동포(同胞)'와 '교포(僑胞)'는 거의 같은 개념이지만, '동포'는 민족, 혈통을 기준으로 하여 동포를 규정한 데 반해, '교포'는 거주지를 기준으로 하여 동포 개념을 정하고 있다는 차이가 있다. 반면, '교민(僑民)'의 경우는, 외국국적의 동포나 교포와는 달리 우리나라 국민으로서 해외에 장기적으로 체류하는 우리 국민을 일컫고 있어 실제 개념상의 약간의 차이가 존재한다.

그렇지만 이는 어디까지나 사전적 의미의 차이일 뿐이며, 사회언어학적으로 동포, 교포, 교민이란 개념은 대체로 비슷한 의미를 갖고 상호 혼용되고 있는 것이 사실이다. 즉, 해외 동포(同胞)라 하면, 어디에 살든지, 그리고 어느 나라 국적을 가지든지 상관없이 우리 민족(같은 혈통)이면 모두 우리의 '재외동포'라고 보는 것이다.

따라서, 우리는 이러한 개념적 차이를 기반으로 재외동포의 법적 범주를 크게 두 가지 범주로 구분하여 설명할 수 있다. 하나는 '재외국민'이고 다른 하나는 '외국국적 동포'이다. 즉, 우리 국민으로서 해외에 장기 체류하고 있는 한국인을 '재외국민', 이에 반해 우리 한 민족 혈통을 가졌으나 해외로 이주하여 외국국적을 취득한 한인을 '외국국적 동포'라 일컫는 것이다.

2 재외동포를 일컫는 공식 호칭

그동안 우리는 해외에 거주하는 동포들을 일컬을 때, 통일되지 않는 다양한 호칭들을 사용함으로써 각 호칭에 따른 서로 다른 이미지를 갖고 생활해 왔다.

우선 해외에 체류하는 우리 동포들을 칭할 때, 재외동포, 재외한인, 해외교민, 혹은 한민족 등 다양하게 사용해 왔지만, 의미상으로는 약간씩 다른 의미를 지님을 알 수 있다. 또한 각 지역별로도 조선족, 고려인, 재일교포, 재미동포 등등으로 거주국 국민들이 부르고 있는 호칭들을 우리가 따서 부르는 경우도 있었다. 특히 영어 호칭에서도 Overseas Korean, Korean Diaspora, World Korean 등등으로 다양하게 부르고 있다.

우선 '동포'란 호칭은 어원적으로 '같은 나라 또는 같은 민족의 사람'이란 뜻으로 법적 지위와는 상관없는 일반적인 어휘 표현이라 할 수 있다. 다만, 이 어휘는 법적 지위를 포함하는 '재외동포'의 줄임말로 쓰일 때도 있고, 넓게는 한국계의 혈통을 가진 후손, 또는 한국과 혈연관계에 있는 사람 등 다양하게 사용되기도 하였다. 중국내의 한국계 소수민족인 '조선족'을 한국 국적의 보유 여부와는 관계없이 '중국동포'라 부르는 용례 역시 법적인 의미보다는 보다 넓은 의미의 일반적인 동포 개념으로 칭하는 것과도 같다.

또한 '교포(僑胞)'란 호칭 또한 법적 지위와는 상관없는 일반적인 어휘로 사용된다. 어원적으로 '교포'란 '다른 나라에 아예 정착하여 그 나라 국민으로 살고 있는 동포'로 설명된다. 특히 교포란 호칭은 일본식 표현으로서, 교포의 '교(僑)' 자가 '해외에서 더부살이할 교'라는 의미에서 민족 차별적인 요소가 내포된 표현이라 할 수 있다.

이와는 달리, '교민(僑民)'의 의미는 '한국 국적을 가진 외국의 장기 체류자' 혹은 '영주권자' 그리고 '한국계 외국인'을 혼용하여 부르는 경우가 있다. 다만, 어원적으로는 '다른 나라에 아예 정착하여 살고 있는 교포나 일시적으로 머무르는 유학생, 주재원 등' 정도로 해석되고 있다.

하지만, 우리의 관련 법률에서는 '교민'이라는 일반적 표현 대신 법적 지위를 포함하는 '재외국민'이란 호칭을 주로 사용한다. '재외국민'이란, '법적으로 대한민국의 국적을 보유하고 있는 자 가운데 외국의 영주권을 갖고 있거나 영주할 목적으로 장기 체류 사증을 소지하고 있는 사람'을 의미한다.

3 재외동포의 법적 정의 및 개념

그렇다면 정부가 공식적으로 법적 지위를 부여하는 개념으로서 재외동포의 법적 개념은 어떻게 형성되고 정의되었는가? 1990년대 탈냉전이 본격화되고 공산권 국가들과 국교가 수립되면서 동 지역에 거주하던 우리 한인동포들의 모국 방문 등 상호 교류가 활발해지면서 정부 차원에서 재외동포들에 대한 관심도 증가하기 시작했다.

이에 따라 우리 정부는 관련법 제정을 통해 재외동포의 개념을 좀 더 명확히 규정하는 한편, 재외동포들이 국내 출입국을 하는데 있어서 편의 제공과 국내에서의 법적 지위 제공 등을 명확히 보장할 필요성이 제기되었던 것이다. 그리하여 김영삼 정부(문민정부) 시기인 1997년에 최초로 '재외동포재단법'을 제정한 데 이어 김대중 정부 시기인 1999년에 '재외동포의 출입국 및 법적 지위에 관한 법률'이란 재외동포 관련법이 최초로 제정되기에 이르렀다.

이후 2000년대 들어 재외동포의 범주가 더욱 확대되고, 재외동포에 대한 중요성도 커지면서 정부의 재외동포정책에 관한 기본 방향을 체계적으로 정립할 필요성에 따라 2023년 2월에 '재외동포기본법'이 제정되었으며, 같은 해 6월에 '재외동포청'이 정식으로 설립되어 출범하였다.

이러한 과정을 통해 제정된 상기 세 가지 법률(재외동포재단법, 재외동포의 출입국 및 법적 지위에 관한 법률, 재외동포기본법)이 현재 재외동포의 법적 지위와 재외동포 정책을 규율하는 기본법이 되고 있으며, 이 세 가지 법률 모두 제2조(정의)에 재외동포에 관한 정의를 각각 규정하고 있다.

먼저 1997년 제정된 '재외동포재단법' 제2조의 정의 조항에서는, '재외동포'란 다음 각 호의 1에 해당하는 자로 적시하고 있다.

1) 대한민국 국민으로서 외국에 장기체류하거나 영주권을 취득한 자

2) 국적을 불문하고 한민족의 혈통을 지닌 자로서 외국에서 거주, 생활하는 자

이 규정에 대한 의미는 곧, 첫째는 대한민국 국민으로서 외국에 장기 체류하거나 영주권을 취득한 자라고 하고 있다. 이를 우리는 '재외국민'이라 일컫는다. 즉, 우리 대한민국 국민으로서 우리나라 여권을 소지하고 어떤 사유에 의해 해외에 장기 체류하거나 혹은 그곳에서 영주권을 취득하는 경우를 의미한다. 이 영주권이란 곧 거주국에서 제한 없이 취업하며 장기 체류할 수 있는 권리를 말한다. 다만 이 영주권은 국적 취득이나 시민권(citizenship)과는 대비되는 개념으로서, 거주국 내의 시민적, 정치적 권리인 투표권이나 참정권 등이 제한되는 개념이다.

둘째는 국적을 불문하고 한민족의 혈통을 지닌 자로서 외국에서 거주 생활하는 자라고 규정하고 있다. 이는 곧 국적은 어느 외국 국적을 보유하든 상관없이 한민족의 혈통(부모 혹은 조부모가 과거 한국 국적을 보유했던 자)을 지닌 자로서 현재 외국에서 거주하고 있는 자를 말한다. 이를 우리는 '외국국적 동포'라 일컫는다.

다만 이 재외동포재단법이 제정된 지 2년 후인 1999년도에 또 다른 재외동포 관련법이 제정되었는데, 이를 약칭해서 '재외동포법'이라 칭한다. 이 법의 공식 명칭은 '재외동포의 출입국과 법적 지위에 관한 법률'이다. 동 법 제2조의 정의 조항에서도 또한, '재외동포'란 다음 각 호의 어느 하나에 해당한 자로 설명하고 있다.

1) 대한민국 국민으로서, 외국의 영주권을 취득한 자 또는 영주할 목적으로 외국에 장기 체류하고 있는 자
2) 대한민국 국적을 보유하였던 자(정부수립 이전 포함) 또는 그 직계 비속으로서, 외국국적을 취득한 자

제1항은 대한민국 국민이 해외에 장기 체류하거나 외국의 영주권을 취득한 사람으로서, 우리의 '재외국민'에 해당되는 경우이다. 반면, 제2항은 현재는 외국

국적을 보유한 외국인이지만, 과거에 대한민국 국적을 보유한 바 있는 한민족의 혈통과 그 직계 가족을 말하는 것으로서, 이른바 '외국국적 동포'를 지칭하고 있다.

한편, 2000년대 이후 재외동포의 범위가 확대되고 재외동포에 대한 중요성이 커지면서 정부의 재외동포 정책에 대한 기본 방향 등을 재정립하고 이를 법제화할 필요성이 대두됨에 따라 2023년도에 '재외동포 기본법'이 새로이 제정되었다.

동 법 제2조의 '정의 조항'에서도 재외동포에 관한 정의를 재규정하고 있다. 이 조항에서, '재외동포'란, 다음 각 목의 어느 하나에 해당하는 사람이라 규정하고 있다.

1) 대한민국 국민으로서, 외국에 장기 체류하거나 외국의 영주권을 취득한 사람
2) 출생에 의하여 대한민국 국적을 보유하였던 사람(정부수립 이전 포함) 또는 그 직계 비속으로서, 대한민국 국적을 보유하지 아니한 사람

여기에서도 제1항의 경우는 우리 '재외국민'을 지칭하며, 앞의 재외동포법 규정 내용과 동일함을 알 수 있다. 다만 제2항의 외국국적 동포의 경우, '출생에 의하여'란 자구를 추가함으로써 '한민족의 혈통'을 좀 더 명확히 규정하려 했다.

즉, 우리나라 국적법은 속인주의를 채택하고 있어 부모의 국적을 따라 그 직계 자녀들도 자동적으로 한국 국적을 취득할 수 있도록 했다. 따라서 출생을 통해 대한민국 국적을 보유하였던 사람 또는 그 직계 비속은 곧 한민족의 혈통을 지닌 사람으로서 재외동포의 범주에 포함됨을 의미하는 것이었다.

또한 후반 구절의 '대한민국 국적을 보유하지 아니한 사람'으로서 '무국적자인 한인'도 포함시킴으로서 외국국적 동포의 범주를 더욱 확대했다. 특히 재외동포 중에서 거주국의 외국 국적을 취득하지 않고, 여전히 정부수립 이전의 '조선국적 혹은 조선적'을 유지하며 '무국적자 신세'로 거주하는 일부 동포들도 존재하고 있음을 고려한 조치였다. 현재 사할린 거주 동포, 재일 동포 및 고려인 동포 중에서 과거의 조선 국적을 그대로 보유한 채 무국적자 지위에 있는 동포들이

있어, 이들 재외동포들에 대한 법적 보호를 강화하기 위한 제도적 장치였던 것이다.

아무튼 우리 정부는 이 세 가지 법률의 '제2조 정의 조항'을 통해 재외동포의 개념 및 법적 정의를 내리고 있다. 다시 한 번 종합하여 설명하면, 해외에 체류하는 우리 국민으로서 '재외국민'과 과거에 대한민국 국적을 보유하였던 자인 한민족의 혈통인 '외국국적 동포'를 모두 포함하여 재외동포로 규정하고 있다. 즉, 재외동포(在外同胞)라 함은, 앞에서 설명한 이 세 가지 법률 규정에 의거하여 1) 영주권 등을 가지고 해외에서 장기간 체류하는 한국인인 '재외국민'과 함께, 2) 출생에 의하여 과거에는 한국인이었지만 현재는 대한민국의 국적을 이탈한 외국인과 그의 직계비속인 '외국국적 동포'를 모두 총칭하는 개념이라 할 수 있다.

그림 1 재외동포의 개념 및 범주

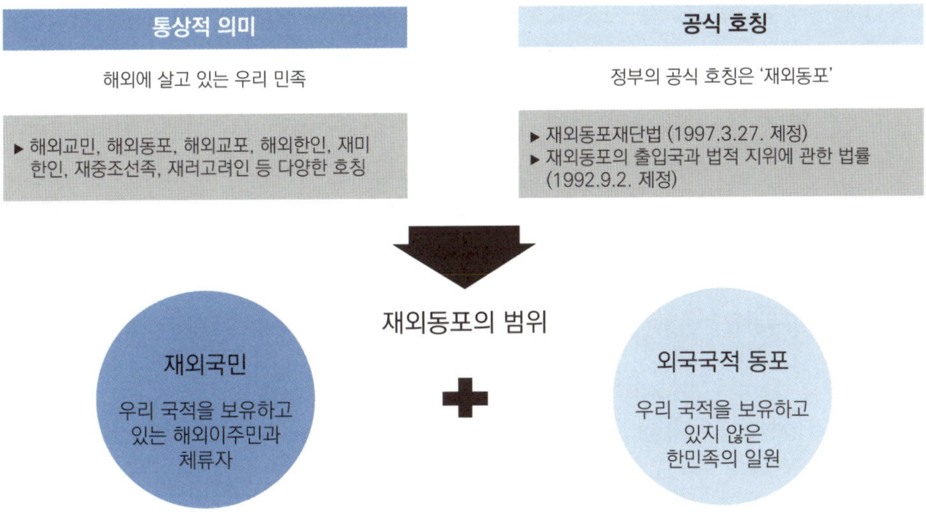

제2절 재외동포의 정치적 의미

앞에서 설명한 바와 같이, '재외동포'란 첫째, 우리 국민으로서 해외에 장기 체류하거나 영주권을 취득한 자인 '재외국민'과 함께, 또한 외국국적자 혹은 무국적자로서 출생에 의하여 대한민국 국적을 보유하였던 자 혹은 그 직계 비속인 '외국국적 동포'를 모두 포함하는 개념이라 할 수 있다.

오늘날 특히, 1990년대 탈냉전 이후 정보, 통신의 발달로 세계화가 급속히 진전되면서 해외에 체류하는 재외동포에 대한 중요성도 함께 부상하고 있다. 이렇게 중요시되고 있는 재외동포에 대한 다양한 시각과 기능들을 살펴보면, 다음과 같다.

1) 혈통공동체: 재외동포들은 우리 국민과 혈연적으로 뿌리를 함께 하고 있는 사람들이라는 인식이다.
2) 이주공동체: 이들은 우리와 같은 민족이지만, 외국에서 장기적으로 정착하며 살아가고 있는 사람들이라는 인식이다.
3) 역사공동체: 이들은 오랜 역사적 과정 속에 한 가족으로서, 동일한 역사적 운명을 함께 짊어가고 있는 사람들이라는 인식이다.
4) 문화공동체: 이들은 외국에 살면서도 우리의 전통과 문화를 그대로 계승하고 보존하는 사람들이라는 인식이다.
5) 공익공동체: 이들은 해외에서 한민족 정체성을 유지하며 우리나라를 빛내고 국격을 높이는데 기여하는 사람들이라는 인식이다.

이와 같이 재외동포에 대한 다양한 시각과 기능들은 오늘날 한민족 국가의 장기적 발전에 중요한 정치적 의미를 지니고 있다. 즉, 국가적 차원에서 재외동포들은 우리와 역사적 뿌리를 같이하는 혈연 공동체이고 역사 공동체이면서도 해외에 거주하고 있는 중요한 인적 자원으로서, 우리나라의 전통문화 보존 및 전파, 그리고 한민족으로서의 국가 위상 증진 등을 위해 노력하는 중요한 재원으로서의 정치적 의미를 지닌다 할 수 있다.

따라서 우리 정부와 국민들은 먼저 재외동포들이 거주국 내에서 안정적으로 정착해 살면서 한민족 정체성을 유지하며, 우리나라의 국격 증진을 위해 헌신하도록 유도하고, 또한 모국과 재외동포들이 상생 발전할 수 있도록 상호 노력해 나갈 필요성이 있다는 것이다.

<재외동포의 출입국과 법적 지위에 관한 법률>(약칭: 재외동포법)
(1999년 제정)>(제1조~5조)
[시행 2025. 7. 22.] [법률 제20677호, 2025. 1. 21., 타법개정]

제1조(목적) 이 법은 재외동포(在外同胞)의 대한민국에의 출입국과 대한민국 안에서의 법적 지위를 보장함을 목적으로 한다.

제2조(정의) 이 법에서 "재외동포"란 다음 각 호의 어느 하나에 해당하는 자를 말한다.

1. 대한민국의 국민으로서 외국의 영주권(永住權)을 취득한 자 또는 영주할 목적으로 외국에 거주하고 있는 자(이하 "재외국민"이라 한다)
2. 대한민국의 국적을 보유하였던 자(대한민국정부 수립 전에 국외로 이주한 동포를 포함한다) 또는 그 직계비속(直系卑屬)으로서 외국국적을 취득한 자 중 대통령령으로 정하는 자(이하 "외국국적 동포"라 한다)

제3조(적용 범위) 이 법은 재외국민과 「출입국관리법」 제10조에 따른 체류자격 중 재외동포 체류자격(이하 "재외동포체류자격"이라 한다)을 가진 외국국적 동포의 대한민국에의 출입국과 대한민국 안에서의 법적 지위에 관하여 적용한다.

제3조의2(다른 법률과의 관계) ① 재외동포체류자격을 가진 외국국적 동포의 대한민국에의 출입국과 대한민국 안에서의 법적 지위에 관하여 이 법에서 정하지 아니한 사항은 「출입국관리법」에 따른다.

② 특정 건물 또는 시설의 소재지를 거소로 신고한 외국국적 동포의 성명 및 거소변경일자의 확인과 국내거소신고증의 진위확인에 대하여는 「출입국관리법」 제88조의3 및 제88조의 4를 준용한다.

제4조(정부의 책무) 정부는 재외동포가 대한민국 안에서 부당한 규제와 대우를 받지 아니하도록 필요한 지원을 하여야 한다.

제5조(재외동포체류자격의 부여) ① 법무부장관은 대한민국 안에서 활동하려는 외국국적 동포에게 신청에 의하여 재외동포체류자격을 부여할 수 있다.

② 법무부장관은 외국국적 동포에게 다음 각 호의 어느 하나에 해당하는 사유가 있으면 제1항에 따른 재외동포체류자격을 부여하지 아니한다. 다만, 법무부장관이 필요하다고 인정하는 경우에는 제1호에 해당하는 외국국적 동포가 41세가 되는 해 1월 1일부터 부여할 수 있다.

1. 다음 각 목의 어느 하나에 해당하지 아니한 상태에서 대한민국 국적을 이탈하거나 상실하여 외국인이 된 남성의 경우
   가. 현역·상근예비역·보충역 또는 대체역으로 복무를 마친 경우
   나. 전시근로역에 편입된 경우
   다. 병역면제처분을 받은 경우
2. 대한민국의 안전보장, 질서유지, 공공복리, 외교관계 등 대한민국의 이익을 해칠 우

려가 있는 경우

③ 법무부장관은 제1항과 제2항에 따라 재외동포체류자격을 부여할 때에는 대통령령으로 정하는 바에 따라 외교부장관과 협의하여야 한다.

④ 재외동포체류자격의 취득 요건과 재외동포체류자격을 취득한 자의 활동 범위는 대통령령으로 정한다.

* 이하 제6조~17조는 제2장 마지막 부분에 이어서 게재(44p)

재외동포의 주요 인물들

1. 재일학도의용군

1950년 6.25 한국전쟁이 발발하자, 재일동포 중 젊은 학생 및 청소년들이 조국을 지키기 위해 '재일 학도의용군'을 결성하여 약 642명이 참전했다. 당시 일본에 체류하던 재일동포 학생과 청년들은 학업과 직장을 그만두고 자진해서 참전했다. 이들은 유엔군의 일원으로 맥아더 사령부와 함께 인천상륙작전에 참여했고, 또한 갑산·혜산진 탈환작전, 백마고지 전투 등에서 혁혁한 공을 세웠으나 이 중에서 안타깝게도 135명이 전투에서 사망했다.

2. 독일 파견 광부 및 간호사

독일로의 광부 파견은 1963년 '한국-독일 간 기술협정'이 체결되면서 시작되었다. 한인 노동자들은 처음 247명을 시작으로 독일 광산에의 취업을 위해 주기적으로 송출되었다. 1977년까지 총 8,395명이 독일로 진출하였다. 또한 독일로의 간호사 파견 역시 1965년 한국 의사 이수길씨가 한국인 간호사를 독일 병원에 취업시켰던 것이 계기가 되어 이루어졌다. 이후 독일병원협회 측이 한국의 해외개발공사와 계약을 체결하여, 1969년부터 공식적인 간호사 파견이 이루어져 1977년까지 총 10,371명이 송출되었다.

이들은 계약이 종료된 이후 귀환치 않고 현지에 장기 체류하며 독일 한인 사회를 구성하는 중요한 구성 부분이 되었으며, 특히 이들이 돈을 벌어 획득한 외화 자금은 고향으로 송금되어 당시 외화가 긴요했던 우리나라의 경제 개발 및 발전에 큰 기여를 했다.

3. 이응로 화백(1904~1989)

한국 태생의 프랑스 화가로서 한국 현대 미술사의 거장으로 알려졌다. 1904년 충남 홍성군에서 출생하여 1935년까지 조선에서 화가로서 성장, 발전했다. 1935년 일본으로 건너가 화가 활동을 하였으며, 해방 이후 귀국하여 조선 미술가협회 상임위원으로 활동했다. 1958년에 다시 프랑스로 이주해 가 그곳에서 작품 활동을 하며, 유럽의 미술계에 이름을 날렸다.

4. 현봉학 의사(1922~2007)

한국계 미국인 의사이며 의학과 교수로서, 1922년 함경북도 성진에서 출생하여 한국전쟁 당시 흥남철수 작전에 의해 남하하여 연세 세브란스 의전을 졸업하고, 동 세브란스 병원에서 근무했다. 전후에 미국으로 건너가 펜실베니아 의과대학에서 의학박사학위를 받은 후, 미 임상병리학회와 국제혈액학회 등의 명예 회원으로 활동하며 한미 의학계 발전에 공헌하였다.

5. 니콜라인 신(1928~2006)

한국명은 '신순남'으로서, 우즈베키스탄의 유명한 한국계 화가이다. 고려인 가문에서 태어난 그는 1937년 다른 고려인과 마찬가지로 연해주에서 중앙아시아로 강제 이주당했다. 매우 가난한 어린 시절을 보낸 그는 4살 때 아버지가 사망하고, 어머니는 재혼하였다. 1937년 강제 이주당한 가족들은 카자흐스탄에 거주하다 1940년부터 타슈켄트에 거주하며 이후 화가로서 작품 활동을 하며, 민족 화가로서 이름을 날렸다.

6. 손정의(손 마사요시, 1957~)

일본의 대표적인 재일동포 3세 기업인이다. 현재 IT기업으로서 '소프트뱅크 그룹'의 창업자이다. 출생 후 수십 년간 한국 국적을 유지했던 재일 한국인이었으며, 현재는 귀화한 한국계 일본인이다. 본래 손의 할아버지는 대구가 고향이었으나, 손의 부친과 함께 1930년대 일본으로 건너가, 손의 부친은 소비자 금융, 파친코업 등으로 돈을 벌었다 한다. 1957년 태어난 손정의는 유복한 가정에서 성장하다 1973년 미국 UC버클리대로 유학을 하고 1981년 돌아와 소프트웨어 유통업체인 '소프트뱅크'를 창업하여 현재에 이르고 있다. 현재 일본 재계의 제2위 기업인으로서 자산가치만도 24조 5천억 원에 이른다.

7. 김 용 총재(1959~)

1.5세 한국계 미국인으로 의사 겸 인류학자이다. 1957년 한국에서 출생하여 5살 때인 1963년 미국으로 이민을 갔다. 미 브라운대와 하버드 의대를 졸업하고, 하버드 의대국제보건학과장으로 일하면서 중남미 지역 결핵퇴치 운동을 벌였다. 이러한 경력으로 WHO 에이즈담당 국장을 역임하였으며, 이후 다트머스 대학 총장으로 재직하다 세계은행(WB) 총재로 활동했다. 세계에서 가장 영향력 있는 50인에 선정되기도 하였다.

8. 앤드류 김(1982~)

전형적인 재미동포 2세 차세대 정치인이다. 부모가 모두 한국에서 태어난 이민자 2세 출신이며, 본인은 미국 보스톤에서 태어나 뉴저지주에서 성장했다. 미 시카고대와 영국 옥스퍼드 대학(석사)을 졸업한 후 미 국무부의 장관보좌관으로 활동하다 2018년 정치에 입문했다. 2018년부터 2024년까지 내리 뉴저지주의 3선 하원의원에 당선된 바 있으며, 2024년에 실시한 뉴저지 상원의원 선거에 당선되어, 한인으로서는 최초의 미국 의회내 유일한 연방 상원의원으로 입성했다.

9. 예시카 폴피에르(김진달래, 1971~)

본명은 '김진달래'이며, 스웨덴으로 입양된 한국계 입양아 출신 정치인이다. 동인은 1971년 서울에서 출생하였으나, 생후 9개월 만에 스웨덴 가정으로 입양되었다. 이후 17세에 스웨덴의 집권당인 보수당에 입당하여 정치활동을 시작했다. 20세에 최초로 국회의원에 당선되었으며, 이후 내리 4선 국회의원으로 활동했다. 2019년에는 최초의 '유럽의회 의원'으로 입성했다.

제2장

재외동포의 규모와 법적 지위

제1절 재외동포의 규모 및 현황

한국의 재외동포 현황을 파악하기 위해서는, 우선 '현재 전 세계적으로 우리 재외동포의 규모는 어느 정도인지, 그리고 이들 재외동포들이 지역별로 어느 국가, 어느 도시에 각각 어떠한 법적 자격으로 체류하고 있는지?' 등을 전반적으로 파악할 필요가 있다. 이와 동시에 일부 재외동포들은 거주국에서 태어나 성장하다가 여러 다양한 이유로 인해 다시 국내로 귀환하여 취업 등 장기 체류하는 재외동포들의 경우도 있어 이들의 규모와 현황에 대해서도 함께 살펴 볼 필요가 있을 것이다.

본 장에서는 전 세계 재외동포의 규모와 현황을 각 지역별로 파악해 보고, 아울러 국내에 체류하는 재외동포의 현황에 대해서도 알아보고자 한다.

1 재외동포의 전체 규모

우리 재외동포에 대한 전체적 규모를 최초로 파악하게 된 계기는 1948년 대한민국 정부 수립 이후부터였다. 대한민국 정부가 수립되기 이전에는 1945년 일제로부터 해방된 직후 강제 징용, 징병 등으로 끌려갔던 우리 재외동포들이 대거 귀국하면서 정확한 통계를 잡을 수 없었을 뿐만 아니라 국내적으로도 미군정에 의한 신탁통치가 이루어지던 시기로서 혼란한 국내정치 정세가 계속되어 그 규모와 인원에 대해서도 가늠하기 어려운 실정이었다.

그러다가 대한민국 정부수립 이후인 1952년 이승만 초대 정부는 개략적인 재외동포의 규모를 파악하여 발표하게 되었다. 당시 전 세계 재외동포의 규모를 총 56만 명으로 추산한 것이었다. 이러한 수치는 주로 해방 이후 일본에서 귀국하지 못한 재일동포의 수만을 추산한 해외동포 통계 수치였다.

아래 〈그림 2〉에서 보는 바와 같이, 대한민국 초대 정부는 당시 우리 재외동포의 규모를 처음 공식적으로 파악할 때, 1945년 일제로부터 해방 직후 일본에 그대로 잔류했던 '재일본 한인'의 규모만을 산정한 것이었다. 이러한 이유로는, 당시 한국전쟁 직후 남북이 분단되면서 전 세계적으로 자유주의 진영과 공산주의 진영이 서로 대립, 갈등하는 냉전 상태가 지속되었고 특히 중국과 구소련 지역에 거주하던 한인들과의 교류가 전면 중단되었기 때문에 이러한 정치적 이유로 인해 당시 중국 지역과 구소련 지역에 거주하던 우리 한인들의 정확한 규모를 파악할 수 없어 통계에 포함시킬 수 없었던 것이다.

그림 2 재외동포의 전체 규모

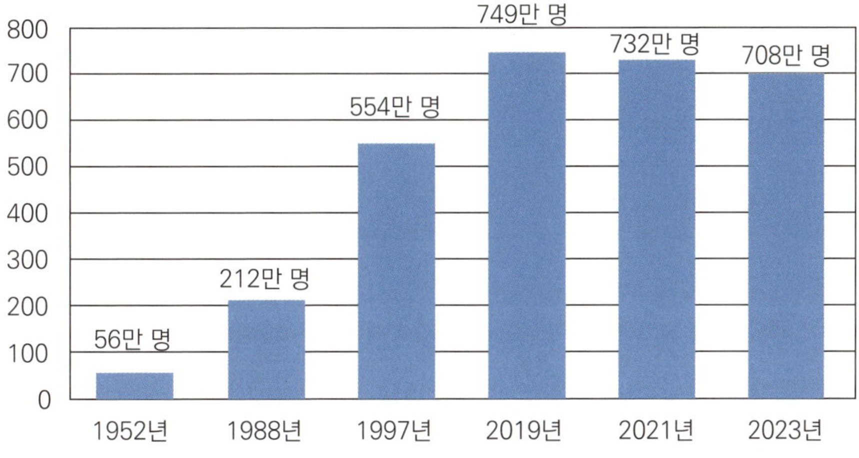

이후 냉전 상태가 지속되고 박정희 군사 정권에 의한 제3공화국이 들어선 이후 '제1차 경제개발계획'이 추진되면서 외화 획득을 위해 브라질 등 중남미 지역으로의 농업 이주와 독일로의 광부와 간호사 파견 등 집단적인 기획이민이 시작되었다. 이어 1969년에는 베트남전에 우리 군이 파병됨과 동시에 현지 건설 및 기술노동자 파견, 그리고 1970년대에 들어 중동 지역의 오일달러 획득을 목적으로 우리 건설노동자들의 중동지역 파견 등이 이어졌다.

이렇게 1960~70년대의 해외 건설노동자들이 벌어 온 외화 자금은 당시 제3공화국 정부가 추진하던 경제 발전을 위한 개발자금으로서 우리나라 초기 경제 발전에 지대한 기여를 해왔다.

한편, 1965년과 1967년에 미국과 캐나다의 이민법이 각각 개정되어 아시아계 이민자의 문호가 개방됨에 따라 전문직과 고학력자 등과 그 가족들이 북미 지역으로 대거 이주하면서 1988년 서울올림픽 이후 우리 국민의 해외여행 자유화가 이루어지기까지 해외동포의 규모는 총 212만 명으로 증가된 수치로 추산되었다.

1988년부터 우리 국민의 해외여행 자유화가 이루어지면서 '재외국민'들의 해외여행이 급증하였고, 동시에 해외 이주도 급증해 갔다. 특히 이주 형태에 있어서도 기존의 정부에 의한 기획이민 형태와는 달리 가족 상봉 및 재결합, 취업, 투자 및 유학 등 다양한 형태의 해외 이주가 이루어질 수 있었다.

이와 동시에 1990년 말 구소련이 해체되면서 동구권의 CIS 국가들이 대거 독립하여 우리나라와 국교를 수립하였고, 이어 1992년에는 공산권 국가로서 개혁개방 정책을 추진하던 중국과도 수교하면서 중국과 구소련 지역에 거주하던 우리 한인들과의 교류가 재개될 수 있었으며, 이들 재중 동포와 재러시아·CIS 동포들의 규모와 현황에 대해서도 점차 파악해 가기 시작했다.

1993년 김영삼 대통령에 의한 문민정부가 들어서면서, 정부는 해외에 거주하고 있는 우리 재외동포에 대한 중요성을 인식하게 되었고, 1997년에 '재외동포재단법' 제정을 통해 해외에 있는 우리 재외동포들을 지원하기 위해 외교부 산하 법인 형태로 '재외동포재단'이 창설되었다. 이 당시 전 세계 재외동포의 규모 및 범주에 있어서도 해외에 장기 체류하는 우리 재외국민과 함께 재중국 동포와 재러시아·CIS 동포를 우리 재외동포의 범위에 포함시켜 재외동포의 전체 규모를 총 554만 명으로 산정했다.

이후 1997년에 발생한 외환위기를 겪으면서 고학력의 3~40대 젊은 세대들이 국내 파산, 실업 등의 어려움을 겪으면서 해외로 눈을 돌리기 시작하여 취업, 투자 혹은 유학 등 목적으로 해외 이주를 도모하였고, 2000년대에 들어와 우리 경제가 점차 회복세를 보이며 활발해지면서 전 세계 각지로 상사 주재원 파견, 자영업 투자, 해외 취업이나 혹은 언어 연수, 유학 등 다양한 형태로의 해외 이주가 급증하기에 이르렀다. 이로써 2019년에는 전 세계의 재외동포 규모도 최고조에 이르면서 총 750만 명에 이르게 되었다.

다만, 2021년부터 전 세계적으로 발생한 COVID-19에 의한 팬데믹 영향으로 해외에 체류하던 우리 재외국민들이 일부 국내로 귀환하거나 혹은 연로한 해외 재외동포 1세들의 사망 등 요인으로 인해 2023년 말 현재 전 세계 재외동포의 규모는 총 708만 명으로 집계되고 있다.

한편, 재외동포의 규모를 대륙별, 지역별로 그 분포 현황을 살펴보면, 다음 〈그림 3〉에서 보는 바와 같이, 일본과 중국이 속해 있는 동북아시아 지역이 44%로 가장 많이 분포해 있고, 다음으로는 미국과 캐나다 등 북미 지역이 37%, 그리고 유럽 및 러시아·CIS 지역이 9%, 남아시아, 태평양 지역이 8%, 중남미 지역이 1.5%, 중동·아프리카 지역이 9.5% 순임을 알 수 있다.

특히 각 국가별 분포 현황에 있어서는 전 세계 총 181개국에 708만 명이 거주하고 있는데, 이는 전 세계 각국 중 우리와 수교하고 있는 국가에는 거의 모든 국가에 우리 재외동포가 상주하고 있음을 의미하고 있다.

보통 전 세계 국가의 규모를 판단할 때, 올림픽 참가 기준으로는 206개국, 그리고 월드컵 참가 기준으로는 211개국으로 추산하고 있지만, 일반적으로는 유엔 기준에 따라 총 193개국을 상정하고 있다. 이 중에서 우리나라와 국교를 맺지 않고 있는 미승인 국가 13개국(팔레스타인, 대만, 코소보, 소말리아, 시리아, 북한 등)을 제외할 경우, 사실상 전 세계 모든 국가에 우리의 재외동포들이 분포하여 거주하고 있음을 알 수 있다.

그림 3 각 지역별 대륙별 재외동포의 규모 및 인원

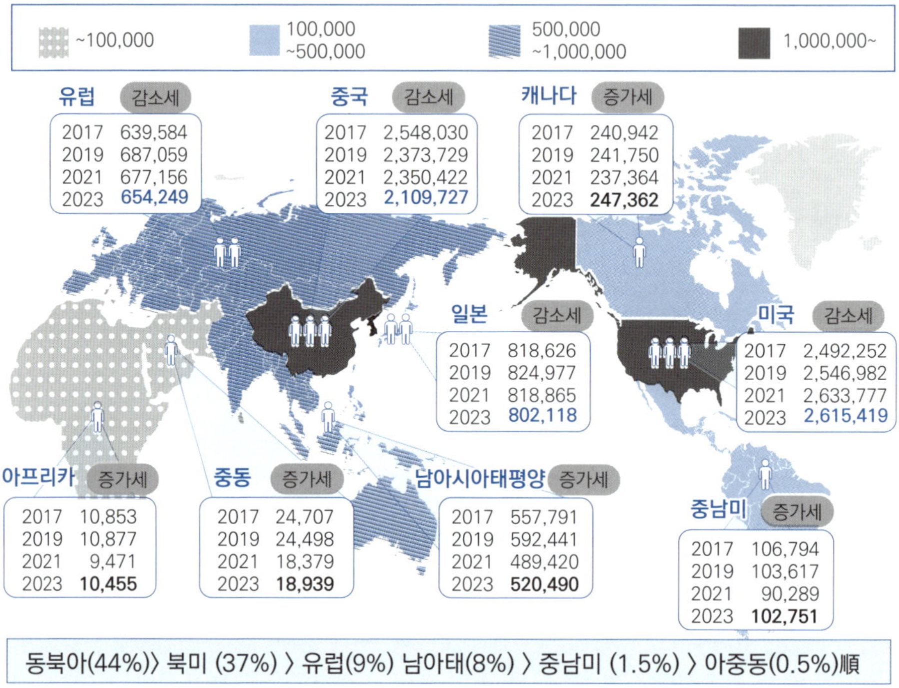

출처: https://www.korean.net/portal/info/pg_knt_01.do

한편 위의 〈그림 3〉에서 알 수 있듯이, 최근의 각 지역별 재외동포 인원과 규모에 있어서 각 지역별 증가 혹은 감소 추세를 확인할 수 있다. 우선 동북아시아 지역에서는 일본과 중국을 들 수 있다. 최근의 수치에 따라 일본에는 약 80만 명이 거주하고 있는데 반해, 중국에는 약 230만 명이 거주하고 있음을 알 수 있다.

일본의 최근 인구 증감 현황은 보합 및 일부 감소세를 보이고 있다. 특히 재외동포의 인구 이동이 그렇게 크지 않고 대체로 현상 유지인 상태이다. 이는 곧 일본에 거주하는 재일동포들이 어느 정도 삶의 터전을 마련하여 장기 정착하면서 그렇게 크게 다른 곳으로 이동하지 않고 안정적으로 살아가고 있음을 의미한다.

반면, 중국의 경우는 최근 극심한 감소세를 보이고 있다. 이는 재중동포들이 현 거주지에서 생계 등 다양한 목적으로 타 지역으로 이동하였음을 보여주고 있다. 재중동포들은 주로 중국의 동북지역인 동북3성 지역에 집중 거주해 왔으나, 중국의 개혁개방 정책 시행으로 인해 취업을 위해 중국의 중남부 지역 혹은 한국, 일본 등지로 이주하거나 아니면 자녀 교육을 위해 심지어 미국, 호주, 유럽 등지로 이주해 감에 따라 지속적인 감소세를 보여주고 있는 것이다.

특히 최근까지 약 65만 명 이상의 재중동포들이 국내에 취업을 목적으로 입국하여 장기 체류하고 있는 것도 중국 지역의 재중동포 규모에 있어 감소세의 중요한 한 원인으로 작용하고 있다.

이에 반해, 북미 지역(미국, 캐나다)과 남아시아, 태평양 지역, 그리고 유럽 등 선진국 지역에서는 우리 재외국민 등 재외동포가 지속적으로 증가하는 추세를 보여준다. 특히 2000년대 이래 우리 경제가 활성화되면서 동 지역으로 상사 주재원 파견, 투자, 취업 등 목적으로 장기 체류하거나 혹은 자녀 교육이나 유학 혹은 언어 연수 등 목적으로 이주하는 경우가 뚜렷이 나타나고 있다.

한편, 중남미 지역의 경우는 보합세를 유지하고 있다. 이는 한국과 지리적으로 먼 이유도 있겠지만, 대체로 중남미 동포들은 그동안 여러 어려운 고난의 과정을 잘 극복한 후 이제는 어느 정도 삶의 기반을 마련하여 안정적으로 정착해 살아가고 있음을 의미한다. 즉, 지리적으로 멀리 떨어져 있는 요인으로 인해 한국에서 이주하는 재외국민들이 그렇게 많지 않고, 또한 동 지역 거주 동포들도 한국이나 제3국으로 이동하는 경우도 많지 않아 보합세를 유지하고 있음을 알 수 있다.

마지막으로 중동 및 아프리카 지역의 경우, 1970년대 이래 동 지역으로 파송된 우리 건설 노동자들이 대거 귀환한 이후 일시적으로 감소세를 유지해 왔으나, 2000년대 이래 동 지역 국가들과의 다면적 경제협력이 이루어지면서 광물, 에너지, 원자력 협력 외에도 개발 원조 등을 위해 관리자급 기술자들이 현지에 장기 체류하면서 증가 추세를 보이고 있는 것이다.

2 국가별, 체류자격별 규모 및 현황

우리 정부는 전 세계에 거주하는 재외동포들의 규모와 현황을 파악하기 위해 매 2년 마다 통계 조사를 실시, 그 결과를 발표하고 있다. 정부는 우리 재외동포들에 대한 보다 체계적인 지원을 위해서는 보다 정확한 통계 수치가 필요하였고, 이에 따라 1995년부터 매 2년 단위로 "재외동포 현황"이라는 실태 및 통계 조사를 실시해 오고 있는 것이다.

이러한 이유로는 정부가 이 통계 수치를 통해 해외 재외동포들이 지역별로 어느 정도 규모로 거주하고 있고, 또한 동포 사회가 어떠한 체류자격과 성분으로 구성되어 있는지 등을 구체적으로 파악함으로써 이들에 대한 예산 지원이나 지원 형태 혹은 지원 방식 등도 정확히 진단해 낼 수 있기 때문이다.

현재 외교부에서 최종 취합하여 발표하고 있는 이 통계 현황이 어떻게 작성되는지, 그 작성 과정을 살펴보면, 먼저 매 2년이 되는 홀수 해에 외교부는 해외 주재 우리 공관(대사관 또는 총영사관)에 관련 지시를 내린다. 즉, 2년차의 연초에 해외 공관에 관할지역내에 거주하는 우리 재외동포의 규모를 파악하도록 지시를 내린다. 그러면 우리의 대사관 혹은 총영사관은 관할지역 내의 한인회를 비롯하여 경제인 협회, 여성인 협회, 과학기술자 협회 및 유학생회 등에 연락하여 현지 우리 재외국민과 외국국적 동포들의 규모를 추산하여 파악한다.

이후 재외공관은 각 협회별로 동포의 수를 취합하여 관할 지역 내의 전체 통계를 작성한 후 이를 외교부 본부로 보고하게 되면, 외교부 본부에서는 이를 각 지역별과 거주자격별로 재분류하여 최종 취합한 후, 전체 재외동포의 규모 및 현황을 확정, 발표하게 된다.

다음 〈도표 1과 2〉는 외교부가 2023년 말 기준으로 발표한 전 세계 재외동포의 현황을 대륙별 및 거주자격별로 나누어 제시한 것이다.

| 도표 1 | 대륙별 재외동포 현황

지역별	국가별	2017	2019	2021	2023	백분율(%)	2021년 대비 증가율(%)
동북아시아	일본	818,626	824,977	818,865	802,118	11.13	-2.05
	중국	2,548,030	2,373,729	2,350,422	2,109,727	29.79	-10.24
	소계	3,366,656	3,198,706	3,169,287	2,911,845	41.12	-8.12
남아시아태평양		557,791	592,441	489,420	520,490	7.35	-6.35
북미	미국	2,492,252	2,546,982	2,633,777	2,615,419	36.93	-0.70
	캐나다	240,942	241,750	237,364	247,362	3.49	4.21
	소계	2,733,194	2,788,732	2,871,141	2,862,781	40.43	-0.29
중남미		106,794	103,617	90,289	102,751	1.45	13.80
유럽		639,584	687,059	677,156	654,249	9.24	-3.38
아프리카		10,853	10,877	9,471	10,455	0.15	10.37
중동		24,707	24,498	18,379	18,939	0.27	3.05
총계		7,439,579	7,493,587	7,325,143	7,081,510	100	-3.33

우선 상기한 〈도표 1〉은 각 대륙별로 재외동포의 규모를 종합한 것으로서, 특히 동북아시아 지역과 북미 지역은 가장 많은 재외동포를 보유하고 있는 국가들 중심으로 나누어 분류하였다. 먼저 동북아시아 지역에는 인근 주변국으로서 가장 많은 재외동포가 거주 중인 일본과 중국으로 나누었고, 북미 지역의 경우는 재외동포 규모가 큰 미국과 캐나다로 나누어 제시하였다. 그 외 각 대륙별로 남아시아. 태평양 지역, 중남미 지역, 유럽 및 중동, 아프리카 지역 등으로 나누어 분류하였다.

여기에서 각 국가별로 재외동포 규모를 살펴보면, 2023년 말 기준 미국이 약 261만 명으로 전 세계 동포의 약 36.9%를 차지하고 있고, 다음으로는 중국이 약 210만 명으로 29.8%, 그리고 일본이 약 80만 명으로 약 11.1%, 그리고 캐나다가 약 24.7만 명으로 약 3.5%를 차지하고 있음을 알 수 있다.

| 도표 2 | 거주자격별 재외동포 현황

<table>
<tr><th colspan="2" rowspan="2">지역별</th><th colspan="4">재외국민</th><th rowspan="2">외국국적 동포 (시민권자)</th><th rowspan="2">총계</th></tr>
<tr><th>영주권자</th><th>일반 체류자</th><th>유학생</th><th>계</th></tr>
<tr><td rowspan="3">동북 아시아</td><td>일본</td><td>337,766</td><td>61,720</td><td>12,414</td><td>411,900</td><td>390,218</td><td>802,118</td></tr>
<tr><td>중국</td><td>9,602</td><td>188,846</td><td>17,516</td><td>215,964</td><td>1,893,763</td><td>2,109,727</td></tr>
<tr><td>소계</td><td>347,368</td><td>250,566</td><td>29,930</td><td>627,864</td><td>2,283,981</td><td>2,911,845</td></tr>
<tr><td colspan="2">남아시아태평양</td><td>72,434</td><td>317,611</td><td>33,833</td><td>423,878</td><td>96,612</td><td>520,490</td></tr>
<tr><td rowspan="3">북미</td><td>미국</td><td>440,171</td><td>607,333</td><td>44,092</td><td>1,091,596</td><td>1,523,823</td><td>2,615,419</td></tr>
<tr><td>캐나다</td><td>70,566</td><td>13,491</td><td>15,935</td><td>99,992</td><td>147,370</td><td>247,362</td></tr>
<tr><td>소계</td><td>510,737</td><td>620,824</td><td>60,027</td><td>1,191,588</td><td>1,671,193</td><td>2,862,781</td></tr>
<tr><td colspan="2">중남미</td><td>52,706</td><td>9,452</td><td>297</td><td>62,455</td><td>40,296</td><td>102,751</td></tr>
<tr><td colspan="2">유럽</td><td>37,488</td><td>69,905</td><td>25,667</td><td>133,060</td><td>521,189</td><td>654,549</td></tr>
<tr><td colspan="2">아프리카</td><td>2,158</td><td>7,484</td><td>664</td><td>10,306</td><td>149</td><td>10,455</td></tr>
<tr><td colspan="2">중동</td><td>120</td><td>18,000</td><td>698</td><td>18,818</td><td>121</td><td>18,939</td></tr>
<tr><td colspan="2">총계</td><td>1,023,011</td><td>1,293,842</td><td>151,116</td><td>2,467,969</td><td>4,613,541</td><td>7,087,510</td></tr>
</table>

한편, 위의 〈도표 2〉는 거주자격별 재외동포의 규모 및 현황을 제시한 것으로서, 좌측의 행 부분은 〈도표 1〉과 같이 각 대륙별로 나누어 분류하였고, 우측의 열 부분은 '재외국민'과 '외국국적 동포'로 나누어 제시하였다.

앞 장의 재외동포의 법적 개념에서 학습한 바와 같이, 우리 재외동포의 범주에는 '재외국민'과 '외국국적 동포'를 포함하고 있다. 따라서 상기 거주자격별 동포 현황도 이에 따라 재외국민과 외국국적 동포로 나누어 규모를 파악하고 있음을 알 수 있다.

우선 재외국민이란, "대한민국 국민으로서, 해외에서 영주권을 취득하였거나 장기 체류하고 있는 사람"을 말하며, 외국의 영주권자, 지상사 주재원 혹은 자영업자 등 일반체류자, 그리고 외국 대학에 유학하는 유학생 등을 포함하고 있다. 이러한 재외국민의 개념 규정을 통해 상기 도표에서도 재외국민으로서 영주권자, 일반체류자 및 유학생으로 분류하여 통계를 작성하였다.

또한 외국국적 동포란, “출생에 의하여 대한민국 국적을 보유하였던 자 또는 그 직계비속으로서, 현재는 대한민국 국적을 보유하지 않은 사람”을 말하며, 대체로 한민족 혈통으로서 외국의 시민권 보유자를 지칭한다. 따라서 외국국적 동포는 좁은 의미의 재외동포의 범주에 포함된다 할 수 있다.

위 〈도표 2〉의 통계 수치에서 알 수 있듯이, 현재 우리 재외동포의 범주에는 재외국민과 외국국적 동포를 모두 포함하고 있다. 이 중에서도 재외국민은 약 247만 명으로서, 전 세계 동포 규모의 약 35%를 차지하는 반면, 외국국적 동포는 약 461만 명으로서, 전 세계 동포 규모의 약 65%를 차지하고 있다. 다시 말해 전 세계 재외동포 규모에 있어서 외국국적 동포가 65%로서 35%를 차지하고 있는 재외국민보다 훨씬 더욱 많은 비중을 차지하고 있음을 알 수 있다.

다음으로 지역별, 거주자격별 동포 거주 현황을 살펴보면, 우선 지역별로 동북아시아 지역에는 우리 역사적 과정을 통해 재외동포 사회가 형성된 일본과 중국이 있다. 일본의 경우, 재외국민이 약 41만 명인데 반해, 외국국적 동포(귀화자)는 약 39만 명으로서 총 약 80만 명이 거주하고 있다. 또한 중국은 재외국민이 약 21만 5천명 수준인데 반해, 외국국적 동포는 약 190만 명으로서 상당수가 외국국적 동포로 구성되어 있다. 이 중국 지역의 외국국적 동포는 우리가 흔히 일컫는 ‘조선족 동포’를 구성하고 있는 것이다.

그리고 북미 지역의 경우도 미국과 캐나다를 포함하며, 재외국민과 외국국적 동포인 시민권자가 혼재되어 함께 거주 중임을 알 수 있다. 미국의 경우, 재외국민은 약 109만 명인 데 반해, 외국국적 동포(시민권자)는 약 152만 명으로서 총 261만 명의 재외동포로 구성되어 있으며, 캐나다의 경우도 재외국민은 약 10만 명인데 반해, 외국국적 동포(시민권자)는 14만 7천 명으로서 총 24만 7천 명이 재외동포로서 거주하고 있다.

또한 중남미 지역은 약 10만 명의 재외동포가 거주 중이나, 이 중에서 현지 국적을 취득한 외국국적 동포는 약 4만 명 정도에 불과하고, 그 외 약 6만 2천 명이 우리의 재외국민으로서 영주권을 취득하였거나 현지에서 일반 상사 주재원 혹은 유학생 신분으로 장기 체류 중이다.

한편, 유럽 지역의 경우는 총 65만 명의 재외동포가 거주 중이며, 이 중에서 재외국민은 약 13만 명 정도에 지나지 않고, 약 80% 이상인 약 52만 명이 외국국적 동포로 거주 중이다. 특히 이 외국국적 동포 중에는 일부 서유럽과 중, 동부 유럽에서 거주국의 시민권을 획득한 일부 동포를 제외하고는 상당수인 약 48만 명이 러시아·CIS 지역에 있는 외국국적 동포로 구성되어 있다. 이 러시아·CIS 지역에 거주 중인 재외동포들을 우리는 보통 '고려인 동포'라 칭하고 있다.

이밖에 남아시아·태평양 지역은 주로 필리핀, 베트남 등 동남아시아, 호주 및 뉴질랜드 등을 포함하고 있는데, 이 지역은 1970년대 이후 경제발전 과정 중에 해외로 진출한 우리 기업 및 가족 중심으로 재외동포 사회가 형성되었다. 총 52만 명의 재외동포 중 현지 외국국적 동포는 약 9만 6천 명으로서 그렇게 많지는 않고, 대부분은 재외국민(약 42만 명)으로 동포사회가 형성되어 있다. 이어 중동·아프리카 지역도 약 2만 8천 명의 재외동포 중에서 외국국적 동포는 극히 일부분인데 반해, 대부분 우리 재외국민으로 구성되어 있음을 알 수 있다.

이상과 같이, 전 세계 재외동포 현황을 국가별로 종합해 보면, 각 국가 단위로 다수 거주 국가 현황을 확인할 수 있다.

| 도표 3 | 재외동포 다수 거주국가 현황

순위	국가명	2023
1	미국	2,615,419
2	중국	2,109,727
3	일본	802,118
4	캐나다	247,362
5	베트남	178,122
6	우즈베키스탄	174,490
7	호주	159,771
8	러시아	124,811
9	카자흐스탄	121,130
10	독일	49,683
11	브라질	47,544
12	영국	39,097
13	필리핀	34,148

현재 2023년 말 기준으로 가장 많은 재외동포가 거주 중인 국가로는 미국이 261만 명으로 제1위를 차지하고 있고, 그 다음으로는 중국이 210만 명으로 제2위, 다음은 일본이 약 80만 명으로 제3위를 차지하며, 제4위는 캐나다로 약 24만 7천 명의 재외동포가 거주 중이다. 제5위는 최근 우리 재외국민의 이주가 급증하고 있는 베트남(약 17만 8천 명)이 차지하고 있으며, 그 외 6~9위를 차지하고 있는 우즈베키스탄, 러시아 및 카자흐스탄 지역은 우리가 흔히 일컫고 있는 '고려인 동포'들이 집중 거주하고 있는 지역이라 할 수 있다.

3 국내 거주 외국국적 동포의 규모

한편, 앞에서 설명하였듯이, 우리 한인 동포들은 조선 말기와 일제 식민통치 시기 고난의 역사적 과정을 거치면서 자발적이든 비자발적이든 오랜 기간 해외에 장기 체류하면서 살아 왔다. 이후 1990년대에 들어 구소련 해체와 동시에 탈냉전이 이루어지면서 이전 공산권 국가에 체류하던 외국국적 동포들은 모국을 찾아 방문하기 시작했다. 더욱이 우리 국가경제가 급속히 발전하면서 국내 취업 및 경제적 목적을 위해 친지 방문 혹은 국제결혼 등을 빌미로 하여 체류 중인 외국국적 동포들의 수도 급증했다.

현재 이들 '외국국적 동포'들 중에는 국내에 장기 체류하면서 영주권을 획득하였거나 혹은 우리 국민인 배우자와의 결혼을 통해 다문화 가정을 구성하는 경우도 있어 이들의 국내 사회 적응 문제와 함께 우리 지역사회와의 사회통합 문제도 제기되고 있는 실정이다.

현재 국내에 거주하는 외국국적 동포의 규모와 현황을 살펴보면, 2024년 10월 말 기준 총 86만 4천 명이 국내에 체류하고 있는 것으로 확인되었다.

다음 〈그림 4〉에서 보는 바와 같이, 최근 외국국적 동포들의 국내 입국 및 체류는 2016년 이래 지속적으로 증가하는 추세이며, 체류 기간에 있어서도 비교적 장기화하는 경향을 보이고 있다. 다만 2020~22년 간 코로나-19로 인한 팬데믹으로 인해 본국으로 귀환한 동포가 급증하면서 주춤하는 경향을 보이긴 하였으나, 2023년 이후부터 다시 꾸준한 증가세를 보이고 있다.

그림 4 국내 거주 외국국적 동포 연도별 추이

(단위: 만 명)

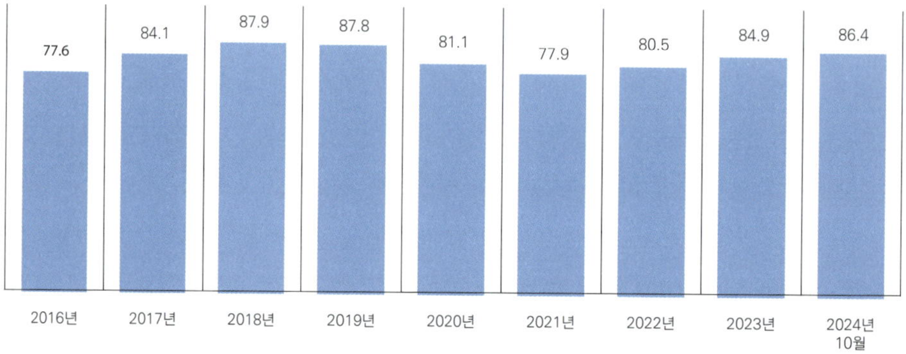

이들의 국적별 체류 현황을 살펴보면, 2024년 10월 말 기준 중국 동포가 66만 7천 명으로 가장 많았고, 다음으로는 미국이 5만 2천 명, 그리고 우즈베키스탄 4만 2천 명, 러시아 3만 8천 명, 카자흐스탄 2만 2천 6백 명으로서 이들은 모두 '고려인 동포'를 구성하고 있다. 이어 캐나다는 1만 8천 명으로 확인되고 있다.

요컨대, 국내 체류 외국국적 동포로는 재중 동포로서 '조선족 동포'가 66만 7천 명으로 압도적으로 가장 많고, 이어 고려인 동포가 총 11만 2천 명으로 두 번째 많은 비중을 차지하고 있음을 알 수 있다.

| 도표 4 | 국내 거주 외국국적 동포의 국적별 현황

중국	미국	우즈베키스탄	러시아	캐나다	카자흐스탄
667,243	52,079	42,805	38,387	18,154	22,695
호주	키르기스스탄	우크라이나	타지키스탄	투르크메니스탄	기타
5,690	4,161	3,333	490	537	8,103

특히 여기서 미국, 캐나다, 호주 지역의 외국국적 동포, 즉 외국 시민권자들이 국내에 들어와 장기 체류하는 경우를 확인할 수 있다. 이 지역의 외국국적 동

포들은 외국의 투자기업들이 국내에 지사를 두었을 경우 상사 주재원 혹은 취업, 투자를 목적으로 국내에 상주하는 경우라든지 아니면 6~70년대에 해외로 이주한 제1세대 동포들이 연로하여 국내로 '역이민' 하는 경우임을 알 수 있다.

최근 한국의 경제가 발전하고 사회복지 인프라가 개선되어 노후 생활여건이 좋아짐에 따라 오래전에 해외로 이민을 떠났던 제1세대 동포들이 1) 모국에 대한 향수, 2) 해외에서의 인종 차별 혹은 언어상의 어려움, 그리고 3) 국내의 편리한 의료 시스템 활용 목적 등으로 국내로 역이민하는 현상이 두드러지고 있는 추세이다.

한편 이들 외국국적 동포의 국내체류 관련 체류자격별 현황을 살펴보면, 총 86만 4천 명 가운데 재외동포 사증(F-4)으로 국내에 입국한 동포가 약 55만 명으로 가장 많은 비중을 차지하고 있고, 이어 방문취업(H-2) 사증으로 국내의 단순 노무 취업을 위해 체류하고 있는 인원이 약 9만 5천 명으로서 대부분 재외동포 사증(F-4) 혹은 방문취업(H-2) 체류자격으로 거주 중임을 알 수 있다. 이외에도 방문 동거(F-1)는 동포 본인의 가족 혹은 친척 등에 부여하며, 또한 국내 장기 체류를 위해 영주권을 취득한 경우도 약 14만 명에 이르고 있다.

| 도표 5 | 국내거주 외국국적 동포의 체류자격별 현황

	재외동포 (F-4)	방문취업 (H-2)	영주 (F-5)	방문동거 (F-1)	기타
863,677	555,439	94,673	141,936	29,804	41,825

제2절 재외동포의 출입국 및 법적 지위

앞에서 설명하였듯이, 재외동포의 범주에는 '재외국민'과 '외국국적 동포'로 분류된다. 재외국민은 '우리 국민으로서, 해외에 장기 체류하거나 영주권자'이며, 외국국적 동포는 '현재 외국국적 보유자로서, 과거에 대한민국의 국적을 보유하였던 자와 그 직계 가족'을 일컫고 있다. 다시 말해, 재외국민은 현재 우리나라 국적을 가진 대한민국 국민인데 반해, 외국국적 동포는 과거에 한국 국적을 가졌으나 지금은 한국국적을 포기하고 외국 국적을 취득한 외국인인 것이다.

따라서 이들 모두 재외동포의 범주에 속하긴 하나, 신분상의 차이로 인해 국내 출입국과 체류 상의 법적 지위 및 권한 등에서 현격한 차이를 보이고 있다.

1 재외국민의 법적 지위

먼저 재외국민에 대한 법적 지위로는, 우선 헌법으로 보장된 가장 중요한 권리로서, 재외국민은 국가 및 정부로부터 '재외국민 보호권(혹은 '외교적 보호권')'을 갖는다. 다시 말해, 재외국민이 해외여행을 하거나 혹은 해외 장기 체류하면서 거주국으로부터 불법, 부당한 대우나 기본적 권리를 침해당했을 경우, 거주국 정부에 이를 즉각 해소하고 적절한 조치를 취해 줄 것을 요구할 수 있는 권리이다.

특히 이 권리는 국제법적 효력을 지니고 있어 '외교적 보호권'으로도 불리며, 동 조약에 가입한 모든 국가들은 상호주의 원칙에 따라 동 권리를 보호할 의무를 갖는다. 우리 국민이 타국에 체류하는 동안 이러한 외교적 보호권을 요구할 수 있듯이, 우리나라에 체류하는 외국인 또한 국내에 거주하는 동안 불법, 부당한 대우나 어떤 권리 침해를 당했을 때 한국에 주재하는 자국 대사관을 통해 우리 정부에 이를 요구할 수 있다는 것이다.

우리나라는 이 '재외국민 보호권'을 헌법 제2조에 명확히 규정하고 있다. 정부는 1980년 헌법 개정을 통해 헌법 제2조 제2항에 재외국민 보호 의무 조항을 새로이 삽입시켰다. 개정된 헌법 제2조 제2항은, "국가는 법률이 정하는 바에 따라 재외국민을 보호할 의무를 진다."는 내용을 추가했다. 특히 보호의 대상 및 범위로는 원칙적으로 국민의 자유권적 기본권에 해당되는 신체의 자유, 언론, 집회의 자유, 통신의 자유, 거주이전의 자유 및 사생활의 자유 등과 함께 개인의 재산권 보장도 포함하고 있다.

이처럼 국가는 해외에 체류하는 우리 재외국민을 보호할 의무가 있으나, 과연 어느 정도의 범위까지 보호해야 할 것인지에 대한 문제 또한 꾸준히 제기되어 왔다. 따라서 이러한 재외국민 보호 의무를 보다 더 적절하고 합리적인 범위 내에서 공정하게 적용하기 위해 2019년에 "영사조력법"이 제정되었던 것이다. 만일 거주국에서 개인이 기본적 권리를 침해당했을 경우, 개인이 주재국 정부에 직접 청원하기보다는 우리 정부의 대표기관인 대사관 혹은 영사관을 통해 담당 영사가 거주국 정부에 공식 요청하도록 하고 있다. 하지만 영사가 우리 국민 개개인의 모든 사적 업무까지 도와줄 수는 없기 때문에 공적인 보호 범위를 정확히 규정하여 조력을 하도록 규정한 것이다. 이것이 이른바 '재외국민 보호를 위한 영사조력법'이다.

이 영사조력법은 2019년 제정되었으며, 제1조의 목적 조항에서도 '재외국민의 생명, 신체 및 재산을 보호하기 위한 국가의 영사 조력과 관련한 제반 사항을 규정함으로써 국민의 안전한 국외 거주, 체류 및 방문을 도모함을 목적으로 한다.'고 규정하고 있다.

따라서 재외국민이 영사조력을 받을 수 있는 요건으로는, "재외국민이 생명, 신체에 대한 위해 혹은 재산상의 중대한 손해가 발생하였거나 발생할 가능성이 있는 현저한 경우"로 한정하여 가능한 한 엄격히 적용하고 있다.

또한, 이 경우에도 동 법 제4조(재외국민의 책무)에 규정하였듯이, 재외국민은 거주국의 법령과 제도를 준수하고, 문화 및 관습을 존중하며, 자신의 안전을 확보하기 위한 모든 주의를 다하여야 한다고 강조하고 있다. 이와 동시에 조력을 받는 우리 국민은 재외국민의 안전을 도모하기 위한 국가의 조치에 대해 최대한 협조해야 한다고도 했다.

이 밖에도 재외국민은 우리 국민으로서, 기본권 향유의 주체이자 국민주권의 원리에 입각하여 국내에 있는 우리 국민이 향유하는 것과 동일한 헌법적 권리를 향유한다. 예컨대, 참정권이나 투표권 등의 권리와 함께 병역의 의무, 납세의 의무 등도 동등하게 진다는 것이다. 이에 따라 2012년에 국회의원 선거부터 해외 체류 재외국민에게도 투표권을 부여하여 대통령선거와 국회의원 선거에 참여할 수 있게 되었다.

2 외국국적 동포의 법적 지위

외국국적 동포는 원칙적으로는 다른 나라의 여권을 소지하고 입국하기 때문에 엄연히 '외국인'의 범주에 속한다. 다만 외국인 중에서도 과거 출생에 의하여 대한민국 국적을 보유하였던 자 혹은 직계 가족으로서, 국내 관련 법령에 따라 '재외동포'로서의 법적 지위를 갖는다. 다시 말해, 현재는 외국국적을 보유한 외국인이지만, 과거 '출생에 의해' 대한민국 국적을 보유하였던 자로서 우리 한민족 혈통을 지닌, 이른바 '재외동포'로 간주하여 특별히 대우하고 있는 것이다.

외국국적 동포의 법적 지위에 대해서는, 1999년에 제정된 "재외동포의 출입국 및 법적 지위에 관한 법률"에 상세히 규정되어 있다. 동 법에 규정되어 있는 '재외동포'의 의미 및 개념들은 곧 좁은 의미의 '외국국적 동포'만을 의미하고 있음을 법률의 상세 내용을 통해 이해할 수 있다.

동 법률에 규정된 외국국적 동포의 법적 지위를 구체적으로 살펴보면, 우선, 외국국적 동포는 거주국의 우리 재외공관을 통해 재외동포 사증(F-4)을 발급받아 입국할 수 있으며, 최장 3년 간의 장기 체류가 가능하다.

동 사증은 복수사증으로 발급되며, 체류기간 내에 출국하였다가 재입국하는 경우에도 재입국 허가를 받을 필요가 없다. 이 경우 보통은 최초에 2년 기한의 복수 사증을 우선 발급받은 후, 국내에 입국해 2년 간 체류한 후, 1년을 다시 연장하는 방식으로 최장 3년간 체류할 수 있다. 다만, 국내에 입국한 이후에는 90일 이내에 국내 거소지 관할 행정기관에 거소지를 신고할 의무를 진다. 기한내 거소지 신고를 마치게 되면, 동인에게는 우리의 주민등록증과 동일한 효력을 지닌 '재외동포 거소신고증'을 발급해 준다.

한편, 동 법 제5조 제2항에서는, 재외동포 사증(F-4)의 발급 제한 규정을 두고 있다. 즉, 국내에 입국하고자 하는 외국국적 동포 중 아래의 사유에 해당하는 자는 재외동포 사증(F-4)의 체류자격 부여를 제한하고 있다.

그 사유로는 1) 병역 의무를 이행하지 않은 경우 2) 대한민국의 안전보장, 질서유지, 공공복리, 외교관계 등 대한민국의 이익을 해칠 우려가 있는 경우를 들고 있다.

둘째, 동 법 제10조 제5항에서는, "재외동포 체류자격(F-4)을 부여받은 외국국적 동포가 국내에서 취업 혹은 그 밖의 경제활동을 하고자 할 경우, 사회질서 또는 경제 안정을 해치지 않는 범위에서 자유로운 경제활동이 허용된다."고 했다.

동 규정에 따라 외국국적 동포는 일반적으로 내국인에 준하여 자유로운 취업 및 경제 활동이 가능하나, 단 사회 질서 또는 경제 안정을 위해 '단순노무 행위'에 종사하는 경우는 취업이 제한된다. 이는 최근의 국내 고용시장의 안정 차원에서 국내에 입국한 재외동포들이 단순노무 행위에 종사함으로써 국내 노동시장이 교란될 수 있음을 사전에 방지하기 위한 조치이다.

셋째, 재외동포법 제11조는 외국국적 동포의 부동산 거래를 내국인에 준하여 허용하고 있다. 동 조항에서는, "외국국적 동포는 대한민국 안에서 부동산을 취득, 보유, 이용 및 처분할 때에 대한민국의 국민과 동등한 권리를 갖는다."고 규정하고 있다.

당초 우리나라는 1998년 이전까지는 '외국인 토지법'에 따라 외국인의 부동산 매입, 취득을 제한해 왔었으나, 이 재외동포법이 제정됨에 따라 외국국적 동포에게도 부동산 취득, 변경, 매각 등에 있어 내국인에 준하여 자유로운 매매, 처분이 가능해졌던 것이다. 또한 부동산의 종류와 범위에 있어서도 업무용 외에 비업무용(아파트, 주택 등)도 취득, 처분이 가능해졌다.

넷째, 재외동포법 제12조는 외국국적 동포의 금융 거래에 대해서도 내국인에 준하여 허용하고 있다. 동 법 제12조에서는, "외국국적 동포는 예금, 적금의 가입, 이율의 적용, 입금과 출금 등 국내 금융기관을 이용할 때 외국환거래법 상의 거주자인 대한민국 국민과 동동한 권리를 갖는다."고 규정하고 있다.

다섯째, 재외동포법 제13조는 재외국민과 함께 외국국적 동포의 외국환 거래도 내국인에 준하여 허용하였다. 즉, "재외국민과 외국국적 동포가 다음과 같은, 1. 외국에 거주하기 전부터 소유하고 있던 국내 부동산을 매각하거나 수용에 의해 처분하였을 경우 그 매각 또는 처분 대금, 2. 외국에서 국내로 수입하거나 국내에 지급한 지급 수단 등의 지급수단을 수출하거나 외국에 지급하는 경우, 내국인과 동등한 권리를 갖는다."고 규정하고 있다.

다시 말해 우리 국민이 해외 이주를 통해 외국국적 동포가 되었을 경우에도 이전에 보유하였던 국내 부동산을 자유로이 매각, 처분할 수 있으며, 이로 인해 생긴 대금을 해외로 반출할 수 있고, 또한 반대로 외국국적 동포가 해외에서 벌어들인 외화 자금을 국내에 투자, 증여, 부동산 구입 등 목적으로 반입할 경우에도 그 외화 자금의 국내 반입이 허용되었던 것이다.

여섯째, 재외동포법 제14조는, 외국국적 동포가 장기체류를 목적으로 대한민국에 체류하는 경우 '국민건강보험법'의 관계 법령에 따라 건강보험을 적용받을 수 있다."고 했다. 즉, 외국국적 동포가 6개월 이상 장기 체류를 목적으로 국내 체류하는 경우, 우선 관할 행정관청에 '국내거소신고'를 하여야 하며, 이 국내거소 신고를 통해 '재외동포 거소신고증'을 발급 받게 되면, 그때부터 건강보험의 적용을 받을 수 있도록 했다.

다만, 건강보험 적용을 받는 외국국적 동포는 매 3개월 마다 보험료를 선납해야 하며, 만일 무소득 혹은 개인소득에 대한 파악이 어려울 경우에는 지역 보험료의 평균적인 보험료를 부과하도록 했다.

마지막으로 기존에 한국에서 연금이나 보상금을 수령해 오다 외국 국적을 취득함으로써 외국국적 동포가 된 경우에도, 기존에 수령해 오던 연금이나 보상금을 계속해서 지급받을 수 있도록 했다.

반면, 이에도 불구하고, 외국국적 동포(F-4)들이 국내에서 향유하는 법적 지위에 대해 제한을 가하는 경우도 있다. 예컨대, 재외동포법 제5조(재외동포체류자격 부여) 제2항에서, "법무부 장관은 외국국적 동포에게 다음 각 호에 해당하는 사유가 있으면 재외동포 체류자격(F-4)을 부여하지 아니한다."고 하여 이를 제한하고 있다.

그 제한 요건으로는, 첫째 '단순노무 행위의 금지'이다. 단순노무 행위는 재외동포 체류자격(F-4)의 활동 범위에 포함되지 않음은 주지의 사실이다. 출입국 관리법 시행령 제23조(외국인의 취업과 체류자격) 제3항에서도, "재외동포(F-4) 체류자격을 가지고 있는 사람은 다음 사항을 제외하고 체류 활동의 제한을 받지 않는다."고 규정하고 있다. 예컨대,

1. 단순노무행위를 하는 경우
2. 선량한 풍속이나 그 밖의 사회질서에 반하는 행위를 하는 경우
3. 그 밖에 공공의 이익이나 국내 취업질서 등을 유지하기 위하여 그 취업을 제한할 필요가 있다고 인정되는 경우 등

상기와 같은 경우에는, 우리 정부는 재외동포 체류자격을 부여하지 않거나 활동의 제한을 가할 수 있음을 의미한다. 대신 외국국적 동포가 만일 단순노무 취업을 희망할 경우에는, 입국 당시부터 사증에 방문취업(H-2) 체류자격을 받아 국내에 입국하여 종사할 수 있도록 하였다. 둘째는 '병역기피 목적의 국적이탈 금지'이다. 재외동포법 제5조 제2항에서는 국민의 기본 의무로서 어떠한 형태든 '병역의 의무(현역, 상근예비역, 보충역, 대체역, 전시근로역, 혹은 병역면제 처분 등 포함)'를 이행하지 않고, 병역을 기피할 목적으로 대한민국 국적을 이탈하거나 상실하여 외국인이 된 남성에게는 재외동포(F-4) 체류자격 부여를 제한하고 있다.

이와 관련하여 하나의 실제 사례를 들 수 있다. 1997년부터 국내에서 활발히 활동하며 유명해진 모 가수는, 한국에서 태어나 12세가 되던 1988년에 가족 모두 미국으로 이민을 가 영주권을 취득한 바 있다. 이후 동인은 국내로 다시 들어와 가수로 활동하면서 2001년 신체검사를 받고 입영 대상자(4급, 공익근무요원)가 되자 군 입대 의사를 밝혔으나, 2002년 1월 예정된 군 입대를 앞두고 갑자기 미국으로 건너가 시민권을 취득함과 동시에 한국 국적을 포기해 버렸다.

이에 따라 병무청에서는, 동 재외동포법 제5조 제2항 규정에 따라 동인에 대해 입국금지 조치를 시행하고, 이후 동인의 행정소송 제기에도 불구하고, 현재까지 재외동포(F-4) 체류자격을 부여하지 않고 있는 것이다.

이상으로 외국국적 동포에게 부여하는 법적 지위를 살펴보았다. 요컨대, 외국국적 동포는 어디까지나 '외국인'으로서 국내체류 시 외국국적을 보유하고 외국 여권을 소지하고 활동함에도 불구하고 다만 '한민족 혈통'인 점을 고려하여 여타 외국인들과는 다른 특별한 법적 지위를 부여하고 있는 것이다.

다시 말해, 외국국적 동포와 일반 외국인은 모두 외국국적 보유자로서 외국

인이지만, 외국국적 동포는 한민족 혈통을 가진 신분으로서, 이들이 모국에 입국할 경우 일정한 절차적 요건을 갖추게 되면, '대한민국 국민에 준하는 법적 지위'를 향유할 수 있도록 한 것이다.

보통 일반 외국인의 경우, 국내에 체류하는 동안 국제법상의 '상호주의 원칙'이 적용되어 여러 가지 활동상의 제한 및 제약이 존재하고 있다. 예컨대, 부동산 취득, 거래, 처분 시의 정부의 허가 및 승인, 특정 분야의 주식 취득 제한 등 국가의 공공 이익과 경제 질서를 고려하여 외국인의 경제 활동을 제한하고 있다.

반면, 외국국적 동포의 경우는 '한민족 혈통'을 가진 '한국계 외국인'임을 고려하여, 우리 재외동포 관련 법령의 적용을 받아 국내 취업 및 부동산, 금융, 외국환 거래 등 경제 행위를 함에 있어서 내국인에 준하는 동등한 대우를 부여하고 있는 것이다.

전 세계 재외동포의 국가별 규모 및 현황

1. 미국(2,615,419명): 세계 최대의 한인 커뮤니티 형성

- 재외국민(1,091,596명) + 외국국적 동포(1,523,823명)
- 미국은 262만 명 이상의 재외동포가 거주하는 세계 최대의 한인 거주국이다. 한인 사회는 로스앤젤레스, 뉴욕, 애틀랜타, 시카고 등 주요 도시를 중심으로 형성되어 있고, 영주권자(약 43만 명)와 시민권자(약 150만 명)로 구성되어 있다. 유학생 수 또한 4만 명 이상으로, STEM(과학 · 기술 · 공학 · 수학) 및 경영학 전공자가 많은 편이다. 일반 재외국민은 60만 명 이상으로, 주재원, 투자자, 단기 취업자 등이 포함된다. 미국 내 한인들은 한인 타운을 중심으로 강한 네트워크를 형성하며, 정치 · 경제 · 문화 등 다양한 분야에서 활발히 활동 중이다.

2. 중국(2,109,727 명): 최초의 재외 한인의 이주 역사

- 재외국민(215,964명) + 외국국적(조선족) 동포(1,893,763명)
- 중국은 약 210만 명의 재외동포가 거주하는 두 번째로 큰 한인 거주국가로, 조선족을 포함한 외국국적 동포(약 190만 명)가 대부분을 차지한다. 재외국민(22만 명) 중에는 단기 체류자가 많고, 특히 유학생(약 1만 8천 명)도 꾸준히 증가하고 있다. 연길, 심양, 북경, 상하이 등지에는 한국 기업 및 상점들이 밀집해 있어 비즈니스 환경이 잘 갖춰져 있다. 최근 한국 문화에 대한 관심이 높아지고 있으며, 또한 젊은 층을 중심으로 IT · 스타트업 분야에서 활발한 교류가 이루어지고 있다.

3. 일본(802,118명): 특수한 한일관계로 재일교포 및 일반체류 다수

- 재외국민(411,900명) + 외국국적 동포(귀화자)(390,218명)
- 일본에는 약 80만 명의 재일동포가 있으며, 역사적 요인에 의한 재일교포가 다수를 차지한다. 이에는 재외국민으로서 특별영주자(34만 명)와 일본으로 귀화한 귀화자(39만 명)가 포함된다. 일반 체류자는 약 8만 명으로, 기업 주재원, 기술직 종사자 등으로 구성되고, 특히 유학생(약 1만 2천 명)은 예술 · 디자인 · IT 분야를 선호한다. 또한 한국과 일본의 경제적, 문화적 연계가 깊어 한류, 음식 사업, IT 스타트업 등 다양한 분야에서 활동 중이다.

4. 캐나다(247,362명): 이민자의 나라에서 자리 잡은 한인 사회

- 재외국민(99,992명) + 외국국적 동포(147,370명)
- 캐나다에는 약 24만 명의 재외동포가 있으며, 특히 시민권자(약 14만 명) 비율이 높은 편이다. 영주권자는 약 6만 명으로, 대부분 가족 초청 이민이나 경제 이민을 통해 정착했다. 일반 체류자(약 1만9천 명)는 취업 비자나 워킹홀리데이 프로그램을 활용하여

이주하고, 최근 유학생(약 1만7천 명)도 꾸준히 증가하는 추세다. 토론토, 밴쿠버, 캘거리 등 주요 도시에 한인 타운이 형성되어 있고, 한인들은 특히 교육과 삶의 질을 중시하는 편이다.

5. 베트남(178,122명): 경제협력 및 관광으로 단기체류 급증

- 재외국민(178,122명) + 외국국적 동포(0명)
- 베트남은 약 18만 명의 재외동포가 있으며, 최근 몇 년 동안 한국 기업의 활발한 진출과 함께 한인 사회도 빠르게 성장하고 있다. 재외국민(18만 명) 중 영주권자는 0명이며, 주로 한국기업 주재원, 중소기업 경영자, 스타트업 종사자로 구성되며, 최근에는 관광업과 IT 산업 관련 종사자가 증가하는 추세다. 베트남 한인 사회는 하노이, 호치민을 중심으로 발전하고 있으며, 한류의 영향으로 한국어 교육과 문화 교류가 활발하다.

6. 우즈베키스탄(174,490명): 일제 강점기 발생한 고려인의 중심지

- 재외국민(1,935명) + 외국국적(고려인) 동포(172,555명)
- 우즈베키스탄에는 재외국민수(1,935명)는 많지 않으나, 약 17만 명의 고려인 동포가 거주하는 것으로 추산하고 있다. 구소련 시절 강제 이주된 '고려인'들이 주를 이루며, 현재는 경제적, 사회적 안정 속에서 다양한 분야에서 활동 중이다. 한국어 교육 및 한국문화에 대한 관심이 높으며, 한국 기업들과의 협력도 활발한 편이다. 최근에는 한국과의 비즈니스 및 문화 교류가 증가하며, 고려인들의 경제적 위상이 점차 강화되고 있다.

7. 호주(159,771명): 영어권 국가, 교육과 이민을 통한 한인 진출 증가

- 재외국민(76,638명) + 외국국적 동포(시민권자, 83,133명)
- 호주는 유학생 비율이 높은 국가 중 하나로, 유학생들이 영어 교육 및 글로벌 경험을 위해 많이 찾는 지역이다. 영주권자는 주로 투자 이민, 기술 이민 등을 통해 정착하며, 일반 체류자는 워킹홀리데이, 취업 비자로 호주 생활을 경험하고 있다. 시드니와 브리즈번, 멜버른을 중심으로 한인 커뮤니티가 형성되어 있고, 다양한 한식당과 상점 등이 운영되고 있다.

8. 러시아(124,811명): 고려인 사회와 한인 비즈니스 성장

- 재외국민(3,623명) + 외국국적 동포(고려인, 121,188명)
- 러시아에는 모스크바와 블라디보스토크를 중심으로 한국 기업들의 진출이 활발하며, 한러 경제 협력도 꾸준히 확대되고 있다. 러시아 내 고려인들은 자국 문화와 한국 문화를 동시에 수용하며 한국과의 관계를 유지하는 경우가 많다. 최근에는 한국어 교육 및 문화 교류가 확대되면서, 러시아 내 한인사회의 활동 범위도 점차 넓어지고 있는 추세이다.

9. 카자흐스탄(121,130명): 고려인의 주요 거주지 중 하나

- 재외국민(1,588명) + 외국국적 동포(고려인, 119,542명)
- 고려인들은 농업, 상업, 교육 분야에서 활발히 활동하며, 한류의 영향으로 한국 문화에 대한 관심이 높아지고 있다. 특히 카자흐스탄 정부와 한국 정부 간의 경제 협력도 활발하여, 한인 기업들의 진출이 증가하는 추세다. 최근에는 한국어 교육과 한국 기업에의 취업 기회를 찾는 젊은 고려인들이 늘어나고 있다.

10. 독일(49,683명): 조용하지만 탄탄한 한인 사회

- 재외국민(38,475명) + 외국국적 동포(11,208명)
- 독일에는 약 5만 명의 재외동포 중 20% 정도가 시민권자(약 1만 1천 명)이다. 이는 1960~70년대 파독 광부와 간호사들이 정착하여 독일 국적을 취득한 사례가 많기 때문이다. 반면 영주권자는 약 1만 2천 명, 유학생은 약 6천 명으로 추산하고 있다. 독일 내 한인 사회는 조용하지만 학문·기술·예술 분야에서 영향력을 확대하고 있고, 최근에는 IT 및 바이오 산업 분야에도 활발히 진출하고 있다.

* 출처: 구글 미국 이민여행 블로그, 한국의 재외동포 TOP10, 2025.02.19., https://stephan-review.tistory.com/entry/TOP10-2023

재외동포가 신청할 수 있는 사증 종류

외국국적 동포가 신청할 수 있는 사증 종류로는 단기사증으로 동포단기방문(C-3-8)과 장기체류사증으로 재외동포(F-4) 및 방문취업(H-2) 등이 있다.

1. 동포 방문(C-3-8) 비자

대한민국에 잠시 방문하고자 하는 동포에게 발급된다. 유효기간 5년 범위 내에서 입국 시마다 최대 90일까지 체류가 가능하다.

2. 재외동포(F-4) 비자

- 대상: 1) 출생으로 한국 국적을 보유했던 자
  2) 출생으로 한국국적을 보유했던 자의 직계비속(자녀, 손자녀 등)
- 제한 : 단순 노무 행위 금지, 병역 기피 목적 국적이탈자
  또한 국내 체류 중에 강력 범죄, 마약, 보이스 피싱, 음주운전 3회 이상, 3년 내에 합산금액이 700만 원 이상의 벌금형 기타 일정한 범죄를 저지른 경우 사증 발급 제한
- 사증 유형(2가지 유형)

제1형 국가: 제2형에 해당하지 않는 모든 국가(미국, 일본, 캐나다, 호주, 뉴질랜드 등)

F-4-11: 출생으로 한국 국적을 보유했던 자 본인

F-4-12: 출생으로 한국 국적을 보유했던 자의 직계비속(자녀, 손자녀 등)

제2형 국가 (아래 설명)

F-4-13: D, E 비자로 6개월 이상 체류한 사실이 있는 자

F-4-14: 국내 및 해외의 대학 졸업자 *전문대학 포함

F-4-15: OECD 국가의 영주자

F-4-16: 법인기업의 대표, 임원, 관리직 직원

F-4-17: 매출액이 USD 100,000 이상인 개인사업자(자영업자)

F-4-18: 다국적 기업의 임원과 직원, 각종 전문직, 고급 기술자 등

F-4-19: 공인 동포단체의 대표, 직원 등

F-4-20: 국회의원, 공무원 등

F-4-21: 대학교수(강사 포함), 초중고등학교 교사

F-4-22: 국내에서 사업체를 경영하려는 자(일정금액 이상 투자 요건)

F-4-24: H-2 자격 소지자로서 같은 사업장(육아도우미, 농축산업, 어업, 지방 소재 제조업)에서 계속해서 2~4년 이상 근무하고 있는 자 등

F-4-25: 60세 이상인 자

F-4-27: 국내공인 기술자격증 소지자(기능사 이상)

F-4-28: 사회통합프로그램(KIIP) 4단계 이상을 이수한 자

F-4-29: 국내의 고등학교 졸업자

F-4-30: 외국국적 동포(장기비자 소지)의 미성년 자녀로서 초중고 재학 중이거나 중증질병, 중증장애가 있는 경우 등

3. 방문취업(H-2) 비자

- 대상: 우크라이나, 우즈베키스탄, 중국, 카자흐스탄, 키르기스스탄, 타지키스탄, 투르크메니스탄 등 총 17개국 국민인 18세 이상의 외국국적 동포
- 활동범위 : 단순 노무 5~6개 업종(건설업, 제조업, 농,어, 광업, 축산업, 서비스업 등)
- 사증 유형

  연고방문취업(H-2-1): 국내에 거주하는 친척이 한국인이거나 영주권자

  유학방문취업(H-2-2): D-2 비자로 유학 중인 자의 부모, 배우자

  무연고 동포(H-2-5): 한국 내 한국인 또는 영주권자인 친척이 없는 경우

  만기출국 후 재입국 동포(H-2-7): H-2 비자로 체류기간이 만료되어 자진해 출국한 자 중 60세 이하 또는 1개월 경과자

  국내에서 H-2 자격으로 변경한 자(H-2-99):
- 체류기간: 3년이며 재고용은 1회만 허용.

  단, 재고용된 경우 체류기간은 최대 1년 10개월 연장 가능

  (따라서 최대 4년 10개월 동안 국내 체류 가능)

* 출처: 대한민국 비자 포털, 입국목적별 비자 종류, 재외동포
https://blog.naver.com/gun7286/223493563786

<재외동포의 출입국과 법적 지위에 관한 법률>(약칭: 재외동포법) (1999년 제정)>(제6조~17조)

제6조(국내거소신고) ① 재외동포체류자격으로 입국한 외국국적 동포는 이 법을 적용받기 위하여 필요하면 대한민국 안에 거소(居所)를 정하여 그 거소를 관할하는 지방출입국·외국인관서의 장에게 국내거소신고를 할 수 있다.

② 제1항에 따라 신고한 국내거소를 이전한 때에는 14일 이내에 그 사실을 신거소(新居所)가 소재한 시·군·구 또는 읍·면·동의 장이나 신거소를 관할하는 지방출입국·외국인관서의 장에게 신고하여야 한다.

③ 제2항에 따라 거소이전 신고를 받은 지방출입국·외국인관서의 장은 신거소가 소재한 시·군·구 또는 읍·면·동의 장에게, 시·군·구 또는 읍·면·동의 장은 신거소를 관할하는 지방출입국·외국인관서의 장에게 각각 이를 통보하여야 한다.

④ 국내거소신고서의 기재 사항, 첨부 서류, 그 밖에 신고의 절차에 관하여 필요한 사항은 대통령령으로 정한다.

제7조(국내거소신고증의 발급 등) ① 지방출입국·외국인관서의 장은 제6조에 따라 국내 거소 신고를 한 외국국적 동포에게 국내거소신고번호를 부여하고, 외국국적 동포 국내거소 신고증을 발급한다.

② 제1항의 국내거소신고증에는 다음 각 호의 사항을 적는다.

1. 국내거소신고번호
2. 성명
3. 성별
4. 생년월일
5. 국적
6. 삭제〈2023.6.13〉
7. 대한민국 안의 거소 등

③ 지방출입국·외국인관서의 장은 대통령령으로 정하는 바에 따라 국내 거소신고 대장과 그 밖의 관계 서류를 작성하여 보존하여야 한다.

④ 제1항에 따라 국내거소신고증을 발급받은 후 분실·훼손(毁損)하거나 그밖에 대통령령으로 정하는 사유로 재발급을 받으려는 자는 지방출입국·외국인관서의 장에게 재발급 신청을 하여야 한다.

⑤ 지방출입국·외국인관서의 장, 시·군·구 또는 읍·면·동의 장은 제6조에 따라 국내거소신고를 한 사실이 있는 자에게는 법무부령으로 정하는 바에 따라 국내거소 신고 사실증명을 발급하거나 열람하게 할 수 있다.

⑥ 제1항과 제4항에 따른 국내거소신고증의 발급·재발급 및 제5항에 따른 국내거소 신고 사실 증명의 발급을 신청하는 자는 법무부령으로 정하는 수수료를 내야 한다.

⑦ 지방출입국·외국인관서의 장은 제1항에 따라 국내거소신고증을 발급받은 외국국적 동포에게 추가로 국내거소신고증과 동일한 효력을 가진 모바일국내거소신고증을 발급할 수 있다.

⑧ 법무부장관은 법무부령으로 정하는 바에 따라 모바일국내거소신고증 발급 등에 관한 업무를 「출입국관리법」 제33조 제7항에 따른 정보시스템을 활용하여 처리할 수 있다.

⑨ 제7항에 따른 모바일국내거소신고증의 발급, 규격, 유효기간, 효력 말소 등에 관한 사항은 법무부령으로 정한다.

제8조(국내거소신고증의 반납) 외국국적 동포가 국내거소신고증을 지닐 필요가 없게 된 때에는 대통령령으로 정하는 바에 따라 지방출입국·외국인관서의 장에게 국내거소신고증을 반납하여야 한다.

제9조(주민등록 등과의 관계) ① 법령에 규정된 각종 절차와 거래관계 등에서 주민등록증, 주민등록표 등본·초본, 외국인등록증 또는 외국인등록 사실증명이 필요한 경우에는 국내거소신고증이나 국내거소신고 사실증명으로 그에 갈음할 수 있다.

② 이 법 또는 다른 법률에서 실물 국내거소신고증이나 국내거소신고증에 기재된 성명, 사진, 거소신고번호 등의 확인이 필요한 경우 모바일국내거소신고증의 확인으로 이를 갈음할 수 있다.

제10조(출입국과 체류) ① 재외동포체류자격에 따른 체류기간은 최장 3년까지로 한다.

② 법무부장관은 제1항에 따른 체류기간을 초과하여 국내에 계속 체류하려는 외국국적 동포에게는 대통령령으로 정하는 바에 따라 체류기간 연장허가를 할 수 있다. 다만, 제5조제2항 각 호의 어느 하나에 해당하는 사유가 있는 경우에는 그러하지 아니하다.

③ 국내거소신고를 한 외국국적 동포가 체류기간 내에 출국하였다가 재입국하는 경우에는 「출입국관리법」 제30조에 따른 재입국허가가 필요하지 아니하다.

④ 대한민국 안의 거소를 신고하거나 그 이전신고(移轉申告)를 한 외국국적 동포에 대하여는 「출입국관리법」 제31조에 따른 외국인등록과 같은 법 제36조에 따른 체류지 변경신고를 한 것으로 본다.

⑤ 재외동포체류자격을 부여받은 외국국적 동포의 취업이나 그 밖의 경제활동은 사회질서 또는 경제 안정을 해치지 아니하는 범위에서 자유롭게 허용된다.

제11조(부동산거래 등) ① 국내거소신고를 한 외국국적 동포는 「부동산 거래신고 등에 관한 법률」 제9조제1항제1호에 따른 경우 외에는 대한민국 안에서 부동산을 취득·보유·이용 및 처분할 때에 대한민국의 국민과 동등한 권리를 갖는다. 다만, 「부동산 거래신고 등에 관한 법률」 제3조제1항 및 제8조에 따른 신고를 하여야 한다.

② 국내거소신고를 한 외국국적 동포가 「부동산 실권리자명의 등기에 관한 법률」의 시행 전에 명의신탁(名義信託) 약정(約定)에 따라 명의수탁자(名義受託者) 명의(名義)로 등기하거나 등기하도록 한 부동산에 관한 물권(物權)을 이 법 시행 후 1년 이내에 「부동산 실권리자명의 등기에 관한 법률」 제11조제1항 및 제2항에 따라 실명(實名)

으로 등기하거나 매각처분 등을 한 경우에는 같은 법 제12조제1항 및 제2항을 적용하지 아니한다.

제12조(금융거래) 주민등록을 한 재외국민과 국내거소신고를 한 외국국적 동포는 예금·적금의 가입, 이율의 적용, 입금과 출금 등 국내 금융기관을 이용할 때 「외국환거래법」상의 거주자인 대한민국 국민과 동등한 권리를 갖는다. 다만, 자본거래의 신고 등에 관한 「외국환거래법」 제18조의 경우에는 그러하지 아니하다.

제13조(외국환거래) 재외국민이 다음 각 호의 어느 하나에 해당하는 지급수단을 수출하거나 외국에 지급하는 경우 「외국환거래법」 제15조와 제17조를 적용할 때 재외국민은 외국국적 동포와 동등한 대우를 받는다.

1. 외국에 거주하기 전부터 소유하고 있던 국내 부동산을 매각하거나 수용으로 처분하였을 경우 그 매각 또는 처분대금
2. 외국에서 국내로 수입(輸入)하거나 국내에 지급한 지급수단

제14조(건강보험) 주민등록을 한 재외국민과 국내거소신고를 한 외국국적 동포가 90일 이상 대한민국 안에 체류하는 경우에는 건강보험 관계 법령으로 정하는 바에 따라 건강보험을 적용받을 수 있다.

제15조 삭제

제16조(국가유공자·독립유공자와 그 유족의 보훈급여금) 외국국적 동포는 「국가유공자 등 예우 및 지원에 관한 법률」 또는 「독립유공자예우에 관한 법률」에 따른 보훈급여금을 받을 수 있다.

제17조(과태료) ① 제6조제2항을 위반하여 국내거소의 이전 사실을 신고하지 아니한 자에게는 200만원 이하의 과태료를 부과한다.

② 제8조를 위반하여 국내거소신고증을 반납하지 아니한 자에게는 100만원 이하의 과태료를 부과한다.

③ 제1항이나 제2항에 따른 과태료는 대통령령으로 정하는 바에 따라 지방출입국·외국인관서의 장이 부과하고 징수한다.

부칙 이 법은 공포 후 3월이 경과한 날로부터 시행한다.
부칙 〈법률 제6015호, 1999. 9. 2.〉

* 출처: 국가법령정보센터, https://www.law.go.kr/

제3장

재외동포 사회의 역사적 형성 과정

제1절 재외동포 사회 형성의 특징 및 시기별 분류

1 재외동포 사회 형성의 특징

우리의 해외 한인 사회가 역사적으로 형성된 과정에는 몇 가지 특징들이 있다. 첫째, 한인의 해외이주 과정은 전 세계에서 가장 오래된 이민 역사를 지닌 유대인이나 중국인, 그리고 그리스인이나 이탈리아인들과는 달리 비교적 짧은 기간에 이민의 역사가 형성되었다는 점이다.

우리 이민역사상 현재까지 뚜렷이 기록으로 확인된 한민족의 최초 해외 이주 시기는 대체로 19세기 중반인 1860년경으로 간주되고 있다. 본래 우리나라 역사에서 최초로 해외 이주가 이루어진 시기는 삼국시대로 거슬러 올라간다. 삼국시대 당시 백제와 신라는 중국의 새로운 문물을 수입하기 위해 당(唐)과 교류하였고, 이 중 신라인들은 중국 산동성 문등현(文登縣)에 '신라방(新羅坊)'을 설치하여 신라인들이 집단 거주하기도 했다.

이후 발해를 거쳐 고려시대에 들어와 벽란도를 중심으로 송(宋) 그리고 이후 원(元)과 교역하면서 인적 교류 등 상호 긴밀한 관계를 유지하였으며, 또한 조선시대에도 임진왜란과 병자호란을 거치면서 많은 한인들이 일본과 청(淸)으로 이주해 간 역사도 있다. 그러나 이들 대부분은 현지 문화에 흡수되거나 동화되면서 오늘날 한인 후손은 물론 한인으로서의 전통문화 등 공식적인 기록을 찾기가 어려운 실정이다.

둘째, 한인의 이민 역사는 다양한 정치, 경제 체제 속에서 극심한 고난을 겪으면서 해외에서 다양한 형태의 적응과 정착을 시도하는 과정이었다. 즉, 최초 가난을 탈피하기 위해 중국 간도와 연해주 지역으로 이주해 갔을 때는 생존을 위한 경제적 목적의 이주가 이루어졌고, 이후 일제 강점기 시기에는 해외 독립 운동을 위한 정치적 목적 외에도 중, 후반기에는 일본 제국주의에 의한 강제 징용과 징병 등 강제 이주가 이루어졌으며, 또한 러시아·CIS로 이주해 간 고려인의 경우도 스탈린 독재 체제하에서 정치, 경제적 목적에 의한 강제 이주가 이루어졌었다.

이와 동시에 미주지역으로의 최초 이주는 하와이 사탕수수 농장과 멕시코의 에네켄 농장으로의 경제적 목적과 함께 이후에는 국제결혼과 입양, 그리고 1965년 이후에는 고학력의 엘리트 계층에 의한 취업, 가족 초청 및 유학 등 다양한 형태의 해외 이주 과정이 복합적으로 작용하여 이루어졌던 것이다.

2 재외동포 사회의 변천 과정 분류

이러한 특징들을 고려하여 우리 한인의 해외 이주에 관한 역사적 과정을 조선 후기인 1860년경부터 시작하여 주요 계기 별로 4단계의 시기로 나누어 설명할 수 있다.

우선, 최초의 제1단계 시기는 조선 후기인 1860년경부터 시작하여 가난을 벗어나기 위한 고난의 이주 시기(1860~1910), 제2단계 시기는 일본의 조선 강제 병합이 이루어진 1910년부터 시작하여 식민시대의 수탈과 징용, 징병 등 강제 이주의 시기(1910~1945), 제3단계 시기는 1945년 8·15 해방 이후부터 시작하여 한국전쟁 등 사회혼란 속의 특수 이주의 시기(1945~1962), 마지막 제4단계 시기는 1962년 해외이주법 제정 이후 다양한 유형의 이주가 이루어진 시기(1962~현재)로 나눌 수 있다.

우선, 제1단계 시기는 조선시대 말기인 1860년부터 시작하여 일제의 조선 강제 병합이 이루어진 1910년까지 '가난을 벗어나기 위한 고난의 이주' 시기라 할 수 있다.

이 시기는 조선 말기 안동 김씨 가문의 세도 정치를 배경으로 가혹한 조세제도로 인한 '삼정의 문란'과 탐관오리들의 가렴주구로 백성들에 대한 양반의 폐해가 극심했을 뿐 아니라, 이에 더해 당시 연이은 흉년과 자연재해로 인한 기근과 빈곤 등으로 생활고를 견디다 못한 조선 농민들이 민란을 일으키거나 아니면 국경을 넘어 중국으로 이주해 갔다. 즉, 이러한 고난의 상황을 탈피하기 위해 한반도 이북의 평안도와 함경도 주민들을 중심으로 중국의 간도 지방과 연해주 지역으로 이주해 가는 경우가 날로 증가해 갔다.

이후 대한제국 시기인 1903년 하와이 사탕수수 농장으로의 최초의 노동 이민이 이루어졌다. 이들은 대한제국 당시 해외 노동력 송출을 위해 신설된 수민원(綏民院)이란 정부 기관의 보호 아래 해외로 노동 송출이 이루어진 최초의 집단적 노동 이민이었다. 이 하와이 사탕수수 농장으로의 노동 이민은 1905년 체결된 을사늑약에 의해 대한제국의 외교권이 박탈되면서 사실상 중단되었다. 이후 1905년부터는 개인 중개업자를 통해 멕시코의 에네켄 농장으로 우리 한인들의 노동 송출이 이루어지게 되었다.

제2단계 시기는 1910년 일제의 조선병합 이후부터 일제 강점기 시기인 '식민시대 수탈과 징용 등에 의한 강제 이주'의 시기라 할 수 있다. 당시 국내 독립운동가들은 일제의 국권 침탈에 저항하고 또한 항일독립운동의 거점기지를 마련하기 위해 고국을 떠나 해외로 이주해 갔고, 특히 1919년의 3·1운동 이후 많은 우국지사들이 해외로 대거 이주하여 항일 독립운동을 전개하였다. 또한 일부 청년들의 경우는 신문물을 배우기 위해 일본으로 유학하는 경우도 있었다.

이 시기에는 일제의 식민지 수탈과 농업 식민화 정책에 따라 조선 내 농업 생산성이 일부 향상되긴 했으나, 대부분의 농민들은 여전히 빈곤 상태에서 시달렸고, 이는 곧 농민들의 집단적 이농(離農)을 야기하는 요인으로 작용했다. 특히 일본 본토의 경우, 제1차 세계대전을 거치면서 경제적 호황을 누리며 국내 노동력 수요가 급증했고, 이에 따라 일자리를 찾아 일본으로 건너가는 식민지 조선인들도 크게 증가했다. 이들은 처음 단기간 일본에서 돈을 벌어 귀환하려는 임시 노동자 신분을 유지하며 체류하였으나, 시간이 지나면서 장기적으로 정착하는 경향을 보였다.

1931년의 만주사변으로 중국 동북지방에 '만주국'이 건설되고 일본의 만주개발이 본격화되면서 일본은 이 지역 개발을 위해 조선인 노동력을 활용했다. 일본 정부는 노동력 수급을 위해 조선인 노동자를 모집하기 시작했고, 조선인들은 또한 만주를 기회의 땅으로 인식하여 만주로 이주해 가는 조선인들이 크게 늘었다. 이 시기 만주 지역으로 집단 이주한 한인들의 수는 약 50만 명에 달하였으며, 이들 중 절반 이상이 농촌지역에서 집단 이주해 간 농민들이었다.

1937년에 발발한 중·일 전쟁 이후 일본은 제국주의 침략의 본색을 드러내며 전시 체제로 돌입했고, 부족한 전시 노동력 수급을 위해 일본 열도는 물론 한반도 내 조선인들을 강제 동원했다. 이들 조선인들은 광산, 건설 현장, 군수 공장 등 곳곳에 동원되어 일했으며, 1943년부터는 부족한 노동력과 병력 조달을 위해 '징용령'과 '징병령'을 통해 조선인들을 강제로 징발해 갔다.

이렇게 일제 치하에서 해외로 강제 이주당한 한인들은 1945년 해방과 동시에 상당수가 한반도로 귀환했지만, 여전히 현지에 잔류한 사람들도 적지 않았다. 1945년 해방 당시 일본 열도에 거주했던 한인 인구는 약 200~250만 명으로 추산되었는데, 이들 중 약 150~190만 명이 귀환하고 나머지 약 60만 명 정도는 여러 사정에 의해 일본에 잔류하면서 현재의 '재일동포 제1세대'를 구성하게 되었다.

한편, 제3단계 시기는 1945년 해방 이후부터 6·25 한국전쟁을 거쳐 1962년 해외이주법이 제정되기 직전까지의 '한국전쟁 등 사회혼란 속의 특수 이주'의 시기라 할 수 있다. 이 시기는 1948년에 대한민국 정부가 수립되었으나 공식적인 이민 정책이 수립되지 못한 채 사회 혼란 속에서 6·25 전쟁을 맞았고, 이후 주한 미군과의 국제결혼, 전쟁고아 등의 해외 입양 등 특수한 형태의 이주가 이루어졌던 시기이다. 특히 1950~53년까지 6·25 한국전쟁으로 수많은 전쟁고아가 발생하였으며, 주한 미군이 한반도에 주둔하면서 미군과 결혼한 여성과 이들이 출산한 혼혈아도 생겨났던 것이다.

이러한 역사적 과정을 통해 1962년 해외이주법이 제정되기 전까지 약 6천 명의 한인 여성들이 주한미군 배우자와의 결혼을 통해 미국으로 건너갔고, 또한 약 5천 명의 전쟁고아가 미국 등 해외 가정에 입양되었다. 또한 일부 청년층을 중심으로 미국으로 유학을 떠나는 약 6천 명의 학생들도 있었는데, 이들 중 상당수는 유학을 마친 후 미국에 그대로 장기 정착했다.

제4단계 시기는 제3공화국의 박정희 정권이 들어선 이후 1962년 해외이주법 제정 이후부터 현재까지의 시기로서, '해외이주법 제정 이후 다양한 유형의 이주' 시기라 할 수 있다. 1962년 해외이주법이 제정되면서 한국 정부는 정부차원의 이민 정책을 수립하여 브라질 등 남미지역은 물론 서유럽, 중동, 북미 각지로 집단 이민과 계약 이민 등이 본격적으로 전개되었다.

특히, 이 시기 '해외이주법'이 제정되게 된 주요 목적은 당시 국내의 잉여 실업 인구를 외국으로 내보내어 인구 압력을 줄이는 동시에 교포가 벌어들인 외화 송금을 국내 경제개발 자금으로 활용코자 한 것이었다.

1963년 외화벌이를 위해 서독으로 파견된 광부와 1966년의 간호사 파견은 처음에는 약 3~4년 계약의 기술연수생 자격이었으나, 1977년까지 약 8천여 명의 광부와 1만여 명의 간호사 대부분이 계약 만료 후 독일에 계속 정주하였고, 이들이 이후 인근 스위스, 오스트리아 등지로 흩어져 오늘날 '유럽의 제1세대 한인 사회'를 형성하였다.

한편, 이 시기 한인의 해외이주 과정에서 고학력자 중심의 자발적 이주가 크게 확대되었다. 당시 미국과 캐나다가 1965년과 1967년에 각각 이민법을 개정하여 한국을 포함한 아시아계 민족에 대한 이민 문호를 개방함으로써 한인들의 북미지역 이주가 급증했다. 이때부터 미국, 캐나다 등 북미지역으로의 이주가 본격적으로 이루어졌으며, 또한 북미지역으로의 이주를 위한 중간 기착지로서 중남미 지역으로의 이주도 활발히 이루어졌다.

이 미국과 캐나다 지역으로의 이민은 1970~80년대를 지나오면서 지속적인 증가세를 보이다가 서울올림픽이 개최된 1988년을 정점으로 소강 국면으로 접어들게 되었다.

한편, 이 시기 해외 이주가 확대된 또 하나의 중요한 계기는 바로 베트남 전쟁이었다. 1955년부터 지속된 베트남 전쟁으로 한국군 장병이 파병되었을 뿐 아니라 건설회사 노동자들도 적지 않게 진출하였고, 베트남 주재 미국 회사에도 많은 한인들이 고용되었다. 1975년 베트남 전쟁이 종전된 이후 중동 지역에서 건설 붐이 일어나자 중동지역의 오일달러 획득을 목적으로 많은 건설 회사 노동자들이 중동으로 이주해 갔고, 이 중 일부는 동남아시아 각국으로 분산되어 정주했다.

1990년대에 들어와 구소련 해체와 탈냉전이 이루어지면서 한·러 수교와 한·중 수교를 통해 중국과 러시아·CIS 지역에 거주하던 우리 동포들의 모국 방문이 허용되는 등 이들이 점차 재외동포로 편입되기 시작했다.

1990년대 이후 민주화와 경제 성장을 바탕으로 한국 사회가 급속히 발전하면서 한국인의 해외이주 형태도 다양하게 변하였다. 이전의 가족 초청 중심에서 취업, 투자, 사업, 유학 및 언어 연수 등 다양한 형태의 이주로 변모해 갔던 것이다. 특히 1997년에 외환위기를 겪으면서 젊은 층을 중심으로 해외 취업과 투자 등 목적으로 이주하는 인구가 증가했다.

2000년대에 접어 들어 이주형태와 방식에 있어 미국으로의 이주는 상대적으로 줄어든 반면, 캐나다, 호주, 뉴질랜드 등지로 이주 지역이 다양화되었으며, 또한 종래 해외 이민의 주종을 이루었던 가족 초청 이주는 그 비중이 줄어든 반면, 사업, 투자 혹은 취업 이주 등 이주형태의 다양화가 본격적으로 이루어졌다. 특히 이 시기에는 한국의 국력이 신장되고 글로벌화 및 정보화가 본격화되면서, 해외 유학, 언어 연수, 자녀 교육 및 기업의 해외 진출 등 목적으로 해외 이주가 크게 증가하였다.

3 『해외이주법』의 주요 내용

앞에서 살펴본 바와 같이, 재외동포 사회의 변천 과정을 분류함에 있어 제3단계와 제4단계의 시기를 나누는 기준으로 『해외이주법』 제정이 제시된 바 있다. 그 이유로는, 해외이주법이 제정되면서 그 이전의 사회 혼란 속에서 이루어지던 특수 이주로부터 이제는 국가와 정부 차원에서 우리 노동자들을 해외 각지에 직접 송출하는 '집단적인 기획 이민'이 본격적으로 이루어졌기 때문이었다.

1961년에 이루어진 5.16 군사 정변으로 박정희 정권에 의한 제3공화국이 탄생하게 되었고, 이어 1962년에 「해외이주법」이 전격 제정되었는 바, 동 「해외이주법」의 제정 목적과 구체적 내용을 살펴보면 다음과 같다.

우선 동 법의 제정 취지와 관련, 제1조(목적)에서는, "국민의 해외 진출을 장려함으로써 인구정책의 적정과 국민경제의 안정을 기함과 동시에 국위를 선양함을 목적으로 한다."고 규정하였다.

또한 제2조(정의)에서는 "해외이주자는 생업에 종사하기 위해 외국으로 이주하는 자와 그 가족"으로 규정하는 한편, 제3조에서는 해외이주자로서의 결격 사유를 적시했다. 동 결격 사유로는 1) 병역 기피자, 2) 금고 이상의 형을 받은 자, 3) 정신병자와 심신모약자, 4) 알콜 및 마약 중독자 등 국가 체면을 손상하고 국익을 위반하는 행위를 할 우려가 있는 자로 나열하면서 정부가 국가 위상이나 국격을 손상시킬 우려가 없는 자를 직접 선발하여 해외에 송출하였음을 알 수 있다.

이어 제4조에서는 해외 이주의 종류를 집단 이주, 계약 이주, 그리고 특수 이주로 구분했다. 이는 이전의 제3단계 이주 시기에 이루어진 국제결혼이나 입양 등 특수 이주 외에도 각 국 정부와의 협정 등 계약에 의한 이주 및 해외이주 기관 혹은 단체들과의 계약을 통한 기획에 의한 집단 이주를 상정하고 분류하였음을 알 수 있다.

이와 동시에 해외이주 금지 지역(제5조)에 있어서도 당시의 동·서 냉전 상황을 감안, 공산주의 국가 및 그 세력권에 있는 국가 혹은 기타 국가 이익에 상반되는 국가로의 해외 이주는 금지한다고 적시하였다.

또한, 이주 절차와 관련 당시 해외이주를 희망하는 사람은 해외이주허가 신청서를 작성하여 보건사회부 장관에게 제출토록 했다. 보건사회부장관은 이들의 신청에 따라 '해외이주자격심사위원회'를 통해 이들의 이주자격 심사를 거쳐 허가 여부를 결정하는 등 정부가 직접 심사를 통해 해외에 보낼 노동 인력을 직접 선발하였음을 알 수 있다.

제2절 각 시기별 재외동포 사회 형성 과정

1 가난을 벗어나기 위한 고난의 이주 시기(1860~1910)

한인의 최초 해외이주 시기는 역사적으로 조선 말기 1860년 무렵으로 추정하고 있다. 이 최초의 제1단계 시기는 조선시대 말기 1860년경부터 시작하여 일제의 조선 강제 병합이 이루어진 1910년까지 이른바 '가난을 벗어나기 위한 고난의 이주' 시기라 할 수 있다.

당시 1860년을 전후한 국제정세 상황을 살펴보면, 우선 미국은 1774년 독립 이래 연방국가 설립, 노예 해방 등 문제로 남과 북이 대립하다가 마침내 1860년에 남북전쟁이 발발하였고, 영국은 1840년 이래 산업혁명이 가속화되면서 1863년 런던 시내에 최초로 지하철이 개통되었던 시기였다. 또한 일본에서는 기존의 막부 정치를 청산하고 천왕에 의한 직접 통치와 대외개방을 선언한 '메이지 유신'이 1868년에 선포되었다. 이에 반해 중국의 청(淸)왕조는 두 차례의 아편 전쟁에 패하면서 그 결과 체결된 '베이징 조약(1860)'으로 홍콩을 영국에 할양한 데 이어 연해주 지역을 러시아에 할양했다.

한편, 조선 내부에서는 조선 말기 영·정조의 전성기를 거친 후 순조와 헌종 시기에 안동 김씨에 의한 '세도 정치'가 극심해진 가운데 1863년 고종이 12세의 어린나이로 왕위에 올랐다. 하지만 어린나이를 빌미로 할머니인 대왕대비 조씨와 부친인 흥선대원군이 수렴첨정과 섭정을 하면서 양반 간의 정쟁이 극에 달했으며, 이러한 기회를 틈타 지방의 탐관오리들은 농민을 가혹히 수탈하는 한편 가혹한 조세와 착취를 통해 '삼정의 문란' 현상이 발생하면서 그 폐해가 극심했다.

이에 더해 당시 조선 전체를 강타한 흉년과 자연재해 등으로 농민들이 기근과 빈곤에 지쳐 생활고를 견디다 못한 농민들은 산발적으로 민란을 일으키는 등 양반들의 억압과 폭정이 극에 달하였다. 이러한 고난과 압정의 상황을 탈피하기 위해 결국 함경도와 평안도의 북부지역 주민들은 점차 국경을 넘어 중국의 간도 지방과 러시아 연해주 등지로 이주하는 경우가 늘어났다.

이와 같이 당시 조선 한인들이 최초 간도와 연해주로 이주해 간 사실을 조선과 연해주 정부의 공식 문헌을 통해 확인할 수 있다. 우선 러시아 연해주 정부 문헌에서는 "1864년 국경을 넘어 온 조선인 14가구 총 65명에게 연해주에 정주할 수 있는 정주권을 부여하였다."고 하였으며, 또한 당시 조선 문헌(1880)에서도, "1860년 무렵부터 조선 한인들이 국경을 넘어 간도 지역을 개간하였다."고 기록되었다. 이러한 정부의 기록물을 토대로 당시 1860년경부터 우리 한인들이 국경을 넘어 간도 지방과 연해주 지역으로 이주해 갔음을 추정하고 있는 것이다.

하와이 사탕수수 농장 이민

한편, 대한제국 시기인 1903년에 하와이 사탕수수 농장으로의 최초의 노동이민이 이루어졌다. 이는 우리 한인이 미국지역으로 이주하게 된 최초의 이주 역사이기도 하다. 이들 이민자들은 대부분 당시 해외노동력 수급을 위해 신설된 수민원(綏民院)이란 정부기관의 보호 아래 진행된 최초의 집단적 노동이민 형식이었다.

본래 하와이는 무역선이나 고래잡이 어선들의 기항지였으며, 또한 미국 선교사들의 해외 선교를 위한 전초기지로 활용되었다. 그러다가 서유럽 지역에서 설탕에 대한 수요가 급증하면서 사탕수수를 대규모로 생산하는 사탕수수 재배 사업이 급성장했다.

하와이 내 사탕수수 재배가 본격화되면서 원주민만의 노동력으로는 감당하기 어려울 정도로 노동력이 부족해지자, 19세기 중반부터는 외국인 노동자를 도입했다. 1852년에 중국 광둥성(廣東省) 출신 중국인 293명이 처음으로 하와이에 도착했고, 이후 총 5만 명에 달하는 중국인들이 하와이로 이주함으로써 중국인 노동력의 독점 현상이 일어났다. 당시 하와이 정부와 농장주들은 일부 중국 노동자들이 음주, 폭행 등으로 불법 행위를 자행하면서 이들을 관리하는 데 어려움을 느끼던 차에 1882년에 '중국인 이민금지법(Chinese Exclusion Act)'이 제정되면서 중국인의 하와이 입국이 금지되었다.

이에 따라 하와이에서는 중국인을 대체할 가장 적절한 대체 노동자로서 일본인 노동자를 도입하기 시작했다. 일본인들은 1890년 초반 가장 큰 규모의 노동이민 집단으로 부상하였으며, 특히 1900년경에는 총 6만 명 수준을 유지하며 당시의 하와이 총인구의 약 40%를 차지했다.

그러나 이들 일본인 노동자들도 하와이 농장의 열악한 근로 조건에 불만을 표하며, 부당한 노동자 처우에 대해 동맹 파업으로 대항했다. 일본 노동자들의 이러한 저항 움직임에 또한 불안을 느낀 하와이 농장주들은 또다시 일본인을 대체할 대체 노동력으로 한국인 노동자의 도입을 추진했다. 그리하여 하와이 농장주들은 당시 조선에 파송되어 있던 미국인 선교사 겸 조선 주재 외교관이었던 '호러스 알렌(Horace Newton Allen)'에게 연락하여 조선 노동자의 송출을 요청했고, 알렌 선교사는 곧바로 고종 황제를 알현한 후, 조선인 노동자의 하와이 송출을 허락 받았다.

1903년 1월 초 102명의 젊은 한인 청년들이 인천을 출발하여 하와이 호놀룰루 항에 도착한 것은 동년 1월 13일이었다. 하와이에 도착한 한인 노동자들은 약 65개 농장으로 분산 배치되어 사탕수수 재배와 수송, 기계 수리 등을 담당했으며, 하루 16시간 이상의 중노동에 시달려야 했다.

그러나 하와이로의 노동 이민은 1905년 '을사늑약' 체결로 대한제국의 외교권이 박탈당하면서 중단되어야 했다. 1905년 당시 하와이에 정착해 있던 일본인 노동자들이 자신들의 권리를 보호하기 위해 일본 정부에 요청하여 조선노동자들의 이민을 중단토록 압력을 행사했던 것이었다.

이로써 한인들의 하와이 이민은 더 이상 이루어지지 않았고, 1905년 중단되기까지 총 56회에 걸쳐 약 7,291명이 하와이로 이주해 왔으며, 그 수는 하와이 사탕수수 농장 전체 노동자의 약 10%를 차지했다.

다만, 이들 한인 노동자들은 대부분이 20대 독신 남성으로 이루어졌고, 1910년부터는 이들이 결혼 가정을 꾸리기 위해 이른바 '사진 신부'가 유행되기 시작했다.

당시 이들 노동자들은 결혼을 위해 머나먼 조선땅으로 직접 건너 갈 수 없는 형편이었기 때문에, 대신 조선으로 사진을 보내거나 혹은 조선에서 예비 신부의 사진을 전달받아 결혼을 결정함으로써 약 1,000여 명의 한인 여성들이 결혼을 위해 하와이로 이주해 왔다. 이렇게 사진을 통해서만 결혼을 결정하고 하와이에 도착했다 해서 이 한인 여성들을 '사진 신부'로 불리우게 되었던 것이다. 이후 이들은 하와이에서 이민 가정을 꾸려 거주하다가 다시 약 2,000명가량의 한인 가족들이 미국 서부 캘리포니아 지역(오늘날 LA지역)으로 재이주함으로써 이들이 오늘날의 '미주 한인 제1세대'를 구성하게 되었다.

멕시코 에네켄 농장 이민

하와이로의 농장 이민이 중단된 1905년부터는 개인 중개업자를 통해 멕시코의 에네켄 농장으로의 노동이민이 이루어졌다. 이것 또한 우리 한인의 중남미 지역으로의 최초의 노동 이민으로 기록된다.

당시 개인 중개업자 소개로 한인 약 1,033명이 처음 인천항을 떠나 멕시코 유카탄 반도에 도착하여 약 20여 개의 에네켄 농장으로 분산 배치되어 노동하다가 이후 멕시코 각지로 재이주함에 따라 오늘날 '멕시코 한인 1세대'를 구성하게 되었고, 오늘날도 이들을 '멕시코 한인 이주의 상징'으로 일컫고 있다.

본래 '에네켄'이란, 용설란(龍舌蘭, agave)과 식물의 일종으로, 주로 노끈, 밧줄, 가방, 기타 생활용품을 만드는 섬유의 원료로 쓰이고 있으며, 멕시코와 라틴아메리카 지역이 원산지이다.

과거 마야인들은 이 에네켄을 자급자족용 필수품으로 간주하여 여기에서 섬유를 추출하여 노끈, 밧줄, 가방 등 생활용품으로 만들어 사용해 왔다. 그러다가 19세기 중반 밀 생산이 급증하면서 밀을 포장하는 포대용 밧줄 수요가 증가하자, 멕시코 정부는 경제 발전을 위해 에네켄 산업을 국가 산업으로 적극 육성하기 시작했다. 하지만 이 에네켄 산업은 노동집약형 산업이기에 많은 노동력이 필요했고, 따라서 멕시코 원주민 외에도 적지 않은 외국인 노동자가 멕시코에 들어와 일하고 있었다.

1905년 1,033명의 한인들이 멕시코의 유카탄 반도 지역에 도착하여 최초 4년간 계약을 맺고 일을 시작했다. 한인들은 베라크루스, 유카탄, 메리다 등지 약 20여 곳에 분산되어 근무하며, 하루에 약 2,500개의 에네켄 잎을 자르고 풀을 제거하는 등 근무 여건이 하와이 농장보다 훨씬 열악한 상태였다. 즉, 이들의 노동은 마치 노예와 같은 가혹한 계약 노동이었다. 그리하여 1909년 4년간의 계약 노동을 마친 한인들은 일부를 제외하고 대부분 뿔뿔이 흩어져 멕시코의 대도시로 재이주하여 새로운 직업 분야에 종사해 갔다.

쿠바 재이주 이민

다만, 이들 중 약 288명은 쿠바 지역의 사탕수수 농장으로 재이주했다. 이들은 1930년대 쿠바의 혁명 정부가 탄생된 이래, 외국인에게는 취업이 금지되는 민족주의 정책이 시행됨에 따라 주로 일용직 혹은 임시직으로 근무하며 불안정한 생활을 이어갔다. 그러다가 1946년 외국인에 대한 국적취득 간소화 조치 시행으로 쿠바 국적을 취득할 수 있었고, 이로써 국내 취업이 가능해져 보다 안정적으로 쿠바 생활에 정착할 수 있었다.

이들 한인 1세대들은 쿠바 국적을 취득한 이후 현지 문화에 적극 동화될 수밖에 없었고, 이에 따라 점차 한인 정체성을 잃게 되었으며, 이들 후손들도 1959년 쿠바가 공산화됨에 따라 우리나라 혹은 인근 중남미 한인사회와의 연계도 중단됨으로써 한인에 대한 정체성도 사라지게 되면서 점차 현지 사회에 동화되어 갔다.

2 일제 식민시대의 수탈, 징용 등 강제 이주 시기(1910~1945)

제2단계의 시기는 1910년 일제의 강제병합 이후부터 1945년 해방이 이루어지기까지 일제의 강점기 동안의 '식민시대 수탈과 징용 등에 의한 강제 이주'의 시기라 할 수 있다.

일제 식민지 수탈에 의한 자발적 이주

1910년 일제의 조선 병합이후 국내에서 활동하던 독립운동가들은 해외에 항일 독립운동의 거점을 마련하기 위해 고국을 떠나 해외로 이주해 갔고, 특히 3·1운동이 일어난 1919년 이후 많은 우국지사들이 해외 독립운동을 위해 고국을 떠나 해외로 거처를 옮겼다. 이외에도 일부 청년들은 유학을 위해 일본, 미국 등지로 이주하기도 했다.

일본은 이 시기 조선에서 식민지 수탈과 농업 식민화 정책을 전개함으로써 일부 농업 생산성이 향상되기도 했으나, 대부분의 조선 농민들은 여전히 빈곤과 기근에 시달려야 했다. 일본은 당시 조선에서 농업 식민화 정책 일환으로 '토지조사 사업'을 실시하였고, 이에 따라 토지와 생산수단을 빼앗긴 농민들은 도시로 이주해와 도시의 노동자로 전락해 갔다.

이와 동시에 1920년부터 시행된 '산미증산계획'으로 조선에서 생산된 쌀의 대부분을 일본으로 수출해 감에 따라 조선 농민들은 잡곡류로 끼니를 때워야 하는 등 절대적 빈곤 상태를 면치 못했다. 이는 곧 조선 농민들이 농촌을 떠나 도시로 내몰리게 된, 이른바 '집단적 이농(離農) 현상'을 야기하는 주요 요인이 되기도 했다.

이러한 상황에서 일본 본토에서는 제1차 세계대전 이후 경제적 호황이 지속되면서 국내 노동력에 대한 수요가 급증했고, 이에 따라 조선에서 일자리를 찾아 일본으로 이주하는 조선 노동자들도 급증했다. 이들은 처음에는 임시 노동자 신분을 유지하면서 일본에서 단기간 돈을 벌은 후 귀환하고자 했었으나, 점차 시간이 지남에 따라 일본 사회에 적응하면서 장기 체류 혹은 정주하는 경향을 보였다.

1931년 일본은 만주사변을 일으킨 후 이듬해인 1932년 중국 동북지역에 '만주국'을 건설하였고, 이어 만주 개발을 위해 필요한 노동력 수요를 조선에서 공급받고자 했다. 일본 정부는 조선 전역에서 노동자들을 모집하기 시작했고, 조선인들은 또한 만주를 기회의 땅으로 인식하면서 동 모집에 응하거나 직접 만주로 이주해 가기도 했다. 이 시기 만주 지역으로 이주해 간 조선 한인 인구수는 약 50만 명에 달하였으며, 이들 중 절반 이상은 농촌지역을 떠나 도시 노동자로 전락했던 농민 출신들이었다.

소련의 스탈린에 의한 고려인 강제 이주

한편, 당시 연해주 지역에 거주하던 약 172,000명가량의 한인들이 소련 스탈린 독재 체제하에서 스탈린의 명령에 의해 중앙아시아 지역으로 강제 이주 당하는 사건이 발생했다.

1937년 구소련 정부는 소련공산당 중앙위원회 결정에 따라 동년 9월부터 1개월 이내에 연해주에 거주하던 모든 조선 한인들을 중앙아시아 지역 내 카자흐스탄, 우즈베키스탄, 키르기스스탄 등으로 강제 이주하는 작업을 시행했다. 이는 소련 공산정권 수립 이래 가장 대규모로 실시한 최초의 민족 강제 이주 정책이었다.

소련 정부가 연해주 한인들을 강제로 이주시킨 배경과 동기에 대해서는 다음과 같이 밝혀졌다. 첫째는 극동지역에서 한인들의 일본과의 간첩 활동 시도를 미연에 방지하고자 했다. 당시 소련지도부로서는 일본이 1918년에 소련 땅을 침공한 적이 있었고, 1931년에는 만주 지역을 점령한 후 1937년 중·일 전쟁을 통해 중국 본토를 침공하였기 때문에 머지않아 소련을 다시 침공할 것으로 예상했었고, 만일 일본이 침공할 경우, 극동지역이 최우선 침략지역이 될 것으로 보았다. 그리고 이 지역 거주 한인들이 일본을 도와 첩자 역할을 할 것이라는 우려와 함께 한국인과 일본인의 외모가 매우 유사하여 간첩을 색출하기가 쉽지 않을 것이라는 우려가 작용한 것이었다.

둘째는 연해주 지역에 한인 인구가 급증하면서 한인들에 의한 '조선 극동자치공화국' 건설에 대한 요구를 사전에 차단코자 했다. 1930년대 일본의 식민지 수탈이 극심해 지면서 조선에 있던 한인들의 연해주 이주는 급증했다. 특히 1934년 동 지역에 '유태인 자치구'가 건설되었음을 고려하여 한인에 의한 고려인 자치공화국 건설 요구가 비등해지자 소련 정부로서는 이를 사전에 차단할 필요성이 있었다.

셋째로는 당시 구소련에서 실시된 농업 집단화 정책(콜호즈)으로 인구가 급감하게 된 중앙아시아 지역에 노동력 수요가 있었고 이를 위해 인위적인 인구유입 정책이 필요했다. 사실 그 이전부터 극동 지역에서 농업전문가가 파견되어 중앙아시아 지역에 벼농사를 성공시킨 바 있었고, 이러한 농업생산력 향상을 위해서는 벼농사를 잘 아는 조선 한인들을 이주시키는 것이 적합하다고 여겼다.

이러한 배경 하에 결정된 연해주 한인들의 강제 이주는 최단 기간에 그리고 아주 신속하고 전격적으로 이루어졌던 것이다.

최초 블라디보스토크에서 출발하여 시베리아 횡단철도를 이용하여 하바롭스크를 거쳐 바이칼호 근처의 이르쿠츠크에 도착한 이후 다시 철도를 이용하여 최종 카자흐스탄의 우슈토베 역에 이르는 장장 6,600Km의 장거리 이동 구간이었다.

소요 기간도 대략 30일 이상이 걸렸으며, 열차 내의 객실 환경도 매우 열악하였다. 한 편의 열차는 객차 50량, 위생객차 1량, 식당차 1량 등으로 구성되었고 대체로 화물 열차가 주로 이용되었다. 특히 이들의 장기간 이주 과정은 부실한 식사와 불결한 위생 상태, 식수 부족과 의료지원 부족 등으로 끔찍하고 처참한 고통의 시간이었다.

이후 우슈토베에 도착한 조선 한인들은 이어 카자흐스탄의 알마티, 우즈베키스탄의 타슈켄트, 사마르칸트 등 여러 도시와 지방으로 분산 이주되어 정착하기 시작했다.

그림 5 고려인 강제 이주 경로

출처: http://www.joongang.co.kr/article/23643468.에서 인용.

일제에 의한 강제 징용 · 징집

한편, 일본은 1937년에 발발한 중·일 전쟁과 1941년의 태평양 전쟁을 계기로 제국주의 본색을 드러내며 '전시 동원체제'로 돌입했고, 부족한 전시 노동력 수급을 위해 일본 열도는 물론 한반도 내 조선인들을 강제로 동원하기 시작했다. 이들 조선인들은 주로 광산, 건설 현장, 군수 공장 등지로 강제 징발되었고, 1943년부터는 부족한 노동력과 병력 조달을 위해 '징용령'과 '징병령'을 발표하여 조선인들을 강제로 징발해 갔다.

이렇게 일제 치하에서 강제 이주 당한 한인들은 1945년 해방 직후 상당수 한반도로 귀환했지만, 조선으로 귀환치 못하고 현지에 잔류한 사람들도 적지 않았다. 1945년 8월 해방 당시 일본 열도에 거주하던 한인 인구는 약 200~250만 명에 달했는데, 이들 중 약 150~200만 명은 한국으로 귀환하였으나, 약 60만 명은 여러 사정으로 일본에 잔류하면서 오늘날의 '재일동포 제1세대'를 구성하였다. 또한 해방 이후 중국 만주와 연해주, 그리고 사할린 지역에 중국의 공산정권과 소련 소비에트정권이 들어서면서 국내로 귀환하지 못한 채 오늘날의 '조선족 동포'와 '고려인 동포' 및 '사할린 동포'가 형성되게 되었던 것이다.

3 한국 전쟁 등 사회혼란 속의 특수 이주 시기(1945~1962)

제3단계 시기는 1945년 해방 이후부터 한국 전쟁을 거쳐 1962년 해외이주법이 제정되기 직전까지의 '한국 전쟁 등 사회혼란 속의 특수 이주' 시기라 할 수 있다.

이 시기는 1948년 대한민국 정부가 수립되었으나 공식적인 이민 정책이 수립되지 못한 채 사회 혼란 속에서 6.25전쟁이 발발하였고, 이후 주한 미군과의 국제결혼, 전쟁고아들의 해외 입양 등 특수한 형태의 이주가 이루어진 시기였다.

1945년 해방 직후 국내 정치가 혼란한 상황을 틈타 일부 일본으로 밀항하는 밀항자들이 속출하였고, 또한 6·25전쟁이 발발하면서 수많은 전쟁고아가 발생하였으며, 이후 주한 미군이 한반도에 주둔하면서 미군과 결혼한 국제결혼 여성과 이들이 출산한 혼혈아도 생겨났다.

이러한 역사적 특수 상황에 따라 1962년의 해외이주법 제정 전까지 약 6천 명의 한인 여성들이 주한미군 배우자와의 결혼을 통해 미국으로 이주해 갔으며, 또한 약 5천 명의 전쟁고아 또한 미국 등 해외 가정으로 입양되기도 했다.

이와는 별도로 극히 일부이긴 하나, 젊은 층을 중심으로 미국으로 학업을 위해 유학을 떠나는 약 6천 명의 학생들이 있었으며, 이들 대부분은 유학을 마친 후에 미국에 그대로 정주하였다.

4 해외이주법 제정 이후 다양한 유형의 이주 시기(1962~현재)

제4단계 시기는 박정희 정권의 제3공화국 시기에 들어와 제정된 1962년 해외이주법 제정 이후부터 현재까지의 시기로서, '해외이주법 제정 이후 다양한 유형의 이주'가 이루어진 시기라 할 수 있다.

1962년 해외이주법이 제정되면서 한국 정부는 공식적으로 정부의 이민 정책 수립을 통해 브라질 등 남미지역은 물론 독일 등 서유럽과 중동, 북미 지역 등으로 집단 이민과 계약 이민 등을 본격적으로 시행했다.

당시 제정된 해외이주법 제1조에서 나와 있듯이, 이 해외이주법의 목적은 국내의 잉여 인구를 외국으로 보내 인구 압력을 줄이는 동시에 교포가 벌어들인 외화 송금을 확보하여 국내 경제개발 자금으로 활용코자 한 것이었다. 1960년대 초 당시의 국내 1인당 GDP는 79$로서, 여타 아시아 국가인 필리핀(170$), 태국(260$)의 절반 수준에도 미치지 못하였고, 국내 실업률도 약 40%에 육박하는 등 경제적으로 저개발국 신세를 면치 못하고 있던 상황이었다.

브라질의 농업 이민, 독일로의 광부, 간호사 이민

1962년 해외이주법 제정으로 정부에 의한 최초의 공식적인 집단 기획이민이 이루어졌다. 동 법 제정으로 1963년부터 남미 지역으로의 농업 이민과 함께 독일로의 광부와 간호사 파견이 이루어졌다.

첫째 1963년에 브라질로의 농업 이민이 시작되었다. 1960년대 초 우리나라와 남미국가들과의 수교는 남미 지역에 우리 인력이 송출되는 계기를 마련했다.

1963년 약 103명의 한인들이 브라질로 최초의 농업 이민을 시작한 이후, 이어 아르헨티나, 파라과이, 볼리비아 등지 농장으로 집단 이주가 이루어졌다.

다만 대부분의 이민자들은 정부의 심사를 통해 선발되어 사전 농업에 대한 지식이나 경험이 없는 중, 고학력자들로 구성되었기 때문에, 현지에 정착한 이후 황무지 개간 등 열악한 환경에 쉽게 적응하지 못하였고, 최초의 4년 계약을 마친 후 곧바로 대도시로 이주하여 상업 혹은 제조업 분야에 종사하였다.

둘째, 1963년에 독일로의 광부 파견과 함께 1966년부터는 간호사 파견이 이루어졌다. 당초 독일은 제2차 세계대전 패망 이래 국가 재건 사업을 통해 경제적 부흥을 이루며 이른바 '라인강의 기적'을 이루고 있었고, 이로써 노동력 부족 현상에 따른 노동 공급이 긴요한 실정이었다.

노동력 수출을 꾀했던 제3공화국 정부는 독일 정부와 1963년 "한-독 간 광부 파독 협정"을 체결하여 1963년부터 1977년까지 약 8,000명의 광부를 파견하였다. 또한 1966년에는 독일병원협회와 우리 해외이주개발공사 간에 "한-독 간호사 파견 협정"을 체결하여 1976년까지 총 12,000명의 간호사들이 파견되었다.

이들 광부와 간호사들은 처음에는 매 3~4년 계약에 의한 기술 연수생 자격으로 체류하였으나, 1977년 파송이 중단될 때까지 대부분 계약 연장을 통해 기간 만료 후에도 독일에 정주하거나 인근 스위스, 오스트리아 등지로 흩어져 정주하면서 오늘날 "서유럽의 제1세대 한인 사회"를 형성하였다. 이들 중 일부 가정은 또다시 미국, 캐나다 등지로 재이주하거나 한국으로 귀환한 세대들도 있었다.

미국, 캐나다 지역으로의 자발적 이민

한편, 이 시기 한인 이주 역사에서 중요한 전기를 마련했던 것은 곧 미국과 캐나다로의 고학력자 중심의 자발적 이주가 이루어졌던 점이다. 미국과 캐나다는 1965년과 1967년에 각각 자국의 이민법을 개정하여 아시아계 민족에 대한 이민 문호를 개방함으로써 한인들의 북미 지역 이주도 급증하기 시작했다.

역사적으로 미국 정부는 1924년에 '이민법' 제정을 통해 주로 서유럽의 백인 계층을 중심으로 미국 이민을 받아들이는 대신, 홍콩, 필리핀 등의 아시아계 이민은 극도로 제한하는 인종차별적인 이민 정책을 추진했다. 그러다가 1952년 '이민법'과 '국적법'을 통합하여 '이민국적법'으로 개정하면서 시민권, 즉 국적 취득에 있어서의 인종적 차별요소를 철폐하였다. 그때까지만해도 이민 정책에 있어서는 여전히 차별적 요소를 유지하며 국가별 '이민할당제(Quater System)'를 통해 아시아계의 이민을 제한하는 조치를 취했다.

그러다가 이후 1965년에야 이 이민국적법을 재개정하여 국가별 이민할당제를 폐지하고 대신 '점수능력제(Merit System)'를 실시함으로써 국적, 인종을 불문하고 개인의 능력을 고려한 무차별적 이민 정책으로 전환했다. 즉, 미국의 경제 발전에 도움이 되는 유능한 전문인, 즉 의사, 간호사, 기능사, 기술사 등 아시아계 전문직 이민자들에게 이민 문호를 대폭 개방한 것이었다.

캐나다의 경우도 2년 후인 1967년에 이민법 개정을 통해 아시아계 이민자에 대한 문호를 개방함으로써 이로써 우리 한인들의 미국, 캐나다 지역에의 본격적 이주가 가능해졌다.

이 때부터 미국과 캐나다로의 한인 이주가 본격적으로 이루어졌고, 중산층 이상의 고학력자 등 화이트칼라 및 유학생들의 이주가 급증했다. 또한 북미지역의 이주를 위한 중간 기착지로서 인근 중남미 지역으로의 이주도 급증하였다.

미국과 캐나다 지역으로의 이민은 1970~80년대를 지나오면서 지속적인 증가세를 보이다가 서울올림픽이 개최된 1988년을 정점으로 소강 국면에 접어들었다.

베트남, 중동 지역 건설 노동자의 이주

이 시기 우리 국민의 해외 이주가 확대된 또 하나의 중요한 계기는 바로 베트남 전쟁이었다. 1955년부터 지속된 베트남 전쟁에 한국군 장병들이 파병되었을 뿐 아니라 건설회사 노동자들도 적지 않게 진출하였고, 베트남 주재 미국 회사 등에도 많은 한인들이 고용되기에 이르렀다.

다만 1975년 베트남 전쟁이 종전된 이후 중동 지역에서 건설 붐이 일어나자 중동지역의 오일달러 획득을 위해 여러 회사 노동자들이 중동지역으로 재이주해 갔고, 이 중 일부는 동남아시아 각국으로 분산되어 투자, 사업 등을 이어갔다.

1990년 탈냉전 및 1997년 외환위기 이후 해외이민 증가

1990년대 들어 구소련 해체 및 탈냉전이 이루어지면서 한·러 수교와 한·중 수교를 통해 중국 지역 및 러시아·CIS 지역에 거주하던 우리 동포들과의 직접적인 교류가 가능해졌다. 당시 이 지역 재외동포들의 모국에 대한 관심과 함께 이들의 모국 방문이 이루어지면서 국내에서는 이들을 점차 우리의 재외동포로 편입하기 시작했다.

1990년대 이후 민주화와 경제 성장을 바탕으로 한국 사회가 급속히 발전하면서 한국인의 해외 이주도 취업 및 투자, 사업, 유학 및 언어 연수 등 보다 다양한 형태의 해외 이주로 변모해 갔다.

특히 1997년에 외환위기를 겪으면서 젊은 층을 중심으로 해외로 취업을 위해 이주하는 인구도 증가했다. 이 시기에는 미국으로의 이주는 상대적으로 감소한 반면, 캐나다, 호주, 뉴질랜드 등지로 이주 지역에 있어서 보다 다양화되었다. 또한 종래 해외 이민의 주종을 이루었던 가족초청 이주는 그 비중이 줄어든 반면, 사업, 투자 및 취업 그리고 유학 등 다변화된 이주 형태를 보이기 시작했다.

2000년대 이후에는 한국의 국력이 신장되고 글로벌화와 정보화가 본격화되면서 한국 기업의 해외 진출과 해외 유학, 언어 연수, 자녀 교육 목적으로 해외 이주가 크게 늘어나는 추세를 보였으며, 이와 동시에 오히려 해외에서 국내로 '역이민'하는 현상도 나타났다.

제3절 지역별 재외동포 사회의 형성 배경 비교

이상과 같이 우리 재외동포들의 역사적 형성 과정을 각 시기별로 나누어 살펴보았다. 이제 다음 절에서는 각 시기별로 재외동포 사회가 어떻게 형성되었는지의 과정을 지역별로 나누어 상호 비교해 보는 한편, 특히 각 지역별 동포사회가 형성되는 과정에서 출신 지역과 이주 동기, 계층 배경, 거주국 정책 등을 상호 비교하여 설명해 보고자 한다.

호칭 및 주요 세대

먼저 재외동포를 각 지역별로 호칭할 경우, 각기 다른 특징적 명칭으로 불리어지고 있다. 즉, 일본에 있는 우리 동포의 경우는 '재일 한인(동포)'으로, 중국 지역은 '조선족 동포', 러시아·CIS 동포들은 '고려인 동포' 그리고 북미지역 한인은 '코리안-아메리칸'으로, 중남미 지역은 '중남미 한인(동포)'으로 각각 불리어지고 있다.

이들은 또한 각 지역별로 달리 형성된 역사적 과정에 따라 현재 구성되어 있는 주요 핵심세대들도 다르게 나타나고 있다. 예컨대, 일본과 중국, 그리고 러시아·CIS 지역은 일제시대 초기 때부터 이주, 정착해 왔기 때문에 현재 제1세대는 대부분 사망하였거나 연로한 상태로서, 주로 2~3세대가 주류를 형성하고 있으며, 심지어 러시아·CIS지역의 경우는 이미 3~4세대까지도 동포사회의 주류로 편입되고 있는 실정이다.

이에 반해, 북미 지역과 중남미 한인의 경우는, 대부분 1960년대 이후 이주해 간 세대로서, 여전히 1세대가 한인사회의 주류로 활동하고 있으며, 다만 최근 들어 1.5~2세대들이 한인사회의 주류로 편입되어 참여 중이다.

출신 지역

출신 지역에 있어서는, 당시의 정치경제적 상황과 지리적 근접성에 의해 지역적으로 달리 분류되고 있다. 즉, 재일 한인의 경우는 일제 강점기의 시대 상황과 지리적 근접성에 따라 주로 남한 지역인 경상, 전라, 충청 및 제주 지역 출신들이 주류를 이루고 있다.

반면 중국의 조선족 동포와 러·CIS지역의 고려인 동포의 경우는 1930년 이전까지만 해도 현 북한 지역인 함경도와 평안도 출신이 대다수를 차지했으나, 일본이 만주 침략을 본격화한 1930년대 이후에는 한반도 전 지역 출신들이 대거 강제 이주되면서 전국적으로 다양화되어 나타났다.

한편, 북미 지역과 중남미 지역의 경우는 1900년대에는 서울 및 인천 지역의 극소수 이민자들이 주를 이루었으나, 1960년대 중반 이후 이 지역으로의 이주가 본격화되면서 남한의 전 지역 출신들이 주를 이루어졌으며, 일부 소수의 북한 실향민도 포함되었다.

이주 동기

이주 동기는 당시 한반도의 정치, 경제적 상황으로 인해 대부분의 지역에서 '경제적 이유'가 대다수를 차지하는 것으로 나타났다. 역사적으로 일본의 경우는 일제 식민지 초기 돈을 벌기 위해 '경제적 유민' 형식의 이주가 대다수를 차지하였으나, 1939년 이후 일제에 의한 강제 징용과 징병이 이루어지면서 '정치적 이유'에 의한 이주 동기로 변모했다.

또한 중국과 러시아·CIS지역의 경우 초기의 경제적 이유와 동시에 1910년 일제의 강제 병합 이후에는 해외 독립운동을 위한 전초기지 마련을 위한 '정치적 동기'도 함께 작용했다.

1960년대 이후 북미 지역과 중남미 지역에서는, 경제적 이유와 함께 자녀 교육을 위한 '사회문화적 동기', 그리고 해외 취업, 투자 등 '사업적 이유' 등이 복합적으로 나타났다.

계층 구조 및 배경

이주 동기에 따른 각 지역별 계층 구조를 살펴보면, 우선 재일 한인의 경우, 초기에는 다수가 농민, 노동자 출신으로서 일시 체류자의 신분이었으나, 1939년 이후에는 강제 징용과, 징병으로 끌려온 강제 이주자들이 급증하면서 강제 이주자 성격이 강했다.

반면, 중국과 러시아·CIS 지역 한인들은 초기에 다수가 기근 등 자연재해, 그리고 양반의 압제에 떠밀려 이주한 '경제적 유민(流民)'의 성격이 강했으나, 1910년 일제에 의한 강제병합 이후에는 일부 독립운동가들이 합류하면서 '정치적 유민(流民)'의 성격도 포함되어 나타났다.

한편, 북미 및 중남미 지역의 경우, 초기(1900년대 초)에는 주로 경제적 목적으로 농민과 노동자 계층의 집단 이주가 주를 이루어졌으나, 1950년대 이후 6.25

전쟁이란 특수한 상황을 겪으면서 국제결혼 여성이나 전쟁고아들의 입양 혹은 일부 유학생 계층이 북미 지역으로 이주해 갔으며, 1960년대 이후에는 주로 고학력자 및 중산층의 한인들이 북미지역과 중남미 국가로 이주하면서 성분 구조에서 다양하고 복합적인 계층의 이주가 이루어졌던 것이다. 이들은 특히 초기에는 장기 체류자의 성격으로 거주하다가 나중에는 현지에 정주하거나 영주권 혹은 시민권을 획득하며 '정착 이민'의 성격을 띠게 되었다.

거주국의 이민 정책, 문화적용 수준

한편, 우리 재외동포가 체류하는 거주국 정부의 이민 정책과 문화수용 수준을 살펴보면, 우선 일본의 경우는 이민 정책으로서 일본 문화에의 동화(assimilation)를 원하는 '적극적인 동화주의 정책'을 채택하고 있다. 따라서 우리 한인 등 외국이민자는 자국의 문화를 유지하도록 허용치 않아 재일한인들은 그동안 한민족으로의 정체성을 유지하는데 많은 어려움을 겪어 왔다. 또한 러시아·CIS 지역의 경우도 일본과 같이 소수민족에 대한 자치를 결코 허용치 않고 러시아 문화로의 동화(assimilation)를 강요해 왔다.

중국의 경우는 형식적으로 다원주의에 의한 '소수민족자치제(少數民族自治制)'를 운영하며 조선족 동포에게 민족자치를 허용해 왔으나, 이는 형식적 자치에 불과하고, 실질적으로는 소수민족에 의한 자치라기보다는 소수민족을 감시, 감독하기 위한 '행정적 자치' 성격에 지나지 않는 것이었다.

이에 반해, 북미 지역(미국, 캐나다)과 중남미 지역은 모두 '다원주의(多元主義)'를 취하고 있다. 미국의 경우는 자발적으로 미국 문화로의 동화를 유도하지만, 소수민족 자체의 문화도 적극적으로 허용하는 등 '통합(統合)과 다양성(多樣性)'을 동시에 추구해 왔다. 또한 캐나다의 경우도 유럽의 이민자들에 의해 세워진 이민자 국가로서, 다양한 소수민족 문화를 적극 수용하고 보장하는 '문화적 다원주의(cultural pluralism)'를 채택하였다. 중남미 국가들도 쿠바 등 일부 민족주의 정책에 따른 동화주의를 강요한 곳도 있지만, 대체로 한인 정체성과 민족 문화를 유지할 수 있는 다원주의 정책을 채택하고 있다.

재외동포의 역사적 형성과정

가난을 벗어나기 위한 이주

1시기(조선, 대한제국기) 19세기 중반 ~ 1910년

<간도·연해도로 이주하는 사람들>

<하와이 첫 이주 - 1903년 102명 갤릭호 출발>

- **1860년대 대규모 흉년으로 간도·연해주 등지로 월경**
  - 1860년 북경조약으로 청, 연해주를 러시아에 할양
  - 1864년 문헌상 한인의 최초 해외 이주 (연해주 러시아 관헌, 조선인 14가구 65명에 정주권 부여)
- **1903년 대한제국 시기 하와이 이민**
  - 1905년까지 7천여 명
  - 사진 신부(1910년~1924년)
  - 2천여 명, 미국 서부로 진출
- **1905년 천여 명 멕시코 에네켄 농장 이주**
  - 3백여 명 쿠바 재이주

식민시대 수탈·징용 등 강제 이주

2시기(일제강점기) 1910년 ~ 1945년

<일본 탄광에 징용된 조선인 노동자>

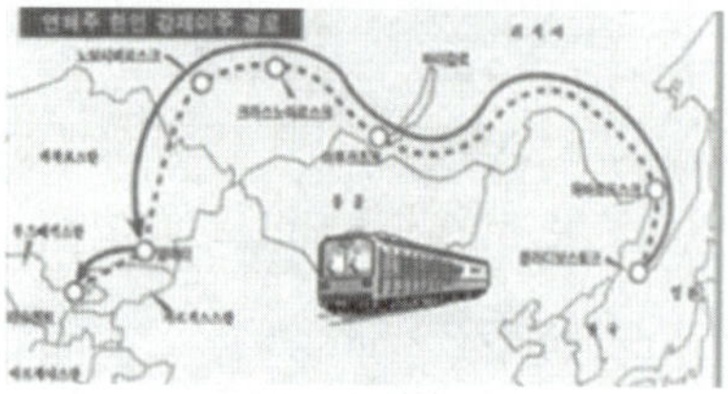

<고려인 강제이주 경로 6,000km>

- **일본에 의한 강제이주**
  - 1910년 국권 상실 후 식민정책으로 인한 일본 이주
  - 1939년 만주, 사할린, 일본 등지로 노동자 징용, 징병
- **스탈린에 의한 강제이주(약 6,000km)**
  - 1937년 연해주 지역 한인 18만 명 중앙아시아 이주
  - 한국어 사용 금지 등 한민족 수난사

해방 한국전쟁 등 사회 혼란 속의 특수이주

3시기(8·15 해방 이후) 1945년 ~ 1962년

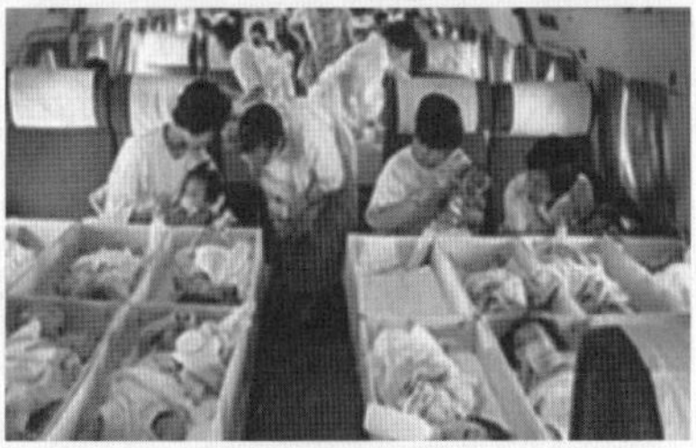

<해외로 입양되는 한국 고아>

- **해방 이후**
  - 극심한 사회 혼란속에서 발생한 밀항자(일본)
- **6.25 한국전쟁 이후**
  - 국제결혼, 전쟁고아, 해외입양 등 특수이주
- **여러 가지 국내외 사정으로 돌아오지 못한 미귀환동포 등**

해외이주법 제정 이후 다양한 유형의 이주

4시기(해외이주법 제정 이후) 1962년 ~ 현재

<독일 파견 간호사>

<독일 파견 광부>

- **1962년 해외이주법 제정 이후**
  - 파독광부, 간호사, 남미농업이민, 월남 파견 등 국외 이주자
  - 현지 출생 외국국적 손•자녀
- **1991년 구 소련 해체 이후**
  - 공산권 내 고려인 동포사회 포용 시작
  - (연해주 재이주, CIS내 분산이동, 국내 귀국)
- **해외 유학, 취업 등 다양한 유형의 이주자 등**

* 출처: 재외동포청, 재외동포의 이해, 재외동포의 형성과정, 2024.
https://www.oka.go.kr/web/content.do?menu_cd=000154

재외동포 사회의 지역별, 시대별 형성 배경 비교

지역 단계	중국	일본	독립국가 연합	미국	중남미
1단계	1863-1910	1910 이전	1863-1904	1903-1905	1905-1921
2단계	1911-1930	1910-1937	1905-1937	1906-1945	1922-1956
3단계	1931-1945	1938-1945	1938-1945	1946-1964	1963-1971
4단계	1946-1992	1946-1989	1946-1991	1965년 이후	1972-1980
5단계	1992년 이후	1989년 이후	1991년 이후		1980년 이후
세대 구성	2,3세가 주류	2,3세가 주류	3,4세가 주류	1세가 주류	1세가 주류
출신 지역	1930년 이전: 현재의 북한 지역(함경도, 평안도) 1930년 이후: 한반도 내 지역으로 다양화	현재의 남한 지역(경상도, 전라도, 제주도)	현재의 북한 지역(함경도, 평안도)	대부분 남한출신과 소수의 북한 실향민	1921년 이전: 서울, 인천 1963년 이후: 대부분 남한 출신과 소수의 북한 실향민
이주 동기	주로 경제적 이유(경제유민) 정치적 동기(독립운동)도 작용	주로 경제적 이유(노동이민) 1937-1945년에는 강제징집	주로 경제적 이유(경제유민) 정치적 동기(독립운동) 작용	주로 경제적 이유(초기의 노동이민과 후기의 중산층 이민) 사회문화적 이유(자녀교육)도 작용	주로 경제적 이주(초기의 노동이민과 후기의 농업 이민, 투자이민) 북미로 재이주하기 위한 경유지
계층 배경	다수가 기근과 압제에 떠밀린 농민 유민(流民)의 성격이 강했음	다수가 농민과 노동자 체류(sojourner)와 강제 이주자의 성격이 강했음	다수가 기근과 압제에 떠밀린 가난한 농민 유민(流民)의 성격이 강했음	초기: 농민, 노동자 중기: 국제결혼 여성, 전쟁고아, 유학생 후기: 고학력, 중산층 ※ 초기에는 체류자 성격이 강했으나 이후 정착이민의 성격이 강함	초기: 군인, 농민, 노동자 중기: 고학력, 중산층 ※ 초기에는 체류자 성격이 강했으나 이후 정착이민의 성격이 강함
거주 국의 민족 정책	다원주의 (민족자치 허용)	동화주의	동화주의	다원주의	다원주의

지역 단계	중국	일본	독립국가 연합	미국	중남미
문화 변용 수준	민족문화 유지	일본문화로의 동화	러시아문화로의 동화	미국문화로의 동화 와 민족문화 유지	초기 이민자 후손 은 현지문화 동화 후기 이민자는 한 인 정체성과 민족 문화 유지
호칭	조선족	재일(在日) 한인	고려사람	코리안-아메리칸	중남미 한인

* 출처: 재외한인의 역사, 더 보기, 지역별 재외한인 비교표, 2024.
https://theme.archives.go.kr/next/immigration/eachYear.do

<하와이는 '지상낙원'이었던가? 한국인의 하와이 노동 이민>

네이버, 돈마니의 블로그. 2014.11.25자

◆ 한국인의 하와이 노동 이민이 시작되다

1850년대부터 사탕수수와 파인애플 플랜테이션이 본격화되면서 하와이에는 대규모의 중국인 이민자가 유입되기 시작했다. 즉, 하와이가 미국 영토로 공식 편입된 건 1898년이었지만, 하와이는 이미 수십 년 전부터 미국의 영향권 하에 놓여 있었다. 하와이에서는 1850년대부터 사탕수수와 파인애플 플랜테이션이 본격화하면서 외국인 노동력이 필요하게 되었다. 그리하여 1876년부터 중국인 이민자가 유입되기 시작했는데, 이들의 숫자가 5,000명에 육박하면서(미국 전체로는 12만 5천 명) 이들 중 일부가 농장을 떠나 상거래 등에 종사하자 위협을 느낀 미 의회는 1882년 '중국인 배척법(Chinese Exclusion Act)'을 만들어 중국인의 노동 이민을 금지했다.

농장주들은 중국인을 대신해 1885년부터 일본인 노동자를 불러들였다. 1880년대와 90년대에 많은 일본인들이 하와이와 캘리포니아에 도착했는데, 1900년 하와이에만 6만 명, 캘리포니아에 2만 5천 명의 일본인이 거주하였다. 그러나 하와이 노동시장의 70%를 차지하게 된 일본인들이 노동조건을 걸고 파업을 일으키는 등 세력화하자 농장주들이 일본인을 견제하면서 임금을 낮추기 위한 대안으로 생각한 것이 바로 한국인의 노동 이민이었다.

한국인의 하와이 공식 이민은 1902년부터 시작되었지만, 비공식적으로는 소규모나마 이미 1898년경부터 이루어지고 있었다. 하와이 이민국은 1900년과 1902년 사이에 16명의 한인 남자(인삼 장수)가 호놀룰루에 도착했다고 기록하고 있으며, 중국을 통해 중국인을 가장해 들어간 한인들도 있었다.

◆ 온화한 기후의 지상낙원 하와이?

하와이 공식이민은 어떤 방식으로 이루어졌던가? 하와이 사탕수수 농장주협회는 1902년 찰스비숍을 대표로 서울에 파견했다. 비숍은 주한공사 호러스 알렌(Horace N. Allen)을 중간에 세웠다. 알렌은 고종 황제에게 "백성들을 하와이로 보내서 척식(拓殖: 국외의 영토나 미개지를 개척하여 자국민의 이주와 정착을 정책적으로 촉진함)사업과 신문화를 도입하도록 함이 현책"이라고 건의해 허락을 받아 내었다.

이에 따라 비숍은 조선 정부와 이민 조약을 체결했다. 조선 정부는 우리나라 최초의 이민 담당 부서인 수민원(綏民院: 총재 민영환)을 세워 추진했지만, 지원자가 없었다. 본래 수민원은 '백성을 편안케 한다'는 뜻이었지만, 그 누구도 하와이로 가는 걸 편안한 길로 보지 않았던 탓이다. 이런 상황에서 존스라는 미 감리회 선교사가 인천, 강화 연안, 해주 지역 등을 순방하며 적극 홍보에 나섬으로써 교인들을 중심으로 지원하기 시작했다. (중략) 1903년 당시 한국에서 발행된 '하와이 이민자 모집 광고지'를 보면, 하와이는 추운 겨울이 없고 언제나 화창한 날씨이며 1년 내내 일할 수 있어 돈도 많이 벌 수 있는 지상낙원

(Paradise)이라고 선전하였다. 특히 이민 알선업체였던 '동서개발회사(The East-West Development Company)'의 광고지는 "의식주와 의료 경비를 고용주가 지원"하며 "하와이는 기후가 온화해 극심한 더위와 추위가 없고, 무료교육을 받을 수 있으며, 일년 어떤 절기든지 직업을 얻기가 용이하다"고 소개했다.(이 광고지의 원본은 2002년 10월 미국 로스앤젤레스에서 발견됐다.)

이에 따라 최초의 한인 노동 이민단 121명을 실은 일본 기선 현해환이 1902년 12월 22일 인천항을 떠났다. 일본 고베에서 신체검사에 합격한 102명(남자 54명, 그들의 부인 21명과 자식 25명, 그리고 통역 2명)이 다시 갤릭(Gaelic) 호를 타고 1903년 1월 12일 하와이 호놀룰루에 도착했다. 여기서 또다시 안질(眼疾)로 불합격한 8명과 그 가족 총 16명이 본국으로 송환당하고 결국 남자 48명, 여자 16명, 어린이 22명 등 86명이 상륙허가를 받았다.

◆ 지상 낙원 하와이에서의 사슬 없는 노예 생활

구한말 하와이 노동 이민의 실태를 집중 조명한 1998년 2월 25일자 〈동아일보〉 특집 기사. 기사는 "이역만리 타향의 길을 택한 구한말 한인들에게 하와이는 더 이상 '신천지'가 아니었다. 아열대의 따가운 햇볕과 중노동만이 기다리고 있는 '가시밭길'이었다."라고 강조한다.

하와이는 과연 '지상 낙원'이었나? 한윤정은 "하와이에 도착한 한인들은 고달픈 삶과 악역을 떠 맡았다"며 이렇게 말한다. "이들은 일요일을 제외한 매일 새벽 6시부터 오후 4시 30분까지 점심시간 30분을 빼고 10시간씩 노동해야 했으며 하루 품삯은 50~80센트에 그쳤다. 이 돈은 근근이 생활을 유지할 정도였다. 고된 노동 뒤에는 사병 막사처럼 생긴 판잣집에서 담요 한 장으로 잠을 청했다. 더욱 고약한 것은 소수민족으로서 당하는 불이익과 백인 관리자들의 인종적 편견, 일본인들과의 잦은 갈등이었다. 특히 일본인과는 모국의 식민 지배로 민족 감정이 심하게 대립한 데다 농장 관리자들이 고의적으로 일본 노동자들의 파업 현장에 한인을 투입, 진압하는 등 악용함에 따라 점점 사이가 나빠졌다."

동서개발회사는 모집된 노동자들에게 지참금과 여비를 선불하고, 이들이 하와이에 도착한 후 1년 내지 3년 사이에 이를 갚도록 했다. 이 때문에 노동자들은 박한 임금을 받으면서 이 돈을 갚느라 고생했고 한국에 돌아가고 싶어도 여비를 마련치 못해 돌아갈 수 없었다.

이런 현실이 국내에도 알려져 〈제국신문〉 1903년 5월 12일자 사설은 하와이 이민이 '노예 이민'이라며 그것의 중지를 주장하기도 했지만, 그럼에도 하와이 이민은 계속되었다. 1902년부터 대한제국이 노동이민 금지령을 내린 1905년 7월초까지 2년 반 사이에 남자 성인 6,048명, 여자 성인 637명, 어린이 541명 등 총 7,226명이 65개의 선편으로 호놀룰루에 도착했다. 이들이주자들은 상인이나 농민, 노동자들뿐만 아니라 선비, 정부 관리, 군인, 경찰, 목사, 통역, 교사, 승려, 광부, 머슴 등 그 신분과 직업이 다양했다.

그러나 대한제국이 노동 이민 금지령을 내린 공식적인 사유는 1905년 영국인과 일본인이 불법 시행한 한인들의 멕시코 이민이 현지에서 노예와 같은 생활을 강요하는 등 국민들의 보호가 필요하다는 것이기도 하였지만, 실질적인 진짜 이유는 일본 정부가 자국민 보호를 위해 개입하여 대한제국 정부를 압박했기 때문이었다.

◆ 한인, 멕시코 유카탄 반도로 노동 이민 시작

1905년 4월엔 일본인이 한국에 세운 대륙식민회사의 속임수에 말려들어 1,031명의 한인이 노동 계약 이민으로 멕시코 유카탄 반도에 도착했다. 당시 한국과 멕시코 사이에 외교 관계가 수립돼 있지 않았기 때문에 이들은 법적 보호를 받지 못한 채 반(半)노예 생활을 해야 했다. 매를 견디다 못해 자살하는 사람들마저 나타났다. 탈출자들의 반은 굶주림으로 죽었다. 멕시코 이주 노동자 가운데 400명 정도는 이런 식으로 죽어갔다. 이들 중 200명이 쿠바로 이주해 정착했다.

◆ 사진 한 장 보고 결혼하는 '**사진 신부**'의 폐해

하와이 이주민들이 겪게 된 또 하나의 문제는 성비(性比)의 불균형이었다. 남녀가 거의 10 대1의 비율이었으니, 당장 결혼 문제가 심각했다. 그래서 나중에 나오게 된 것이 이른바 '사진 결혼'이다. 당시 상황에서 직접 본국에 가서 선을 볼 처지는 못 되었으므로 사진만 보내 신부를 하와이로 불러들이는 방식이었다. 1910년 12월 2일 '사진 신부' 1호인 최사라(당시 23세)가 호놀룰루에 도착해 하와이 국민회 총회장이던 노총각 이내수(당시 38세)와 결혼한 것을 시작으로 1,056명의 처녀가 남편을 찾아서 하와이로 가게 된다.

사진 결혼의 가장 큰 문제는 현격한 나이 차이였다. 남편 될 사람의 젊었을 당시의 사진을 보고 왔더니 자기 아버지뻘 되는 늙은이가 마중 나와 있어 자살하거나 도망하는 소동도 벌어졌다. 심지어 나이가 30세 이상 차이 나는 경우도 있었는데, 나이 차가 많이 나는 부부 관계는 '효'에 가까운 것이어서 심지어 자신의 남편을 아버지라고 부르는 사진 신부들도 있었다.

또한 사진과는 전혀 다른 얼굴을 보고 처녀들은 기가 막혔지만, 그래도 결혼 이외엔 다른 선택의 여지가 없었다. 조선으로 돌아가는 게 더 끔찍하게 여겨졌기 때문이다. 한 사진 신부는 "조선을 떠나기가 그렇게 어려웠는데, 어떻게 그냥 돌아갈 수가 있단 말인가. 내가 돌아가게 된다면 우리 부모님들이 수치스러워 할 텐데 말이다."라고 말했다.

사진 결혼의 폐해는 시작 4년 만인 1914년 〈매일신보〉를 통해 국내에 처음 알려졌으며 이에 따른 사회적 반향과 충격이 컸다. 3회에 걸쳐 연재된 이 기사는 평양에 사는 19세의 젊은 과부가 자신의 어린 딸과 함께 미국으로 건너갔으나 상상했던 것과는 너무나 다른 현실과 남편의 구타와 학대를 견디지 못해 호놀룰루의 모 교회에 도망쳐 참혹한 생활을 하고 있다는 걸 비롯하여 비극적인 면을 다루었다.

◆ 조국을 떠난 한인들의 슬픈 디아스포라

하와이에 도착한 초기 이민자 중 약 1천 명은 얼마간의 돈을 벌어 한국으로 되돌아왔고, 약 2천 명은 1910년까지 캘리포니아로 재이주했다. 하와이 이민자들 사이에서 샌프란

시스코로 건너 가기만 하면 채찍을 맞는 학대에서도 벗어나고 두세 배의 돈벌이를 할 수 있다는 이야기가 퍼지면서 샌프란시스코가 꿈의 대상이 되었다. 그러나 샌프란시스코로 가는 건 결코 쉬운 일이 아니었다. 독한 마음을 먹고 돈을 모은 사람들만이 누릴 수 있는 행운이었다. (중략)

1906년 4월 18일 샌프란시스코를 강타한 대지진은 이주 한인들에 대한 동포애를 발휘하게 만들었다. 나중에 확인된 바로는 지진으로 인해 죽은 한인은 한 명도 없었지만, 그걸 알기 전까지는 '최악의 시나리오'를 가정한 걱정의 목소리가 빗발쳤다. 한 신문 독자는 "우리 한국인이 하늘이 무슨 죄를 지었단 말인가?"라고 개탄하기도 했다. 〈대한매일신보〉의 호소에 따라 동포를 돕기 위한 위로금이 쇄도하기도 했다.

조국을 떠난 한인들에겐 그 어디에도 '지상낙원'은 없었다. 국내에선 외세에 휘둘리고, 국외에선 피부 색깔 때문에 차별을 받아야 하는 슬픈 디아스포라였다. 그럼에도 조국을 떠날 수밖에 없었던 한인들은 조국에 대한 사랑을 버리지 않고, 일제 강점 이후 독립 자금을 대는 데에 앞장서기도 하였다.

* 출처: 네이버, 돈마니의 블로그, '하와이는 지상낙원이었던가?' 2014.11.25.
https://blog.naver.com/donmany0203/220191119053

참 고 문 헌

1. **국내 단행본**

국민생활체육협의회 한민족축전본부. 1994. 세계한민족편람. 서울: 국민생활체육협의회 한민족축전본부.

김지영 외. 2012. 각국의 재외동포 정책. 고양: IOM 이민정책연구원.

김창범. 2004. 미주 한인이민 100년사. 서울: 코람데오.

윤인진. 2013. 세계의 한인 이주사. 파주: 나남.

이광규. 2000. 재외동포. 서울: 서울대학교출판부.

재외동포재단. 2022. 재외동포에 대한 내국인 인식조사. 제주: 재외동포재단.

2. **국내 논문**

김봉섭. 2002. 재외동포법의 배경과 쟁점. 고조선단군학. 7(1).

김봉섭. 2008. 재외동포 관련 연구동향과 향후 과제 : 연구사의 전개와 쟁점을 중심으로. 전남대학교 글로벌디아스포라연구소 국내학술회의.

김소웅. 2021. 재외동포의 법적 지위와 갈등의 성격과 구조. 재외한인연구. (55).

도회근. 2001. 재외동포의 법적 지위. 울산대학교 사회과학논집. 11(1).

윤정숙. 2022. 재외동포 법적지위 변화에 관한 연구-재외동포(F-4), 방문취업(H-2)을 중심으로. 인문사회 21. 13(6).

전호성 외. 2024. 재외동포 범주에 대한 법률상의 정의와 문제점 고찰. 재외한인연구. (66).

3. **기타 자료**

(1) 국가 기관 자료집

국사편찬위원회. 2013. 한인의 역사(일본, 북미주, 유럽, 중남미, 러시아 중앙아시아 한인). 과천: 국사편찬위원회.

한국 외교부, 2021. 재외동포현황 2021. 서울: 외교부 재외동포영사기획관실 재외동포과.
한국 외교부, 2023. 2023 재외동포현황. 서울: 재외동포청 재외동포정책과.
(2) 기사
조선일보. 기록으로 보는 재외한인의 역사. 국가기록원 자료 공개.
http://www.chosun.com〉html_dir.
(3) 웹사이트
『재외동포의 출입국과 법적지위에 관한 법률』. 국가법령정보센터.
http://www.law.go.kr
http://oversea.mofa.go.kr
코리아네트워크. 재외동포사회의 형성과정.
http://www.korean.net〉support.

제2부

우리나라의 재외동포 정책 및 추진 체계

제4장

정부의 재외동포 정책

한 나라의 재외동포 정책 방향을 알게 되면, 그 나라가 해외에 거주하는 재외동포들에 대해 어떠한 인식을 가지고 있는지 알 수 있다. 또한 정부가 향후 재외동포에 대해 어떻게 지원하고 어떤 정책을 추진할 것인지 여부도 충분히 가늠할 수 있다.

따라서, 이 장에서는 대한민국 정부 수립 이래 현재까지의 우리 정부의 재외동포 정책이 어떻게 변화, 발전되어 왔는지, 그리고 현재 재외동포에 대한 우리 정부의 정책은 어떠한지 그리고 향후 정부가 어떠한 방향으로 재외동포 정책을 추진해 나갈 것인지를 좀 더 구체적으로 살펴보고자 한다.

제1절 재외동포 정책의 목적 및 추진 전략

우리의 재외동포 정책 기본 방향에 있어서는 재외동포와 관련된 법률이 제정되면서부터 보다 체계화되고 제도화되어 왔다. 현행 재외동포 관련 법령 중 정부의 재외동포 정책 방향을 보다 체계화하고 제도화시킨 법령이 바로 2023년에 제정된 "재외동포기본법"이다.

동 법이 제정되기 전까지만 해도 정부의 재외동포 정책은 법적, 제도적 토대를 갖추지 못한 채 주로 행정적인 지원 차원에서 추진되어 왔다. 즉, 이 재외동포기본법이 제정되기 전까지는 재외동포 관련 정책들은 다음 두 개의 법률에 의해 행정적으로 지원되고 추진되어 온 정도였다. 이러한 법률로는, 재외동포 정책을 집행할 기구로서 재외동포재단에 관한 '재외동포재단법(1997)'과 재외동포의 출입국과 체류를 지원하기 위한 '재외동포의 출입국과 법적 지위에 관한 법률'(약칭: 재외동포법, 1999)'이 있다.

우선, 재외동포재단법(1997)에서는 제1조(목적)에서, "이 법은 재외동포재단을 설립하여 재외동포들이 민족적 유대감을 유지하며, 거주국에서 그 사회의 모범적인 구성원으로 살아가도록 이바지함을 목적으로 한다."고 하여 정부의 재외동포 정책의 목적을 우회적으로 설명하고 있다. 다만, 이 법은 2023년에 새로이 창설된 '재외동포청'과 산하기관(재단)으로 '재외동포재단'을 대체하는 '재외동포협력센터'가 신설되면서 사문화되었던 것이다.

또한 1999년에 제정된 재외동포법은 제1조(목적)에서 "이 법은 재외동포의 대한민국으로의 출입국과 대한민국 내에서의 법적 지위를 보장하는 것을 그 목적으로 한다."고 규정함으로써 외국국적 동포들이 국내에 입국하거나 국내 체류 시 향유하는 법적 지위를 보장하기 위해 동 법이 제정되었음을 명시하였다.

이와 같이 위 두 개의 법률이 재외동포들을 행정적으로 지원하기 위해 제정된 것과는 달리 2023년에 제정된 '재외동포기본법'은 정부의 재외동포 정책에 관한 원칙적인 기본 방향을 제시하는 '기본법적 성격'을 지닌 법령이었다. 이는 곧 동 법 제1조(목적)의 규정을 통해 정부의 재외동포 정책의 기본 방향을 보다 명확히 제시하기 위함임을 알 수 있다.

동 법 제1조(목적)에서는, "이 법은 재외동포정책에 대한 기본적인 사항을 규정함으로써 재외동포사회와 대한민국이 함께 발전해 나갈 수 있는 환경을 조성하고, 나아가 인류의 공동번영과 세계평화 증진에 기여함을 목적으로 한다."고 규정하고 있다. 다시 말해, 정부가 재외동포 정책의 기본 방향을 모국과 재외동포 사회가 상호 호혜적인 동반 성장을 달성할 수 있는 기반을 조성함으로써 향후 글로벌 중추국가로 발전하는 토대를 마련하여 인류의 발전과 세계평화에 기여하고자 함을 명확히 하고자 한 것이었다.

따라서, 이 제1조의 목적 조항을 고려하여, 우리 정부의 재외동포 정책의 기본 목적에 대해 다음과 같이 정의될 수 있다 하겠다.

1) 재외동포들이 민족적 유대감을 유지하고,
2) 거주국에서 그 사회의 모범적인 구성원으로 살아감으로써
3) 모국과 재외동포사회가 함께 동반 성장해 가도록 상호 이바지한다.

정부의 이러한 재외동포의 기본 목적을 토대로 우리 정부가 추진하는 재외동포 정책의 비전과 추진 전략을 살펴보면, 다음과 같다.

우선 비전으로서는, 재외동포와 모국 간 연대 강화 및 상생 발전을 실현하는 것이며, 이의 추진 전략으로는 1) 재외동포의 정체성 함양 및 역량 강화 지원 2) 글로벌 민족 네트워크 활성화 3) 소외된 동포 지원 등을 들 수 있다.

그림 6 재외동포 정책 비전과 추진 전략

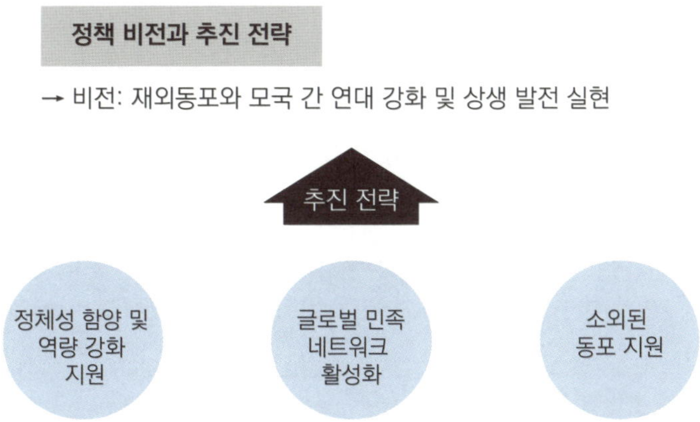

위에서 언급한 우리 정부의 추진 전략을 좀 더 구체적으로 살펴보면, 첫째, 재외동포들이 한인 정체성을 함양하는 한편, 동시에 이들이 거주국 내에서 자체

역량을 강화하도록 적극 지원한다는 것이다.

특히 재외동포들이 해외에서 한인으로서의 정체성을 함양하기 위해서는 우선 한국어 및 한국 문화에 대한 교육이 우선시되어야 할 것이며, 정부로서는 재외동포들을 위해 해외 한글학교 혹은 한국 국제학교에 대한 정부 지원을 강화해 나가야 할 것이다.

또한 재외동포 2~3세대인 차세대 동포들에 대한 지원을 확대하는 방안으로, 한인 차세대들이 거주국 내에서 모범적인 구성원으로 성장, 발전할 수 있도록 지원하되, 한인으로서의 자긍심이 발휘될 수 있도록 차세대 동포들에게 각종 장학제도를 실시하거나, 혹은 주기적으로 모국에 초청하여 모국의 발전상을 체험하는 등 연수, 초청사업 등을 강화한다는 것이다.

둘째, 재외동포들이 지역별, 직능별로 '글로벌 민족 네트워크'를 활성화하는 것이다. 이를 위해 우선 동포사회가 건전하게 육성, 발전될 수 있도록 각 지역별 한인회를 활성화하는 한편, 정부 차원에서 동포 초청 대규모 행사를 개최하여 지역별, 직능별로 동포사회가 상호 역량을 결집할 수 있도록 지원하는 것이다.

특히 세계한인비즈니스대회, 한인기업 청년 인턴십 등 민족기업인 간의 네트워크 구축을 통해 국내 기업과 해외 한인 기업이 상호 사업 기회를 창출하여 상생 발전할 수 있도록 환경적 기반을 조성하는 것이다.

셋째, 재외동포 중에서 소외된 재외동포들을 발굴하여 적극 지원하는 것이다. 예컨대, 해외 입양인 가족 찾기 등 이들의 민원을 적극 해결 지원하고, 아울러 사할린 및 러·CIS 지역의 무국적 고려인, 베트남에서 귀환한 한국 국적의 자녀, 그리고 국내 체류 재외동포 등 소외된 동포들에 대한 지원을 강화하는 한편, 소외된 동포들을 지원하기 위한 중·장기적인 대책을 마련하는 것이다.

제2절 재외동포 정책의 역사적 발전 과정

이번 절에서는 오늘날의 재외동포 정책이 역사적으로 어떠한 과정을 거쳐 현재에까지 이르게 되었는지를 살펴보고자 한다.

먼저 한국 정부는 1948년 정부수립 직후 한반도를 중심으로 한 동북아시아의 국제정치적 역학관계로 인해 재외동포 정책을 적극적으로 추진할 수 없었던 상황이었다. 다시 말해, 해방 이후 좌, 우 대립의 사회혼란 속에서 정부가 수립되긴 했으나 6.25 전쟁 발발로 남북 분단이 이루어졌고, 특히 자유주의 진영을 대표하는 미국과 사회주의 진영을 대표하는 소련에 의해 남과 북이 대치하는 상황에서 정부의 재외동포 정책 또한 이에 영향을 받으며 추진될 수밖에 없었다.

그 이유로는 당시 재외동포 중 대다수를 차지하던 중국 및 구소련 동포들은 동·서 냉전체제로 인해 한국과의 교류가 단절된 상태였으며, 또한 재일동포의 경우도 많은 인원이 북한과 연관되어 있었다고 보고, 이들에 대한 동포 정책을 추진하는 것 자체가 무의미하다고 보았던 것이다.

따라서 정부 수립 초기의 재외동포 정책은 무대응 혹은 북한과의 대치외교 차원에서 소극적으로 이루어졌다고 볼 수 있다.

이와 같이 대한민국 정부 수립 초기의 역사적 배경을 토대로 1945년 해방 직후부터 현재까지의 정부의 재외동포 정책의 주요 내용을 문민정부 이전과 문민정부 이후로 나누어 살펴보면, 다음과 같다.

1 문민정부 이전의 정책 내용(1950~1992)

1945년 해방 직후에는 미 군정에 의한 신탁통치가 이루어졌기 때문에 근원적으로 해외에 사는 동포들에 대한 정책을 고려할 수 없었다. 당시 일제치하에서 조국을 떠났던 사람들의 국내 귀환은 가장 큰 이슈로 대두되었지만, 이 국내 귀환 역시 남, 북 분단으로 차질을 빚었고, 이후 제1공화국으로 출범한 이승만 정부는 반일(反日)과 반공(反共)을 국시로 내걸었기 때문에 동포정책을 수립할 수 없었던 상황이었다.

특히 당시의 대다수 동포들은 일본, 또는 중국과 소련에 거주하였고, 미주 및 기타 지역에는 극소수의 동포만이 존재하였기 때문이기도 했다. 더군다나 이들 재외동포에 대한 이승만 정부의 입장 역시 명확하지 않았고, 단지 정치적 목적에서 '조선적' 재일동포를 포섭하기 위한 수단으로 이들 재일동포들을 우리 국민으로 등록토록 하는 '재외국민등록법(1949)'을 제정, 시행하는 정도에 그쳤다.

이와 같이, 당시 냉전 시기의 동포 문제는 동포 정책이라기보다는 '국민'이란 차원에서 '재일동포의 법적 지위 개선 문제'에 치중할 수밖에 없었다. 왜냐하면, 당시 냉전 상태로 인해 중국과 소련 동포에 대해서는 정책을 추진할 입장이 아니었고, 또한 일본과도 국교정상화가 이루어지지 않은 상태에서 일본 내 거류민단 동포들의 법적 지위 문제를 해결하는 것이 급선무였기 때문이었다.

이후 1961년 5.16 군사정변으로 집권한 박정희 정부의 제3공화국은, 최초로 재외동포 정책에서 '재외국민'이란 개념을 부각시키며, 재외동포 관련 정책을 최초로 수립하기 시작했다. 논란 속에 한-일 회담이 타결되면서 '재일 한인의 법적 지위' 문제에 있어서 '재외국민'이란 개념이 확립되었고, 그 결과 외교부내에 교민과(1961)가 설치되었다. 또한 이를 통해 정부의 동포 교육을 위한 교사 파견, '재외국민지도위원회' 설치(1962) 등도 시도되었다.

이어 1962년에는 정부 차원에서 해외 이주를 적극 장려하기 위해 '해외이주법(1962)'이 제정되었고, '이민공사(1964)'와 '해외개발공사(1965)'가 설립되면서 한국에서 외국으로의 집단적 기획이민이 추진되었다. 브라질로의 농업 이민, 독일로의 광부 및 간호사 파견, 베트남 파병 및 기술노동자 파견, 그리고 이후 중동 지역으로의 건설 노동자 파견 등 이전과는 다른 새로운 교민인 '재외국민'이 나타났음을 의미한 것이었다. 그 결과 재외국민에 대한 개념이 새롭게 정립되면서 동 업무 처리를 위해 외무부 내에 영사국(1970)이 설치되기에 이르렀다.

한편, 1980년대 초 전두환 정부에 들어 '재외국민'에 대한 합법적 보호 필요성이 커지면서 헌법 개정을 통해 제2조 제2항에 '재외국민에 대한 보호 의무' 조항이 삽입되었다. 이로써 정부의 재외국민 보호 정책이 의무화되고 법제화되는 계기를 마련했다.

그 결과로서, 정부 내에 '재외국민 정책심의위원회'가 설치되어 재외국민에 대한 영사 보호는 물론 교육, 문화 지원 등 재외국민에 대한 기본적인 정책 수립과 집행이 시작되었다. 그렇지만, 외국국적 동포를 포함한 전반적 동포 문제에 대해서는 여전히 쟁점별로 논의 수준에 그치고, 구체적인 입법화 단계에까지 이르지는 못했다.

노태우 정부의 제6공화국에 들어 88 서울 올림픽의 성공적인 개최 이후 우리 국민의 해외여행 자유화 조치가 이루어졌고, 또한 북방정책을 명시한 '7.7선언(1988)'으로 공산권의 외국국적 동포들이 한국과 교류할 수 있는 기회가 제도적으로 확립되었다.

먼저 서울 올림픽의 성공적 개최로 한국의 위상이 상승하면서 1989년 정부는 여권법을 개정하여 해외이주와 관련된 제한을 폐지하는 한편, 우리 국민들의 해외여행 자유화 조치를 시행했다. 이로써 우리 국민들의 해외여행이 급증하였고, 또한 해외로 이주해 가는 재외국민도 따라서 증가했다.

이와 함께 북방정책이 시행되면서 중국과 러시아·CIS 지역 동포들과의 교류 기회가 확대되었다. 당초 이 북방정책은 남북한 간 민족 통합을 강조한 '한민족 공동체 통일 방안'의 일환으로 추진되었다. 따라서 이 한민족 공동체 논의는 이전까지 북한과의 대결을 위한 '공작대상'으로 여겨져 왔던 재외동포들을 이제 통일을 위한 중요한 한 축으로 여기고, 재외동포 정책의 중요한 상수로 떠올랐다. 그 결과 88 서울 올림픽 개최 1주년을 기념하여 개최된 '세계 한민족 축전(1989)'에 구소련과 중국지역 재외동포들이 참여하면서 한국의 재외동포 정책도 중요한 전기를 마련하게 되었다.

2 문민정부 이후의 정책 내용(1993~현재)

1993년 김영삼 대통령의 문민정부에 들어와 우리 정부의 실질적인 재외동포 정책이 가동되기 시작했으며, 이 시기에 들어와 드디어 재외동포 정책이 보다 구체화되고 실질적인 법적 제도화가 이루어질 수 있었다.

문민정부는 초기 정책의 기본 방향으로서 '세계화의 비전과 전략'을 제시하였다. 그리고 이를 위해 '대통령직속 세계화추진위원회'를 발족시키고, 동 위원회로 하여금 세계화 과제에 대한 개선방안을 마련, 추진해 나가도록 했다. 이 중에서도 외교·통일 분야에서 아시아·태평양 시대 주역으로서의 외교활동 강화를 '국제기구 진출 확대'와 함께 '재외동포사회 활성화 지원'을 외교 목표의 주제로 포함시켰다.

이 '재외동포사회 활성화 지원' 분야에서, 재외동포 정책의 기본 목표로서 첫째, 재외동포의 거주국 내 권익 신장과 역량 강화, 둘째, 한민족으로서의 정체성과 자긍심 고양, 셋째, 동포 간 화합 및 모국과 동포사회의 호혜적 발전이라는 원칙과 목표를 확정했다.

이에 따라 대통령 비서실 내에 동포 업무를 담당할 교민담당 비서관 직을 신설하였고, 이어 국무총리 산하에 '재외동포정책위원회(1996)'가 설치되었다. 이 재외동포정책위원회는 또한 여러 차례 회의 개최를 통해 재외동포 정책에 대한 추진 계획을 수립하는 한편, 재외동포 정책의 집행기관으로서 외교부 산하에 '재외동포재단'을 설립하기로 결정했다. 이러한 과정을 거쳐 1997년 '재외동포재단법'이 제정되었고 이어 같은 해에 '재외동포재단'이 발족되었다.

이렇게 문민정부에서 시작된 재외동포 정책의 제도화는 김대중 대통령의 '국민의 정부'에 들어와 더욱 실질적인 법제화로 이어졌다. 특히 문민정부는 이전에 '공작 대상'으로 여겼던 재외동포를 '한민족의 일원'으로 인식의 전환을 이루어냈다면, 국민의 정부는 재외동포를 모국과 동등한 입장에서 호혜적인 네트워크의 대상으로 간주하였다.

이러한 인식의 전환은 1997년 외환위기를 거치면서 재외동포들이 모국에 보여준 애국심과 물질적 기여에 기인한 것이었다. 즉, 같은 민족의 일원으로서 단순한 재외동포에 그치지 않고 경제난국을 헤쳐 나갈 '동반자'이자 우리 민족의 '살아있는 자산'으로 인식하는 계기로 작용했던 것이다.

이러한 배경하에 국민의 정부는 1999년에 "재외동포의 출입국과 법적 지위에 관한 법률"을 제정하여, 외국국적 동포들도 '한국계 외국인'이란 관점에서 일반 외국인과는 달리 출입국 혹은 체류 상에 있어서 내국인에 준하는 특별한 법적 지위를 부여하도록 했다.

그럼에도 불구하고, 당시의 최초 법률은 제2조(정의)에서, 재외동포의 범위를 재외국민과 외국국적 동포로 범주화하고, 외국국적 동포의 대상을 '대한민국 국적(1948년 정부수립 이후)을 보유하였던 자 또는 그 직계비속으로서 외국국적을 취득한 자'로 명기함에 따라 1948년 정부 수립 이전에 해외로 이주해 간 중국 및 구소련 동포들을 외국국적 동포의 범주에서 제외시키는 결과를 초래하여, 이들 재외동포들의 큰 불만을 자아냈다.

이러한 불만과 혼란은 이른바 '재외동포법 파동'의 형태로 국내 사회에서 논쟁을 야기하였으며, 최종적으로 결국 2004년 헌법재판소의 '위헌 인용 판결'에 따라 동 법이 개정되어, 이른바 '대한민국 정부 수립 이전을 포함하여'란 문구가 추가됨으로써 최종적으로 중국 및 러시아·CIS 동포들도 동 법률의 적용대상에 포함되게 되었다.

이후 노무현 정부에 들어와 재외동포 정책은 김대중 정부의 정책을 그대로 계승하여 이루어졌고, 주로 정책 추진 상의 문제점을 수정하는 부분적인 제도화 형태를 취하였다.

그리하여 재외동포들의 한민족 자긍심을 고취시키기 위해 매년 10월 5일을 "세계 한인의 날"로 지정하였고, 또한 재중 동포와 러시아·CIS 동포들의 국내 취업과 모국 방문 기회를 더욱 확대시키기 위해 고용허가제의 특례 조치로서, '방문취업제(H-2)'를 시행하였다.

이 방문취업제 시행으로 중국 및 러시아·CIS 지역 동포들의 국내 입국 및 장기 체류가 급증하였고, 이에 따라 해외 거주 재외동포만이 아니라 국내에 입국하여 장기 체류하는 재외동포에 대한 정책의 필요성 또한 제기되었다. 특히 최근 결혼이민자의 급증 추세와 함께 국내의 다문화 가정 보호를 위한 국내 다문화 정책과 결합되어 '이민자와의 사회 통합'이라는 과제가 대두되기 시작했다.

이후 박근혜 정부와 문재인 정부에 들어와, 각각 소외된 동포를 지원하기 위한 정책 일환으로 고려인 동포와 사할린 동포에 대한 특별법이 국회를 통과했다. 2013년에는 "고려인 동포에 대한 합법적 체류자격 취득 및 정착 지원을 위한 특별법"이 제정되었고, 2020년에는 "사할린동포 지원에 관한 특별법"이 제정되었다.

2022년 윤석열 정부에 들어와 재외동포 정책에 관한 기본 방향을 제시한 '재외동포 기본법'이 2023년 2월에 제정되었고, 이어 재외동포 관련 정책과 사업을 총괄적으로 수립·집행하는 전담기구인 '재외동포청'이 동년 6월 출범되어 현재에 이르고 있다.

제3절 정부의 재외동포 정책 추진 체계

정부의 재외동포 정책 추진을 위한 추진 체계에 관해서는, 2023년 6월 '재외동포청'이 설립되기 이전과 설립된 이후의 시기로 나누어 설명될 수 있다.

먼저 2023년 재외동포청이 설립되기 이전의 추진체계를 살펴보면, 정부의 정책결정을 위한 최고 심의, 조정 기관으로서 '재외동포정책위원회(위원장: 국무총리)'를 두고, 그 밑에 정책결정 기관으로서 외교부와 관계부처, 그리고 실질적인 정책집행기관으로 외교부 산하의 '재외동포재단' 및 해외주재 재외공관을 두는 형태였다.

첫째, '재외동포정책위원회'는 정부의 재외동포 정책에 관한 종합적인 심의, 조정 기능과 함께 동포 정책에 관한 범정부 차원의 의견을 수렴하고 조율하는 기능을 수행한다. 동 위원회는 1996년 문민정부 당시에 신설되었으며, 국무총리가 위원장이 되고, 각 부처 장관과 일부 민간 전문가 등이 위원으로 참여한다. 또한 동 위원회의 산하 부서로서, 동 위원회의 안건을 준비하고, 위원회의 위임 사무를 처리하기 위한 기관으로서 '재외동포정책 실무위원회'를 두고 있다. 동 실무위원회는 외교부 재외동포영사실장을 위원장으로 하고, 여타 정부부처의 국장급이 실무 위원으로 참여한다.

둘째, 재외동포 업무 관련 실질적인 정책결정기관으로 외교부와 여타 관계

부처가 있다. 외교부는 재외동포에 관한 종합적인 외교정책을 수립, 시행하는 한편, 동 정책에 관한 총괄, 조정 기능을 담당한다. 그 밖에 여타 관계부처로서, 법무부, 교육부, 문화체육관광부, 고용부, 보건복지부, 국세청과 병무청, 그리고 각 지방 지방자치단체 등은 사증, 보험, 병역, 세무 등 재외동포와 관련된 국내 행정 사무를 처리, 관장하며, 특히 국내체류 재외동포들의 체류자격, 고용, 사회통합 관련 사항을 지원, 처리한다.

셋째, 정책의 최선 집행기관으로서, 외교부 산하의 재외동포재단과 해외 주재 재외공관을 들 수 있다. 재외동포재단과 해외 주재 재외공관은 재외동포의 정체성 함양과 네트워크 구축 등 재외동포 정책을 직접 구현하기 위한 구체적 사업을 수행한다. 즉, 한국어 교육을 위한 한글학교 지원, 차세대 지원 사업, 모국 초청 및 연수 사업, 소외된 동포사업 지원 등 실제 사업을 수행하고 있다.

한편, 2023년 재외동포청이 설립된 이후 새로이 정립된 재외동포 정책의 추진 체계와 관련, 가장 두드러진 특징은 주요 정책결정 기관이 외교부와 관계 부처로부터 '재외동포청'으로 일원화되어 통합되었다는 점이다.

즉, 정부의 정책에 대한 최고 심의, 조정 기관으로서 '재외동포정책위원회(위원장: 외교부장관, 2021년 말 국무총리에서 외교부장관으로 변경)'는 그대로 두고, 그 밑에 정책결정 기관으로서 외교부(정책)와 재외동포청(사업)을 두되, 정책을 수행하는 집행기관으로는, '재외동포청'과 그 산하기관으로 '재외동포협력센터'가 분담하는 구조로 새롭게 변경되었다는 점이다.

재외동포청 설립 이전에는 재외동포 정책에 있어서 외교부와 해당 관계부처가 각 분야별로 나누어 정책을 결정, 추진해 왔다면, 이제는 '재외동포청'이 이를 총괄하고, 일원화하여 수행함으로써 정책을 일관성 있게 추진할 수 있게 되었다는 것이다.

첫째, '재외동포정책위원회'는 기존의 재외동포 정책에 관한 종합적인 심의, 조정과 함께 범정부 차원의 의견 수렴과 조율하는 기능을 그대로 수행하면서, 다만 동 위원회의 위원장은 2021년부터 '국무총리'에서 '외교부장관'으로 하향, 변경되었다. 이는 재외동포 관련 정책들이 재외동포에게 실질적 도움이 될 수 있도록 지원하기 위한 일환으로 실질적 정책 업무를 하향 위임한 것이었다.

2023년 제정된 '재외동포기본법' 제10조에서도, 동 위원회의 기능과 관련, "재외동포 정책을 종합적이고, 체계적으로 추진하기 위한 주요 사항을 심의, 조정한다."고 규정하고, 그 구체적인 예로서, 1) 기본 계획의 수립, 시행 및 평가에 관한 사항 2) 여타 중앙행정기관 간 협조 및 조정에 관한 사항 3) 국민 참여 및 민. 관 협력과 관련된 사항을 들고 있다.

그리고 이어 "동 위원회의 구성은 위원장인 외교부장관을 포함하여 25명이내의 위원으로 구성하되, 위원은 각 부처 차관 및 재외동포 정책 관련 학식과 경험이 풍부한 민간 전문가로 구성한다."고 했다.

또한 동 위원회에 상정할 안건을 준비하고 위원회의 위임 사무를 처리하기 위해 그 산하 부서로서의 '재외동포정책 실무위원회'를 '재외동포청'으로 이관하고, 동 실무위원회 위원장을 '재외동포청장'이 맡도록 하였다.

둘째, 재외동포 업무 관련 실질적인 정책결정 업무를 외교부 장관과 재외동포청장이 맡도록 하였다. 다만, 외교부는 재외동포에 관한 외교 정책의 수립 및 시행 업무를 맡되, 재외동포청은 재외동포 정책과 관련한 종합적인 정책을 구현하고, 관련 사업들을 직접 수립, 시행하도록 분담하였다.

예컨대, 여타 관계부처에서 산발적으로 수행해 오던 재외동포 관련 업무 즉, 출입국 및 체류자격, 사증, 보험, 병역, 세무, 연금 재외동포와 관련된 국내 행정 사무를 총괄 처리, 관장하며, 국내체류 재외동포들에 대한 고용, 사회통합 관련 사항도 총괄 지원, 처리하도록 했다.

셋째, 정책의 최선 집행기관으로, '재외동포청'과 '재외동포협력센터'가 설립되었다. '재외동포청'은 재외동포 관련 정부 행정부처 업무의 원포인트 서비스를 제공하도록 하며, '재외동포협력센터'는 재외동포의 정체성 함양과 네트워크 구축 등 재외동포 정책을 실질적으로 구현하기 위한 구체적 사업을 수행하도록 하고 있다. 즉, 한국어 교육을 위한 한글학교 지원, 차세대 지원 사업, 모국 초청 및 연수 사업, 재외동포의 역사 기록 전시 사업 등 실질적 사업을 수행하고 있다.

제4절 정부의 재외동포 정책 주요 내용 및 사업

앞에서 살펴본 바와 같이, 정부의 재외동포 정책의 기본 목적은 "재외동포 사회와 모국과의 상생 발전 및 공동 번영"을 이루는 것이다. 정부는 이러한 목적 달성을 위해 그 추진 전략으로서 세 가지 주요 정책 내용을 제시하고 있다. 첫째, 정체성 함양과 역량 강화 지원, 둘째, 글로벌 민족 네트워크 활성화, 셋째, 소외된 동포에 대한 지원 강화이다. 이하에서는 이러한 정부의 재외동포 정책의 주요 내용을 좀 더 구체적으로 살펴보겠다.

1 정체성 함양과 역량 강화 지원

정부는 재외동포들이 한인으로서의 정체성을 함양하는 한편, 거주국 내에서 이들의 역량이 더욱 확대될 수 있도록 지원을 강화하고 있다.

재외동포들의 한인 정체성 함양을 위한 핵심 사업으로는 '한국어 교육 진흥'과 함께 '차세대를 위한 지원 사업'을 들 수 있다. 즉, 재외동포들이 해외에서 한인으로서의 정체성을 함양하기 위해서는 우선 2~3세대를 중심으로 한국어 및 한국 문화에 대한 교육이 우선시되어야 할 것이다. 이를 위해 정부는 재외동포들에게 우선적으로 한글학교 혹은 한국 국제학교에 대한 지원을 가능한 확대시켜 나가야 할 것이다.

이와 동시에 재외동포 2~3세대인 차세대 동포들에 대한 지원을 확대함으로써 이들이 거주국 사회에서 모범적인 구성원으로 성장함은 물론 역량 강화를 통해 거주국 내 주류사회에 적극 편입하도록 하는 것이다. 이를 위해 차세대 동포들에게 각종 장학제도를 실시하거나, 혹은 주기적으로 모국에 초청하여 모국의 발전상을 체험하는 등 연수와 초청 사업 등의 각종 교류 사업을 강화해 나가야 할 것이다.

2 글로벌 민족 네트워크 활성화

또한, 재외동포들이 지역별, 직능별로 '글로벌 민족 네트워크'를 구축하여 동포사회가 밀접히 결집하고 민족 네트워크를 활성화해 나가도록 지원하는 것이다. 이를 위해 우선 동포사회가 건전하게 육성, 발전될 수 있도록 각 지역별 한인회를 활성화하는 한편 정부 차원에서 동포 초청 대규모 행사를 주기적으로 개최하여 지역별, 직능별로 상호 역량을 결집해 나갈 수 있도록 해야 할 것이다.

특히 세계한인비즈니스대회, 한인기업 청년인턴십 등 민족 기업인들이 상호 네트워크를 강화하여 국내 기업과 해외 한인기업 간에 사업 기회를 창출해 내어 상생 발전할 수 있도록 환경적 기반을 조성해야 할 것이다.

3 소외된 동포 지원

다음으론, 재외동포 중에서 소외된 재외동포들을 발굴하여 적극 지원하는 것이다. 예컨대, 해외 입양인 가족 찾기 등 이들의 민원이 적극 해결되도록 지원하고, 아울러 사할린 및 러·CIS 지역의 무국적 고려인, 베트남에서 귀환한 한국 국적의 자녀, 그리고 국내체류 재외동포 등 소외된 동포들에 대한 지원을 강화하는 한편, 소외된 동포들을 지원하기 위한 중·장기적 대책도 마련해 나가야 할 것이다.

4 주요 추진 사업

정부는 이러한 재외동포 정책 내용을 좀 더 구체적으로 구현하기 위해, 재외동포들을 대상으로 주요 초청 행사를 실시하고 있다.

우선 매년 10월 5일에 "세계 한인의 날" 기념식을 거행하고 있다. 동 기념일은 노무현 정부 시기에 재외동포들의 의견을 반영하여 2007년에 지정한 것으로서, 매년 10월 5일을 기념일로 지정하여 모국에 대한 자긍심과 유대감을 강화하는 한편, 재외동포들의 민족적 의의를 고취하도록 하고 있다.

특히 2023년 제정된 재외동포기본법 제15조에서도 "세계 한인의 날"과 함께

"세계 한인 주간"을 특별히 명시하였다. 동 조항에서는 "재외동포와 대한민국 간의 유대감을 보다 강화하기 위하여 매년 10월 5일을 "세계한인의 날"로 정하고, 개천절부터 시작하여 한글날까지의 1주간을 "세계한인주간"으로 할 것을 규정하고 있다.

둘째, "세계 한인회장 대회"를 매년 시행하고 있다. 이 대회는 대체로 "세계 한인의 날(10.5)" 행사를 전후하여 개최되고 있으며, 보통 "세계 한인의 날"에 연이어 동시에 진행되는 경우가 많다.

특히 이 시기에는 전 세계 한인회 회장 및 주요 간부들이 함께 모여 재외동포 사회 간 혹은 모국과 재외동포 사회 간 유대를 강화하는 한편, 한인들 간의 글로벌 네트워크를 구축케 함으로써 동포 사회와 모국 간의 상생 발전을 도모할 목적으로 매년 개최되고 있다.

셋째, "세계 한상대회"를 매년 개최하고 있다. 여기에서 '한상(韓商)'이란, 중국의 화상(華商)과 대비되는 개념으로서, '한인 기업인'을 의미한다. 즉, 해외에 거주하는 한인 기업인들이 함께 모여 동포사회의 최대 비즈니스 교류의 장으로 활용토록 하고자 하는 목적에서 개최되고 있다.

다만, 이 세계 한상대회는 제21차 대회(2023)때 '한상'이란 표현보다는 '한인 비즈니스'란 표현이 적합하다고 판단하여 2023년 이후부터는 "세계 한인비즈니스 대회"로 변경하여 사용되고 있다. 아무튼 매년 4~5월 개최되는 이 "세계 한인 비즈니스 대회"는 재외동포 민족 기업인 간 혹은 재외동포사회와 모국 간 비즈니스 네트워크 강화에 크게 기여하고 있음은 주지의 사실이다.

넷째, "세계 한인 차세대 대회"를 매년 개최하고 있다. 이 대회는 최근 한인사회의 주류로 진입하고 있는 한인 차세대 지도자들의 역량을 결집하고 상호 네트워크를 구축하기 위해 시행되고 있다.

동 대회는 매년 8월경에 국내에서 개최되고 있는데, 전 세계 다양한 분야에서 활동 중인 차세대 인재를 초청하여 글로벌 네트워크를 강화하는 동시에 차세대 한인들의 교류의 장으로 활용되도록 하고 있다.

이 외에도 재외동포들의 직능별 주요 초청 행사로서 "세계 한인 정치인 포럼", "한인 무역협회(OKTA)", "한인 과학기술자 협회(KOSEN)", "한인 IT 네트워크", "한민족 여성네트워크(KOWIN)" 등이 주기적, 정례적으로 개최되고 있다.

<재외동포정책위원회규정>(발령 2015. 1. 9.)
(외교부대통령 훈령, 2021. 9. 10. 일부개정)

제1조(설치) 정부의 재외동포에 관한 정책을 종합적으로 심의·조정하고 이를 효율적으로 추진·지원하기 위하여 외교부장관 소속 하에 재외동포정책위원회를 둔다.

제2조(기능) 재외동포정책위원회(이하 "위원회"라 한다)는 다음 사항을 심의·조정한다.

1. 재외동포정책 기본방향의 수립에 관한 사항
2. 재외동포의 정착 지원에 관한 사항
3. 재외동포의 법적·사회적 지위 향상에 관한 사항
4. 재외동포와의 유대 강화에 관한 사항
5. 재외동포의 국내외 경제활동 지원에 관한 사항
6. 재외동포의 정체성 함양에 관한 사항
7. 재외동포 관련 부처별 사업계획에 관한 사항
8. 그 밖에 재외동포와 관련된 사항으로서 위원장이 부의하는 사항

제3조(구성) ① 위원회는 위원장 1명을 포함한 25명 이내의 위원으로 구성한다.

② 위원회의 위원장은 외교부장관이 되고, 위원은 다음 각 호의 사람이 된다.

1. 기획재정부·교육부·미래창조과학부·외교부·통일부·법무부·행정안전부·문화체육관광부·고용노동부·국무조정실과 그 밖에 안건과 관련된 관계 부처 및 기관의 차관·차장 또는 이에 상당하는 공무원. 이 경우 복수 차관 또는 차장이 있는 기관은 해당 기관의 장이 지명하는 차관 또는 차장으로 한다.
2. 재외동포에 관한 사항에 대하여 학식과 경험이 풍부한 사람으로서 외교부장관이 위촉한 사람(이하 "위촉위원"이라 한다)

③ 위원회에 그 사무처리를 위하여 간사 1명을 두며, 간사는 외교부 재외동포영사기획관으로 한다.

제4조(위촉위원의 임기) ① 위촉위원의 임기는 2년으로 하되, 연임할 수 있다.

② 위촉위원이 사임 등으로 직무를 수행할 수 없게 된 때에는 위원장은 지체 없이 새로운 위원을 위촉하여야 한다.

제5조(위원장의 직무) ① 위원장은 위원회를 대표하며, 위원회의 회의 업무를 총괄한다.

② 위원장이 부득이한 사유로 직무를 수행할 수 없는 때에는 위원장이 지명하는 위원이 그 직무를 대행한다.

제6조(회의 및 의사) ① 위원장은 위원회의 회의를 소집하고, 그 의장이 된다.

② 위원회의 회의는 연 1회 소집함을 원칙으로 하되, 위원장이 필요하다고 인정하는 때 또는 재적위원 3분의 1 이상의 요구가 있는 때에도 소집한다.

③ 회의는 재적위원 과반수의 출석으로 개의하고, 출석위원 과반수의 찬성으로 의결한다. 다만, 위원회에 상정되는 안건의 내용이 경미하거나 회의를 개최할 시간적 여유

가 없는 경우에는 서면심의만으로 의결할 수 있고, 이 경우 재적위원 과반수의 찬성을 얻어야 한다.

제7조(사업 보고 및 의안 제출) ① 관계 부처 및 기관의 장은 부처 간 정보 공유를 위하여 매년 2월 말일까지 전년도 재외동포정책 관련 사업추진 결과 및 당해연도 사업계획을 위원회에 제출한다.

② 위원회는 제1항에 따라 제출된 사항을 취합하여 관계 부처 및 기관에 회람한다.

③ 위원회에 안건을 상정하려는 부처 및 기관의 장은 회의 개최 14일 전까지 위원회에 해당 안건을 제출한다. 단, 시간적 여유가 없는 경우는 그러하지 아니하다.

④ 위원회는 제1항에 따른 사업추진 결과 등의 접수, 제2항에 따른 회람 및 제3항에 따른 안건의 접수에 관한 사항을 제9조에 따른 실무위원회에 위임할 수 있다.

제8조(회의결과의 이행) ① 위원장은 필요하다고 인정하는 때에는 회의에서 의결된 중요사항을 대통령에게 보고하여야 한다.

② 위원장은 위원회에서 의결된 결과를 관계 부처 및 기관의 장에게 통보하여야 한다.

③ 제2항에 따라 통보를 받은 부처 및 기관의 장은 통보받은 사항을 그 업무에 적극 반영하고, 그 결과를 다음 위원회에 보고한다.

④ 위원장은 의결된 결과의 원활한 이행을 위하여 필요하다고 인정하는 경우, 관계부처 및 기관의 장에게 그 이행을 촉구할 수 있다.

제9조(실무위원회) ① 위원회의 심의사항을 사전에 연구·검토하고, 위원회가 위임하는 사항을 처리하기 위하여 위원회에 재외동포정책실무위원회(이하 "실무위원회"라 한다)를 둔다.

② 실무위원회는 실무위원장 1명, 관련 중앙행정기관의 국장급 공무원 및 관련 전문가를 포함하여 25명 이내의 실무위원으로 구성한다.

③ 실무위원장은 외교부 재외동포영사실장으로 한다.

④ 삭제

제10조(관계 기관 등에의 협조 요청) 위원회 또는 실무위원회는 필요하다고 인정하는 때에는 전문적인 지식과 경험이 있는 관계 기관의 직원 또는 전문가로부터 의견을 듣거나, 관계 기관·단체 등에 대하여 의견 또는 자료의 제출 등 필요한 협조를 요청할 수 있다.

제11조(수당) 위원회 또는 실무위원회에 출석한 위원, 실무위원, 관계 기관의 직원 및 전문가에 대하여는 예산의 범위에서 수당을 지급할 수 있다. 다만, 공무원이 그 소관업무와 직접 관련되어 출석하는 경우에는 그러하지 아니하다.

제12조(운영세칙) 이 훈령에 규정한 것 외에 위원회 또는 실무위원회의 운영에 관하여 필요한 사항은 위원회의 의결을 거쳐 위원회의 위원장이 정한다.

부칙〈제435호, 2021.9.10.〉 이 훈령은 발령한 날부터 시행한다.

* 출처: ULEX 법률우주, https://www.ulex.co.kr/법률/

<"그립고 늘상 오고 싶었다"... 고려인·사할린 동포·파독 근로자 구술채록 공개>
이환직 기자. 2024.05.21 한국일보, 사회 24면

"혹시나 다른 국적을 가지면 조국에 안 보내줄까 봐 그게 두려워서 (60년간) 무국적을 쥐고 있었어요."

일제강점기인 1928년 경남 산청에서 태어난 이경분(95)씨는 1941년 어머니, 동생들과 함께 사할린으로 이주했다. 한 해 앞서 사할린으로 건너가 탄광에서 일을 하는 아버지 곁으로 간 것이다. 금방 고향으로 돌아올 것이라고 생각했지만 다시 조국 땅을 밟는 데는 꼬박 60년이 걸렸다. 광복 후 귀국길이 막혔고 이씨의 부모는 사할린에서 숨을 거뒀다. 이씨는 러시아와 수교한 지 10년이 지난 2000년이 돼서야 영주 귀국할 수 있었다. 이씨는 "왜 우리는 찾지도 않고 데려가지 않나 원망이 좀 있었다."면서도 "고국이 그리웠고 늘상 오고 싶었다"고 말했다.

이씨를 비롯한 사할린 동포와 고려인, 파독 노동자 등 재외동포 1세들이 카메라 앞에서 담담하게 이주 이야기를 풀어낸 영상이 공개됐다. 재외동포청 산하 재외동포협력센터는 고려인 이주 160주년(올해)과 파독 60주년(지난해)을 맞아 지난해 10월부터 지난달까지 진행한 재외동포 구술채록 영상을 센터 유튜브 채널로 공개했다고 21일 밝혔다.

영상에는 파독 광부 이광일(75)씨와 고려인 동포 최알렉산더(93)씨 등 재외동포 25명이 등장한다. 서독 광부를 모집한다는 한국일보 기사를 보고 지원했다는 파독 광부 심동간(71)씨는 "(힘들어서) 남몰래 눈물을 많이 흘렸다"며 "가난을 벗어나 보자, 다른 삶을 우리가 영위해 보자는 생각으로 버텼다"고 말했다.

재외동포협력센터는 재외동포 구술채록 사업을 꾸준히 펼칠 예정이다. 김영근 센터장은 "국민들이 재외동포 삶에 대해 이해할 수 있는 기회가 될 것"이라며 "재외동포 기록물이 관리·보존될 수 있도록 지속적으로 사업을 진행할 예정"이라고 말했다.

* 출처: 한국일보, 사회 24면, 2024.05.21. 재외동포협력센터 제공
https://www.hankookilbo.com/News/Read/A2024052109160003815

<24년째 국적 없는 고려인 3세 "그림자처럼 산다">
(한국일보, 이정원 기자)

이달 8일(현지시간) 황만금 마을에서 만난 고려인 3세 장 비탈리(50·가명)씨의 삶도 마을과 함께 과거에 갇혀 있다. 장씨는 있지만 없는, 존재 자체가 불법인 무국적자다. 장씨의 부모는 모두 우즈베키스탄 국적자였지만 장씨 본인은 그 나라 국적을 받지 못했다. 1971년 투르크메니스탄에서 태어났지만 투르크메니스탄 국적도 없다.

장씨는 "소련 해체 후 지금까지 직업도 집도 없이 그림자처럼 살고 있다"며 짐더미 속에서 빨간색 수첩을 꺼내 보였다. 구소련 정부가 강제 이주 한인에게 발급한 여권이었다. 앞표지에 'CCCP'란 글자가 박힌 여권에는 '1971년생' '카레이스키(고려인)' 등 장씨의 신상정보가 손글씨로 빼곡히 적혀 있었다. 1988년 발급받은 이 여권으로 그는 병역 의무도 마쳤다.

장씨의 실재를 증명해줄 유일한 서류였던 여권은 그러나 효력을 다한 지 오래다. 사라진 나라의 여권으로는 이제 마을 밖을 나가는 것도 쉽지 않다.

장씨는 다섯 살이던 1975년 이혼한 어머니를 따라 출생지인 투르크메니스탄에서 타지키스탄 집단농장으로 옮겨 가 살았다. 소련 붕괴 이후 타지키스탄에서 터진 내전이 길어지면서 1997년가까스로 우즈베키스탄으로 피란 왔지만, 그를 기다린 건 지금까지 장장 24년째 이어지고 있는 무국적자의 삶이었다.

당연히 우즈베키스탄 국적일 거라 믿었던 장씨는 역사적 격변 속에 잃어버린 신분을 여태 되찾지 못했다. 자신이 무국적자라는 사실을 처음 안 1997년 국적을 취득하려 했지만 거주지 등록 제도에 발목이 잡혔다. "우즈베키스탄이 독립한 1991년 이후 거주지 등록을 하지 않은 기간을 따져 3개월마다 20달러씩 지불해야 한다"는 담당 경찰의 요구를 들어줄 형편이 못됐다. 지금은 내야 할 벌금이 산더미처럼 쌓였다. 최근엔 출생증명서 제출 조건도 생겼다. 이를 위해 투르크메니스탄에 다녀오려면 경비 80달러가 추가로 든다. (중략)

장씨는 무국적자 신분을 자녀들에게 대물림해야 하는 현실이 더 가슴 아프다. 거주지 등록을 못 한 탓에 장씨 자녀들도 사실상 무국적 상태를 앞두고 있다. 장씨는 "아이들이 만16세가 되면 국적을 받아야 하는데 그 전에 벌금을 낼 수 있을지 모르겠다."고 말했다.

현지 한국대사관에 따르면, 2019년 우즈베키스탄 정부는 고려인 집성촌을 직접 방문해 무국적자 실태를 파악했다. 당시 집계된 고려인 무국적자 수는 총 843명이었다. 한국 정부는 공식 집계를 한 적이 없어, 현재로서는 이 정보가 고려인 무국적자 규모와 관련된 유일한 통계다.

그러나 현지 한인들은 현실과 동떨어진 수치라고 평가한다. 한 관계자는 "중앙아시아 일대 고려인의 무국적자 비율은 10%에 달한다."며 "사망자 등을 감안해 보수적으로 따져도 우즈베키스탄 내 고려인 가운데 1만여 명은 무국적일 것"이라고 말했다. 학계에서는 중앙아시아 고려인 무국적자가 5만여 명으로 추산되고, 그중 많은 인원이 우즈베키스탄에 살고 있을 것으로 보고 있다.

* 출처: 한국일보, 있지만 없는 사람들, 무국적자, 2021.10.25. 국제면.
https://www.hankookilbo.com/News/Read/A2021101413370003259

제5장

재외동포청의 기능과 주요 사업

2022년 윤석열 정부에 들어와 재외동포의 중요성에 대한 국민의 인식이 커지고, 아울러 재외동포정책의 기본 방향 등을 법제화할 필요성에 따라 '재외동포기본법'이 2023년 2월에 제정된 바 있다. 또한 재외동포 관련 정책과 사업을 총괄적으로 수립, 집행하기 위한 전담 기구로서 '재외동포청'이 동년 6월에 정식 출범하였다.

이처럼 재외동포 정책의 추진 체계가 새로이 신설, 출범함에 따라 정부의 재외동포 정책들도 보다 효율적이고, 체계적으로 수행되게 되었는 바, 이 새롭게 제정된 「재외동포기본법」의 내용과 신설된 '재외동포청'의 기능 및 추진 사업을 알아보도록 하겠다.

제1절 「재외동포기본법」 내용

1 제정 경위와 목적

국회 외교통일위원회는 2023년 4월 「재외동포기본법」 제정과 관련하여 동 법의 제안 이유를 다음과 같이 밝혔다. "세계 각지에 730만여 명에 달하는 재외동포가 있음에도 이들을 위한 재외동포 정책의 기본목표 및 방향을 제시하는 법률이 마련되어 있지 않아 재외동포 정책의 체계적이고 종합적인 시행에 상당한 어려움이 있다. 따라서 동 법 제정을 통해 재외동포 정책의 기본 목표, 기본 계획 및 시행계획 수립 등을 규정함으로써 정부가 체계적·종합적으로 재외동포 정책을 추진할 수 있도록 하려는 것"이라고 그 제안 이유를 설명했다.

이 국회의 제안 이유를 통해, 「재외동포기본법」은 정부가 재외동포 정책에 관한 기본 방향 등을 제시함으로써 재외동포 정책을 보다 체계적이고 종합적으로 추진하도록 하기 위한 '기본법'임을 알 수 있다.

이 법의 제정 목적과 취지는 동 법 제1조(목적) 조항에 잘 나타나 있다. 제1조에서는 "이 법은 재외동포 정책에 대한 기본적인 사항을 규정함으로써 재외동포사회와 대한민국이 함께 발전할 수 있는 환경을 조성하고 나아가 인류의 공동번영과 세계평화의 증진에 기여함을 목적으로 한다."고 규정하였다.

이는 곧 동 법의 집행을 통해, 정부가 재외동포 정책의 방향을 제시함으로써 재외동포사회와 대한민국이 상생 발전하고, 더 나아가 장기적으로 인류의 공동번영 및 세계 평화에 기여할 수 있도록 한다는 것이었다.

2 재외동포 정책의 기본 방향

그렇다면, 정부가 추진해야 할 재외동포 정책의 기본 방향은 무엇인가? 이 내용에 대해서는 동 법 제3조에 구체적으로 명시되어 있다.

즉, 제3조는 재외동포 정책의 기본 방향에 대해, 첫째, 재외동포사회가 거주국에서 안정적으로 발전하도록 하는 것이라 했다. 즉, "국가는 재외동포가 거주국에서 모범적인 구성원으로서 정착하고 그 지위를 향상시킬 수 있도록 지원하는 등 재외동포사회의 안정적인 발전을 위해 노력해야 한다."는 것이다.

둘째, 대한민국과의 유대감을 강화하고 상호 교류를 증진하도록 유도한다는 것이다. 다시 말해, "국가는 재외동포가 한인으로서의 정체성을 함양할 수 있도록 지원하고, 재외동포의 대한민국에 대한 이해와 신뢰 증진 활동 장려 등 대한민국과의 유대감 강화를 위하여 노력하여야 한다."고 명시하고, 이와 동시에 "국가는 글로벌 한인 네트워크 구축 및 대한민국의 방문 지원 등 재외동포 사회와 대한민국 간 교류가 증진될 수 있도록 노력하여야 한다."고 했다.

셋째는 모국에서의 재외동포의 권익 신장을 위해 노력한다는 것이다. 즉, "국가는 재외동포가 대한민국에 출입국하거나 체류하는 경우 관련 법령에 따라 편의를 제공하고, 재외동포의 대한민국 사회적응을 위한 지원을 함으로써 재외동포가 대한민국에서 권익을 신장할 수 있도록 노력하여야 한다."고 적시했다.

넷째는 재외동포의 역량을 강화하기 위해 노력하고, 이를 위해 다양한 교류사업을 추진토록 한다는 것이다. 제3조 제5항에서는, "국가는 재외동포의 역량을 대한민국과 재외동포사회 발전에 활용할 수 있는 환경을 조성하기 위하여 재외동포의 인적자원 개발을 지원하도록 하며, 이러한 재외동포 정책 추진을 위해 재외동포를 대상으로 다양한 교류사업을 실시하여야 한다."고 하였다.

3 국가의 책무

또한 동 법은 제4조에서, 재외동포 정책을 시행함에 있어 정부가 준수해야 할 주요 책무를 적시하고 있다.

첫째, 국가는 재외동포의 권익 보호와 대한민국과의 유대감 강화를 위한 각종 시책을 수립하고 시행하여야 한다.

둘째, 국가는 재외동포가 거주하고 있는 지역별, 국가별 현지 특성과 세대, 연령 등 다양한 여건을 고려하여 재외동포 정책을 수립하고 시행하여야 한다.

셋째, 재외동포 정책을 수립, 시행할 경우 국가는 거주국을 기준으로 재외동포를 차별하여서는 아니 된다.

넷째, 국가는 재외동포 정책의 원활한 추진을 위해 인력과 조직의 확보 및 예산 지원 등 여건을 조성하여야 한다.

다섯째, 국가는 재외동포 정책을 수립하는 경우 국내에 체류하고 있는 외국인에 대한 정책과 조화를 이룰 수 있도록 노력하여야 한다는 것이다.

4 정책에 대한 기본 계획 수립

한편, 동 기본법은 정부가 추진해야 할 재외동포 정책 시행과 관련, 최우선적으로 재외동포 정책에 대한 기본 계획을 수립하도록 했다.

동 법 제7조에서는, "재외동포청장은 관계 중앙행정기관의 장과 협의하여 5년마다 재외동포 정책에 관한 기본 계획을 수립, 시행하여야 한다."고 하고, 이러한 기본 계획에는 다음과 같은 사항을 포함하도록 했다. 1) 재외동포 정책의 기본 목표와 추진 방향 2) 재외동포 정책의 추진과제, 추진 방법 및 추진 시기 3) 필요한 재원의 규모와 조달 방안 4) 그 밖에 재외동포 정책의 수립, 시행 등을 위하여 재외동포청장이 필요하다고 인정하는 사항 등이었다.

또한 기본 계획의 수립절차와 관련해서도 "재외동포청장이 재외동포정책위원회의 심의를 거쳐 기본 계획을 확정"토록 하였으며, 이어 제8조에서는, "재외동포청장 및 관계 중앙행정기관의 장은 동 기본 계획에 따라 연도별 시행 계획을 수립"하도록 했다.

한편, 제13와 제14조에서는 정부가 동 기본 계획을 수립, 집행하는 과정에서 재외동포들의 의견을 청취하고, 필요시 직접 실태 조사를 할 수 있도록 했다. 제13조에서는 "국가는 재외동포정책의 수립 및 집행 과정에서 재외동포의 의견을 청취하고 반영하도록 노력하여야 한다."고 하였으며, 이어 제14조에서는 "재외동포청장은 재외동포정책의 수립·시행을 위하여 재외동포사회 현황에 대한 실태조사를 실시할 수 있다."고 했다.

제2절 '재외동포청'의 기능 및 주요 사업

한편, 상기 「재외동포기본법」 내용을 충실히 이행할 정부 내의 수행 체계로서, '재외동포청'이 정부조직법 개정에 따라 2023년 6월 외교부 산하의 외청(차관급)으로 새로이 신설, 출범하였다.

동 기관은 정부 내 재외동포 업무를 총괄적으로 담당하는 플랫폼 기관으로서, 앞에서 설명한 「재외동포기본법」의 기본 내용을 종합적이고 체계적으로 수행할 이행 및 수행 기관으로 탄생된 것이었다.

1 연혁 및 필요성

사실 재외동포업무를 정부차원에서 통합하여 관장할 기구를 설치해야 한다는 논의는 그동안 각 정부를 거치며 꾸준히 논의되어 왔었다. 박정희 정부의 제3공화국 시기인 1967년에는 최초로 '교민청'을 설치하자는 논의가 있었으나, 무산되었고, 김대중 정부에 들어와서도 국회 차원에서 교민청을 신설하자는 의견이 있었으나, 정부가 유보적 태도를 보임에 따라 또한 설치되지 못했다. 이명박 정부에 이어 박근혜 정부에 들어와서도 관련 논의는 계속 이어졌지만 여, 야 및 당정 간 의견 차이로 교민청 신설에는 합의를 이루지 못했다.

특히 주관 부처인 외교부에서도 "취지에는 공감하나 소수민족 문제에 민감한 중국 등과의 외교적 마찰을 고려해 현행 '재외동포재단' 체제를 그대로 유지, 활용하는 것이 낫다"는 유보적 입장을 취해 왔었던 것이다.

그러나, 2000년대 이래 재외동포 사회의 규모가 급격히 확대되어 2021년 말 기준 750만 명에 이르렀고, 이에 따라 재외동포들의 기대 수준도 상승함은 물론 재외동포 간 세대교체로 정책 환경이 크게 변화함에 따라 정부 차원에서 보다 체계적이고 종합적인 대응이 필요함을 느끼게 되었다.

2022년 제20대 대통령 선거 유세 기간 중 여야 대선 후보들이 모두 '재외동포청' 설치 공약을 발표했다. 특히 국민의 힘의 윤석열 후보는 대선을 앞두고 "재외동포청을 설립하여 재외동포의 소중한 권리와 안전을 지키겠다."라며 공약을 내걸었고, 이재명 더불어민주당 대표도 "재외동포청 신설에 당 차원에서 적극 협력하겠다."고 공언하였다.

윤석열 국민의 힘 후보가 대통령으로 당선된 후, 정부는 2022년 10월 정부조직 개편안을 마련하여 '재외동포청' 신설 계획을 발표하였고, 이듬해인 2023년 2월 정부조직법 개정을 통해 동년 6월 드디어 '재외동포청'이 설립되었다. 이 기관의 성격은, 재외동포에 관한 사무를 총괄 관장하는 대한민국의 중앙행정기관으로서, 외교부 산하의 외청 기관이며 이 기관의 장인 재외동포청장은 차관급 정무직 공무원으로 보임하도록 했다.

| 도표 6 | 재외동포 정책 및 사업 추진 체계

구분	기존	신설
정책, 전략	• 외교부(재외동포영사국) • 관계부처(법무, 기재, 보건, 여성부 등)	• **재외동포청**(주관)
주요 사업	• 재외동포 재단	• **재외동포협력센터**(OKCC)

이 재외동포청이 설치되게 된 법적 근거로는, 먼저 정부조직법 제30조(외교부) 제3항 규정을 들 수 있다. 당초 동 법 제30조 원안에는 없던 제3항을 신설하여 “재외동포 사무를 관장하기 위해 외교부장관 소속으로 재외동포청을 둔다.”라는 규정을 추가했다.

이와 동시에 2023년 제정된 「재외동포기본법」 제4조와 제7조에서도 재외동포청의 설립 근거 규정을 명문화했다. 즉, 제4조 제1항에서, “국가는 재외동포의 권익 보호와 대한민국과의 유대감 강화를 위한 각종 시책을 수립하고 시행하여야 한다.”고 하면서 제7조 제1항에서, “재외동포청장은 관계기관과 협의하여 5년마다 재외동포정책에 관한 기본계획을 수립·시행하여야 한다.”고 규정하고 있다.

2 조직 체계

재외동포청의 조직에 있어서는, 정부조직법 상 외교부 산하의 외청으로서, 조직 구성은 청장과 차장 밑에 4개의 국과 1지원센터로 이루어졌다. 청장은 차관급 정무직 공무원으로 보임하며, 재외동포 업무를 총괄한다. 그 밑에 기획조정관과 운영지원과가 있고, 또한 재외동포정책국과 교류협력국 등으로 구성된다.

기획조정관과 운영지원과는 동 조직의 기획, 예산, 인사 등 조직 운영과 관련된 총무 및 운영 업무를 주관한다.

반면, 재외동포정책국은 주로 재외동포 정책 및 동포 지원 제도, 지역별 동포 정책과 민원 해결 업무 등을 담당한다. 또한 교류협력국도 각 기능별로 나누어 재외동포 협력총괄업무, 그리고 동포교육, 문화 업무, 차세대 동포 업무, 동포인권 업무, 동포 경제협력 업무 등 실질적인 동포 사업 업무를 관장한다.

그림 7 재외동포청의 조직 체계

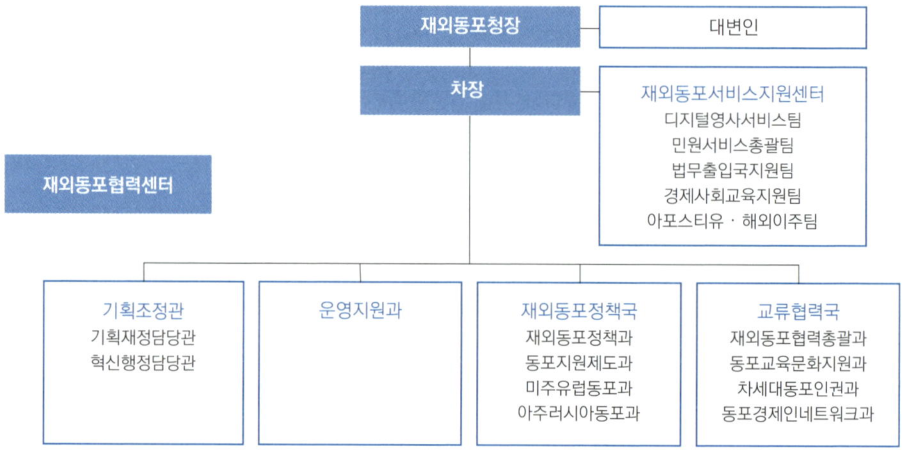

이와는 별도로 재외동포청 내에 '재외동포서비스지원센터'가 있다. 이 센터의 주요 기능은 디지털 영사 서비스, 일반 동포 민원서비스, 출입국 등 지원 업무, 경제사회교육 서비스, 아포스티유 및 해외이주 업무 지원 등 재외동포 민원서비스 업무를 지원하고 있다.

3 미션과 비전

재외동포청은 장기 목표로서, 1) 글로벌 중추 국가를 실현하며, 2) 인류의 공동 번영을 달성하는 것을 목표로 삼고 있다. 이러한 장기 목표를 토대로 재외동포청은 다음과 같은 미션과 비전을 제시하고 있다.

기본 미션으로는, 재외동포사회와 대한민국이 공동 발전함으로써 글로벌 중추 국가 실현과 인류의 공동 번영에 기여하는 것이며, 이와 동시에 정부의 재외동포 정책에 관한 재외동포사회와 우리 국민의 지지를 확보하는 것이라 했다.

그리고 비전으로는, 재외동포청이 자랑스러운 750만 재외동포를 지원하는 든든한 울타리로서, 재외동포들에게 실질적인 도움을 주는, 그러한 '재외동포사회의 대변자' 역할을 할 것을 비전으로 제시했다.

4 주요 기능 및 사업

재외동포청이 추진하는 주요 업무 내용 및 기능에 대해서는, 2023년에 제정된 『재외동포기본법』에 구체적으로 명시되어 있다.

동 법에 제시된 재외동포청의 기능 및 업무 내용을 보면, 첫째, 동포 정책과 관련하여 재외동포들의 의견을 수렴하되, 필요시 현지 실태조사를 통해 재외동포들의 실상을 파악하도록 하고 있다. 특히 재외동포기본법 제13~14조에서는 "재외동포청장이 재외동포정책을 수립, 집행하는 과정에서 재외동포의 의견을 청취하여 반영하도록 하는 한편, 정책의 수립, 시행을 위해 재외동포사회의 현황에 대한 실태 조사를 실시할 수 있도록" 했다.

둘째, 재외동포에 대한 의견 수렴과 실태 조사 결과를 반영하여 재외동포 정책에 관한 기본 계획을 수립하도록 했다. 즉, 동 법 제8조는, "재외동포청장은 관계 중앙행정기관의 장과 협의하여 5년마다 재외동포 정책에 관한 기본계획을 수립, 시행하여야 한다."고 규정했다.

셋째, 재외동포들의 정체성 함양과 거주국에서의 지위 향상을 위해 노력해야 한다는 것이다. 이 내용은 곧 재외동포 정책에 있어서 가장 중요한 부분을 구성하고 있다. 동 법 제3조 제1항은, "국가는 재외동포가 거주국에서 모범적 구성원으로서 정착하고 그 지위를 향상시킬 수 있도록 지원하는 등 재외동포 사회의 안정적인 발전을 위해 노력하여야 한다."고 하고 이어 제2항에서도 "국가는 재외동포가 한인으로서의 정체성을 함양할 수 있도록 적극 지원"하도록 했다.

넷째, 재외동포들이 모국과의 유대감을 강화하도록 교류 협력을 강화하고 글로벌 네트워크를 구축하도록 했다. 동 법 제3조 제2~3항에서, "국가는 재외동포의 대한민국에 대한 이해와 신뢰증진 활동 장려 등 대한민국과의 유대감 강화를 위해 노력"하는 한편, "글로벌 한인 네트워크 구축 및 대한민국 방문 지원 등 재외동포사회와 대한민국 간 교류가 증진될 수 있도록 노력해야 한다."고 했다. 이와 동시에 제5~6항에서도, "국가는 재외동포의 역량을 대한민국과 재외동포사회 발전에 활용할 수 있는 환경을 조성하기 위해 재외동포의 인적자원 개발을 지원하고, 재외동포를 대상으로 다양한 교류사업 등을 실시하여야 한다."고 명시했다.

다섯째, 국내에 체류 중인 재외동포를 지원하기 위한 인프라를 구축하도록 했다. 동 법 제3조 제4항은, "국가는 재외동포가 대한민국에 출입국하거나 체류하는 경우 관련 법령에 따라 편의를 제공하고 재외동포의 대한민국 사회 적응을 위한 지원을 함으로써 재외동포가 대한민국에서 권익을 신장할 수 있도록 노력하여야 한다."고 했다.

이 규정에 따라 현재 재외동포청은 국내에 체류 중인 재외동포들을 위한 원-스톱 민원 서비스를 제공하고, 이를 위해 관련 인프라도 구축 중에 있다. 예컨대, '재외동포 365민원 콜센터'와 같이, 365일 24시간 연중무휴로 콜센터를 운영하고 있으며, 또한 '재외동포 통합민원실'을 오픈하여 영사 확인, 국민연금, 건강보험, 국적 및 사증 연장, 병역 이행, 국세, 일자리 및 취업 등 재외동포들의 실생활과 관련된 민원 해결을 위해 원-스톱으로 일괄 지원하고 있다.

그림 8 재외동포청의 통합 민원 서비스 제고

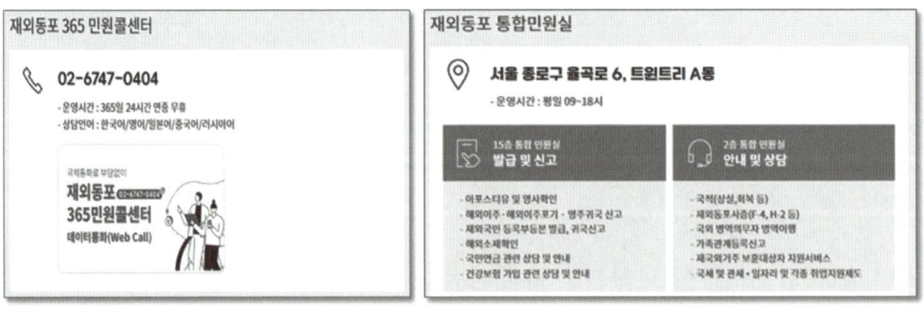

제3절 '재외동포협력센터'의 구체 사업

한편, '재외동포협력센터'는 '재외동포청' 출범과 함께 기존의 '재외동포재단'을 대체하여 재외동포 관련 구체 사업을 직접 시행하는 사업 부서로 신설되었다. 이 센터는 기존의 '재외동포재단'과 같이 재외동포청 산하의 재단법인 형태로 운영되며, 특히 '재외동포재단'이 추진하던 사업을 대체하여 정부의 재외동포 정책을 직접 구현하기 위한 구체적인 사업들을 직접 수행하고 있다.

1 설립 근거 및 목적

센터의 설립 근거와 목적과 관련해서는 「재외동포기본법」에 잘 명시되어 나타나 있다. 동 법 제11조에서 재외동포협력센터의 설립 근거와 성격 등에 관해 규정하고 있다. 즉, "국가는 재외동포의 한인으로서의 정체성 함양 및 대한민국과의 유대감 강화 정책을 효율적이고 체계적으로 지원하기 위하여 재외동포협력센터를 설립한다."고 적시하면서 제2항에서는 "동 센터는 법인으로 한다."고 하여 그 설립 근거와 함께 센터의 성격을 명확히 규정했다.

이와 동시에 부칙 제4조에서는 경과조치로서, "센터는 종전의 「재외동포재단법」에 따라 설립된 '재외동포재단' 소속 직원에 대해서는 정원 내에서 고용을 승계한다."고 하여 기존의 재외동포재단의 직원 및 업무를 그대로 승계함을 명시했다.

2 센터의 비전과 주요 사업

「재외동포기본법」 제11조에서 재외동포협력센터의 설립 목적을 명시하였듯이, 동 센터는 이러한 설립목적 달성을 위해 센터의 비전과 구체적인 사업 등을 더욱 구체화시켜 밝히고 있다.

우선 동 센터는 "글로벌 한인 공동체 발전에 기여하는 재외동포협력 전문기관"으로서 그 비전을 제시하고 있다. 이와 함께 센터의 주요 사업에 있어서, 「재외동포기본법」 제11조 제3항에 규정하였듯이, "센터는 설립 목적을 달성하기 위해 다음 각 호의 사업을 수행한다."고 명시했다. 동 사업의 구체적 내용을 살펴보면,

1) 재외동포를 대상으로 하는 초청, 연수, 교육, 문화, 홍보 사업
2) 재외동포의 이주역사에 관한 조사 및 전시 사업
3) 국가 또는 공공기관 등으로부터 위탁받은 사업
4) 그 밖에 설립 목적을 달성하기 위하여 필요한 사업 등이다.

그림 9 재외동포협력센터의 목적, 비전 및 핵심가치

설립목적 **재외동포의 한인으로서의 정체성 함양 및 대한민국과의 유대감 강화 정책을 효율적이고 체계적으로 지원하는데 이바지함 [재외동포기본법]**

비전 글로벌 한인 공동체 발전에 기여하는 재외동포협력 전문기관

핵심가치

정체성 Koreanity	세계성 Globality	연결성 Connectivity	지속가능성 Sustainability

3 센터의 구체 사업 내용

재외동포협력센터가 현재 추진 중인 구체적 사업 내용으로는, 첫째, 차세대 동포의 육성 및 이들의 한인 정체성 함양을 위한 사업이다. 전 세계 차세대 재외동포들을 모국으로 초청하여 한국의 경제발전 현황을 탐방하고, 한국의 역사, 문

화 체험 기회를 제공함으로써 이들이 한인 정체성을 함양할 수 있도록 하는 동시에 차세대 글로벌 리더로서 성장할 수 있도록 유도하는 사업이다. 이를 위한 세부사업으로는, "재외동포 청소년 모국 초청연수"와 "차세대 동포 한국어 집중 캠프" 등이 있다.

둘째는 차세대 지도자 발굴 육성 및 이들 간의 네트워크 구축을 위한 사업이다. 이는 곧 젊은 재외동포 중 우수 인재를 발굴하여 장학금을 지원하고, 향후 이들이 모국과 재외동포사회 발전에 기여할 수 있도록 글로벌 인재로 성장시키고 육성하는 사업이다. 이를 위한 세부사업으로는, "재외동포 대상 장학사업"과 "중국·CIS 지역 현지 장학금 지원" 사업 등이 있다.

셋째는 전 세계의 한인 정치력을 신장시켜 이들이 재외동포사회와 모국에 기여할 수 있도록 소통을 강화하는 사업이다. 즉, 재외동포 정치인을 초청하여 "세계 한인 정치인 네트워크"를 구축함으로써 재외동포사회의 정치력 신장을 도모하고, 아울러 모국과의 유대감 증진을 통해 재외동포 사회와 모국 간 쌍방향 소통을 강화토록 하기 위함이다. 이를 위한 세부사업에는 "세계 한인 정치인 포럼"이 있다.

넷째는 민족교육 역량을 강화함으로써 한민족 정체성을 함양하기 위한 사업이다. 특수지 내 민족교육 교사를 대상으로 맞춤형 연수를 시행함으로써 학령기의 청소년 동포들로 하여금 민족 정체성을 함양토록 하고, 아울러 한국에 대한 올바른 이해를 제고토록 하는 것이다. 이를 위한 세부사업으로는, "조선어 교원 초청연수"와 "CIS 지역 한국어 교사 초청연수" 사업 등이 있다.

다섯째로는 재외동포에 대한 기록을 보전하고, 이에 대한 서비스를 제공함으로써 재외동포에 대한 인식을 제고시켜 나가는 사업이다. 즉, 재외동포의 오랜 이주의 역사적 과정들을 기록으로 보존할 필요성에 따라 특히 소멸 가능성이 큰 재외동포 관련 기록물(서류, 사진, 박물, 영상 및 구술 채록 등)을 조사, 수집하고, 또한 디지털화하여 장기간 보존, 활용할 수 있도록 체계적인 아카이브를 구축하는 것이다. 이를 위한 세부사업으로는 "재외동포 아카이브 구축 사업"과 "재외동포 자료실 운영" 등이 있다.

여섯째는 『재외동포 교육문화 센터』를 건립하여, 동포사회의 네트워크 거점 역할을 하도록 하는 사업이다. 현재 신축 중인 『재외동포 교육문화 센터』를 건립하여 모국에서 차세대 동포들의 정체성 교육과 글로벌 한인 네트워크의 거점 역할을 수행토록 하는 한편, 내외 국민들을 대상으로 이주·이민에 관한 역사 교육의 장으로 활용토록 하기 위함이다.

동 센터는 현재 2028년 완공을 목표로 경기도 시흥시 대학로에 건축 중이며, 연면적 약 6,758 m^2 규모로 동 센터 내에 전시실, 문화, 집회 시설과 교육 연구, 자료실 등이 들어설 예정이다.

마지막으로, 전 세계 재외동포들을 온라인으로 한꺼번에 연결하여 "글로벌 한민족 네트워크 시스템"을 구축하는 것이다. 이를 통해 전 세계 동포사회를 하나로 연결하여 상호 소통을 강화하고, 연결망을 활성화하는 것이다.

특히 온라인을 통해 안정적인 정보시스템을 구축하고 사업 수행 체계를 확립함으로써 '온라인 한인네트워크'를 통해 대한민국과 재외동포 사회 간의 소통 창구의 역할을 하도록 하는 것이다.

현재 동 사업은 센터 내부적으로 "통합 네트워크 지원시스템"을 운영하면서 이를 구축 중에 있다.

<'재외동포기본법' 내용>
(시행 2023. 11. 10.)(법률 제19402호, 2023. 5. 9., 제정)

제1조(목적) 이 법은 재외동포정책에 대한 기본적인 사항을 규정함으로써 재외동포사회와 대한민국이 함께 발전해 나갈 수 있는 환경을 조성하고 나아가 인류의 공동번영과 세계평화의 증진에 기여함을 목적으로 한다.

제2조(정의) 이 법에서 사용하는 용어의 뜻은 다음과 같다.

1. "재외동포"란 다음 각 목의 어느 하나에 해당하는 사람을 말한다.
   가. 대한민국 국민으로서 외국에 장기체류하거나 외국의 영주권을 취득한 사람
   나. 출생에 의하여 대한민국의 국적을 보유하였던 사람(대한민국 정부 수립 전에 국외로 이주한 사람을 포함한다) 또는 그 직계비속으로서 대한민국 국적을 가지지 아니한 사람
2. "재외동포정책"이란 다음 각 목의 어느 하나에 해당하는 정책을 말한다.
   가. 재외동포의 대한민국에서의 법적·사회적·경제적 권익 향상에 관한 정책
   나. 재외동포의 거주국에서의 정착 및 지위 향상에 관한 지원 정책
   다. 재외동포의 민족 정체성 제고에 관한 정책
   라. 재외동포와 대한민국 국민과의 교육·문화·경제·사회 등 교류활동 및 유대강화를 위한 지원 정책
   마. 대한민국과 재외동포사회의 공동발전을 위한 재외동포의 역량 활용을 위한 정책
   바. 재외동포 거주국 및 대한민국의 재외동포 관련 단체의 지원에 관한 정책
   사. 재외동포 관련 조사·연구에 관한 정책
   아. 재외동포를 대상으로 하는 교육·문화·홍보에 관한 정책
   자. 재외동포의 글로벌 한인 네트워크의 구축에 관한 정책
   차. 그 밖에 대통령령으로 정하는 재외동포 관련 주요 정책

제3조(재외동포정책의 기본방향) ① 국가는 재외동포가 거주국에서 모범적 구성원으로서 정착하고 그 지위를 향상시킬 수 있도록 지원하는 등 재외동포사회의 안정적인 발전을 위하여 노력하여야 한다.

② 국가는 재외동포가 한인으로서의 정체성을 함양할 수 있도록 지원하고 재외동포의 대한민국에 대한 이해와 신뢰 증진활동 장려 등 대한민국과의 유대감 강화를 위하여 노력하여야 한다.

③ 국가는 글로벌 한인 네트워크 구축 및 대한민국 방문 지원 등 재외동포사회와 대한민국 간 교류가 증진될 수 있도록 노력하여야 한다.

④ 국가는 재외동포가 대한민국에 출입국하거나 대한민국에서 체류하는 경우 관련 법령에 따라 편의를 제공하고 재외동포의 대한민국 사회 적응을 위한 지원을 함으로써 재외동포가 대한민국에서 권익신장을 할 수 있도록 노력하여야 한다.

⑤ 국가는 재외동포의 역량을 대한민국과 재외동포사회 발전에 활용할 수 있는 환경을 조성하기 위하여 재외동포의 인적자원 개발을 지원하도록 노력하여야 한다.

⑥ 국가는 재외동포정책을 추진하기 위하여 재외동포를 대상으로 다양한 교류사업 등을 실시하여야 한다.

제4조(국가의 책무) ① 국가는 재외동포의 권익보호와 대한민국과의 유대감 강화를 위한 각종 시책을 수립하고 시행하여야 한다.

② 국가는 재외동포가 거주하고 있는 지역별 · 국가별 현지 특성과 세대 및 연령 등 다양한 여건을 고려하여 재외동포정책을 수립하고 시행하여야 한다.

③ 국가는 재외동포정책을 수립 · 시행하는 경우 거주국을 기준으로 재외동포를 차별하여서는 아니 된다.

④ 국가는 재외동포정책의 원활한 추진을 위하여 인력과 조직의 확보 및 예산의 지원 등 여건을 조성하여야 한다.

⑤ 국가는 재외동포정책을 수립하는 경우 국내에 체류하고 있는 외국인에 대한 정책과 조화를 이룰 수 있도록 노력하여야 한다.

제5조(국제사회와의 조화) 국가는 국제법 및 조약을 준수하며 재외동포 거주국의 정책 및 관할권과 조화를 이루는 방향으로 재외동포정책을 수립하고 시행할 수 있도록 노력하여야 한다.

제6조(다른 법률과의 관계) 재외동포에 관하여 다른 법률에 특별한 규정이 있는 경우를 제외하고는 이 법에서 정하는 바에 따른다.

제7조(기본계획의 수립) ① 재외동포청장은 관계 중앙행정기관의 장과 협의하여 5년마다 재외동포정책에 관한 기본계획(이하 “기본계획”이라 한다)을 수립 · 시행하여야 한다.

② 기본계획에는 다음 각 호의 사항이 포함되어야 한다.

1. 재외동포정책의 기본목표와 추진방향
2. 재외동포정책의 추진과제, 추진방법 및 추진시기
3. 필요한 재원의 규모와 조달방안
4. 그 밖에 재외동포정책의 수립 · 시행 등을 위하여 재외동포청장이 필요하다고 인정하는 사항

③ 재외동포청장은 제10조에 따른 재외동포정책위원회 심의를 거쳐 기본계획을 확정한다.

④ 기본계획의 수립 · 시행 등에 필요한 사항은 대통령령으로 정한다.

제8조(시행계획 등의 수립 및 평가) ① 재외동포청장 및 관계 중앙행정기관의 장은 기본계획에 따라 연도별 시행계획(이하 “시행계획”이라 한다)을 수립 · 시행하여야 한다.

② 관계 중앙행정기관의 장은 소관별로 다음 연도 시행계획과 전년도 시행계획에 따른 추진실적을 재외동포청장에게 제출하여야 하며, 재외동포청장은 이를 종합하여 제10조에 따른 재외동포정책위원회에 상정하여야 한다.

③ 재외동포청장 및 관계 중앙행정기관의 장은 소관별로 시행계획에 따른 추진실적에

대하여 자체적으로 평가하고, 그 결과를 제10조에 따른 재외동포정책위원회에 제출하여야 한다.

④ 그 밖에 시행계획의 수립·시행 및 평가 등에 필요한 사항은 대통령령으로 정한다.

제9조(업무 협조) 재외동포청장 및 관계 중앙행정기관의 장은 기본계획 및 시행계획을 수립·시행하고 이를 평가하기 위하여 필요한 때에는 관계 중앙행정기관 및 지방자치단체의 장, 관련 공공단체의 장에게 자료의 제출 등 필요한 협조를 요청할 수 있다. 이 경우 협조를 요청받은 중앙행정기관·지방자치단체의 장 및 공공단체의 장은 특별한 사유가 없으면 이에 따라야 한다.

제10조(재외동포정책위원회) ① 재외동포정책의 종합적·체계적 추진을 위한 주요 사항을 심의·조정하기 위하여 외교부장관 소속으로 재외동포정책위원회(이하 "위원회"라 한다)를 둔다.

② 위원회는 다음 각 호의 사항을 심의·조정한다.

1. 기본계획의 수립·시행에 관한 사항
2. 시행계획의 수립·시행 및 평가에 관한 사항
3. 재외동포정책 관련 중앙행정기관 간 협조 및 조정에 관한 사항
4. 재외동포정책과 관련하여 국민 참여 및 민·관 협력 등에 관한 사항
5. 그 밖에 위원장이 중요하다고 인정하는 사항

③ 위원회는 위원장 1명을 포함한 25명 이내의 위원으로 구성하며, 위원장은 외교부장관이 되고, 위원은 다음 각 호의 사람이 된다.

1. 대통령령으로 정하는 관계 중앙행정기관의 차관 또는 차관급 공무원
2. 재외동포정책에 관한 학식과 경험이 풍부한 사람 중에서 외교부장관이 위촉하는 사람

④ 제3항제2호에 따른 위원의 임기는 2년으로 한다.

⑤ 위원회에 상정할 안건을 준비하고 위원회의 위임을 받은 사무를 처리하기 위하여 위원회에 재외동포정책실무위원회(이하 "실무위원회"라 한다)를 두며, 실무위원회의 위원장은 재외동포청장이 된다.

⑥ 제1항부터 제5항까지에서 규정한 사항 외에 위원회와 실무위원회의 구성 및 운영 등에 필요한 사항은 대통령령으로 정한다.

제11조(재외동포협력센터의 설립 등) ① 국가는 재외동포의 한인으로서의 정체성 함양 및 대한민국과의 유대감 강화 정책을 효율적이고 체계적으로 지원하기 위하여 재외동포협력센터(이하 "센터"라 한다)를 설립한다.

② 센터는 법인으로 한다.

③ 센터는 설립목적을 달성하기 위하여 다음 각 호의 사업을 수행한다.

1. 재외동포를 대상으로 하는 초청·연수·교육·문화·홍보 사업
2. 재외동포 이주 역사에 대한 조사·전시 사업
3. 국가 또는 공공기관 등으로부터 위탁받은 사업

4. 그 밖에 설립목적을 달성하기 위하여 필요한 사업

④ 센터는 정관으로 정하는 바에 따라 센터장과 필요한 임직원을 둔다.

⑤ 센터에 관하여 이 법에 규정한 것 외에는 「민법」 중 재단법인에 관한 규정을 준용한다.

⑥ 국가는 예산의 범위에서 센터의 설립, 사업과 운영에 필요한 경비를 출연할 수 있다.

⑦ 센터는 필요하다고 인정하면 재외동포청장의 승인을 받아 관계 법령에 따라 기부금품을 모집·접수하여 사용할 수 있다.

제12조(재외공관 등의 역할) 재외공관(「대한민국 재외공관 설치법」에 따른 대한민국 재외공관 중 대표부를 제외한 대사관과 총영사관을 말한다)의 장 및 관계 중앙행정기관의 장이 지정하는 소속기관, 공공기관의 장은 재외동포정책의 원활한 시행을 위하여 재외동포 관련 사업의 발굴, 추진 등의 과정에 참여하여야 한다.

제13조(재외동포의 의견 청취) ① 국가는 재외동포정책의 수립 및 집행 과정에서 재외동포의 의견을 청취하여 반영하도록 노력하여야 한다.

② 제1항에 따른 의견 청취의 절차 등에 필요한 사항은 대통령령으로 정한다.

제14조(실태조사) ① 재외동포청장은 재외동포정책의 수립·시행을 위하여 재외동포사회 현황에 대한 실태조사를 실시할 수 있다.

② 재외동포청장은 관계 중앙행정기관의 장에게 제1항에 따른 실태조사의 협조를 요청할 수 있다. 이 경우 협조를 요청받은 관계 중앙행정기관의 장은 특별한 사유가 없으면 이에 협조하여야 한다.

③ 제1항 및 제2항 실태조사의 대상 및 방법 등에 필요한 사항은 대통령령으로 정한다.

제15조(세계한인의 날 및 세계한인주간) ① 재외동포와 대한민국 간의 유대감을 보다 강화하기 위하여 매년 10월 5일을 세계한인의 날로 정하고, 「국경일에 관한 법률」 제2조 제4호에 따른 개천절부터 같은 조 제5호에 따른 한글날까지 1주간을 세계한인주간으로 한다.

② 제1항에 따른 세계한인의 날 및 세계한인주간을 기념하는 행사 등에 필요한 사항은 대통령령으로 정한다.

제16조(국회 보고) 정부는 기본계획 및 시행계획의 추진상황 등에 관한 보고서를 작성하여 매년 정기국회 개회 전까지 국회에 제출하여야 한다.

부칙 〈법률 제19402호, 2023. 5. 9.〉

제1조(시행일) 이 법은 공포 후 6개월이 경과한 날부터 시행한다. 다만, 제11조는 2023년 6월 5일부터 시행한다.

제2조(재외동포협력센터의 설립준비) ① 이 법에 따라 센터를 설립하기 위하여 행하는 준비행위는 이 법 시행 전에 할 수 있다.

② 외교부장관은 5명 이내의 설립위원을 위촉하여 센터의 설립에 관한 사무를 담당하게 하여야 한다.

③ 설립위원은 센터의 정관을 작성하여 외교부장관의 인가를 받아야 한다.

④ 센터 설립 당시의 센터장은 제11조제4항에도 불구하고 외교부장관이 임명한다.

⑤ 설립위원은 제3항에 따라 인가를 받은 때에는 지체 없이 센터의 설립등기를 마친 후 센터장에게 사무를 인계하여야 하며, 사무인계가 끝난 때에는 해촉된 것으로 본다.

제3조(설립비용) 센터의 설립준비에 소요되는 비용은 국가가 부담한다.

제4조(재외동포재단 직원의 고용에 관한 경과조치) 센터는 종전의 「재외동포재단법」에 따른 재외동포재단 소속 직원에 대해서는 정원 내에서 고용을 승계한다. 이 경우 제11조 시행 당시 재외동포재단 해산으로 직원의 수가 센터의 정원을 한시적으로 초과하면 그 초과 현원이 정원과 일치할 때까지 이에 해당하는 정원이 따로 있는 것으로 본다.

* 출처: 국가법령정보센터, 재외동포기본법, https://www.law.go.kr/

재외동포청, 제1차 재외동포정책 기본계획 확정

1. 제1차 재외동포 정책 기본 계획 수립

앞으로 5년 동안(2024~2028년) 펼쳐나갈 우리 정부의 재외동포정책 방향을 보여주는 '재외동포정책 기본계획'이 확정됐다. 재외동포청은 "1월 30일 재외동포정책위원회 심의를 거쳐 '제1차 재외동포정책 기본계획'을 확정했다"고 밝혔다.

재외동포청은 이에 앞서 재외동포정책실무위원회와 공개토론회를 열어 재외동포 전문가와 재외동포들의 목소리를 듣고, 이를 바탕으로 재외동포 기본계획을 세웠다. 우리 정부는 지난해 6월 재외동포청을 출범시켰다. 지난해 4월에는 재외동포청 설립에 법적 기반이 되는 재외동포기본법을 국회에서 통과시켰다. 재외동포기본법에는 △ 재외동포청장은 관계 중앙행정기관의 장과 협의하여 5년마다 기본계획을 수립·시행하고, 연도별로 시행계획을 수립·시행하도록 하고 △ 재외동포정책에 관한 주요 사항을 심의·조정하기 위해 25명 이내의 위원으로 구성되는 재외동포정책위원회를 둔다는 내용이 포함되어 있다.

재외동포청의 제1차 재외동포정책 기본계획은 △ 미션 △ 비전 △ 정책목표로 구성됐다. 제1차 재외동포정책 기본계획에서 미션은 '재외동포와 대한민국의 공동발전을 통해 글로벌 중추국가 실현과 인류의 공동번영에 기여한다'이며, 비전은 '전세계 재외동포의 든든한 울타리이며 재외동포사회의 대변자'이다.

2. 정책의 기본 목표

재외동포 정책의 기본 목표로는 ① 재외동포정책 강화체계 확립 ② 재외동포 정체성 함양 ③ 국격에 걸맞은 동포 보호·지원 강화 ④ 한인 네트워크 구축 ⑤ 글로벌 중추국가 실현 기여 등 모두 다섯 가지를 제시했다.

재외동포청은 ① 재외동포정책 강화체계 확립을 위해 법적·제도적 기반을 강화하고, 범정부 협업과 의견수렴을 활성화할 계획이다. ② 재외동포 정체성 함양을 위해서는 재외동포 교육을 강화하고, 차세대 동포 지원 사업을 내실화하며, 한국 정치·경제 발전상을 알리는 사업을 해나갈 계획이다. ③ 국격에 걸맞은 동포 보호·지원 강화를 위해서는 재외동포 거주국에서 재외동포들의 지위를 높이고, 취약동포들을 보듬고, 국내 동포들 지원하는 사업을 해나갈 계획이다. ④ 한인 네트워크 구축을 위해서는 지역별·분야별·세대별로 한인 네트워크를 강화하고, 재외동포 경제인 네트워크를 구축해 나갈 계획이다. 재외동포청은 또한 ⑤ 우리나라가 글로벌 중추 국가가 될 수 있도록 글로벌 문제 해결과 평화통일 기반을 구축하는 일에도 함께할 계획이다.

재외동포청은 이번에 제1차 기본계획이 확정됨에 따라 연도별 시행계획을 수립해 나갈 예정이다. 재외동포청장은 "올해는 범국가적 차원의 재외동포정책을 처음 수립한 뜻깊은

해"라면서, "제1차 재외동포정책 기본계획을 통해 재외동포와 대한민국이 함께 발전하기 위한 정책적 기반이 마련됐다"고 강조했다.

출처: 월드코리안 신문, 2024.01.31, 국내 뉴스

제6장

주요 국가의 재외동포 정책 비교

앞 장에서는 우리나라의 재외동포 정책과 수행 체계로서 재외동포청의 기능 및 사업 등에 관해 살펴보았다. 특히 대한민국 정부 수립 이래 우리나라가 추진해 온 재외동포 정책의 역사적 발전 과정과 정책 목적, 추진 체계 및 구체적인 정책 내용들을 살펴보았다.

본 장에서는 전 세계 주요 국가들의 재외동포 정책들을 상호 비교하여 설명해 보고자 한다. 특히 타국의 재외동포 정책 추진 과정에서 특이한 재외동포 정책을 시행하는 국가로서, 일본, 캐나다, 중국, 독일을 대표적으로 선별하여 이들 국가의 재외동포 정책을 우리나라의 재외동포 정책과 비교하여 설명해 보고자 한다.

제1절 일본의 재외동포 정책

1 역사적 배경

일본은 전통적으로 "이주 대국" 혹은 "노동송출 대국"으로 일컬어진다. 역사적으로 일본은 정부가 직접 나서서 일본인을 대규모로 해외로 이주시키거나 해외 이주를 장려해 왔다.

일본 역사에서 해외 이주를 본격적으로 시행하였던 때는 1868년 '메이지 유신' 때부터였다. 그 이전까지는 막부에 의한 무신 정권이 지방을 분할하여 통치해 오다 메이지 천황에 의해 직접 통치가 이루어졌고, 이 천황제에 입각하여 국가가 하나의 가족이라는 '가족국가관(단일민족론)'이 정립되면서 외화 획득과 국가 경제 발전을 위해 일본인에 대한 해외 이주가 장려되기 시작했다. 한 예로서, 1885년 하와이의 사탕수수 농장과 1900년대 이후 브라질 커피 농장으로 일본 노동자들이 대거 노동 송출되었던 것도 이러한 메이지 정부 시기의 해외 이주를 장려한 결과였다.

그러나 제1차 세계대전 이후 일본이 제국주의의 길로 접어들면서 특히 조선을 비롯하여 아시아 각국을 침략하며, 사상적으로 '복합민족론(통합민족론)'을 취하게 되었다. 즉, 조선을 비롯하여 식민지 국가 내 타 민족들을 포함하여 해외로 이주해 간 일본인 동포 모두가 "일본 천황의 신민(臣民)"이요, "일본 제국의 신민(臣民)"으로 간주되었다. 이른바 일본 중심의 '제국주의 민족론'으로 입장 및 정책이 바뀌는 결과를 초래했다.

그러다가 1945년 일본이 제2차 세계대전에서 패망함으로써 기존의 제국주의 민족론은 다시 폐지되고, 대신 기존의 황국사관에 입각한 '단일민족론'으로 재차 회귀했다.

패망 이후 현재까지의 일본의 재외동포 정책의 근간은 '단일민족론'에 입각한 철저한 '수입국 중심주의', 즉 해외 노동력 송출을 위해 수입국이 필요로 하는 조건과 요구에 맞추어 노동 수출을 추구하는 기존 정책을 채택, 유지하고 있다. 특히 일본 패망 이후의 시대적 변화를 고려하여 아주 유연하고, 노동 수입국의 입장을 충분히 고려하는 이른바 '수입국 중심의 재외동포 정책'으로 일관하고 있는 것이다.

2 일본계 외국인(일계인) 현황

일본인 중에서 이전에 해외로 이주하여 외국 국적을 취득한 일본계 외국인 즉, 일본계 외국국적 동포를 흔히 "일계인(日系人, 닛께이진)"이라 부른다. 일본도 재외동포의 범주를 두 가지로 분류하고 있는데, 우선 일본 국민으로서 해외에 체류하고 있는 '재외 일본인'과 외국국적 동포로서의 '일계인(日系人)'을 모두 포함하는 개념을 취하고 있다. 일본 국민으로서의 재외 일본인을 보통 "재류방인(在留邦人)"이라 칭하며, 반면 외국국적을 소지한 일본 동포를 "일계인(日系人)"으로 부르고 있는 것이다.

현재 일본의 외국국적 동포인 일계인(日系人) 현황을 살펴보면, 브라질이 약 140만 명으로 가장 많이 거주하는 것으로 나타났다. 이어 미국에 약 100만 명, 그리고 필리핀(26만 명), 페루(8만 명), 캐나다(6.8만 명), 아르헨티나(3.2만 명) 및 멕시코(1.7만 명) 등 중남미 지역과 북미 지역에 주로 분포되어 거주하는 것으로 파악되고 있다.

이들은 역사적으로 1885년부터 하와이 사탕수수 농장으로 취업을 목적으로 최초로 이주해 간 이래, 이후 1908년부터는 브라질 커피 농장 및 그 외 중남미 국가로 꾸준히 이주해 갔던 것이다.

특히 1923년에 발생한 '관동 대지진' 이후 일본 정부는 국내 경기 침체를 해소하고 노동력 해외 송출을 위해 이민노동자들에게 출국 비용을 보조해 주는 등 노동력 송출을 적극 장려한 덕분에 중남미 국가 및 필리핀 등 아시아 국가 등으로 이주 지역이 더욱 확대되었다.

3 일본의 재외동포 정책

이러한 일본의 역사적 배경을 토대로 일본의 이민 및 재외동포 정책을 제2차 세계대전 이전과 제2차 대전 이후로 나누어 설명할 수 있다.

먼저 제2차 세계대전 이전의 재외동포 정책에 관해 설명하면, 앞에서 설명하였듯이, 일본은 '메이지 유신(1868)' 이래 일본인의 해외 이주를 적극 장려하는 정책을 꾸준히 추진해 왔다. 당시 '메이지 유신'이라는 개방 정책이 시행되면서 농촌의 붕괴가 가속화되었고, 반면 도시의 노동 인구는 급증했다.

특히 농촌이 붕괴되면서 농촌의 유휴 노동력이 발생하였고, 대신 도시에서는 실업자들이 증가함에 따라 이를 해소하기 위해서라도 도시의 실업 인구를 해외로 송출함으로써 과잉 실업 인구를 해소해야 하는 절박한 상황에 놓여 있었다.

이러한 상황에서 일본 정부는 우선 젊은 인재를 해외로 유학시켜 새로운 문물을 도입케하는 한편, 도시와 농촌의 과잉인구를 해소하고, 또한 경제 개발을 위한 외화 획득을 위해 당시 급증하던 국제적인 노동수요(사탕수수, 홍차, 커피, 고무 생산 등)에 대응하여 일본 노동자의 해외 송출을 적극적으로 추진하기 시작했다.

일본 정부는 당시 해외로 이주하거나 유학하는 일본인에게 각종 혜택을 부여하는 등 적극적인 이주 장려책을 시행하였고, 그 결과 1900년대 이후 일본인 노동자들 중 미국 하와이는 물론 브라질, 페루, 멕시코 등 노동력 수요가 있는 국가로의 이주도 급증했다.

그러나 1945년 제2차 세계대전에서 일본이 패망하게 되자, 일본이 통치하던 여러 해외 식민지가 상실되었고, 그곳에 거주하던 일본인들의 국내 귀환도 급증했다.

이에 따라 일본 국내에서는 제2차 대전 직후 실업자 등 인구문제가 심각한 사회문제로 부상하였고, 급기야 일본 의회는 1949년 중의원(衆議院, 상원 격) 의결을 통해 "인구 문제에 관한 결의안"을 채택하였다. 동 결의안의 주요 내용은 1) 일본 산업의 진흥, 발전 2) 산아 제한 3) 일본인의 해외이주 장려 등이었다.

일본 정부는 동 결의를 토대로 1954년부터 "일본인의 해외 이주, 이민 5개년 계획"을 수립하여 일본인의 해외 이주를 장려하기 위한 제반 정책을 추진했다. 이러한 일본 정부의 이주장려책은 1960년대 이후에도 '5개년 계획'과 함께 '10개년 계획'을 연이어 추진하며 해외이주 장려 정책을 지속적으로 시행했다.

당시 일본의 재외동포 정책의 기본 원칙은 전적으로 "수입국 중심의 재외동포 정책을 추진하는 것이었다. 즉, 제2차 대전에서의 패망에 따라 이전의 '일본 중심적 사고'를 타파하고, 대신 이민 수입국의 입장에서 수입국의 희망을 충분히 고려하여 일본인의 해외 이주를 확대해 나간다는 것이었다.

이러한 기본 원칙에는 다음 세 가지 해외이주의 기본 사상이 내포되어 있었다. 즉, 1) 무차별 이주의 원칙 2) 수입국에의 동화주의 3) 영주 사상 등이었다.

첫째, 무차별 이주 원칙은 이민 수입국이 열악한 근무 조건이나 혹은 생활 여건이 나쁜지 등을 고려치 않고 이와 상관없이 만일 수입국에서 어떤 노동력 수요가 존재한다면, 어디든지 일본인 이주자를 무차별적으로 이주시킨다는 원칙이다.

둘째, 동화주의는 일단 일본인 이주자들이 이민 수입국으로 이주하여 정착하게 되면, 국내로 귀환할 생각을 하지 않고, 항구적으로 거주국에 정착하여 거주국의 문화를 이해하고, 거주국 국민들과 함께 통합되고 동화되도록 노력하여야 한다는 것이다.

셋째, 영주 사상은 동화주의 원칙과 상호 연관된 것으로, 일단 거주국에 정착하게 되면, 항구적으로 그 지역에 잘 정착하여 거주국 발전을 위해 노력하고 거주국의 국익 향상에 적극 기여하도록 노력하여야 한다는 것이다. 이는 이른바 '헌민주의(獻民主義) 사상'으로도 불리어 진다.

이의 한 예로서, 일본 정부는 당시 해외이주 대상자가 해외로 노동 이주를 할 경우, 일본 정부에게 일종의 '이주 계약서'에 서명토록 했다. 특히 동 계약서의 세부 내용에는, "해외이주자는 이주국의 법령에 따라 현지 사회에 동화하고, 자기의 직무에 전념하며 이주국의 개발에 기여하도록 노력하여야 한다."고 규정하고 있는 것이다. 이를 감안할 때, 일본의 재외동포 정책은 명백히 '동화주의'와 '헌민주의 사상'을 채택하고 있음을 알 수 있다.

4 일본 정부의 재외동포 지원 정책

방계 단체에 의한 간접 지원

한편, 일본은 제2차 세계대전 패망 이전까지만 해도 정부가 재외동포들을 대상으로 직접적인 재정 지원을 하거나 혹은 정부 차원에서 해외이주자들의 활동을 직접 관여하는 정책을 추진해 왔으나, 제2차 세계대전 패전을 계기로 재외동포를 다시 간접 지원하는 정책으로 급선회했다. 그 이유로는, 먼저 정부의 직접적인 관여와 지원은 자칫 재외동포들에게 모국에 대한 의존성과 타성을 유발할 수 있다는 점, 그리고 자칫 거주국 정부에게 아직도 일본 정부가 제국주의적 야욕을 가지고 있다는 의심을 유발할 수 있다는 우려에서 이러한 정책의 급선회를 이루게 되었다.

이러한 이유로 일본은 제2차 대전 이후 재외동포 지원 정책과 관련 철저히 "방계 단체에 의한 간접 지원"의 방식을 취해 왔다. 말하자면, 공적인 정부 기관이 아니라 사적인 재단법인 형태의 민간단체인 "해외 일계인 협회"와 저개발국의 개발협력 업무를 전담하는 "일본국제협력단(JICA)"에 의해 간접적으로 지원하는 우회적 방식을 구사해 왔다.

먼저 이 "해외 일계인 협회"는 우리의 과거 "재외동포재단"과 비슷한 형태의 상응 기관으로서, 당초 1967년에 재단법인 형태로 발족되어 주로 해외 일계인 대회, 재외동포 대상 일본어 교육, 일본어 교사 연수 및 파견, 일본 동포 초청 연수 등 재외동포 관련 업무를 전적으로 지원, 수행하고 있다. 이와 동시에 일본은 해외에 있는 동포 언론 매체를 지원할 목적으로 1974년 "해외 일계인 신문방송 협회"도 창설하여 해외에 있는 일본인 언론 매체와 매스컴들 간의 상호 유대를 강화하도록 지원하고 있다.

이 외에도 일본 정부는 해외 주요 지역에 "일본인 학교"와 "일본 문화원" 등을 설치, 운영하면서 재외동포들을 대상으로 일본어와 일본 문화를 보급, 전파하고 있다.

일계인(日系人)의 귀국 및 취업 지원 정책

일본은 1990년대 이래 브라질 등 중남미 지역 일계인(日系人)들이 모국으로 쉽게 귀환할 수 있도록 허용하고, 이들의 국내 취업도 적극 지원하는 "일계인 취업지원 정책"을 시행하고 있다.

이전까지만 해도 브라질 등 남미 지역에 거주하던 일계인(日系人)의 경우, 일본에 입국, 취업하는 것이 극도로 제한되고 까다로웠다. 하지만 1970~80년대 이래 일본의 국내 경제가 급속히 성장하면서, 특히 3D업종 등 단순노무 분야 기피 현상이 나타남에 따라 국내의 노동력 부족 현상도 극심해졌다. 일본 정부로서는 중남미 지역에 거주하던 일계인 및 일계인 자녀들의 국내 취업을 허용함으로써 이러한 노동력 부족 현상을 해소하고자 1990년에 '출입국 관리령'을 개정하여 해외 거주 일계인들의 일본 입국을 간소화하는 한편, 비숙련, 단순노동 분야 취업도 허용해 주었다.

이에 따라 중남미 지역에 거주하던 일계인 및 그 직계 자녀들이 일본 내 단순노무와 서비스업에 종사함으로써 모국에서 돈을 번 후 본국으로 귀환할 수 있게 되었다. 그 결과 브라질 등 중남미 일계인들의 일본 이주가 급증했고, 이로써 현재에도 일본 내에는 약 18만 명의 일본계 브라질인들이 국내외 단순노무, 혹은 서비스업 분야 등에 종사하며 상주하고 있다.

이러한 정책은 우리나라에서도 아주 유사한 사례로 나타났다. 1990년대 초 러시아 및 중국과의 수교에 따라 조선족 동포 및 고려인 동포들이 친척 방문을 위해 국내에 입국하였다가 취업을 위해 정주하는 현상이나, 혹은 2007년 이래 단순노무 분야 종사를 위해 방문취업제(H-2)로 국내에 들어와 정주하고 있는 사례와 유사하다 할 수 있다.

중국에 잔류 중인 일본인 자녀 귀국 정책

일본은 또한 1930년대 제국주의 침략 시기에 중국 만주지역으로 이주해 갔던 일본인 가족들이 1949년 중국의 공산정권 수립으로 인해 일본으로 귀환하지 못한 중국체류 일본인 및 그 가족에 대해 일본 귀국을 지원하는 정책을 추진하고 있다.

당초 일본은 1930년대 초 중국 대륙으로의 침략을 위해 1931년 만주사변을 일으킨 후 이듬해에 '만주국'을 건설하였고, 또한 이 지역 개발을 위해 대규모 일본인들을 만주로 이주시켰다. 이 당시 만주로 이주해 간 일본인과 그 가족(고아, 부인 등 포함)이 일본 패망 직전까지 수만 명에 이르렀으며, 이들은 1949년 공산정권 수립으로 일본과의 교류가 단절되면서 일본으로 귀환치 못하고 현지에 잔류할 수밖에 없었다. 이들은 특히 공산당 정권 하에서 상당한 고초를 겪었으며, 1972년 일·중 수교가 이루어질 때까지 '무국적자의 신세'로서, 여러 신분상의 고난을 감내해야 했다.

이후 동 문제는 1972년 일본과 중국이 수교를 맺음으로써 양국의 주요 외교

현안으로 대두되었고, 동 계기로 이들의 귀국 사업이 적극 전개되기 시작했다. 특히 일본 의회는 1994년 이들의 조속한 귀환과 일본 내의 안정적인 정착을 보장하기 위해 "이들의 원활한 귀국 추진 및 영주 귀국 후의 자립 지원을 위한 법률"을 제정한 바 있다.

동 관련 법률에 따라 일본 정부는 현재까지 약 3만 명 가량의 일본인을 귀환시킨 것으로 추산하고 있으며, 현재에도 여전히 일·중 양국 정부 간 중요한 외교 현안으로 대두되어, 동 귀국 사업은 계속 추진 중에 있다.

이 사업 역시 역사적으로 우리나라의 '사할린 동포 귀국 사업'과 유사한 사례임을 알 수 있다. 우리나라도 역사적으로 일제 강점기의 강제 징용에 따라 수만 명의 한인들이 사할린 지역으로 강제 이주해 갔으나, 해방 이후 소련군이 점령하면서 한국으로 귀환하지 못한 채 현지에 잔류해야만 했다.

1990년 한·러 수교가 이루어진 후에야 이들의 영주귀국 사업도 전개되기 시작했고, 이의 적극적 추진을 위해 2020년에 우리 국회는 "사할린동포 지원에 관한 특별법"을 제정하여 이들의 영주 귀국 및 국내 정착을 제도적으로 지원 중에 있다.

제2절 캐나다의 재외동포 정책

캐나다는 미국과 함께 전통적으로 해외 이민자들이 이주해 와 국가를 설립, 발전시켜 온 전형적인 "이민자 국가"라 할 수 있다. 이러한 이유로 미국과 함께 캐나다의 경우도 해외로 재이주해 간 재외동포의 인원수 및 규모가 크지 않으며, 따라서 정부 차원에서 어떠한 재외동포 정책을 특별히 추진할 필요가 없었던 것이다.

1 법적 근거

캐나다는 우선 재외국민이나 해외동포 관련 정책에 있어, 이들을 규율하는 어떤 별도의 근거 법률을 제정치 않고 있다. 그리고 단지 2008년에 개정된 바 있는 '시민권법(Citizenship Act, 국적법에 해당)'을 통해 '국적 상실 및 취득에 관한 규정' 만을 적시하고 있다. 다시 말해 동 법을 통해 국민이나 외국인이 국적을 취득하거나 혹은 상실할 때의 절차 및 자격 요건 등에 대해서만을 규정하고 있다는 것이다. 특히 캐나다는 국적 취득과 관련하여 미국과 같은 '속지주의' 원칙을 취하고 있고, 또한 자국민을 대상으로 이중 국적을 전면적으로 허용하고 있기 때문에 사실상 '재외동포'란 개념을 두는 것 자체가 무의미하였다.

역사적으로 캐나다는 국가 성립 초기부터 영국, 프랑스, 독일 등 서유럽계 백인 이민자들에 의해 국가가 건립된 '이민유입 국가'였으며, 또한 이후 1967년 이후(미국은 1965년)에야 홍콩, 필리핀, 중국 등 아시아계 민족에 대한 이민을 허용하여 아시아계 이민자들의 유입이 급증하면서 현재는 다양한 민족의 해외 이민자들로 구성된 '다문화주의(Multi-Culturalism) 국가'를 형성하고 있다.

이와 동시에 캐나다는 역사적으로 외국으로부터의 제국주의 침탈이나 제1, 2차 세계대전 등 전쟁으로 인한 국민의 피난 및 해외 이동 사례가 전혀 없었기 때문에 어떤 역사적, 정치적 사유로 해외로 이주해 간 재외동포가 존재하고 있지 않은 상황이다.

이런 배경에 따라 오늘날 캐나다 국민의 주요 해외이주 사유로는, 역사적, 정치적 배경과는 전혀 무관하게 단순히 주로 해외 유학이나, 오지 탐험 혹은 은퇴자의 노후 생활을 위한 거주지 이동 등으로 나타나고 있다.

2 캐나다의 재외동포 정책

이러한 사유로 캐나다 정부는 애초부터 적극적인 재외동포 정책을 추진할 필요가 없었고, 또한 이민유출자(emigrants)에 대한 정부 차원의 어떤 통계나 성분 파악도 필요치 않았으며, 이러한 통계나 실태 또한 불확실한 상황이다. 대신 캐나다로 이민을 오고자 하는 이민유입자(immigrants)에 대한 정책적 배려나 이들의 지원 정책에 치중하고 있는 편이다.

최근 캐나다 국민의 해외거주 현황을 보면, 해외 거주자 총수는 약 110만 명(추산)으로서, 이 중에서도 미국에 거주하는 캐나다인이 약 90만 명으로 대다수를 차지하고, 그 밖에 영국에 약 7만 5천 명, 호주에 2만 7천 명, 프랑스에 약 1만 명, 그리고 그리스가 약 1만 명으로 집계되고 있어 주로 같은 대륙에 위치하며 지리적으로 가까운 미국 지역에 대부분 거주하고 있음을 알 수 있다.

이들의 거주 목적 역시 여행, 유학, 취업 및 은퇴 이민이 주를 이루고 있다. 여행의 경우는 일반 해외여행이나 오지 탐험 등이 다수를 차지하며, 취업에 있어서는 주로 아시아 지역, 특히 한국, 일본, 대만으로의 어학 교사 혹은 워킹 홀리데이 등 목적으로 취업하고 있으며, 다만 은퇴 이민의 경우는 영국, 호주, 미국 등 편안하고 안정적인 노후 생활을 즐기기 위해 유럽 등 선진국으로 이주하는 것으로 나타났다.

제3절 중국의 재외동포 정책

중국의 재외동포는 보통 "화교(華僑)" 또는 "화인(華人)"으로 불린다. 앞장에서도 언급했듯이, 전 세계 국가별 재외동포 인구 중 가장 큰 규모의 재외동포를 가진 나라가 바로 중국이다. 중국은 현재 전 세계적으로 약 4,500만 명의 재외동포를 둔 것으로 추산하고 있다. 이렇게 중국의 화교·화인은 그 인적 규모나 거주국에서의 영향력 등에서 독보적 위치를 차지하며 전 세계 곳곳에 거주하고 있다.

특히 중국의 화교·화인들은 거주국 내에 정착하거나 거주국 문화에 동화하는 수준이 월등하면서도 또한 중화민족으로서의 민족적 정체성을 잘 계승 발전시키는 민족 중의 하나로 꼽히고 있다. 이는 곧 해외의 화교·화인들의 자체 노력에 기인한 면도 있겠으나, 중국 정부의 직, 간접적인 지원 정책도 작용하고 있는 것으로 간주된다. 이하에서는 중국 정부의 재외동포 정책에 관해 간략히 살펴보고자 한다.

1 화교·화인의 개념 및 분포 현황

오늘날 해외에 체류하고 있는 중국인을 보통 '화교(華僑)'라 칭한다. 본래 이 용어는 고대로부터 중국인의 의미로서 '唐人', '華人', '華工', '華商' 등으로 불리어 오다가, 청조 말 아편전쟁 이후부터는 '화교(華僑)' '화인(華人)' 등으로 불리기 시작했다 한다.

이 '화교, 화인의 개념'에 관해 중화인민공화국 정부는 관련 법률을 통해 좀 더 명확히 규정하고 있다. 2009년에 제정된 "화교·화인, 귀교 신분의 확정에 관한 규정"이 그것이다. 동 규정에 의하면, 화교(華僑)는 "국외에 일정 기간 영주하고 있는 중국 공민"을, 화인(華人)은 "외국 국적을 취득한 중국 공민 및 그 후손"을 의미하였다. 또한 화예(華裔)의 의미는, "어떤 국적을 보유하든 상관없이 현재 중국 외에 거주하는 중국 민족"을 말하며, 일명 "해외화인(海外華人)"이라고도 한다.

이 개념은 현재 우리 정부가 '재외동포법'을 통해 규정하고 있는 재외동포의 개념과 일맥상통함을 알 수 있다. 즉, 중국의 '화교'는 곧 우리의 '재외국민'에 해당되고, 반면 '화인'은 우리의 '외국국적 동포'에 해당된다. 또한 '화예'는 우리의 '넓은 의미의 재외동포'로 일컬어지고 있음을 알 수 있다. 이와는 별도로 귀교(歸僑)가 있는데, 이는 곧 "화교, 화인으로 해외에 살다가 국내로 귀환하여 중국 국적을 회복하고 국내에 정주한 화인"을 말하며, 우리의 '역이민자'에 해당된다 할 수 있다.

현재 해외 화인의 수는 전 세계적으로 약 4,500만 명에 이른 것으로 파악되고 있다. 이 중에서도 동남아 지역이 약 3,300만 명으로 가장 많은 인구를 차지하고 있고, 이어 미국에 380만 명, 그리고 캐나다에 148만 명이 거주하고 있는 것으로 나타났다. 그 밖에도 페루에 130만 명, 호주에 87만 명, 프랑스에 70만 명, 일본에 68만 명, 영국에 47만 명 등 전 세계 각지에 고루 분포해 있음을 알 수 있다.

2 화교·화인의 역사적 형성 과정

중국인의 해외 진출에 관한 역사적 과정은 아주 오래전부터 이루어져왔다. 중국인의 해외 이주 역사를 각 시기별로 1~4단계로 나누어 설명하면, 다음과 같다.

첫째, 제1단계 시기는 12세기 남송(南宋)시대부터 시작하여 17세기 중엽 명나라가 망하던 시기까지로 많은 수의 중국인들이 해외 왕래와 이주를 지속하던 시기이다. 이 시기는 중국의 남부 해안 지방을 중심으로 상품 경제가 급속히 발전하였고, 특히 선박 건조 기술이나 나침반과 같은 항해 기술이 발전함에 따라 대외무역이 활발하였고, 이에 따라 해외로 진출하는 중국 상인들도 급증했다.

특히 명의 영락제 시기에 환관 출신이었던 정화(鄭和)가 황제의 명을 받들어 동남아 등 남양 지역으로 7차례에 걸쳐 원정(대항해)을 하게 되었는데, 이 과정에서 일부 중국 상인과 선원들이 해외 정박지에 일시 체류하다 영구 정착함으로써 '초기의 해외 중국인 사회'를 형성하게 되었다. 이 시기 중국인의 대부분은 인도, 싱가폴, 베트남, 태국, 필리핀 등지에 자리를 잡았으며, 그 인원수에 있어서도 약 10만 명에 이른 것으로 알려졌다.

다음 제2단계 시기는 17세기 만주족에 의한 청(淸)이 건국된 이후부터 1949년 중화인민공화국이 성립되기까지 중국인들의 대량 출국이 본격화되던 시기이다. 먼저 만주족에 의한 청나라가 건국되자, 청 황실에 봉사하길 원치 않은 한족의 귀족 관리들이 스스로 낙향하여 중국의 남부 농촌 지역에 정착(客家 출신)하거나 아니면 더욱 남하하여 현재의 동남아 지역으로 이주해 갔다.

청의 중·후반기에 들어 중국의 사회, 경제적 혼란과 또한 대외적으로 제국주의 열강의 경제적 약탈과 노동 착취 등에 의해 중국인들의 경제적 어려움은 가중되어 갔다. 이런 혼란 상황을 틈타 '멸만흥한(滅滿興漢)'의 기치를 내세우고 흥기한 홍슈치안(洪秀全)의 '태평천국의 난'이 실패로 돌아가자 이에 동참했던 한족과 그 가족들이 대량으로 해외로 피난, 이주해 갔다. 당시 상당수 중국인들은 중국의 남부 지역을 거쳐 지리적으로 근접한 동남아시아 지역으로 재이주하면서, 중국 화교들의 본격적인 해외 이주가 이루어지는 계기가 되었으며, 이 시기에 동남아 등지로 이주해 간 중국인 수만도 약 1,000만 명에 이른 것으로 추산된다.

제3단계 시기는 1949년 중화인민공화국이 출범한 이후부터 1976년 중국이 개혁 개방을 추진하기 직전까지의 시기이다. 이 시기는 동남아 지역에 거주하고 있던 화교들이 전 세계 여타 지역으로 분산 및 확산이 이루어졌던 시기라 할 수 있다.

1949년 중국 대륙에 공산 정권이 수립되면서 상당수의 지주, 중소 자본가 및 장제스를 중심으로 한 국민당원들이 타이완을 비롯하여 동남아와 미주, 유럽 등지로 이주해 갔으며, 이에 따라 해외 화교와 화인의 수도 급속히 증가하여, 이전의 동남아 지역에 집중되었던 화교가 전 세계 국가 및 지역으로 광범위하게 확산되게 된 계기가 되었다. 뿐만 아니라, 이 시기에 전 세계 각국으로 흩어져 거주하던 화교들이 거주국 내에 안정적으로 정착함에 따라 거주국 내에서의 정치, 경제적 지위 또한 점차 향상되어 가기도 했다.

특히 1970년대 당시 동남아 일부 국가를 중심으로 '중국인 배화(排華)운동'이 일어남에 따라 이 지역 중국 화교들이 동남아 지역을 떠나 다시 미국, 호주, 유럽 등지로 재이주하는 계기가 되기도 했다.

제4단계 시기는 1970년대 말 중국의 개혁개방 정책이 시행된 이후, 중국 본토 내에서 중국인들의 해외여행이 간소화되어 해외 이주가 가능해졌고, 이에 따라 본토 중국인들의 해외 이주가 급증한 시기였다. 특히 이 시기 중국인들의 해외 이주는 중국 대륙에만 국한된 것이 아니라, 1997년 홍콩과 1999년 마카오의 중국 편입, 그리고 양안 관계에 의한 대만 독립 문제 등 정치적 이유에 의해 홍콩, 마카오, 대만 지역에 살던 중국인들마저 대대적으로 새로운 삶의 터전을 찾아 미국, 캐나다, 유럽 등지로의 재이주가 이루어졌다. 이에 더해 당시 동남아 지역에 정착해 있던 중국계 인구도 다른 지역으로 재이주하는 현상마저 겹치면서 이 시기 전 세계적 규모의 중국인들의 대이동이 일어났던 시기로 간주되고 있다.

특히 이 제4단계 시기에 해외로 이주해 간 중국인들을 기존의 '화교'와 구별하여 '신 화교(新華僑)'로 지칭하며, 이들의 규모 또한 약 160만~180만 명 정도로 추산하고 있다.

3 중국의 화교·화인 정책 기조

중국 정부는 일찍이 해외로 이주해 간 화교·화인을 중국의 중요한 국가 자산으로 인식하면서, 이들 화교·화인 정책에 대한 '장기적인 국가 전략'을 마련하여 장기적으로 추진해 오고 있다. 그리하여 중국의 국무원(우리의 국무총리실) 내에 화교·화인 업무만을 관장하는 기관을 별도로 두어 관리해 오고 있다. 동 기관으로는 국무원(國務院) 산하의 '화교판공실(僑務辦公室, 僑辦)'과 공산당 내의 '통일전선부'를 두어 동 업무를 관장하도록 하고 있다.

중국의 화교·화인 업무를 총괄하고 있는 이 '화교판공실'은 중국의 화교·화인 정책과 관련하여 다음과 같은 '화교·화인 정책 기조'를 제시하고 있다.

첫째, 조국애와 중화민족의 자긍심을 고취하며, 거주국 내에서의 지위를 향상한다.

둘째, 화교의 경제 실력을 향상시키며, 중국 내 시장과 상호 호혜 기능을 강화한다.

셋째, 중-대만 간 통일을 위한 중개자 역할을 담당한다.

넷째, 중화민족의 정체성을 유지하되, 거주국의 상황을 고려하여 집행한다.

4 중국의 화교·화인 정책 내용

중국 정부는 위에서 언급한 '화교·화인 정책 기조'를 토대로 하여, 화교·화인 정책의 기본 원칙과 관련 1) 거주국 내 현지화 정책('現地化')과 2) 중화 의식의 계승 발전('中華意識의 繼承')이라는 두 가지 원칙을 기반으로 정책을 추진하고 있다.

즉, 중국 화교들이 거주국에서 국적 취득을 통해 거주국의 문화를 충분히 익히며 장기적으로 뿌리를 내려 떳떳한 국민으로 살아가야 한다는 것이며, 이와 동시에 중국인 고유의 중화 의식을 발양시켜 중국계 상호 간의 민족적 유대를 공고히 하여 거주국과 모국 간의 관계 발전에 기여토록 한다는 것이다.

상기 두 가지 원칙 외에도 중국은 1970년대 개혁, 개방 정책이 시행되면서 귀교(歸僑)중에서 중국의 경제 발전에 도움이 될 수 있는 우수 인재들을 적극 유치하는 3) 우수 인재 유치 정책도 함께 추진하고 있다.

이러한 기본 원칙을 좀 더 구체적으로 설명하면, 첫째는 거주국 내 현지화 정책으로서, 중국은 '단일국적 수용'과 '거주국 내 정치활동 금지'를 통해 중국인들이 거주국 내에서 안정적으로 현지화 하도록 지원하고 있다.

우선 단일국적 수용과 관련, 중국은 전통적으로 '부계혈통주의'에 의한 속인주의 원칙을 견지해 왔기 때문에 해외로 이주해 간 중국인들은 상당 기간 중국 국적을 그대로 유지하며 살아왔다. 그러나 동남아시아와 북미, 유럽 등지 국가들은 이와는 달리 거주국의 속지주의 원칙을 취하고 있어 동 지역으로 이주해 간 중국인들은 자동적으로 거주국 국적도 취득하게 되어 이중국적 문제가 발생하였던 것이다.

중국 정부로서는 화교들의 이러한 이중국적 문제가 현지 정착과 발전에 결코 바람직하지 않다고 보았고, 자칫 동남아 일부 국가들의 민족주의 정책과 충돌함으로써 외교적 문제를 야기할 것을 우려하여 결국 이들의 거주국 내에서 단일국적을 허용하는 조치를 취하게 되었던 것이다.

다만, 단일국적을 허용하는 대신 중국 정부는 현지에서 한족으로서의 민족정체성을 더욱 강조하게 되었으며, 이러한 중화민족의 정체성 함양과, 중화 의식을 더욱 강화하는 방향으로 재외동포 정책을 전환하게 되었다.

다음으로는 거주국에서의 '정치활동 금지' 정책이다. 제2차 세계대전 직후인 1960~70년대에 걸쳐 동남아 각국에서 국가 독립을 위한 광범위한 민족 독립과 해방 투쟁 운동이 일어났다. 중국의 화교들이 대거 이주한 이곳에서 자칫 중국 화교들이 이러한 정치 상황에 휘말리게 될 때, 중국 정부와의 외교적 마찰을 가져올 수 있다는 우려가 있었다.

이에 따라 중국 정부는 해외 동포들로 하여금 거주국에서 장기적 기반을 두고 생활해 나가되, 현지 국적을 취득하기 전까지는 여전히 외국인으로서 국내 정치에 직, 간접적으로 참여하지 않는 것이 바람직하다는 입장에서 이를 철저히 금지시켜 왔던 것이다. 이러한 '정치활동 금지'의 정책으로 인해, 현재 동남아 지역에 거주하는 화교. 화인들은 주로 거주국 내 경제 영역에 집중함으로써, 동남아 각국 도시의 주요 상권을 장악하고 있는 상황이다.

이와 함께 중국 정부는 해외 중국인들의 정체성 함양과 중화 의식의 계승, 발전 정책을 적극 추진하고 있다. 중국 정부는 일찍이 해외에 거주하는 화교들이 중국의 전통문화를 계승하는 주요 자산으로 인식하고, 이들을 대상으로 중화 의식을 더욱 고양시키고자 하였고, 중화 의식 고양을 통해 나아가 중국계 인구의 대동단결을 도모코자 했다.

중국 정부는 특히 화교, 화인들의 상호 유대와 결집을 강화하고 상생 발전을 도모할 수 있도록 각 지역 화교들이 참여하는 '화교 통합거버넌스'를 구축함과 동시에 화교 경제인(華商)들을 중심으로 한 '화상(華商)네트워크'도 구축하여 민족 네트워크를 활성화하는 조치를 추진하고 있다.

또한 현지에서 중국계 학교와 민족 학교를 발전시키고, 교포 신문 등 해외 언론 매체의 육성, 발전을 위해서도 고군분투 중이다. 즉, 해외의 민족교육 기관을 발전시켜 이를 통한 중국어 및 중국문화 교육의 내실화를 기하여, 궁극적으로는 중화 의식과 중화 문화의 발전을 기하고자 했다.

이러한 언어 및 문화 보급을 위해 중국은 '공자학원'이란 명칭으로 전 세계 총 540여 개 공자학원을 설립, 운영해 왔다. 그러나 최근 미국, 유럽 등지에서 이 기관이 중국 정부의 선전기구 및 여론조작 기관으로 왜곡되어 활용되고 있다고 비난하며 동 기관을 폐지시키려는 운동을 벌임에 따라, 중국은 최근 동 기관의 명칭을 "중국어교류협력센터"로 바꾸어 운영 중에 있다.

셋째, 우수 인재 화교의 유치 정책이다. 1978년 개혁개방 정책이 시행된 이후 중국의 경제 발전을 위해서는 해외에 체류하는 우수한 중국 화교의 인적자원을 국내에 적극 유치, 활용할 필요가 있다고 보았다. 이에 따라 1880년대 이후 중국으로 귀환하는 귀교(歸僑)와 귀권(歸眷)에 대해서는 1) 출입국 시 특별한 편의를 제공하는 유연한 출입국 관리 제도를 시행함과 동시에 2) 국내 토지 등 부동산 매입, 처분과 그 외 금융 및 외환 거래 등에 있어서 내국인에 준하는 혜택을 부여하였으며, 또한 3) 세금 우대와 연금 지급, 의료 및 생명 보험 혜택 등도 내국인에 준하는 우대 조치를 취하고 있다.

제4절 독일의 재외동포 정책

독일은 자국의 재외동포를 "Ethnic Germans" 혹은 "German Minority"라 부르고 있다. 독일의 재외동포는 독일 근현대사의 역사적 변화에 따라 그 규모와 성격에 있어 큰 변화를 이루며 형성되어 왔다. 즉, 1870년 최초로 통일을 이루게 된 '독일제국'이 형성되면서 영토적 경계의 확대 변화, 그리고 1940년대 제2차 세계대전 당시 히틀러에 의한 인종, 종교, 정치적 차별에 따른 독일인의 추방과 난민 발생, 이어 전후의 경제 복구 등을 위해 해외로 이주해 간 이민자 등에 의해 각 시기마다 현격히 변화된 모습을 보여 주고 있다.

이는 곧 독일의 역사적, 정치적 상황 변화에 따라 재외동포의 규모와 인원에 있어서도 현격한 차이를 보여 왔으며, 따라서 오늘날 독일의 재외동포 정책도 중요한 '국내 정책 현안'의 하나로서, 독일 정치계의 주요 이슈로 대두되어 왔던 것이다.

1 재외동포의 역사적 형성 과정

독일의 근, 현대 역사에서 재외동포가 형성된 역사적 과정은 다음 3단계 시기의 과정으로 나누어 설명될 수 있다.

첫 번째 시기는 1870년 독일이 통일되어 최초로 독일제국이 성립된 이후부터 제1차 세계대전 발생 이전까지의 시기로서, 이 시기의 독일인들은 정치적 배경과 경제적 이유 등 다양한 요인에 의해 해외 이주가 이루어진 시기였다. 당시는 산업혁명에 의한 노동력의 해외 송출과 함께 제국주의 열강의 식민지 침탈이 성행했던 시기로서, 독일인들도 지역적으로는 미국과 캐나다, 남아메리카 등 지역으로 약 7백만 명에서 8백만 명 정도가 이민해 갔다.

다만 이들의 해외 이주는 1914년 제1차 세계대전이 발발함과 동시에, 1924년 미국의 이민법이 제정되어 외국인의 이민을 제한하는 법령이 제정됨으로써 더 이상은 확대되지 않았다.

두 번째 시기는 제1차 대전 이후부터 제2차 세계대전이 종료된 시점이다. 이 시기는 독일 제국의 영토 변경과 함께 히틀러에 의한 인종차별 정책과 정치적 탄압이라는 정치적 요인에 의해 이주가 이루어졌다.

제1차 대전과 제2차 대전을 거치면서 독일 영토가 좌측 혹은 우측으로 확대, 축소되면서 국경 지역의 독일 주민들은 하루아침에 외국인으로서 재외동포가 되거나 혹은 독일국민으로 되돌아오는 경우도 있었다. 특히 독일과 국경을 마주하고 있는 체코슬로바키아, 루마니아, 유고슬라비아 등 국경지역의 독일인 역시 당시 재외동포의 주요 근원이 되었다.

이러한 영토 변경 사유와 함께 또한 제2차 세계대전 당시 히틀러의 유태인, 집시 등에 대한 인종차별 정책과 또한 공산주의자, 사회당원, 그리고 노동조합원 등 정치적 이유에 의한 강제 추방이 이루어짐에 따라 정치적 난민으로서 재외동포가 된 사람도 급증했다. 이들은 이후 미국, 혹은 인근 서유럽 국가, 러시아·CIS 지역 등지로 재이주를 확대해 갔다.

세 번째 시기는 제2차 세계대전 이후부터 현재까지의 시기로, 이 시기는 반대로 해외에 체류했던 독일인들이 독일로 대거 귀환(In-bound)을 하게 되었던 시기이다. 이들은 제2차 대전이 끝난 1945년부터 1950년 사이에 대규모로 독일로 귀환했다. 이 당시만해도 약 1,200만 명이 독일로 귀환하였으며, 그 이후에는 동·서 냉전이 시작되면서 많은 인구가 귀환하지 못한 채 현지에 잔류하게 되었으며, 그럼에도 불구하고 이념적 차이와 이유에 의해 1950~1990년까지 약 320만 명의 독일인들이 베를린 장벽을 넘어 독일로 귀환한 것으로 알려졌다.

한편, 제2차 대전 이후 독일인들의 해외 이주(Out-bound)는 주로 경제적 요인에 의한 해외 이주가 주를 이루었다. 전쟁으로 파괴된 경제 상황에서 경제적 이유에 의해 다른 국가로 이주하고자 했다. 더군다나 1970년대 이후에는 독일이 '라인강의 기적'이라는 급속한 경제성장을 이룩하면서 다국적 기업의 진출, 혹은 해외 유학의 확대 등에 의해 해외 이주가 더욱 확대되었다.

이어 1990년의 구소련 해체와 함께 동구권이 몰락하게 되자, 다시금 독일로의 재이주 및 귀환이라는 큰 흐름이 형성되었다. 당시의 이주 동기로는 경제적 요인과 함께 독일의 경제적 성장에 따른 외국 유학, 다국적 기업 진출 등의 투자 이민이 주를 이루게 되었다.

2 법적 근거

독일의 재외동포와 관련된 중요한 법적 근거로는 독일 헌법에 해당하는 '독일 기본법(Basic Act)'과 '국적법(Nationality Law)'을 들 수 있다.

먼저 독일 기본법 제116조에서는, 해외에 거주하는 독일 동포들의 독일로의 '재이주 권리(right of return)'를 명확히 보장하고 있다. 또한 외국인의 독일 시민권 취득과 관련된 법률인 '국적법(Nationality law)'에서도 해외에 거주하는 독일의 외국국적 동포들의 시민권 회복(취득)을 명시하고 있다.

우선 독일 기본법 제116조에서는, 독일인(German)에 대한 규정과 독일 시민권의 취득 및 회복에 관한 내용을 적시하고 있다. 동 조항은 다음 두 가지 사항을 포함하고 있다.

1) '독일인'에 대한 정의 규정 : "독일인은 독일 시민권을 보유한 사람, 또는 1937. 12. 31 기준으로 독일제국 영토에 거주했으나 추방된 독일 민족의 구성원 또는 그 배우자나 자손을 지칭한다."고 했다.
2) '시민권' 회복 규정 : "1933년 1월 30일부터 1945년 5월 8일 사이에 정치적, 인종적 이유로 시민권(국적)을 상실했던 사람과 그 자손들은, 신청에 따라 시민권을 회복할 수 있다. 이들은 1945년 5월 8일 이후 독일에 정주하고 이민의 의사가 없을 경우 시민권은 회복된다."고 했다.

이와 같이 '독일인'의 범주를 헌법에 해당하는 '독일 기본법'에 직접 명시한 것은, 독일 국민들이 그간 역사적 과정과 정치적 상황에 따라 그 지위에 있어서 수많은 변화를 겪어왔음을 감안하여 이를 독일 기본법에 직접 법제화하여 이를 보다 명확히 하고자 한 것으로 해석된다.

다시 말하면, '독일 국민의 범주'에 해당되는 것은, 첫째는 독일 시민권을 보유한 자이다. 이는 곧 독일 시민권이 '혈통주의(속인주의)'에 입각하여 부모 중의 한사람이 독일인인 경우에는 자동적으로 국적이 부여됨을 의미한다. 둘째는 여타 다른 사유로 시민권을 갖고 있지 않지만, 과거 독일제국의 영토에 살았던 자나 그 자손에 대해서는 독일 민족(Ethnic German), 즉 독일인의 혈통을 유지한 경우, 독일인의 범주에 포함시키고 있음을 의미한다.

이러한 독일인의 정의 규정에 비추어 볼 때, 후자의 경우는 우리의 재외동포 중 '외국국적 동포'에 해당하는 경우로서, 독일의 경우는 과거 정치적 상황에 의해 외국으로 이주해 간 외국국적 동포들을 상기 제2항의 '시민권 회복' 규정에 따라 독일 국적을 바로 회복할 수 있도록 허용함으로써 '독일인'이 될 수 있도록 한 것이 특징적 요소라 할 것이다.

한편, 독일의 '국적법(Nationality law)'은, 시민권, 이민, 망명, 귀화 등을 규정한 법으로서, 가장 최근에 개정된 경우는 1999년 5월에 개정되어 2000년 1월부터 시행된 개정 법률이다. 이 개정 법률의 가장 중요한 변화는 첫째, 독일의 전통적인 혈통에 의한 혈통주의(속인주의)에 더해 출생지주의(속지주의)를 보충적으로 결합시키고 있다는 것이다. 다시 말해, 외국인 부모로부터 태어난 외국인 자녀들은 부모 중 한 사람이 독일에 최소 8년 간 합법적으로 거주하거나, 또는 최소 3년 이상 정주권을 보유한 경우에는 외국인이라도 출생과 동시에 독일 시민권을 갖도록 허용하고 있다.

둘째, '단일 국적주의'가 원칙이나, 재외동포의 경우는 예외적으로 이중 국적을 허용하고 있다. 즉, 귀화자 등 다른 국적의 포기가 불가능하거나 합당한 사유에 의해 다른 국적의 포기가 어려울 경우, 예외적으로 이중 국적의 보유를 허용한 것이다.

셋째, 외국인의 귀화 요건을 완화했다. 즉, 이전에는 외국인이 독일에 15년 이상 거주해야 귀화가 가능했으나, 이제는 최소 8년 이상 거주하면 귀화가 가능하도록 하되, 다만 '영주권 전치주의' 원칙에 따라 영주권을 우선 취득한 후 귀화를 신청할 수 있도록 했다.

3 독일의 재외동포 정책 내용

독일의 재외동포 정책 내용으로는, 다음 두 가지 기본 원칙으로서 1) 문호개방 정책과 2) 현지화 정책을 동시에 복합적으로 추진하고 있다.

먼저 '문호개방 정책'은, 앞에서 언급한 독일 기본법에서도 명시되었듯이, 과거 정치적 이유에 의해 독일 국적을 상실했던 재외동포들이 독일로의 재이주를 희망할 경우 이를 적극 수용한다는 정책이다.

이는 곧 어떠한 이유에서이든 해외에 체류하던 독일의 재외동포들이 독일 시민권을 회복하거나 혹은 독일로의 재이주(귀환)를 원할 경우 이를 적극 수용함을 의미하는 것이었다. 이는 곧 독일이 제2차 세계대전이란 과거사에서 비롯된 전후처리 문제의 일환으로 독일의 재외동포 문제를 해결하고자 하는 적극적인 의지의 표현으로 해석된다. 다만, 이 정책은 동·서 냉전 시기 소련과 동유럽의 인종차별 정책에 대응하기 위한 대응 조치로서, 서방 자유주의 진영에 의해 정치적으로 활용된 측면도 없지 않았던 것이다.

따라서, 이 '문호개방 정책'은 1990년대 초 구소련이 해체되고, 탈냉전이 본격화되면서 점차 '이주제한 정책'으로 전환하기 시작했다. 독일 정부는 1992년부터 각 국가별 할당제(Quater System)를 시행하여 국가별로 이주가능 인원을 할당하여 이에 따라 재이주를 수용하였으며, 이후 2010년부터는 다시 재외동포들의 재이주를 제한하여 가급적 인도적 차원의 "가족 재결합"의 경우에 한하여 독일로의 재이주를 허용하는 방식으로 정책을 바꿔 나갔다.

둘째는 '현지화 정책'이다. 독일 정부는 1990년 구소련 해체와 탈냉전 시기를 거치면서 기존의 문호개방 정책을 전환하여 '현지화 우선 정책'으로 선회하기에 이르렀다. 탈냉전으로 인한 이념적 요인이 사라지면서 이제 해외거주 재외동포들이 거주국 내에서 보다 안정적으로 정착해 현지 사회에 적응해 나갈 수 있도록 지원하되, 현지에서도 가능한 한 독일인으로서의 정체성을 잘 유지해 나가도록 하는 '현지화 정책'을 적극 추진하였던 것이다.

이를 위해 독일 정부는 예산을 투입하여 동유럽 및 CIS 국가 등 거주국 내 독일학교, 독일문화원, 독일문화센터의 건립을 적극 지원하고, 이들 기관으로 하여금 현지 동포를 대상으로 독일어 교육과 독일 문화 활동 지원, 독일인 간 정보 교류와 공동체 활동의 장으로 활용토록 했다.

또한 거주지 내 독일인 자치기구를 더욱 활성화하고, 독일어 언론 매체들을 적극 지원하는가 하면, 재외동포들을 대상으로 의료 지원이나 주택 건설을 위한 신용 대출 등 해외 동포들이 거주국 내에서 보다 안정적으로 정착할 수 있도록 지원하는 정책을 지속 추진 중이다.

<고려인과 조선족, 대한민국의 소중한 재외동포>

(원광대 '한중관계 브리핑')

러시아 이주 160주년 – 한민족 디아스포라의 시작

1990년대 한국과의 수교이후 고려인과 조선족은 북한과는 또 다른 대한민국이라는 새로운 '동족'과 조우하게 되었다. 비록 뿌리는 다 같은 한반도이지만 교류 없이 서로 다른 체제와 정서 속에 살아온 긴 세월은 한국인과 고려인, 조선족의 서로 다른 정체성에 많은 영향을 미친 것으로 보인다.

고려인은 구소련 국가의 정·재계와 학계, 의료계 등 주류사회에 안정적으로 진출하는 경우가 많아 자부심이 강하고, 한국계 러시아인/중앙아시아인으로 한반도를 '역사적 조국'으로 생각하지만 이것이 곧 대한민국을 의미하는 것은 아니었다.

갑자기 경제적 성공을 거뒀다며 구소련 국가들에 입성한 한국정부에 경제적 의존과 지원을 바라면서 동시에 한국인을 경쟁적 대상이자 질투 혹은 의심의 눈초리로 보는 시각도 분명히 존재했다. 물론 한-소 수교 초반 고려인들의 도움이 적지 않았다는 부분 역시 간과할 수는 없다.

고려인 1세대와 그 가족을 한국으로 영구 귀국시키는 한국정부의 지원정책, 구소련 국가에서 갈수록 인지도를 쌓아가고 있는 한국의 소프트파워 '한류'의 영향을 받으면서 특히 젊은 세대일수록 한국에 대한 동경과 친밀감이 강화되고 있는 것은 사실이다. 그러나 고려인 특유의 자부심, 한국에 종속되지 않는 독자적 한인으로서의 정체성을 잃지 않으려는 뿌리 깊은 정서가 빠른 시간 안에 사라질 것으로 보이지는 않는다는 점이 안타깝다.

조선족은 조금 더 심한 것으로 판단된다. 중국 공산주의 체제하에서 철저한 중국국민으로 살아온 조선족은 민족 내 지식인 그룹 사이에 "중국 조선족은 디아스포라가 아니며 한반도 국민과 무관한 100%의 조선족이자 중국 국민일 뿐"이라는 의견과 "조선족은 한족을 비롯한 중국내 다른 민족들과 구별되는 이중적 정체성을 가지며, 문화적, 역사적 뿌리를 알아가는 민족교육이 필요하다"는 의견이 대립되고 있다. 이러한 분위기는 시진핑 정부가 한족을 중심으로 소수민족 통합을 정당화하기 위해 2018년 헌법에 삽입한 '중화민족'이라는 새로운 개념으로 인해 더욱 강화되고 있는 것으로 보인다. 그러나 여전히 많은 조선족이 한국계라는 이점을 통해 합법적·비합법적으로 한국에 입국하고 있다.

고려인과 조선족에 대한 한국의 지원이 30년 간 지속되었고 많은 이들이 혜택을 받았지만 이들이 한국사회에 완전히 녹아들 의지를 가지고 있는가 하는 부분에는 여전히 의문이 남아 있지만, 보다 어린 세대에게 기대를 걸어보면 어떨까.

외국인 거주자의 비중이 전체 인구의 5%를 넘으면 다문화 사회에 진입한 것으로 본다. 2019년 국내 거주 외국인은 전체 인구 대비 5.6%를 점유했다. 2020년 통계청 자료에 따르면, 한국신혼부부 열 쌍 중 한 쌍 이상이 다문화 가정을 이룬다고 한다.

다문화 사회로의 이행은 세계적 추세이고, 국제교류와 노동력 부족 현상 등을 감안할 때 한국 역시 이 흐름을 거스르지 못할 것으로 생각된다. 경계선 밖에 서 있는 조선족과 고려인에게 시혜를 베푸는 것이 아니라 자연스럽게 한국문화와 사회, 정서에 흡수될 수 있는 보다 포용적이고 다양성을 인정하는 지원정책과 우리 국민들의 전반적 인식개선에 대해 생각해 볼 시점이 아닐까 싶다.

고려인 이주 160주년을 맞아 한국과 러시아에서 재외한인 전체를 아우르는 여러 행사가 기다리고 있다. 마침 경제성장만이 아니라 문화강국으로써 한국의 인지도를 제고하는 한류 붐이 지속되고 있는 시대이다. 타문화에 대한 동경, 호기심을 바탕으로 하는 문화적, 인적 교류는 인간의 연대와 친밀함을 쉽게 불러온다.

물질적 지원에서 나아가 문화라는 소프트파워와 함께 정체성 교육, 민족역사 교육 등을 강화해 나갈 필요가 있다. 시간이 필요할 뿐 불가능할 것이라고 생각되지 않는다. 모든 재외한인은 3000만 화교, 800만 명의 재외 유대인이 모두 중국와 이스라엘의 강력한 힘이 되고 있는 것처럼, 고려인과 조선족 역시 대한민국의 또 다른 경계선의 확장이자 소중한 자산이 될 것이라고 생각하기 때문이다.

* 출처: 원광대 한중관계연구원, 한중관계 브리핑, 김자영 연구교수, 2024.05.03.
https://kcri.wku.ac.kr/?p=6985

한국 귀환 재외동포의 주요 특징

1. 출신 국가별 동포 규모

한국에 체류하고 있는 외국국적 동포 출신 국가 중 국적별로 가장 높은 비율을 차지하고 있는 나라는 중국(조선족)과 CIS 국가(고려인)이다. 특히 한국의 영주권을 취득한 외국국적 동포 전체 121,285명 중에 98.97%인 120,042명이 중국과 CIS 국가 출신 동포이다. 더군다나 해외에 거주하고 있는 외국국적 동포 4,813,622명 중 절반의 비율이 넘는 2,558,660명의 외국국적 동포의 거주국가도 중국과 CIS 국가라는 특징이 있다.

이들 외국국적 동포들은 국내에서 일정 지역에 집거하며 함께 살아가고 있다. 중국의 조선족 동포들은 주로 서울 가리봉동과 대림동 일대에, 그리고 CIS 국가 출신의 고려인동포들은 경기도 안산과 광주광역시 광산구, 인천 함박마을 등에 마을을 형성하여 지내고 있으며 현재 두 집단 모두 수도권 이외에 다른 지역에서도 모여서 사는 양상을 보여주고 있다.

2. 국내 귀환의 주요 사유

한인 동포들도 다른 국가의 디아스포라처럼 생계나 노동, 망명 등 자발적, 비자발적 사유로 미국, 러시아, 일본, 중국, 유럽, 중남미 등으로 이동하기 시작했고, 주변 국가의 강압에 인해강제로 이주되기도 했다. 다만 그들은 타국에서도 한인의 정체성과 문화적 신념, 관행, 언어를 잃지 않기 위해 집단으로 노력하였고, 고국으로 돌아가고자 하는 귀환의식을 지니며 고국과의 연대를 끊지 않기 위해 노력했다. 시간이 지나자 한인 동포들은 한국으로의 귀환이 가능해지긴 하였으나 거주국의 여건이나 한국으로 귀환하여 생활할 여건이 안 되는 사람들은 거주국에 남게되었고, 그 나라의 시민권을 얻거나 무국적자로 생활하게 되었다.

또한 외국국적 동포들이 거류하게 된 거주국의 정책에 있어서 차별을 받는 경우가 존재하였다. 재중동포는 전반적으로 차별을 겪은 경험이 적었으나, 그럼에도 개혁개방 이후 경제적으로 소외되면서 경제적인 이익 실현을 위해서 한국으로의 이주가 증가하였다.

이와는 달리 재일동포의 경우 부모세대뿐만 아니라 제2~3세 자녀들까지도 민족적 차별을 겪었던 것이며, 고려인동포들도 강제 이주 등의 민족적 차별을 경험하고 있으며, 경제적인 이익과 생계를 위해 한국으로 이주하는 경우가 많아졌다.

특히 1990년대 이래 국제적으로 냉전체제 종식과 산업화 등을 거치면서 한인 동포 1~2세대와 그 후손들은 귀환의 의지 외에도 국제노동시장의 개방과 정보화에 의해 거주국에 남아 생활하는 것이 나은지 아니면 고국으로 돌아가는 것이 나은지에 대한 합리적 고민을 하기 시작하면서 부모와 조상의 조국에 대한 관심도 커져갔다.

3. 귀환 연령

현재 한국에 체류하고 있는 외국국적 동포의 특징 중 하나는 연령대가 비교적 높은 편이라는 점이다. 장년 및 노년층의 비율이 절반을 넘는 약 55.29%의 비율을 차지하고 있다. 이는 귀환 이주를 하게 된 사유와 연관성이 있는데, 1) 자신들이 태어나지는 않았지만 선조들이 태어났던 곳으로 돌아가고자 하는 선조 귀환의 측면과 2) 경제활동을 위해 해외에서 돈을 번 후 은퇴한 뒤에 고국으로 돌아오는 은퇴 이주의 측면이 있기 때문이다. 중국과 CIS 국가 출신 동포들의 경우는 '선조귀환'에 해당하고, 재미동포 혹은 파독 광부나 간호사들의 경우는 정년 퇴직 후 한국으로 귀환하여 마을을 이루어 사는 등의 '은퇴이주'의 예시라 할 수 있다. 파독 한인들은 1960~70년대 독일로 광부와 간호사, 기술자로서 파견되었으며, 국내에 역이민한 인원이 약 8,300명 정도이다. 현재 50-60년이 지난 지금 대략적으로 연령대가 70~80대일 것으로 보이며, 이들은 독일에서 정년 퇴직 후 노년에 들어 한국으로 귀환하여 경상남도 남해군에 '독일 마을'을 이루며 거주하고 있다. 이와 동시에 1990년 말부터 시작된 사할린 한인들의 영주귀국도 귀환동포의 연령층을 높이는데 영향을 미쳤다.

정책적 측면에서도 만65세 이상의 외국국적 동포는 우리나라에서 이중국적이 허용되고 있기 때문에 외국의 시민권을 가지고 한국에 장기 체류하기를 원하거나 고령의 나이로 인해 고국으로 귀환하고자 하는 고령층 동포들이 많은 것도 이러한 정책이 영향이 있을 것으로 본다.

참고문헌

1. **국내 단행본**

이진영 외. 2019. 재외동포정책 개발 및 외연확대를 위한 재외동포 개념 재정리. 서귀포: 재외동포재단.

정기선 외. 2011. 한국이민정책의 이해. 서울: 백산서당.

2. **국내 논문**

곽재석. 2012. 포용과 배제의 동포정책과 발전과제. 다문화사회연구. 5(1).

구본규. 2015. 대통령 기록물에 나타난 재외한인에 대한 인식 변화와 재외한인의 본국 사회 참여. 아태연구. 22(3).

김봉섭. 2009. 한국 재외동포 정책 10년의 회고와 전망 - 연구사 전개를 중심으로. 민족연구. (37).

김용찬. 2000. 남북한의 재외동포 정책. 민족연구. (5).

김용찬. 2018. 재외동포정책의 역사적 평가와 과제. 민족연구. (72).

김제완. 2008. 재외국민 참정권 선거법을 둘러싼 현단계의 주요쟁점과 여야 3당안 비교 분석. 한국국제정치학회 학술대회 발표논문집.

김종법. 2012. 유럽의 경험과 한국의 제19대 총선사례에 대한 재외국민선거제도 비교연구. 한국유럽학회 학술발표논문집. 483-501.

김태환. 2023. 재외동포청 설립의 의미와 향후 과제. 한국이민정책학회 학술대회.

나영주. 2015. 중국의 화교화인 정책: 변화와 전망. 민족연구. (61).

박범종. 2016. 재외국민선거의 의의와 투표율 향상 방안. 한국민족문화. (61).

박채순. 2008. 한민족 디아스포라와 재외국민참정권에 관한 연구. 전남대학교 글로벌디아스포라연구소 국내학술회의.

송석원. 2009. 일본정부의 일계인(日係人) 정책 : JICA의 해외일계인 지원 사업을 중심으로. 민족연구. (37).

유정석. 2009. 캐나다의 재외동포정책. 민족연구. (37).

윤인진, 김희상. 2016. 재외동포 귀환 이주민 공동체의 형성과 현황. 한국민족문화. (60).

윤인진. 2013. 재외동포 정책의 목표와 추진체계의 재정립. 민족연구. (54).

이규영. 2000. 독일의 동유럽 소련 재외동포정책. 한·독사회과학논총. 10(2).

이병훈. 2007. 한국의 재외동포정책: 현상과 과제. (48)

이승우. 2022. '재외동포기본법' 제정에 관한 연구. 재외한인연구. (58)

이용수. 2006. 참여정부의 재외동포정책. 전남대학교 글로벌디아스포라연구소 국내학술회의.

이용재. 2015. 한국의 재외동포 정책의 과정과 과제. 민족연구. (61).

이정관. 2023. 재외동포청 출범과 재외동포정책 추진방향. 계간 외교. (147).

이종철. 2008. 재외동포 정책 비교연구. 전남대학교 글로벌디아스포라연구소 국내학술회의.

이진영 외. 2014. 독일의 재외동포 우수인재 유치정책: '재외독일인 고급인력'을 중심으로. 디아스포라 연구. 8(1).

조정남. 2015. 일본의 재외동포 정책. 민족연구. (61).

조정원. 2009. 중국의 화교정책에 관한 연구. 민족연구. (37).

조화성. 2000. 독일의 재외동포 정책. 민족연구. (5).

황신용. 2005. 한국의 재외동포정책 분석. 고려대 정책대학원 석사학위 논문.

3. **기타 자료**

(1) 국가 기관 자료집

법무부. 2007. 외국국적 동포 포용을 위한 방문취업제도.

외교부. 2021.2023. 재외동포현황 외교부.

외교통상부 재외동포영사국. 2006. 참여정부의 재외동포정책.

(2) 웹사이트

외교부. 재외동포 정책 개요. http://www.mofa.go.kr〉contents.

외교부. 재외동포 정책 방향. http://www.mofa.go.kr〉contents.

재외동포기본법. http://www.law.go.kr, http://www.okocc.or.kr

재외동포청. http://www.oka.go.kr.

재외동포협력센터 코리안넷. http://www.korean.net

재외동포협력센터 한상넷. http://www.hansang.net.

재외동포협력센터.http://www.okocc.or.kr

제3부

지역별 재외동포사회의 현황 및 실태

| 제7장 | 일본의 재외동포 사회(재일동포)

| 제8장 | 중국의 재외동포 사회(재중동포)

| 제9장 | 러시아·CIS 지역 재외동포 사회(고려인 동포)

| 제10장 | 미주 지역 재외동포 사회(미국, 캐나다, 중남미)

| 제11장 | 유럽 및 중동, 아프리카 지역 재외동포 사회

제7장

일본의 재외동포 사회(재일동포)

제1절 재일동포의 의의

우리는 보통 일본 지역에 거주하는 한인을 "재일 한국인", "재일교포" 혹은 "재일동포" 등으로 부른다. 하지만 보통은 일본에 거주하는 우리의 재외동포란 의미에서, "재일동포"란 명칭을 주로 사용한다.

재일동포에 대한 정확한 개념은 우선 넓은 의미의 개념으로는 "현재 일본에 살고 있는 한국 국적의 보유자와 그 자손, 그리고 일본으로 귀화한 한국계 일본인"으로 비교적 포괄적 개념이다. 그러나 좁은 의미의 재일동포 개념은 "1965년 한-일 국교 정상화 이전 일본으로 건너가 '특별 영주자' 자격을 유지하고 사는 한국계 거주자"만을 일컫고 있다.

이렇게 재일동포의 개념 차이가 크기 때문에 다음을 기준으로 오늘날의 재일동포를 크게 두 유형으로 분류하고 있다.

먼저 1965년 이전 일본으로 도일한 후 일본 국적을 취득한 일본 귀화자와 일본 국적을 취득하지 않고 여전히 한국 국적을 보유하며 '특별영주자' 신분으로 살아가고 있는 한인들을 일컬어 '올드커머(old-comer)'라고 한다면, 이에 반해 1965년 국교 정상화 이후부터, 특히 1989년 한국의 해외여행 자유화 조치를 계기로 한국인으로서 일본에 이주한 한인을 '뉴커머(new comer)'라 부른다. 특히 이들 뉴커머들이 이주하기 시작한 1965년 이후부터 현재까지의 시기를 특별히 '제4시기'로 간주하며, 이들을 '뉴커머'로서 보통 "재일 한국인"으로 통칭하기도 한다.

제2절 재일동포의 역사적 형성 과정

조선인의 일본 이주 역사와 재일동포의 형성 과정은 곧 1910년 "한-일 강제병합에 의한 일제 식민통치"라는 역사적 상황과 함께 이루어졌음은 주지의 사실이다.

일제의 강제병합 초기에는 비록 경제적 이유에 의한 자발적 이주가 이루어진 했으나, 1930년대 후반 이후 일본 제국주의 침략이 본격화되면서 조선인의 강제 징용과 징병 등 강제 이주가 성행하면서 재일동포 사회가 형성되어 갔던 것이다.

이렇게 한인의 일본 이주가 비록 시대에 따라 그 형태와 동기가 다르다 할지라도 식민 통치 시기에 어쩔 수 없이 끌려가 착취당했다는 인식이 강하게 작용하면서, 이러한 인식이 '재일 한인의 민족적 정체성'을 형성하는 근거가 되었으며, 특히 재일동포들이 모국과의 관계를 밀접히 유지해 나가는 근간으로 작용했다.

재일동포의 이주 역사를 시기별로 구분해 보면, 제1~4시기로 나누어 설명될 수 있다. 제1시기는 한-일 강제 병합 이후 농민층 몰락으로 일본으로 도항한 시기(1910~1938), 제2시기는 일본 제국주의 침략에 따라 강제 징용, 징병 등이 이루어진 시기(1939~1945), 제3시기는 일본 패전 이후 일본에 잔류하게 된 시기(1950~1989)로 나눌 수 있다. 그리고 제4시기는 1965년 한·일 국교 정상화 조치에 따라 기술, 지식 노동자 혹은 투자를 위해 일본으로 이주해 간 시기로서, 제1~3 시기를 '올드커머(old comer)'로 부르는 것과는 달리 이들을 '뉴커머(new comer)'로 부르고 있다.

1 한일 강제병합(1910) 이전의 시기

역사적으로 일제의 조선 병합이 있기 이전에는, 일본으로 건너간 조선인 수가 그렇게 많지는 않았다. 일본 정부의 공식 통계에 의하면, 1882년에 4명, 1909년에는 790명 정도만이 일본에 거주한 것으로 확인되었다. 이들 대부분은 유학생이었고, 주로 일본을 통해 서구의 문명을 터득할 목적으로 유학을 하였던 것이며, 그 외 소수의 정부 관료나 외교관, 정치적 망명자들이 주를 이루었다.

1910년의 강제병합 이전까지만 해도 일본은 대부분의 산업에서 외국인 노동자의 국내 취업을 엄격히 금지하였기 때문에 한인 노동자의 유입 또한 극도로 제한될 수밖에 없었다.

당시 일본 측 통계에 의하면, 1907년 당시 도쿄의 유학생 수는 거의 5백 명에 달하였다고 한다. 이들은 학업을 마치기까지 일시적인 체류자 신분을 유지하고 있었기 때문에 1910년 이후 식민통치하에서 도일한 한인 노동자들과는 그 성격면에서 질적으로 큰 차이가 있었다 할 수 있다.

2 한-일 병합 이후 농민층 몰락으로 일본으로 도항한 시기(1910~38)

1910년의 한-일 강제 병합은 동북아시아 및 한반도의 국내정치 상황에 큰 변화를 가져왔다. 일제의 조선 병합으로 조선인은 '일본제국의 신민(臣民)'으로 전환되었고, 이로써 일본 신민인 조선인이 일본으로 입국하기가 매우 간편해졌다. 즉, 일본 정부의 조선인 노동자 입국제한 조치가 해제되었던 것이다.

이에 따라 이 시기 돈을 벌기 위해 일본으로 도항하는 한인 노동자 수도 점증해 갔다. 더군다나 1914년 제1차 세계대전의 파급효과로 일본 경제가 활황을 이루게 되자 일거리를 찾아 일본으로 도항하는 조선인 인구가 급증했다.

일본의 자본가들도 국내의 노동력 부족과 임금상승을 억제하기 위해 저임금의 조선인들을 적극적으로 도입하고자 했다. 그들은 심지어 모집 브로커를 조선에 파견하여 조선인 노동자들을 유치하기 위한 모집 경쟁을 벌이기도 했다. 그 결과 한일병합 초기인 1915년에 재일조선인 수가 3,917명에 지나지 않던 것이 불과 5년이 지난 1920년에는 30,189명으로 약 8배 가량 증가했다.

1920년대 이후에도 일본으로 도항하는 조선인이 급격히 증가하였는데, 이는 일본에서의 노동력 부족 등 유인 요인과 함께 조선에서의 유출 요인도 크게 작용했기 때문이었다.

우선 한일 강제병합이 이루어지자, 일제는 조선 국내에서 강압정치를 시작했고 이때 식민지 경제 정책의 최초 시도로서 바로 '토지조사 사업(1910년 3월~1918년 11월)'이 실시되었다. 이 토지조사 사업은 일제가 조선의 식민지 수탈을 목적으로 조선인이 보유하고 있던 농토를 일제히 신고토록 한 것이었다. 그리고는 실제로 그 토지를 경작하는 농민에게 토지 소유권을 인정한 것이 아니라, 토지와의 연고 관계를 신고한 사람에게 인정해 주는 '신고주의'를 채택했다. 따라서 신고하지 않은 토지에 대해서는 일단 '국유지'로 편입하였다가 나중에 일본인 토지회사인 '동양척식회사'에 불하하면서 조선인의 토지를 착취한 것이었다.

당시 대다수의 조선 농민들은 문맹인 데다가 해당 법률에 대한 지식도 없이 무지했기 때문에 자작농이라 하더라도 토지 소유 관계를 신고하지 않은 경우가 많아 많은 농민들이 지금껏 경작하던 토지를 대부분 잃게 되는 결과를 초래했다. 1920년 당시 조선인 농가 중 자영농이 23%, 반자작농이 37%, 소작농이 40%였던 것이 1940년대에 가서는 자작농이 18%, 반자작농이 23%, 소작농이 59%로 바뀌게 되었다.

이렇게 몰락한 농민들은 농촌에서 농토를 잃거나 소작 경쟁을 벌이는 등 농촌 내 과잉인구 현상으로 나타나며 악순환이 계속되었다. 이에 따라 농토를 잃은 농민들은 돈을 벌기 위해 결국 도시로 나와 도시 빈민층을 형성하거나 산간벽지의 화전민으로 전락할 수밖에 없었으며, 이들 중 일부는 해외로 유출되어 가기도 했다.

다른 한편, 1920년대 들어와 일제는 또한 조선의 식량을 착취하기 위해 '산미증산계획'을 실시하였다. 이로써 조선에서의 쌀 생산은 증가했으나, 일본으로 유출되는 양은 더욱 많아져 조선의 식량사정은 극도로 악화되어 갔다. 당시 농촌을 떠난 도시로의 이농 인구는 증가하였으나 국내의 경제발전 수준은 여전히 낙후되어 이들을 임금노동자로 수용하지 못한 채 상당수 조선인이 일본으로 일자리를 찾아 도항하게 되었던 것이다.

그런데 1920년대 중반으로 접어들면서 일본 경제와 사회여건이 어려운 상황으로 바뀌어 갔다. 1923년에 발생한 관동 대지진 때에는 도쿄 등 간토(關東) 지방에서 "조선인이 사회주의자와 결탁하여 방화, 폭탄 테러, 강도를 획책하니 조심하라" 또는 "조선인이 우물에 독을 넣고 폭동을 일으키려 한다."는 등의 유언비어를 퍼트려 일본인 자경대원들이 약 6천 명 가량의 한인들을 학살한 사건이 발생했다.

이는 곧 일본 측이 관동 대지진을 계기로 하여 조선인에 대한 증오와 분노를 유발시켜 국내 불만을 외부로 돌리고자 한 의도였다. 더군다나 1929년 전 세계적인 대공황 발생으로 일본 경제도 불경기와 실업 문제 등 침체 국면에 빠져 들면서 일본 국내 실업자 수도 약 3백만 명에 달하였다고 한다.

이렇게 일본의 실업문제가 심각해지자 조선총독부는 일본 내무성의 요청으로 1925년 8월 '도항저지제'를 실시하여 한인의 일본 이주를 저지하려 했다. 이에도 불구하고 일본으로 도항하는 한인 수는 줄지 않고 계속 증가하였으며, 당시 통계로는 1920년의 30,189명에서 1930년에는 298,091명, 1935년에는 625,678명, 1940년에는 1,190,444명, 1944년에는 1,936,843명으로 급증해 갔다. 이는 곧 당시 조선에서의 생활고가 그만큼 극심했음을 반증하는 것이었다.

특히 당시 일본으로 도항한 대다수 조선인들은 농촌에서 유출된 과잉 인구가 주를 차지했고, 지역적으로도 일본과 지리적으로 가까운 경상도, 제주도, 전라도, 충청도와 같은 남한지역 출신들이 주를 이루고 있었다.

1923년의 일본 내무성 조사에 따르면, 이 해 일본으로 도항한 조선인 총수 약 72,815명 가운데 경상남도 출신이 39%, 전라남도(제주도 포함) 출신이 25%, 경상북도 출신이 16%를 차지하였다 한다.

도항 배경에 있어서도 이들은 혈연, 지연과 함께 주로 친분 관계에 의해 도항을 결정하였던 것으로 파악되었다. 1927년 조사에 따르면, 이주자의 73%가 친척 또는 친구를 통해서 일자리를 찾은 것으로 나타났다. 일본으로의 도항이 곧 혈연, 지연 및 친분 관계를 통해 이루어지면서 이것이 향후 일본 내에서의 한인 공동체가 형성되고, 또한 일본과 조선을 연결하는 사회적 연결망 역할을 하는 주요 기반이 되었던 것이다.

3 강제 징용, 징집에 따라 도항한 시기(1938~1945)

1930대에 들어와 일본은 본격적으로 제국주의 침략의 길을 선택했다. 1931년에 만주사변을 일으킨 후, 1937년에 중일전쟁을 개시하면서 만주 지역을 중국 대륙으로 침략하기 위한 '병참기지화' 및 '식량기지화' 했다. 일본은 중일전쟁이 장기화하면서 군수물자 보급과 노동력 공급이 필요하였고, 이를 위해 국가 차원의 전면적인 통제와 동원이 필요하였다.

일본은 1938년 4월에 '국가총동원법'을 공포하였다. 이 법률 제4조에서 "일본 정부는 전시에 필요할 때는 제국의 신민을 징용하여 총동원 업무에 종사할 수 있도록" 한 것이었다. 이에 근거하여 다음해인 1939년 7월에는 '국민 총동원 계획'을 발표했다. 그리고 동년 9월에는 다시 '조선인 노동자 모집 및 도항 취급 요강'을 발표하여 조선인 노동자에 대한 강제 징용과 징집을 실행했다. 그 방식은 비록 '모집'의 형식을 취했지만 실제로는 '강제 연행'의 성격이었다. 이들은 주로 만주, 일본, 사할린 등의 탄광, 광산 외에도 철강, 토목 산업 등 다양한 전시 산업 분야에 동원되었던 것이다.

1941년 '태평양전쟁(제2차 세계대전)'이 시작되고, 전시 상황이 계속 불리해지자 일제는 1943년부터 조선에서도 본격적으로 "국민징용령"을 통한 강제 징용을 실시했다. 그러나 이미 그 이전부터 군과 관련된 곳에 조선인 노동자가 징발된 바 있고, 학생들의 징용도 계속되어 왔다.

그 총 규모와 관련 일본 측 자료에 의하면(일제의 자료 인멸로 불분명하지만), 1939년부터 1945년까지 일본, 사할린, 태평양 군도 등에 강제 동원된 인원수만 최소 76만 7천 명에 이르렀다. 여기에 군인, 군속 등 365,263명을 합치면 조선인 강제 연행자 수는 총 100만 명을 초과한 것으로 예측되며, 특히 이에 더해 '여성자원봉사대'란 이름으로 약 20만 명의 여성이 동원되었는데 이 중 약 8만 명 가량이 소위 '종군 위안부'로 종사하였던 것이다. 이러한 수치를 모두 합하면, 1939~45년 기간 동안 일제에 의해 강제 동원되었던 조선인 수만도 최소 120만 명을 상회하였을 것으로 추산된다.

4 일본 패전 이후 일본에 잔류한 시기(1945~1965)

1945년 해방을 맞이하자, 일본에 거주하던 조선인들은 서둘러 귀국하기 시작했다. 일본 정부의 공식 발표에 의하면, 1945년 8월부터 1946년 3월까지 귀국한 사람은 약 94만 명이며, 1950년까지는 약 104만 명으로 확인되었다. 물론 이 수치에는 자비 귀국자는 포함하지 않고 있어 실질적인 귀국자 수는 더 많았을 것으로 추정된다.

이와 같이 상당수 조선인들이 귀국을 하였으나, 그 외의 많은 조선인들은 여전히 일본에 잔류하며 현지에서의 생활을 이어감으로써 이들이 오늘날 이른바 '일본의 제1세대 동포사회'를 형성하게 되었던 것이다.

당시 추산된 수치통계에 의하면, 일본 패망 이전 약 200~250만 명 가량 일본에 거주하던 조선인 중에서 180~200만 명이 귀국하고 나머지 약 20%를 상회하는 약 60만 명 정도의 조선인들이 일본에 잔류한 것으로 알려졌다. 이들 일본에 잔류하게 된 60만 재일동포들이 '오늘날의 제1세대 재일동포 사회(올드커머)'를 형성하게 되었으며, 이들 일본에 잔류하게 된 한인들은 종전 당시 본국과의 네트워크가 비교적 취약한 사람들인 것으로 알려져 있다. 당시 일본에 잔류한 이들을 출신지역별로 살펴보면, 주로 경상도, 제주도, 전라도, 충청도 등 한반도의 남부 출신들이 대부분이었으며, 특히 한인 최대 밀집 도시인 오사카 지역은 제주도 출신 비율이 70~80%를 차지하였던 것으로 알려졌다.

재일 한인들이 당시 귀국하지 않고 일본에 잔류하게 된 주된 배경으로는, 1) 개인의 재산 반출 제한에 따른 경제적 사유와 2) 조선 내의 정치사회적 불안정한 상황 때문이었던 것이다.

당초 일본 정부는 패망 직후인 1946년 3월 맥아더 사령부가 발표한 '조선인, 중국인, 류우큐우인, 대만인의 등록에 관한 총사령부 각서'에 따라 일본에 체류 중인 외국인 중에서 귀국을 희망하는 자를 등록하도록 하고, 조선인을 포함 귀환자가 고국으로 가지고 귀환할 수 있는 금액을 최대 미화 1만 불 이내로 제한하도록 했다. 지참 금액을 1만 불 이내로 제한한 것은 당시 가난한 생활을 유지하던 일부 조선인들에게는 별 큰 문제가 없었으나, 어느 정도 경제적 기반을 마련한 사람들에게는 그동안 어렵게 모은 재산을 포기해야 했고, 또한 조선으로 돌아간다고 해도 그들의 생활 터전을 보장받을 수 없었기에 섣불리 일본을 떠날 수도 없었던 것이다.

더욱이 당시 조선의 국내 정치, 경제적 상황 또한 매우 불안정하여 조선으로 귀환하였을 경우 자신들에게 돌아올 피해를 고려하여 차마 귀국하지 못한 경우도 있었다. 이에 더해 일단 귀국을 하였지만, 친일파에 대한 부정적인 인식 등으로 인해 더 이상 국내에 머무르지 못하고 다시 일본으로 도항하는 경우도 존재했다.

이와 같이, 이들은 결국 일본에 계속 잔류하며 오늘날의 "제1세대 재일동포 사회"의 주축으로 성장하였던 것이다. 이들은 특히 일본 정부의 조선인 차별 정책과 동화 정책 추진 등으로 일부는 일본에 귀화한 경우도 있었으나, 여전히 한국 국적을 그대로 보유하며 "특별 영주자" 신분으로 한인 정체성을 유지해 오고 있는 '올드커머' 세대들이기도 하다.

5 한·일 국교 정상화 이후 현재까지의 시기(1985~현재, 뉴커머)

1965년 한국과 일본 간의 국교 정상화 조치로 양국 간 인적교류가 활발해지고, 이후 1970~80년대를 거치면서 일본의 경제 호황기에 취업, 투자, 유학 등 목적으로 일본으로 건너간 우리 '재외국민'들의 부류가 존재한다. 이들은 이른바 '뉴커머'라 불리우며, 일본 내에서 '새로운 재일 한인동포 사회'를 형성하게 되었다.

이들 '뉴커머'들은, 1965년 한-일 국교 정상화 이전에 일본으로 건너간 제1세대 재일동포들과는 질적으로 다른, 특히 1970~80년대 일본의 국제화가 급속히 진행되며 일본 경제가 활황을 이루는 가운데 우리 정부도 해외여행 자유화 조치를 시행하면서 일본으로 대거 도일한 경우로서, 이들은 과거 일제의 식민 통치에 따른 일본의 과거사 문제와는 상관이 없는 주로 우리 '재외국민'으로 구성된 부류였다.

현재 일본에 체류 중인 한인 총 80여 만 명 중에서 외국국적 동포(귀화자) 39만 명과 '특별영주자' 약 34만 명을 제외한 약 7만 3천 명가량이 뉴커머 범주에 들어간다고 본다. 그러나 뉴커머의 실제 규모는, 상당수의 불법 체류자까지를 포함하여 총 15~20만 명에 이른 것으로 추산하고 있다.

이들은 과거 제1세대 재일동포들이 겪었던 고난의 세월과 관련된 과거사 인식에서부터 비교적 자유로워 보다 "당당하고 구김살 없는 세대"로 인식되고 있다.

이들은 주로 도쿄 및 대도시 근교 지역에 살며, 매 3년마다 체류 연장 허가를 받으며, 우리 '재외국민'의 신분을 유지하고 있다. 종사하는 직종에 있어서도 주로 기업, 기관 파견 상사 주재원이나 그 가족, 혹은 유학생, 자영업자들로 구성되어 많은 점에서 기존의 올드커머와는 구별되며, 두 부류 사이의 거리감이 큰 것도 사실이다.

이들 중 일부는 일본의 유흥업소나 토목 건설 현장 등에서 근무하며 불법 체류자 신분으로 거주하는 경우도 있는데, 현재 그 수만도 약 6만 명에 이른 것으로 추측하고 있다.

이들 뉴커머 중 사실상의 정주자들은 대개 매 3년마다 체류연장 허가를 받는다. 뉴커머의 주요 구성원인 기업 및 기관 파견 주재원들과 그 가족의 체류기간은 대개 3~5년 정도다. 최소 6만 명이 넘을 것으로 추산되는 불법 체류자 중 상당수는 유흥업소나 토목 건설 현장 등에서 일하고 있다.

최근에는 정보·기술 관련 분야에서 한국 업체들의 일본 진출이 크게 늘고 있으며, 컴퓨터 프로그래머의 경우도 약 1천 여 명에 이른 것으로 알려졌다. 그 밖에 신발, 보석 가공, 석재 기술 등 신기술 분야에서 뉴커머들의 사업 진출도 증가하고 있는 추세이다.

제3절 인구 변화에 의한 재일동포 사회 형성 및 실태

앞에서 살펴본 바와 같이, 재일동포의 형성 과정은 우리 한민족의 역사 중에서도 일제 강점기를 포함하는 고난의 역사 과정과 함께 형성, 발전되어 왔다. 특히 각 시기별로 시대 상황의 변화에 따라 재일동포의 규모와 인구에 있어서도 큰 변화를 가져왔는데, 이 재일동포의 인구변화 추이를 파악해 봄으로써 재일동포 사회의 형성 과정을 좀 더 정확히 이해할 수 있을 것이다.

| 도표 7 | 재일동포사회의 시대별 인구 규모 추이

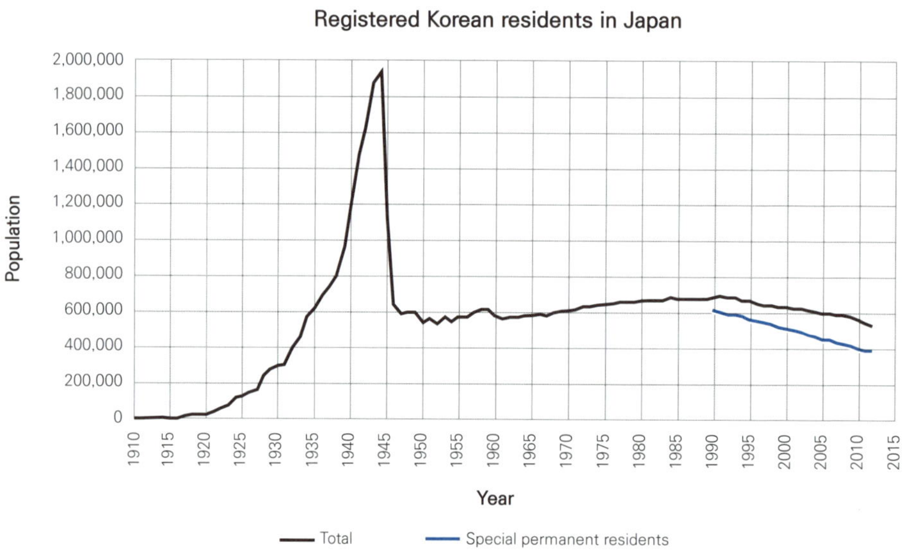

출처 : http://namu.wiki/w/재일한국-조선인(나무위키, 2025-11-22)

위 도표에서 보는 바와 같이, 우선 1910년 한일 병합 이전에는 일본으로 이주해 간 조선인이 그리 많지 않았다. 당시 일본 메이지 정부의 외국인 노동자 입국 금지 정책이 영향을 미치기도 했지만, 조선 내에서도 일본과의 교류가 그리 많지 않았고, 주로 일본의 신문물을 배울 목적이거나 혹은 공적 업무를 수행하기 위해 체류하는 경우 외에는 극히 드물었다. 따라서 대부분이 유학생, 외교관 혹은 극히 일부의 상업 종사자 등으로 구성되었다. 일본 통계에 의하면, 한일 병합이 이루어지기 직전인 1909년까지는 총 790명이 체류하였으나, 한일 병합 직후인 1911년에는 2,527명 수준이었다 한다.

그러다가 일본의 한반도 식민지화가 이루어지던 1920년 이후 1939년 강제징용이 이루어지기까지는 주로 조선에서 농토를 잃고 도시 노동자로 전락한 한인들이 일본으로 대거 도항함에 따라 일본 거주 한인인구가 급증하게 되었다. 1920년에 약 30,000명이었던 것이 1930년에는 298,091명으로 증가하였고, 1935년에는 다시 2배가 증가한 625,678명으로 급증하였다.

하지만 1939년부터 일본이 본격적으로 제국주의 침략의 길을 걸으면서 일본으로 강제 징용, 징발되어 도항한 한인들의 수도 더욱 급증해 갔다. 1938년부터 '국가 총동원령' 및 '국민동원 계획'을 발표하고 이어 1943년부터는 '징용령'과 '징병령'을 통해 조선 한인들이 강제로 징발되어 갔다. 당시 일본으로 건너간 조선인의 총인구수를 보면, 1935년에 62만 5천 명에서 1940년에 다시 1,190,444명으로 증가하였다가, 징병령이 실시되던 1944년에는 거의 두 배에 이르는 1,936,843명으로 급증했다.

국가 총동원령과 징용·징병령에 따라 이른바 1940~1945년 기간에는 조선의 한인 인구 약 100만~150만 명 이상이 일제에 의해 도일을 강요당하였던 것이다.

1945년 일제로부터 해방이 이루어지면서 일본에 체류하던 조선 한인들이 대거 귀국했다. 당시 약 150~200만 명가량 한국으로 귀환한 것으로 추산되었다. 이에 반해, 일본 정부는 1949년 '외국인등록법'을 개정하여 일본 내 조선 한인을 '외국인'으로 분류, 등록케 함으로써 당시 약 57만 명의 한인이 외국인 등록을 마쳤다. 일부의 불법체류 잔류자 혹은 '조선적'을 유지하며 등록을 하지 않은 한인을 포함하여 총 60만 명의 재일동포들이 일본에 잔류하게 된 것이다. 이들 60만 재일동포들이 오늘날 '제1세대 재일동포 사회'의 주역이 되었다.

한편, 1950년 6.25 전쟁으로 남·북이 분단되었고 이에 따라 60만 재일동포 사회도 이념에 따라 두 부류로 나뉘게 되었다. 하나는 자유주의 한국을 지향하는 재일한인으로서 이른바 '재일 거류민단'에 소속되었고, 다른 한 단체는 북한의 공산주의 진영을 지향하는 한인들로서 '재일본 조선인 총련합회(일명: 조총련)'에 가입하면서 남·북 간 대립과 함께 상호 대립과 갈등 과정을 거쳤다. 이 와중에 1959년부터 조총련 측에서 북한 정부와 협력하여 '재일동포 북송사업'을 전개하여 약 93,000명 정도의 재일동포들이 북한으로 송환되었다. 이로써 일본 정부의 외국인 등록자 수에 있어서도 1959~1961년 사이에 약 5만 명이 감소되었다 한다.

이후 1965년 "한-일 국교 정상화"가 이루어지면서 그 이전까지 '외국인'으로서 무국적자의 상황에 처해 있던 "재일동포들의 법적 지위"가 한층 개선되기에 이르렀다. 우리 정부는 당시 한-일 국교 정상화 조치로서 "한-일 기본조약" 체결과 함께 "재일 한인의 법적 지위 개선에 관한 협정"을 체결하여 당시 일본에 잔류하던 60만 재일동포들이 재산을 반출하여 한국으로 귀환하거나 아니면 일본에서 안정적으로 정주할 수 있도록 '영주권'을 부여하도록 했다.

다만, 이와 같은 개선 조치에도 불구하고 일본 정부는 여전히 재일동포들에 대해 상당한 정치사회적, 민족적 차별이 가해지면서 재일동포들의 일본 거류 생활에도 부정적인 영향을 미치고 있었다.

이 당시 일본의 체계적, 조직적 차별 정책을 버텨 내지 못하고 일본인으로 귀화하는 한인들도 증가했다. 이들은 주로 직접 귀화 혹은 혼인의 방식으로 일본 국적을 취득(귀화)하게 되면서 당시 제1세대 재일동포 사회의 구성 형태도 점차 변해 갔다.

특히 이들 중에는, 당시 일본이 1985년 국적법 개정을 통해 '부계 혈통주의'에서 '부모 양계혈통주의(부모 중 한 사람만 일본인이어도 그 자녀는 자동적으로 일본 국적을 취득할 수 있게 함)'로 변경, 채택함에 따라 일본으로 자동 귀화하는 경우도 있었다.

당시의 한인 귀화자 규모를 보면, 1960년부터 1990년대까지 매년 평균 3~5천 명 수준으로 일본 귀화가 이루어지다가 1995~2005년 사이에는 매년 1만 명 규모로 귀화가 급증하였다가, 2011년 이후 다시 매년 5천 명 규모를 유지해 오고 있다. 이들은 2024년 현재 총 39만 명 정도가 일본 국적을 취득한 귀화자(외국 국적 동포)로서 현 재일동포의 중요한 한 구성 부분을 차지하고 있다.

이와는 별도로 현재 약 34만 명의 한인 동포가 여전히 '특별영주자' 신분으로서 한국 국적을 유지하며, 거주하고 있다. 이들은 당초 일본 정부의 한인 차별정책과 동화 정책에도 불구하고, 1975년까지는 동포 간 결혼을 유지하며 한국인으로서 한국 국적을 유지해 왔으나, 1989년 이후 점차 감소 추세를 보이며, 18%로 감소하였다가 2001년에는 10%까지 감소하였으며, 2005년 이후에는 더욱 감소하여 재일동포 간 결혼 비율도 이제 10% 이하 수준에 이르고 있다.

| 도표 8 | 재일동포의 체류자격별 현황(2023년 말 기준, 외교부)

<table>
<tr><th colspan="2" rowspan="2">거주자격별 / 지역별</th><th colspan="4">재외국민</th><th rowspan="2">외국국적
동포
(시민권자)</th><th rowspan="2">총계</th></tr>
<tr><th>영주권자</th><th>일반
체류자</th><th>유학생</th><th>계</th></tr>
<tr><td colspan="2">총계</td><td>337,766</td><td>61,720</td><td>12,414</td><td>411,900</td><td>390,218</td><td>802,118</td></tr>
<tr><td rowspan="10">일본</td><td>주일본(대)</td><td>85,543</td><td>35,195</td><td>5,676</td><td>126,414</td><td rowspan="10">390,218</td><td rowspan="10">-</td></tr>
<tr><td>주고베(총)</td><td>40,007</td><td>1,989</td><td>550</td><td>42,546</td></tr>
<tr><td>주나고야(총)</td><td>33,327</td><td>2,891</td><td>412</td><td>36,630</td></tr>
<tr><td>주니가타(총)</td><td>5,627</td><td>993</td><td>162</td><td>6,782</td></tr>
<tr><td>주삿포로(총)</td><td>3,377</td><td>484</td><td>229</td><td>4,090</td></tr>
<tr><td>주센다이(총)</td><td>6,500</td><td>865</td><td>215</td><td>7,580</td></tr>
<tr><td>주오사카(총)</td><td>109,335</td><td>8,687</td><td>2,607</td><td>120,629</td></tr>
<tr><td>주요코하마(총)</td><td>25,782</td><td>6,260</td><td>1,141</td><td>33,183</td></tr>
<tr><td>주후쿠오카(총)</td><td>15,945</td><td>3,564</td><td>1,141</td><td>20,650</td></tr>
<tr><td>주히로시마(총)</td><td>12,323</td><td>792</td><td>281</td><td>13,396</td></tr>
</table>

출처: 재외동포청, 재외동포현황 2023년 자료 29p

위 도표 〈재일동포의 체류자격별 현황〉을 살펴보면, 현재 총 약 802,118명의 재일동포가 일본에 체류 중이다. 이 수치는 외국국적 동포(귀화자)로서 390,218명과 재외국민으로서 411, 900명을 포함한 수치로 집계되었다.

이 외국국적 동포는 현재 일본에 귀화하여 일본 국적을 취득한 '한국계 귀화자'를 의미한다. 이에 반해 재외국민으로는 (특별)영주권자로서 337,766명이 있고, 이 외 일반체류자(61,720명)와 유학생(12,414명) 등으로 구성되어 있다. 특히 이 영주권자의 대다수는 제1세대 재일동포 중에서 일본으로 귀화하지 않고 여전히 한국인 신분으로 '특별영주자' 신분을 유지하며 살아가는 부류로서, 위에서 언급한 한국계 귀화자인 외국국적 동포와 함께 일본 내 '올드커머'를 구성하고 있다.

이와는 달리 재외국민 중에서 일반 체류자와 유학생은 1965년 국교 정상화 이후 일본으로 이주해 간 상사 주재원, 자영업자 혹은 유학생 등으로 '뉴커머' 세대의 주축을 이루고 있다.

이들 재일 한인의 인적 구성과 거주 지역, 직업 분포 등을 살펴보면, 우선 세대별 인적 구성과 관련해서는 현재 제1세대는 약 5%(80세 이상), 제2세대는 약 41%(50~79세), 제3세대는 약 45%(20~49세) 그리고 제4세대는 약 9%(19세 이하)로 추산되고 있다. 현재 제2~3세대 재일동포들은 연령에 있어 20~79세인 약 86%를 차지하며, 오늘날 재일동포의 주류 세대로 자리 잡아가고 있다.

거주 지역에 있어서는, 오사카, 고베 등 주로 간사이(關西)지방에 약 50% 이상 거주하고, 반면 도쿄, 요코하마 등 간토(關東)지방에도 약 20% 정도가 도시 지역에 집중적으로 거주하고 있다. 다만 최근에는 간사이(關西)지방에 약 40% 정도, 간또(關東)지방에 37% 거주하는 등 거주 지역도 여러 지역으로 확대되면서 다지역화 추세를 보이고 있다.

직업 분포에 있어서도, 당초 제1세대 재일동포들은 기능공 혹은 생산직 등 단순노동자부터 시작하여 자영업, 서비스업 등에 주로 종사하였으나, 최근 2~3세대들을 중심으로 사무직이 약 30%, 유통 및 판매업 등이 약 20%를 유지하며, 직업 구조에 있어서도 오늘날의 일본 젊은 층의 직업 형태와 비슷한 구조를 보이고 있다.

제4절 재일동포의 법적 지위 및 처우 문제

재일동포의 형성 과정은 일본 제국주의치하에서의 고난의 역사 과정이기도 하면서도 또한 '한민족에 대한 차별과 학대의 지속 과정'이기도 했다. 이러한 역사적 배경하에 우리 재일동포들의 법적 지위 개선 문제는 한국과 일본 정부 간에 정치문제화되어, 양국 간 중요한 '정치 외교적 현안'으로 대두되었고, 특히 일본의 강제병합과 관련하여 발생한 '과거사' 문제의 중요한 한 부분을 차지하였다.

1 한인 차별 대우의 역사적 배경

재일한인에 대한 차별 대우의 역사적 배경을 살펴보면, 당초 1910년 일제의 강제 병합이 이루어졌을 당시, 일본은 모든 조선인을 '일본제국의 신민(皇國臣民)'으로 간주하여 일본인으로 취급했다. 이에 따라 조선인의 일본 도항도 용이했었고, 일본 내에서 민족적 차별은 있었으나, 법적, 제도적 지위에 있어서는 어떤 차별도 없었다.

그러다가 1945년 일본이 패망하면서 대부분의 한인들은 '연합국 사령부의 송환 계획'에 따라 한국으로 귀환하였으나, 약 60만 명의 한인 동포들은 일본의 반출재산에 대한 규제(1만 불 이내) 및 여타 제약 등으로 인해 결국 일본에 잔류하게 되었다.

당시 연합국 사령부 측에서는 이들 60만 재일동포를 '일본 국민'으로 상정하고, 일본인으로 대우할 것을 요청했으나, 일본 정부는 샌프란시스코 강화조약이 체결되자마자, '외국인등록법'과 '출입국관리령'을 제정하여 재일 한국인을 모두 '외국인'으로 취급하였다. 이렇게 신분상 그리고 법적으로 '외국인' 대우를 받게 된 재일동포들은, 특히 한국과 국교가 아직 수립되지 않은 상태에서 '무국적자 신세'를 계속 유지하게 되었고, 재일 한인으로서의 기본적 인권과 민족적, 민주적 권리를 침해받게 되었던 것이다.

한국 정부는 1951년부터 진행된 양국 간 회담에서, 재일 동포 귀국 시 반출재산에 대한 제한을 철폐할 것과 일본에 영주하는 교포의 권익을 보장해 줄 것을 일본 측에 지속 요구해 왔으나, 일본 정부로부터 묵살당해 왔었다.

1961년에 들어 정권을 잡은 박정희 제3공화국 정부는 우선 일본과의 관계 복원이 긴요하다는 판단에 따라 총 7차례에 걸친 '한-일 정부간 회담'을 거쳐 드디어 1965년 〈한-일 기본조약〉 체결과 함께 양국 국교 정상화에 합의했다. 이 과정에서 양국에게 중요한 4개의 정부 간 협정이 체결되었다. 양국 간 중요한 외교현안이었던 ① '대일 배상청구권 협정' 외에 ② '재일 한인의 법적 지위에 관한 협정', ③ '한.일 어업 협정' ④ '한.일 문화재 협정' 등 4개 협정이 체결되었다.

이 중에서도 재일동포가 일본에서 권익을 보장받으며 안정적으로 체류할 수 있도록 하는 '재일한인의 법적 지위에 관한 협정' 체결은 아주 중요했다. 동 협정의 주요 내용으로는,

1) 일본정부는 광복 전부터 일본에 거주하고 있는 자와 그들의 직계비속에 한해 영주허가 신청을 기한부로 접수하여 '영주권을 부여'한다. 즉, 해방 이전부터 거주한 재일동포들에 대해 '영주권'을 부여하였다.

2) 내란죄를 비롯한 각종 범법자를 제외하고는 일본에 체류 중인 재일동포들의 '강제퇴거 명령을 금지'한다.

3) 영주를 원하지 않는 재일동포가 본국으로 귀환할 경우 사실상 모든 재산을 가지고 귀환할 수 있도록 '반출 제한을 철폐'한다.

4) 일본 정부는 영주권 부여의 대상자로서, 동 협정 체결 당시 5년 이상 일본에 거주한 자 혹은 그 직계 자녀(2세대)로 한정한다.

5) 다만, 제3세 이후에 대해서는 향후 25년이 지난 후인 1991년에 양국 정부 간에 재협의한다.

동 협정 체결에 따라 일본 정부는 1966년 1월부터 재일동포들을 대상으로 영주권 신청을 접수했다. 하지만 영주권 신청 초기에는 조총련의 대대적인 방해공작으로 말미암아 영주권 신청이 저조한 상황이었다. 그러나 이후 한국정부와 재일한국거류민단의 설득 운동으로 인해 마감일인 1971년 1월까지 영주권 신청자는 약 35만 2000명에 이르렀고, 동 신청에 따라 이들은 '일본 영주권'을 부여받

을 수 있었다. 그러나 '영주권'을 부여받았음에도 불구하고, 재일동포들은 여전히 외국인 취급을 받으며, 일본 사회 내에서 상당한 민족적 차별 대우를 계속 이어갈 수밖에 없었다.

가) 영주권 취득 문제 관련

첫째는 영주권 신청 및 취득 과정에서의 '무관용적 조치'였다. 1971년 영주권 신청 기간이 만료된 후 동 신청 기간 중에 무지(無知) 또는 조총련계의 방해 공작 등 사유로 영주권을 신청하지 못한 사람들이 있었으며, 또한 일부 동포들 중에는 여전히 '조선적(朝鮮籍)'을 그대로 유지하고자 했던 동포들이 있었다. 이들은 조선 한인이면서도 영주권 신청에서 누락되면서 '무국적자 신세'를 유지하며 각종 권익 보장 혹은 법적 지위에 있어서 불이익을 감수해야 했다.

한국 정부는 60년대 이후 남북한 대치 상황에서 이들 중 한국의 '성묘단 사업'에 참여하는 등 한국 국적으로 이전하기를 희망하는 자들이 크게 늘면서 약 10만 명에 대해 영주권 재설정 기간을 부여해 줄 것을 요청하였으나, 일본 정부는 이러한 요구를 완전히 묵살한 채 무대응으로 일관했다. 그리고 한-일 양국 실무자회담을 통해 우리 정부는 이를 강하게 요구했으나 별다른 진전을 보지 못했다. 이와 같이, 영주권을 부여받지 못한 한인들은 결국 일본의 '출입국관리령' 위반으로 고국을 포함한 해외 출입의 기회까지 박탈당하면서 일본 내에서 힘든 시절을 보내야 했다.

나) 외국인 등록 시 지문날인제

둘째는 '외국인등록법'에 관한 것으로서, 일본 정부는 비록 영주권을 취득한 재일동포들에게도 단기체류 외국인이나 일반여행자와 같은 각종 규제를 적용했다. 예컨대, 일반 외국인에게 부여되는 외국인등록증 상시 휴대와 같은 '영주권 제시 의무'를 한인 영주권자에게도 똑같이 부과하였고, 또한 14세 이상의 외국인(한국인이 주종)이 외국인 등록을 할 경우, 지문을 찍고 날인한 후 등록하게 하는 등 일반 외국인 등록자에게 부여하는 처우를 그대로 적용하였던 것이다.

다) 취업 등에서의 차별

셋째는 공무원 채용 등 취업에서의 차별적 요소였다. 1965년의 "재일한인의 법적 지위 협정"상의 전문에서는, "재일 한인은 일본의 사회질서 하에서 '안정된 생활'을 영위할 수 있도록 한다."라고 되어 있고, 또한 일본의 '공무원법'상에서도 하등의 법적 제약을 가하지 않는다고 규정되어 있음에도 불구하고, 재일한인에 대해서는 사실상 공무원 채용에 어려움이 있었고, 심지어는 일본 내 일류기업에의 채용 지원도 원천 봉쇄된 상태였다.

특히 이들 일류기업들은 채용 시 비록 한국 국적을 묵인한다 해도 일본식 통명을 사용할 것을 전제로 조건부로 채용시키는 등 실질적인 제한을 가하고 있었다. 1994년의 일본 법무성 자료에 의하면, 당시 재일동포들의 취업 비율은 26.9%에 지나지 않았고, 약 73.1%가 무직자로 실업 상태인 것으로 나타났다. 또한 이들 취업자의 직업 분포에 있어서도 서비스업, 부동산업, 소매 금융업, 음식업 등 주로 중소 영세 자영업이 주종을 이루었다. 이와 같이 공직은 물론 사기업 분야 취업에 있어서의 차별적 요소는 당시 재일동포 가족 등이 일본 귀화를 선택하게 하는 중요한 이유 중의 하나로도 작용했다.

이러한 한인의 취업 차별에 대응하여 재일동포 단체를 중심으로 법적 소송을 통해 개선하고자 하는 움직임도 나타났다.

1970년대 초 재일동포 2세 박종석(朴鐘碩)은 18세의 나이에 일본 히타치 제작소의 직원 채용시험에 당당히 합격했다. 그러나 합격 후 채용절차 과정에서 일본의 호적등본을 요구하였고, 동인은 한국인으로서 '외국인등록 증명서'를 제출하려 했다. 그러나 회사 측에서는 '일반 외국인은 고용하지 않는다.'는 회사 방침에 따라 동인의 합격을 취소했다. 합격 취소를 당한 박종석은 해당 지방법원에 동 제작소를 고소하였고, 재일동포 단체들의 협조와 도움을 받으며 이후 3년 간의 법정 투쟁을 벌인 끝에 최종 승소 판결을 받아내며, 다시 히타치 제작소에 근무를 시작할 수 있었다.

이 사건을 계기로 재일동포들 사이에서 '한인에 대한 권익 보장' 의식이 더욱 높아졌고, 이어 재일동포 각 단체를 중심으로 전국적인 한인 민족차별 철폐 운동도 이어졌다.

라) 사회보장, 복지 혜택 배제

넷째는 일본 사회보장제의 적용 배제이다. 즉, 재일 한인은 일본인과 동일한 납세 의무를 이행하고 있음에도 불구하고, 외국인으로서 의료보험, 국민 연금 등의 복지 혜택에서 배제되었던 것이다. 일본 정부는 1986년 '국민연금법'을 제정하여 비록 국적 조항을 철폐하긴 했으나, 그 적용에 있어서 35세 이상 된 재일한인을 자격에서 제외시키거나 60세 이상 고령이란 이유로 연금가입을 불허하는 등 각종 민족적 차별이 상시적으로 이루어졌다.

2 일본의 '출입국관리 특례법' 제정(1991년, '특별영주자' 제도 신설)

재일동포들의 이와 같은 경제사회적, 민족적 차별은 향후 25년이 지난 1991년에 이르러서야 전반적으로 해결될 수 있었다.

당시 한국에서는 1987년 노태우 정부가 들어서며 북방정책을 시행하던 때였으며, 일본과도 전향적 태도를 보이며 관계 개선 움직임을 보이기 시작했다. 1990년에 들어 양국은 두 차례의 정상회담을 개최한 후 양국 간 과거사 문제의 최대 현안 중 하나였던 '재일 한국인의 처우 문제'를 타결하기로 합의했다.

이후 양국 정부 간에 수차례 실무 회담을 개최한 결과, 일본 정부는 드디어 1991년에 "일본과의 평화조약에 따라 일본국적을 이탈한 자들의 출입국 관리에 관한 특례법(약칭: '출입국관리 특례법')"을 제정하였다.

동 법의 공식 명칭 중에 '일본과의 평화 조약으로 일본 국적을 이탈한 자'란, 곧 제2차 대전 종전 이전에 일본에 거주하다 1952년 샌프란시스코 조약으로 일본 국적을 상실하여 '외국인'으로 분류된 대다수 재일 한인(여기에는 대만인도 일부 포함)을 지칭한 것으로서, 1991년 당시 이에 해당하는 재일 한인은 약 52만 명에 달하였다.

이로써 재일한인(대만인 포함)에게는 "특별영주자" 신분을 부여하는 등 법적 지위에 대한 실질적 개선이 이루어졌다. 그간 약 25년 이상 한·일 관계의 '과거사 현안'의 하나로서 중요한 외교적 장애물로 작용했던 재일동포의 법적 지위 개선 문제가 어느 정도 해소될 수 있었다.

1991년에 발표된 '출입국관리 특례법'에 의한 재일동포들의 법적 지위 개선에 관한 상세 내용을 살펴보면,

1) 일본에 거주하는 재일 한국인 및 그 자손(특히 재일동포 3,4세를 포함)에 대해서는 일률적인 영주권으로서, '특별영주자' 지위를 부여한다.
2) 영주권자 모두에게 '지문날인제'를 완전히 폐지한다.
3) 특별영주자에 대한 외국인등록증 상시 휴대 및 제시 의무를 폐지한다.
4) 특별영주자에게는 재류카드 대신 '특별영주자 증명서'를 발급, 교부한다.
5) 특별영주자가 귀화할 경우, 기존의 허가제를 신고제로 간소화한다.

이 특례법의 구체 내용들은 사실상 1965년 한·일 국교정상화 당시에 체결한 '재일한인의 법적 지위에 관한 협정'을 전면적으로 재개정하는 효과를 가져 온 것들이었다.

일본 정부는 특히 이 특례법 제정과 동시에 '재일한인 3세 이하 자손에 대한 법적 지위 각서'를 교환함으로써 재일동포 3세 이하 자손들에게도 일률적으로 '특별영주자' 신분을 부여하는 근거를 마련했다.

이처럼 양국 과거사 현안의 하나로 제기되었던 동 문제가 최종적으로 해결됨에 따라 이후부터 양국은 좀 더 "미래지향적 우호협력관계"의 기반을 구축하고 나아가 양국관계를 가속화하는 기반을 마련할 수 있었다.

이후 1998년 김대중 정부가 들어서며, 양국은 '김대중-오부치 선언'으로 명명되는 '21세기 한·일간 새로운 파트너쉽을 위한 공동 선언'을 발표하였다. 그리고 양국이 보다 나은 관계 개선을 위해 노력해 나가기로 하면서 양국민 간 상호 긴밀한 교류를 위해 향후 '사증면제 협정'의 체결을 위해 노력하기로 합의했다.

이를 토대로 2006년에 이르러 양국은 '한·일 양국 사증면제 구상서'를 교환하고, 이후부터 현재까지 양국민 간에 상호 무사증 입국을 시행해 오고 있다.

한편, 현재 재일동포 사회를 이끌어 가는 한인동포 단체의 현황을 살펴보면,

크게 세 단체로 구성되어 있음을 볼 수 있다.

하나는 "재일본 대한민국 거류민단(약칭: 민단, 거류민단)"이다. 이 단체는 1950년대부터 대한민국과 긴밀한 협력관계를 이루어오던 단체로서, '올드커머'의 한국계 단체로 알려져 있다.

또 다른 하나는 "재일본 조선인 총연합회(약칭: 조총련)"로서, 이 단체는 북한 조선 로동당 산하에 위치하여 동 기관의 지시를 받는 친북 성향의 단체로서, '올드커머'의 북한계 단체이다.

이들 양 단체는 1960년대 남, 북한 대치외교가 전개될 당시부터 체제 경쟁과 이념적 대립 속에서 각각 남한과 북한의 가치와 이념들을 대변해 오던 단체들이었다.

그러나 1990년대 김영삼 정부 이후 대북 화해정책이 전개되면서 재일거류민단과 조총련 간의 적대적 관계도 점차 해소되어 갔다. 당시까지만 해도 북한계인 "재일본조선인 총연합회(조총련)"는 일본사회에 동화되기를 거부하면서 민족성과 혁명성을 강하게 부르짖었으나, 이후 시대가 변하면서 시대의 흐름에 맞추어 개방화 조치가 이루어졌다. 그리고 김일성(金日成)·김정일(金正日) 부자의 우상화와 혁명투쟁사 등의 북한 일변도 교육의 한계를 극복하며 최근의 국제화 시대에 맞는 인재 육성을 위해 '재일동포의 민족교육'에 집중하고 있다.

상기 두 단체와는 별도로 최근 들어 새로이 "재일본 한국인 연합회(약칭: 한인회)"란 단체가 지역별로 결성되어 있다. 동 단체는 1965년 한·일 국교 정상화 조치 이래 일본으로 건너간 우리 재외국민을 중심으로 결성된 '뉴커머' 중심의 한국계 단체라 할 수 있다.

한편, 현재 일본에서 활약하고 있는 재일동포의 주요 인물로는, 일본 공산당의 중앙위원을 지낸 김천해씨, 최초의 변호사인 김 류스케, 최초의 도쿄대학 교수를 지낸 강상중 교수 등을 들 수 있고, 경제계 인사로는 소프트뱅크 기업 오너인 손정의, 일본 롯데의 신격호 등이 있으며, 그 외에도 재일동포 2~3세를 중심으로 차세대의 배우, 음악가, 작가, 야구 선수 등 다수가 배출되어 일본 주류 사회 내에서 적극적으로 활동 중에 있다.

제5절 재일동포 사회의 향후 발전 방안(정체성 문제)

현재 재일동포 사회가 안고 있는 주요 현안 과제로는 ① 현재 일부 남아있는 '조선적(朝鮮籍) 동포'들의 국적 회복 문제와 ② 제2~3세대들의 한민족 정체성 함양 문제를 들 수 있다.

첫째는 '조선적(朝鮮籍)동포들의 국적 회복 문제'이다. 현재 재일동포 중에는 일본 귀화자인 외국국적 동포를 제외하고, 두 가지 종류의 한국 국적을 보유한 재일 한인들이 존재한다. 하나는 '대한민국 국적' 보유자이고, 다른 하나는 '조선 국적 혹은 조선적(朝鮮籍)' 보유자로 현재 일본에 약 27,000명가량이 생존해 있는 것으로 추산하고 있다.

이들 조선적 동포들은 1950년 6.25 한국 전쟁으로 남과 북이 분단됨에 따라 발생한 역사적 요인에 기인한 부류에 속한다. 한국 전쟁으로 남·북이 분단된 이후, 대한민국은 1965년 일본과 국교 정상화를 이루면서 대부분의 재일 한인(약 40만 명)은 '대한민국 국적' 보유자로서 특별영주권을 취득한 바 있으나, 다만 약 27,000명의 일부 한인들은 대한민국 국적 회복을 거부하고 일제 병합 당시의 '조선 국적'을 그대로 유지하며, 현재에 이르고 있는 상황이다.

이들은 상당수가 북한 지역에 연고를 둔 한인들로서, 현재 일본이 북한과 국교를 수립하지 않은 상태에서 여전히 '조선 국적'을 유지하고 있으나, 이 '조선 국적'은 사실상 국적이 아닌 단순한 기호로 사용되며, '조선적'을 가진 동포들은 여전히 '무국적자 신세'를 유지하고 있는 것이다.

남, 북한 간의 정치적 상황을 떠나 인도주의적 차원에서라도 이들의 어려운 생활상과 고충 등을 감안하여 동 문제를 좀 더 전향적인 자세로 해결해 나가야 할 것이다.

둘째는 재일동포 2~3세의 귀화로 인한 한국 국적 포기 및 한민족 정체성 함양의 문제이다.

일본은 그동안 외국인에 대한 철저한 동화주의 정책을 펴왔고, 따라서 재일

한인 중에는 현재까지 약 39만 명이 일본 국적을 취득한 귀화자(외국국적 동포)를 포함하고 있다.

재일동포 제1세대의 경우, 불가역적인 역사적 과정으로 인해 모국에 대한 향수와 함께 일제의 차별에 대한 증오감 등이 강하게 인식되어 있고, 이로써 이들은 그동안 모국에 대한 자긍심과 조국지향적인 의식을 품고 생활해 왔다.

하지만 이에 반해, 재일동포 2~3세대들은 일본에서 출생하여 일본인 학교 등 일본 문화 속에서 성장하였기 때문에 모국에 대한 별다른 귀속 의식을 갖지 않는 등 한인에 대한 정체성 인식 또한 약한 편이다.

이들은 오히려 현지에 잘 적응하여 살아가고자 하는 현지 정주 의식이 더욱 강하게 작용하고 있다. 더욱이 현지 사회에 잘 적응하고 주류사회로 진입하기 위해서는 오히려 일본으로 귀화하는 편이 낫다고 생각하고 있는 것이다.

최근 일본인 귀화자를 대상으로 일본으로 귀화한 이유를 조사한 결과를 보면, 자손을 위하여가 43.8%, 개인사업을 위하여가 30.7%, 사회적 차별로 인해서가 21.9%로 가장 많이 도출되었다. 이는 곧 재일동포들이 한국 국적으로 적응해 살아가기가 사실상 어렵다는 점을 일깨워 주는 중요한 징표였던 셈이다.

우리 정부로서는 이러한 점을 충분히 고려하여 재일동포, 특히 차세대를 중심으로 한민족에 대한 자긍심을 더욱 고취시킬 수 있는 맞춤형 정책을 시행해 나갈 필요가 있다. 특히 제2~3세대인 차세대 재일동포들의 정체성 함양에 기여할 수 있는 맞춤형 정책을 적극 발굴하여 시행함으로써 차세대 재일동포들이 한민족 정체성을 잘 유지하면서 자긍심을 갖고, 주류사회에서 역량을 충분히 발휘할 수 있도록 지원해 나갈 필요가 있다 하겠다.

‘특별영주자’란?

1. 개념

1991년 11월 1일에 시행된 일본의 법률《일본과의 평화 조약에 따라 일본 국적을 이탈한 자들의 출입국 관리에 관한 특례법》에 나와 있는 ‘특별영주자’ 해당 요건을 충족시키는 사람.

2. 역사적 배경

제2차 세계대전 패전 후 일본에 의해 식민 지배를 받았던 조선은 연합국에 분할 점령된 후 대한민국과 조선민주주의인민공화국으로 독립되었고, 대만은 중화민국에 병합되었다. 이에 따라 그동안 ‘일본 신민’으로 있던 조선인과 대만인이 일본 국적을 상실하였다. 일본 정부는 이 중 일본에 거주하던 외국인(주로 한국인, 대만인)에 대한 구제조치로 한때 일본 국적을 가지고 있던 사람에게 ‘특별 영주권’을 부여해 다른 외국인과 명확하게 구분하여 취급한 것임.

3. 대상 및 현황

현재 특별영주자 자격은 1945년 당시 일본 국적을 상실하게 된 일본 거주 국적이탈자(조선인과 대만인)와 그 자손들에게 부여되어 있으며, 주로 재일교포를 분류할 때 한일 국교정상화 시점인 1965년을 기준으로 그 이전에 일본에 이주한 올드커머(old comer)가 주대상이 되고 있다.

2023년 말 현재 특별영주자 규모는 약 281,218명으로 추산하고 있고, 전체 재일 교포(434,461명) 중 약 65%를 차지하고 있다. 국적별로는 “한국적, 조선적”이 99%를 차지하며, 주거주지는 오사카부, 효고현, 교토부의 킨키 3부 현에 약 45%가 집중되어 있다.

4. 특례 조치(일반 영주자와의 차이점)

특별영주자는 오래전 일본국적 소지자였다는 역사적 사실로 인해 다른 외국인(특히 일반 영주자)과는 다른 특별한 혜택 및 특례 조치를 받고 있다.

가. 강제 퇴거 제한

특별 영주자는 강제 퇴거 되는 조건이 다른 외국인보다 제한되어 있다. 즉, 이들은 내란죄, 외환죄, 외국의 국장 파괴죄, 사전 음모죄, 외교 사절 및 공관에 대한 범죄 등 일본의 국가이익과 관련한 중대 범죄를 범하지 않는 한 강제 퇴거되지 않는다.

나. 재입국 허가 면제

일반 외국인은 2007년 이후 일본 입국(재입국 포함)시 얼굴 사진과 양쪽 집게손가락 지문을 인식하여 제출할 것을 요구받지만, 특별영주자는 이를 면제받는다. 또한, 입국

심사에 있어서 일반 외국인은 상륙 거부 사유에 해당하는 경우에 상륙을 거부당할 수 있지만, 특별영주자의 경우 유효한 여권을 가지고 있는지의 여부 하나만을 심사받는다. 만약 상륙 거부 사유에 해당하더라도 재입국 할 수 있다.

다. 등록증명서 휴대 의무의 특례

일반 외국인은 등록 증명서를 휴대하지 않을 경우 형사 처벌로 20만엔 이하의 벌금 처벌을 받을 수 있으나, 특별영주자의 경우 행정 처벌로 10만엔 이하의 과태료의 처벌을 받는다. 그리고 증명서 휴대 의무 위반을 이유로 현행범 체포나 강제 수사의 대상이 되지 않는다.

라. 고용 대책법에 근거한 신고 의무 면제

일본의 고용주가 외국인을 고용하는 경우, 고용 대책법에 따라 공공직업 안정소에 신고할 의무가 있다. 그러나 특별영주자의 경우는 신고 의무가 없다. 또한 국가 또는 지방자치 단체가 외국인 고용 시 공공직업 안정소에 통보해야 하나, 특별영주자에 대해서는 적용되지 않는다.

* 출처: 위키피디아 백과사전, 특별영주자.

재일동포의 민족차별 반대 운동 사례

1. 역사적 배경

일본에 많은 코리언들이 거주하게 된 주된 이유는 일본에 의한 식민지 지배 때문이었다. 당시 일본으로 건너간 한인들은 일본인들로부터 차별을 받아가며 하층사회에서의 생활을 강요받았다. 생활을 영위하기 위해 공장 내 '잡역'이라 불리는 비숙련 부문의 노동, 가내공업 형태의 중소공장에서의 노동, 탄광이나 토목 건축업의 육체노동이 주였으며, 게다가 일용직이라 불안정한 고용 형태인 경우가 많았다. 그런 가운데에서도 일부 한인들은 어느 정도의 기반을 잡으며 가족도 형성해 나갔다. 이는 곧 재일 한인들로 하여금 해방 후 일본에서의 '생활의 연속성'을 갖게 한 하나의 요인으로 작용했다.

2. 민족 단체 구성

해방 후 일본에 남은 이들은 자신들의 이익을 지켜나가기 위해서 민족단체를 결성한다. 그러나 불행하게도 좌우 이데올로기의 대립으로 통일된 조직으로는 발전하지 못하고, 우파계의 대한민국을 지지하는 재일본한국민단(민단)와 좌파계로서 조선민주주의인민공화국을 지지하는 재일본조선인총연합회(총련)로 나뉘어 활동했다.

이들 민족단체의 중요한 활동은 구성원들의 생활 안정과 민족교육 실시였다. 하지만 민주주의를 표방한 전후 일본의 환경 속에서 이들 민족단체의 활동은 크게 위축되었다. 당시 상대적으로 활발한 활동을 전개했던 좌파계 총련 세력은 1949년 좌파 민족교육기관인 민족학교 폐쇄명령에의해 타격을 입고 활동이 위축되었으며, 민단측은 전후 초창기에는 조직기반이 충분히 갖춰지지 않아 한인 젊은 세대들이 충분한 민족 교육을 받지 못하는 결과를 가져왔다.

3. 일본인에 의한 차별 대우

전후에도 일본인들의 코리언에 대한 차별의식은 뿌리 깊게 남아 있었다. 따라서 자신을 코리언이라고 밝힐 경우, 취직이나 주택 확보, 은행 융자 등에서 차별이 이루어졌다. 이 때문에 전후에도 많은 코리언들은 일본식 이름을 그대로 사용하며 생활하는 것이 일반적이었다.

게다가 1952년 샌프란시스코 강화조약 발효로 인해 재일 한인은 일본국적에서 이탈한 이들로 간주되어, 일본에 계속해서 잔류하기 위한 법적 지위도 불안정하게 되었으며, 동시에 각종 사회보장제도에 있어서도 생활보호를 제외하고는 대부분 국적을 이유로 대상에서 제외되었다. 그 결과 대부분의 재일한인들은 일본인에 비해 생활수준이 낮았고, 민족 정체성이 제대로 확립되지 못했을 뿐만 아니라, 장래의 희망 또한 갖지 못하는 상황이 이어졌다.

1950년대 후반부터 1970년대 초반에 걸쳐, 일본경제의 고도성장과 다양한 사회보장제도의 정비는 재일 한인들이 처한 상황을 개선하는데 기여하지 못했다. 오히려 그들의 상황은 어떤 의미에서 악화되었다. 즉, 경제성장은 하층에 있던 일본인들에게 고용기회를 확대시켰으나, 재일한인들은 고용에서 배제되면서 상대적으로 생활이 궁핍해졌다. 그리고 사회보장제도의 대상에서 제외라는 이유로 생활의 안정도 약속받지 못했다. 특히 젊은 세대의 재일한인들이 성장해 재일동포 인구는 증가했으나, 학업을 마치고 기술을 익혀도 딱히 그것을 펼칠 수 없는 젊은 재일한인들이 늘어만 갔다.

4. 민족차별 반대 운동 전개

당시 재일 한인들이 자신의 이익 보호를 위해 일으킨 사건들이 민족차별 문제와 관련되어 사회적 주목을 받기 시작했다. 그리고 일부 지식인들은 동 사건을 다루는 언론 활동이나 법정 지원 및 투쟁 등에 동참하게 되었다. 그럼에도 최초에는 민족차별에 대항하는 운동이 적극적으로 전개되어 시민들의 폭넓은 참가가 이루어지진 않았다.

하지만 1970년대의 상황은 그 이전과는 판이했다. 비록 처음에는 보잘 것 없었지만, 민족차별에 대항하기 위한 조직적 활동이 시작되었고, 재일한인들의 민족 정체성 확립을 목적으로 하는 지속적인 실천 활동이 일본인을 포함한 시민들에 의해 전개되었던 것이다. 당시 중요한 계기가 되었던 사건은 1970년부터 시작된 히타치(日立) 취직 차별 반대 투쟁이었다. 이것은 일본식 이름으로 취직시험을 보고 일단은 채용이 내정된 상태였으나, 재일한인이라는 사실이 알려져 채용이 취소된 박종석(朴鐘碩) 청년이 그 부당성을 고발해 취직을 요구한 운동이었다. 이 운동은 재일한인 및 일본인에 의한 지원단체인 '朴君を囲む会(박군을 감싸는 모임)'를 중심으로 히타치제작소에 대한 직접적인 규탄과 아울러, 채용취소 무효를 요구하는 법정투쟁으로 전개되었으며, 1974년에 원고인 박종석의 승소로 종결되었다.

이와 동시에 1976년에는 변호사 자격에 있어 국적조항 철폐를 요구하는 투쟁이 시작되었다. 그 당시, 사법시험에 합격해도 외국 국적자는 변호사가 될 길이 막혀 있었다. 이는 변호사가 되기 위한 조건인 사법수습생(연수생) 채용에 국적조항이 있었기 때문이었다. 당시 사시에 합격한 재일한인 김경득(金敬得)과 그 지지자들은 국적조항 철폐를 요구하는 법정투쟁을 전개하여 1977년에 이를 관철시켰다. 승소한 후에도 김경득은 변호사가 되어 재일한인들의 권익보호와 전후보상 실현을 위해 전력을 다하다가 2005년 12월에 세상을 떠났다.

이를 전후하여 육아수당 지급, 시립주택 입주 등 각종 공공 서비스와 관련된 국적조항 폐지 요구, '외국인 사절'이라는 부동산 광고나 민간기업 취직차별 규탄 운동이 활발히 전개되었다.

또한 이러한 운동을 전개해 온 시민단체는 동시에 재일 한인들의 정체성 확립을 지원하는 활동도 함께 전개했다. 구체적으로는 일본식 이름을 사용해 학교생활을 하는 어린이들에게 본명을 쓰도록 권장하는 일이라든지 민족문화를 접하고 익혀 민족적 자긍심을 키울 수 있도록 하는 활동 등을 전개했다.

한편 지역이나 학교에서 활동을 전개한 단체나 개인들 사이에 자연스럽게 네트워크도 형

성되었다. 1975년에는 '民族差別と闘う全国連絡協議会(민족차별에 투쟁하는 전국연락협의회)'가 조직되는가 하면, 이를 전후하여 학교 교육의 장에서 민족차별을 배제하고, 일본 학교에 다니는 재일한인의 민족 정체성을 보장하기 위한 교육 실천을 추진하는 교직원들의 연락기관 등도 발족되었다. 이러한 활동의 결과 1982년에 일본의 국제난민조약 비준에 따라 사회보장제도에 있어서의 국적조항 철폐가 실현되기에 이르렀다.

이로써 1970~80년에 걸쳐, 민족 정체성을 유지하면서 일본사회의 일원으로서 살아가려는 재일한인들에 대한 인식이 개선되긴 하였으나, 1980년대 중반 크나큰 사회적 파장을 일으키면서 전개된 것이 '지문날인 거부 투쟁'이었다. 이것은 외국인 등록법에 따라 재일한인에 대해 의무화된 오른손 검지 손가락의 지문을 채취하는 제도를 철폐해야 한다는 운동이었다.

이 운동은 단지 관리의 대상이 됨을 반대할 뿐 아니라, 재일한인을 일본사회의 구성원으로 인정하여 그 존엄성을 보장해야 한다는 주장이었다. 이 운동의 전개는 재일한인들이 형사고발이나 체포 위험을 무릅쓰고 지문 날인을 거부하였고, 이를 지지하는 일본인들의 활동으로 인해 더욱 고양되었다. 이로 인해 재일한인의 차별 철폐에 공감하는 이들이 늘어갔고, 심지어 한인들의 부당한 처우가 국제사회에도 알려지면서 일본정부는 결국 1991년에 관련 법령을 개정하여, 지문 날인제도를 폐지했다.

1990년대 이후에는 재일한인과 관련된 활동으로서, 여전히 해결해야 할 과제로 남아 있다. 먼저 공무원 수험 자격의 국적 조항 철폐를 들 수 있다. 다만 이 국적조항 철폐 투쟁 운동이 어느 정도 성과를 내어 지금은 지자체 대부분이 외국 국적의 사람들에 대해서도 일반 사무 등의 수험자격을 인정하고 있다. 다만 일부 국적조항을 설정하고 있는 지자체도 여전히 존재한다. 그리고 일정 수준 이상의 승진을 할 수 없다고 하는 문제도 있으며, 이를 둘러싼 법정 투쟁도 전개되고 있다.

다음으로는 참정권 요구 문제이다. 지금까지의 재판 투쟁을 통해 정주 외국인(특별영주자 포함)들에게 참정권을 부여하지 않음은 '헌법 위반'이란 판결에도 불구하고 법 개정을 통한 참정권 획득은 아직까지 실현되지 못하고 있다. 이에도 불구하고 일부 지자체에서는 최근 단체장의 자문기관으로 '외국인 위원회'를 설치하는가 하면, 시정촌(市町村) 합병에 대한 찬반을 묻는 주민투표에서 정주 외국인들의 투표를 인정하는 경우도 나오기 시작했다.

이 밖에도 식민지 지배라는 과거 청산, 일본인의 역사 인식 시정, 이를 위한 공교육 개선 등의 과제들도 여전히 남아있다. 이 문제는 본국의 한국인이나 일본인 자신과도 연관되는 문제라는 점에서 재일 한인 만의 문제는 아닐 수 있다. 그러나 이들 문제는 재일동포 스스로가 민족적 정체성에 자긍심을 가지고 일본에서 삶을 영위해 나가기 위해서는 역시나 중요한 과제임에 틀림없다.

* 출처: 해외사료총서, 일본소재 한국사 자료조사보고(3), Ⅱ. 재일코리언의 역사와 민족차별 반대운동, https://db.history.go.kr/diachronic/level.do?levelId=fs_015_0010_0020

장편소설 '파친코'

'파친코(Pachinko)'는 한국계 미국인 작가 이민진(Min Jin Lee)의 장편소설로, 2017년 미국에서 출간됐다. 파친코는 출간 이후 미국에서 베스트셀러로 자리매김했고, 2017년 뉴욕타임스, BBC 등에서 '올해의 책 10'으로 선정됐다. 그리고 같은 해 전미 도서상 픽션 부문의 최종 후보작에 오르기도 했다.

파친코는 일제강점기 부산에서 살던 훈이와 양진 부부와 그들의 딸 선자에서부터 시작해 선자가 일본으로 이주해 간 후 낳은 아들과 그의 아들에 이르기까지 4대에 걸친 일가족과 주변 인물들에 대한 이야기다. 이런 재일교포들이 일본에서 겪는 멸시와 차별과 그 속의 처절한 삶을 그리고 있다.

소설의 제목인 파친코는 일본의 대표적인 사행사업으로, '자이니치'의 삶에서 그나마 가능했던 직업들 중 가장 수익이 높았던 파친코 사업과 이를 통해 일본 사회를 살아가는, 도박이나 다름 없지만 온전한 도박은 아닌 애매한 수준에 걸쳐있으며 언제나 파편화되어있는 고독감에 시달리는 자이니치들의 삶을 적나라하게 보여주는 중심 소재다.

가난한 집의 막내딸 양진은 돈을 받고 언청이에 절름발이인 훈이와 결혼한다. "여자의 인생은 고생길"이라는 말을 반복하면서도 그러한 인생을 숙명처럼 받아들이는 양진은 남편 훈이와 함께 하숙집을 운영해나가며 불평 한마디 하지 않는다. 그녀는 온갖 궂은일을 다 하면서 유일한 자식이자 비장애인으로 태어난 딸 선자를 묵묵히 키워나간다.

부모의 살뜰한 보살핌과 사랑을 받고 자란 선자는 안타깝게도 엄마 나이 또래의 생선 중매상 한수에게 빠져 결국에는 한수가 유부남이라는 사실도 모른 채 그의 아이를 임신하고 만다. 그러나 선자는 목사 이삭이 그녀를 아내로 맞이하면서 구원받게 되고, 둘은 새로운 인생을 위해 이삭의 형 요셉 부부가 사는 일본의 오사카로 향한다. 일본에서 한수의 핏줄인 첫째 노아와 이삭의 핏줄인 둘째 모자수를 낳은 선자는 친정엄마인 양진처럼 여자로서의 인생은 잊어버린 채 아내와 어머니로서의 삶을 고생스럽게 살아간다.

인생이라는 이름의 굴레에서 벗어나지 못하는 것은 비단 이 세 여성들만이 아니다. 선자의 남편인 이삭은 다른 사람을 위해 자신을 희생해야 한다는 굴레에 묶여 있었고, 이삭의 형이자 경희의 남편인 요셉은 가정을 책임지는 것이 남자라는 굴레에서 벗어나지 못한다. 선자 또한 자신의 삶을 인정받지 못하고 주위로부터 경시당하고 차별받는 삶의 굴레를 짊어지고 살아간다. 다만, 선자의 두 아들인 노아와 모자수는 그러한 현실을 각자의 가치관에 근거해 다르게 받아들이고 다른 방식으로 풀어나간다. 즉, 노아는 자신의 힘으로는 어찌할 수 없는 환경을 극복하고자 공부에 파고들고, 모자수는 조선계 일본인에 대한 경멸과 괄시에 폭력적으로 대응한다. 하지만 일본 아이들보다 훨씬 뛰어난 성적을 보이고 착실하게 일하여 많은 돈을 벌어도 그들을 바라보는 일본인들의 시선은 조금도 달라지지 않았다. '자이니치'라는 편견은 두 사람이 아무리 애쓰고 발버둥 쳐도 헤어 나올 수 없는, 평생 짊어지고 가야 하는 굴레였다.

* 출처: 위키피디아, 〈파친코〉

제8장

중국의 재외동포 사회(재중 동포)

제1절 '재중동포'의 의의

우리가 흔히 말하는 '재중 동포'의 의미로는, 첫째 광의의 개념으로는 사업, 유학 등 목적으로 중국에 거주하고 있는 '재중 한인'과, 중국에 거주하는 한민족 혈통으로서 한국계 중국인인 '조선족 동포'를 모두 포함하는 개념이라 할 수 있다. 그러나 '재중동포'를 좁은 의미에서 정의할 경우, 오래전 중국으로 이전하여 중국 국적을 취득하여 장기적으로 거주하고 있는 "한국계 중국인" 즉, '조선족(朝鮮族) 동포'만을 의미하기도 한다.

여기에서 우리가 보통 일컫는 '조선족 동포'란, 1949년 중국의 공산 정권이 들어서면서 만주 지역에 거주하던 우리 한인들을 중국의 55개 소수민족의 하나로 포함시켜 '조선족(朝鮮族) 혹은 선족(鮮族)'이란 소수민족의 이름으로 붙여지게 된 '중국내 한국계 소수민족'을 지칭한다고 할 수 있다.

제2절 재중동포(朝鮮族)의 형성 과정

중국 내 최초의 한인으로서, '조선족 동포'들이 중국으로 이주해 와서 초기에 형성되고 정착한 역사적 과정을 살펴보면, 다음 세 단계를 거쳐 형성되었음을 알 수 있다.

우선 제1단계는 1860년대부터 1910년까지의 조선말기 고난과 궁핍의 이주 시기(1860~1910), 제2단계는 일제 치하에서 독립운동을 위해 만주로 이주해 간 시기(1910~1938), 그리고 제3단계는 일제 식민시대의 징용, 징병에 의한 강제 이주 시기(1939~49)의 세 단계를 거쳐 형성되었다. 이렇게 초기의 재중동포 사회는 이 3단계의 이주과정을 거치면서 형성되어 왔던 것이다.

다만 이 조선족 동포 사회는 1949년 중국 공산당이 정권을 장악한 직후, 동·서 냉전으로 인해 한국과의 관계 및 교류가 완전히 단절되어 왔으나, 1992년 한·중 수교가 되어서야 상호 관계가 재개될 수 있었다.

특히 한·중 수교를 계기로 양국 간 교류가 대폭 확장되면서 '조선족 동포'들의 모국 방문과는 별도로 사업, 투자 및 유학 등 목적으로 오히려 한국에서 중국으로 이주해 간 우리 재외국민들도 증가했는데, 이들을 일컬어 '재중 한국인'이라 부른다.

이들도 현재 중국 내에서 새로운 한인사회를 형성하며 앞의 '조선족' 동포사회와는 별도로 발전해 가고 있는바, 이 시기를 앞의 3단계 시기와는 별도로 '제4시기'로 분류되기도 한다. 이하에서는 이 시기를 '중국의 개혁 개방과 한·중 수교 이후 교류의 시기'로 칭하고 '제4시기'로 분류하여 함께 설명하고자 한다.

1 조선 말기 가난에 의한 고난의 이주 시기(1860~1910)

중국에서 '조선족'으로 불리는 재중 한인의 모태는 역사적으로 19세기 중엽(1860년경)부터 중국 만주로 이주해 간 한인들이라 할 수 있다. 조선 말기 1860년대와 1870년대 사이에 조선에서 재해와 흉년이 계속해서 발생했고, 또한 조선 말기 세도정치에 의한 양반의 폐해와 조세 제도로서 '삼정의 문란'이 극심해지자, 농토를 빼앗긴 많은 이재민들이 사람이 살지 않으면서 비옥한 중국의 '간도 지역'으로 대규모로 이주해 가기 시작했다.

당시 1860년을 전후한 전 세계의 국제정세 상황을 살펴보면, 우선 미국은 1774년 독립 이래 연방국가 설립, 노예 해방 문제 등으로 남과 북이 대립하다가 마침내 1860년에 남북전쟁이 발발하였고, 영국은 1800년대 이래 산업혁명이 가속화되면서 1863년 런던 시내에 최초의 지하철이 개통되었던 시기였다. 또한 일본에서는 기존의 막부 정치가 청산되고, 메이지 천왕에 의한 직접 통치와 대외 개방을 선언한 '메이지 유신'이 1868년에 선포되었다.

반면 중국의 경우, 청(淸)왕조는 두 차례 아편 전쟁에서 패하면서 그 결과로 '베이징 조약(1860)'이 체결되었고, 동조약의 결과 홍콩을 영국에 할양한 데 이어 연해주 지역을 러시아에게 할양해야 했다.

한편, 조선 국내에서는 조선 말기 영·정조 시대의 전성기를 거친 후 순조와 헌종 시기에 들어와 안동 김씨에 의한 세도 정치가 극심했고, 이런 가운데 1863년 고종이 12세가 되던 해 왕좌에 즉위했다. 하지만 12세의 어린 나이로 인해 할머니인 대왕대비 조씨와 부친인 흥선대원군이 수렴첨정과 섭정을 일삼으며 양반들 간의 정쟁이 극에 달하였고, 이러한 기회를 틈타 지방의 탐관오리들 또한 농민들을 가혹히 수탈하는 한편 가혹한 조세 제도로 인해 '삼정의 문란' 현상이 극심해지면서 그 폐해도 극심했다.

이에 더해 당시 조선 전체를 강타한 흉년과 자연재해 등으로 인해 기근과 빈곤으로 생활고를 견디지 못한 농민들이 산발적으로 민란을 일으키는 등 양반들의 억압과 폭정에 강력 반발했다. 이러한 고난과 압정의 상황을 탈피하기 위해 특히 함경도와 평안도 지역 농민들이 점차 국경을 넘어 중국의 간도 지방과 러시아 연해주 등지로 이주하는 경우가 늘었다.

이렇게 조선 한인들이 1860년경 최초로 중국 간도와 연해주 지역으로 이주해 갔음을 입증하는 근거로는, 당시의 조선 및 연해주 정부의 공식 문헌을 통해 확인할 수 있었던 것이다. 즉, 러시아의 연해주 정부와 조선의 문헌에서 한인들의 최초 이주 사실을 설명하고 있다.

우선 러시아의 연해주 정부 문헌에서는 "1864년 국경을 넘어 온 조선인 14가구 총 65명에게 연해주에 정주할 수 있는 정주권을 부여하였다."고 했으며, 또한 조선 문헌(1880)에서도, "1860년대 중반 이후 조선인들이 국경을 넘어 간도 지역을 개간하였다."고 기록하고 있다. 오늘날 우리는 이러한 정부의 기록물을 토대로 당시 1860년경부터 우리 한인들이 국경을 넘어 간도와 연해주 지역으로 이주하였음을 추정하고 있는 것이다.

특히 당시의 기록에 의하면, 19세기 말경 간도 지역의 한인 인구는 약 7만 7천명에 달하였다고 한다. 이주 초기에는 압록강과 두만강 유역의 통화(通化), 집안(輯安), 장백(長白), 신빈(新賓), 용정(龍井) 등 국경 지역을 중심으로 정착하였으나, 이후 점차 지역을 확대하여 연변과 길림, 하얼빈 지역 등으로 확산해 가면서 중국 동북부 전역에서 '최초의 재중 한인 사회'가 형성되었던 것이다.

그림 10 재중동포의 초기 정착 지역(만주와 연해주)

출처: https://ext.fmkorea.com/files/attach/new/20200801/486263/2937948518/3016615269/feff58d337fe7b2c228bbf152add8.jpg

2 일제 치하에서의 독립운동을 위한 이주 시기(1910~1938)

1910년 일제의 식민 통치가 시작되면서 중국 만주로 이주해 가는 한인의 수도 더욱 급증했다. 이 시기 한인의 이주가 증가하면서 중국 동북부 지역의 한인 사회도 크게 확장되어 갔다. 1910~1918년에 걸쳐 진행된 일제의 '토지조사사업'으로 조선 농민들이 소작농으로 변하였고, 또한 일본인 지주와 동양척식회사 등의 경제적 착취로 인해 조선 농민들이 농토를 잃고 궁핍화하면서 점차 만주지역으로 이주의 길을 택했다.

이와 동시에 당시 일본의 강제 병합에 저항하여 해외에서 독립운동을 전개하기 위해 이주한 사람들도 늘어났다. 그 수는 농민에 비해 많지는 않았지만, 이들은 상해에 임시정부를 세우고, 광복군을 구성하는 등 해외에서 독립 운동을 전개했다. 또한 이상설이 설립한 '서전서숙', 조선 유교회가 주도한 '대성중학교' 등 민족학교를 건립하는 등 해외에서의 민족 교육에도 힘썼다. 이 서전서숙과 대성중학은 인근 동흥 중학, 은진 중학 등과 함께 당시 만주 지역의 대표적인 한인 중등교육기관으로서 조선인의 민족운동과도 긴밀히 연결되어 있었다.

특히 이 시기 한인들의 만주 유입이 증가하면서 만주 지역의 한인 인구도 1910년에는 22만 명 정도였으나, 1930년 초에는 3배 이상이 증가한 60만 명에 이르렀다.

3 일제의 징용, 징병에 의한 강제 이주 시기(1939~1949)

이후 일본은 1931년 만주사변을 일으켜 만주국을 건설하고 중국의 동북지역을 대륙 침략을 위한 '병참기지' 및 '식량기지'로 활용코자 했다. 이에 따라 조선에 있던 한인들을 1년에 1만 호씩 만주로 이주시킨다는 계획에 따라 한인을 집단으로 이주시켰다. 일제의 이주 계획에 따라 조선 한인들은 만주지역으로 강제 이주당하면서 중국의 동북부 지역에서의 한인 사회는 더욱 급격히 확장되어 갔다.

한인 인구의 지속적인 유입으로 1910년까지만 해도 약 22만 명에 지나지 않던 한인 인구가 1930년에는 60만 명으로 증가하였다가 1940년에는 다시 2배 이상 증가하여 1백 45만 명으로 크게 늘어나게 되었다.

1945년 일본이 제2차 세계대전에서 패망하면서 중국 내에서는 국민당과 공산당 간에 '국·공 내전'이 발생했다. 이 당시 한인들은 토지개혁을 비롯하여 소외 계층을 옹호하고 소수민족을 지지하던 마오저뚱(毛澤東)의 공산당 노선을 지지하며 공산당을 도와 중국의 해방전쟁에 참여했다.

당시 조선 한인들이 중국 공산당을 지지한 이유로는, 우선 국민당이 한인을 차별하여 '한교(韓僑)'라 부르며 귀국을 종용한 반면, 공산당은 항일독립투쟁 때부터 한인을 소수민족으로 인정하며, 한인을 존중해 주었기 때문이었다. 이와 동시에 당시 동북지역에 횡행하던 토비(土匪)들이 오히려 국민당과 결탁하여 조선 한인을 포함한 양민들을 약탈한데 반해, 중국 공산당은 한인들 편에서 이들과 함께 대항해 주었다.

또한, 중국의 공산당 정권은 조선 한인들이 항일독립투쟁을 함께 전개함은 물론 국·공 내전 당시에도 중국의 한족을 제외한 55개 소수민족 가운데 가장 열성적으로 중국 공산당을 도와 '신중국 건설'에 기여한데 대해 고마움을 느꼈다.

당시 동북3성 전역에서 중국의 해방전쟁에 참가한 한인 수는 총 62,942명으로 추산하고 있고, 이 중에서도 목숨을 잃은 한인도 3,550명이나 되는 등 많은 아픔과 희생을 겪기도 했다.

이로써 1949년 마오저뚱(毛澤東)에 의한 '중화인민공화국(신중국)'이 건설되면서 조선 한인들은 이러한 공로를 인정받아 소수민족이면서도 토지개혁, 정권건설, 해방전쟁 등 모든 분야에서 중국 공민으로서의 자격을 부여받을 수 있었고, 또한 신중국을 건설하는 '핵심 소수민족'으로 인정받을 수 있었다.

1949년 '중화인민공화국'이 건설되자마자, 중국 공산당은 소수민족의 자치민족대학으로는 최초로 조선족 소수민족 종합대학인 '연변대학'을 설립해 주었고, 이어 1952년 9월에는 조선 한인들의 집단거주지인 연변지역에 '연변조선족자치주'를 건립해 주었다.

그러나, 이와 같이 '연변조선족자치주'가 건설되고 소수민족으로 인정받던 조선 한인들도 1965년 문화대혁명이 일어나면서 공산정권의 내부 권력투쟁 과정의 직접적인 희생양이 되면서 혹독한 시련을 겪기도 했다.

1956년부터 전개된 반우파 투쟁, 1958년의 대약진 운동, 그리고 1965년의 문화대혁명 등으로 이어진 약 20년간의 내부 권력투쟁을 겪으면서 조선족 동포들은 중국 공산당의 권력투쟁의 희생물이 되어, 초대 자치주 주석이었던 주덕해를 비롯해 한인사회의 지도급 인사 대부분이 숙청되거나 자아 비판을 받기도 하였고, 이에 따라 많은 수의 동포 지식인, 학자, 기술자 등이 국경을 넘어 북한으로 망명·이주하기도 했다.

이러한 정치적 박해를 겪으면서 조선족 한인들은 소수민족으로서의 비애를 느끼며, 이후부터는 오히려 생존을 위해 중앙의 지시에 철저히 순응하는 식의 순응적 태도를 보여야 했다.

특히 중국 정부가 당시 인정해 주었던 '소수민족자치제'는 단지 한족(漢族)인 중화인민공화국이 소수민족을 다스리기 위한 일종의 전술, 전략에 지나지 않는 형식상의 자치제로서, 중국 공산당의 결정과 지시를 단순히 위임받아 집행 업무만을 수행하는 '행정자치'에 불과한 형태의 자치제였던 것이다.

1970년대 이후 전개된 '한 자녀 정책'이란 산아제한 정책도 소수민족에게는 2자녀 이상 출산이 가능한 예외규정이 있었음에도 불구하고, 조선족 한인들은 중국 공산당의 정책에 순응하여 중국에서 가장 낮은 출산율을 기록하였는데, 이것도 만일 이행치 않을 경우 심한 불이익을 당할 수 있다는 심리적 불안감이 작용한 결과로 이해된다.

4 개혁·개방 및 한·중 수교 이후 교류의 시기(1978~현재)

1976년 마오저뚱(毛澤東)이 사망하면서 '문화대혁명'이란 역사적인 권력투쟁의 한 막이 지나갔다. 그리고 새로이 개혁, 개방의 설계자였던 덩샤오핑(鄧小平)이 주도하는 '개혁개방 정책'이 시행되었다. 중국은 이제 문화대혁명의 폐해로부터 국민경제를 살리기 위해 새로운 정치경제 체제 개혁이 단행되었다.

덩샤오핑의 '선부론(先富論)'에 따라 1980년대 초 중국 남부의 4개 경제특구(深川, 珠海, 汕頭, 厦門)가 지정된 데 이어, 중국 동부의 15개 연안도시들이 연이어 개방되면서 중국의 경제 발전이 적극 도모되기 시작했다.

이러한 개혁 개방 정책은 과거 사회주의적 생산 방식을 버리고 개개인이 직접 생산을 주관하되, 생산의 일부를 세금으로 내고 남는 수익은 모두 자신들이 갖는 자본주의적 생산 방식을 채택한 것이었다. 이 정책은 당시 전국적으로 빠르게 파급되어 1984년부터는 전 농가의 98%가 시행하게 된 '가정생산 도급제'가 전국적으로 보급되었다.

하지만 동북지역에 거주하던 조선족 동포들은 이러한 개혁개방 정책에 유연하게 대처하지 못한 채 정체되어 갔다. 우선 지리적으로도 중국의 내륙지방에 위치하여 개혁, 개방 정책을 피부로 느끼지 못한 점도 있었고, 또한 기존의 공동체적 생산 방식에 익숙해져 새로운 변화에 빠르게 대응하지 못하였던 점도 작용했다.

그 결과 중국은 동부 연해도시를 중심으로 기계화와 공업화가 급속히 이루어진 데 반해, 전통적으로 농업에 기반을 둔 연변조선족자치주는 그 경제력이 상대적으로 감소하기 시작했고, 두 지역 간 경제력 격차도 크게 벌어져 갔다.

이의 구체적인 사례로서, 1993년 연변조선족자치주의 GDP는 전국 30개 소수민족자치주에서 1위를 차지했었으나 1997년에는 4위로, 그리고 1998년에는 5위로 밀려났다. 재정수입에 있어서도 1993년 2위를 유지했으나, 1997년에는 7위로 떨어졌다.

이렇게 연변조선족자치주 경제의 저발전이 지속되면서 연변지역 내 조선족 동포들의 삶과 생활수준도 저하되었다. 이는 곧 조선족 동포들로 하여금 지역을 떠나 도시로 이동하는 '인구유출 요인'으로 작용했다. 즉, 돈을 벌기 위해 중국의 베이징, 상하이, 칭다오 등 동부 연안의 대도시 혹은 한국, 일본 등지로의 인구이동을 유발하는 결과를 초래했다. 그리고 이 이농향도(離農向都)현상은 또한 유능한 젊은 교사와 학생들의 유출도 함께 초래하여, 농촌의 조선족 민족 교육은 더욱 부실해졌고, 이는 연쇄적으로 부모들이 자녀 교육을 위해 또다시 대도시로 이동하는 악순환을 가속화시켰다.

당초 조선족 동포들의 한국으로의 최초 이주는 1988년 서울올림픽 대회 직후 한국에 친척이 있는 동포들을 중심으로 '친척 방문' 형식으로 한국을 방문하면서 시작된 바 있다. 이들은 초기에는 빠른 시기에 돈을 벌어 귀국하기 위해 한국을 방문, 취업하였으나, 최근에는 한국으로 사업, 투자 및 자녀 교육 등 다양한 목적으로 가족 모두가 이주하여 영주권을 취득하는 등 장기 체류하거나 혹은 국적 취득의 기회까지 모색하는 것으로 나타났다.

그리하여 초기에는 불법 취업 등 불법 체류가 많았으나, 최근에는 이들도 점차 합법적인 체류와 장기적인 정착 이주의 성격으로 바뀌어 가고 있는 추세이다.

현재 한국에 체류 중인 중국계 동포인구수는 대략 65만 명으로 추산되고 있다.

제3절 조선족 동포의 법적 지위 및 처우

1 역사적 배경

앞에서도 언급하였듯이, 중국의 소수민족 자치 정책과 조선족 동포의 법적 지위가 공식화된 계기는 바로 국·공 내전에서 중국 공산당이 승리한 후 중화인민공화국이 설립(1949년)되면서부터였다.

당시 만주와 연해주 지역에서 활동하던 우리 한인 독립운동 단체들은 좌익 계열의 항일 성향이 강하였고, 해외 독립운동을 위해 중국의 항일 단체 중에서도 좌익 계열의 중국 공산당 측과 항일 운동을 전개했다.

이후 일본 패망과 함께 발생한 국·공 내전에서는 자연스레 공산당 편에 서서 공산당을 도와 신중국 건설에 기여하였고, 이로써 중국 공산당으로서는, 조선족 동포들이 중국의 55개 소수민족 중에서 가장 열성적으로 공산당을 도와 '신중국 건설'에 공헌한 소수민족으로 여겼던 것이다.

이러한 공로를 인정받아 마오저뚱(毛澤東)에 의한 중화인민공화국이 건설된 직후, 조선족 한인은 소수민족이면서도 토지 개혁, 정권 건설, 해방전쟁 등 모든 분야에서 중국 공민으로서의 자격을 인정받으면서, 또한 신중국 건설에 기여한 '핵심 소수민족'으로 인정받을 수 있었다.

이에 따라 중화인민공화국이 건국되자마자, 중국 소수민족의 최초의 자치민족대학인 '연변대학'이 설립되었고, 이어 1952년 9월에는 조선 한인의 소수민족 자치주인 '연변 조선족 자치주'가 건설될 수 있었다.

그러나 55개 소수민족의 하나로 인정받던 조선족 동포들도 이후 공산정권의 내부 권력투쟁이 격화되면서는 권력투쟁의 직접적인 희생양이 되어 혹독한 시련을 겪었다. 1956년부터 전개된 반우파 투쟁, 1958년의 대약진 운동, 1965년부터 시작된 문화대혁명 등 약 20년 이상 지속되어 온 공산당 내부의 권력투쟁으로 조선족 동포들은 정권의 희생양이 되었다.

또한 당시 중국 정부가 인정한 '소수민족자치제'도 결국 한족(漢族)인 중화인민공화국이 소수민족을 다스리기 위한 전술, 전략에 지나지 않는 형식상의 자치제로서, 중국 공산당의 지시를 위임받아 단순한 집행업무를 수행하는 '행정자치'에 불과한 자치임을 깨달았고, 이후부터는 중앙정부의 지시에 따라 철저히 순응하는 순응적 태도를 보여야 했다.

심지어 1980년대 이후 중국의 개혁 개방과 경제 발전이 이루어지던 시기에도 주로 중국의 연해도시를 중심으로 우선 발전을 추구하는 '선부론(先富論)'에 따라 내륙지방에 위치한 조선족 자치주는 고도의 경제 발전에서 소외될 수밖에 없었다.

2 중국의 '소수민족 자치' 정책

중화인민공화국은 중국 영토 내 56개 민족으로 구성된 '다민족 국가'로 구성되어 있다. 총 14억의 중국 인구 중에서 한족(漢族)이 12억 명의 다수 민족으로, 중국 전체 인구의 약 89.28%를 차지하고 있다. 그 외 55개 소수민족 인구수는 1억 1,700만 명으로 중국 전체 인구의 10.72%에 지나지 않는다.

중국은 지리적으로 동쪽으로는 남, 북한과 일본, 필리핀, 남쪽으로는 베트남, 라오스, 미얀마, 네팔, 서쪽으로는 인도, 파키스탄, 아프가니스탄, 키르기스스탄, 타지키스탄, 그리고 북쪽으로는 몽골, 러시아와 국경을 접하는 등 총 14개 국가와 국경을 접하고 있는 반면에, 이들 국경지역에는 중국의 소수민족들이 집중 거주하고 있어 이들의 분리독립 움직임에 대해 민감한 반응을 보이고 있다. 그리하여 이들 소수민족의 분리독립 움직임에 대해선 '국가의 핵심이익(영토 안정)'을 침해하는 중대한 위해 행위로 간주하여 강경책으로 강력 대응해 왔다.

다만, 이러한 지정학적 상황을 감안하여 중국은 신중국 건립 이래, 이 소수민족의 분리독립 움직임을 사전에 차단, 예방하기 위한 일종의 유화책으로서 이 '소수민족자치제'를 실시해 왔던 것이다.

이 소수민족자치제와 관련해서 1982년에 개정된 중국 헌법 제4조에서는 "중화인민공화국의 각 민족은 모두 평등하며, 그 어떤 민족에 대한 멸시와 압박도 금지한다."고 하여 공식적으로는 중국의 한족과 소수민족 간의 절대적 평등을 강조하며, 소수민족들의 자치제 실시를 허용하고 있다.

특히 1950년대 초 최초로 '소수민족자치제'가 실시될 당시, 소수민족을 허용하는 기준으로, 1) 특정한 민족이 공동언어, 공동 지역, 공동의 경제생활 영위, 공동 문화를 가진 공동체 등 소수민족 형성을 위한 네 가지 기본 조건을 충족하는지 여부 2) 특정한 민족이 독자적인 민족 단위를 유지하고 존재하고자 하는 의사가 있는지 여부를 기준으로 그 인정 여부를 결정한 바 있다.

중국 정부는 이후 동 기준을 근거로 하여 중국의 행정구역을 설정할 때, 동 자치구 행정구역도 포함하여 구분하였다. 우선 자치지역을 크기에 따라 자치구, 자치주, 자치현, 자치향으로 각각 구분하였다. 가장 규모가 큰 5개 자치구로는 소수민족 인구가 1,000만 명 이상인 소수민족에 부여하며, 동 자치구로는 티베트, 신장 위구르, 닝시아(寧夏), 내몽골, 광시좡족 등 5개 자치구에 부여하였고, 그 외 30개 지역에 자치주, 120개 현에 자치현, 그리고 약 1,000여 개 향에 자치향을 부여하였다.

이에 따라, 최초로 중국의 변경 지역을 중심으로 '5개 소수민족 자치구'가 설립되었다. 즉, 티베트(西藏) 자치구, 신장(新疆) 위구르 자치구, 내몽골(內蒙古) 자치구, 광시좡족(廣西壯族) 자치구, 닝샤 회족(寧夏 回族) 자치구 등이 그것이다.

조선족 한인의 경우, 당시 중국의 55개 소수민족 중에서 가장 열성적으로 신중국 건설에 기여한 공로를 인정받아 소수민족의 인구의 규모로는 제16위에 지나지 않았지만, 10대 소수민족의 한 부류로 인정받을 수 있었다. 이에 따라 1949년에는 최초의 소수민족 자치 대학인 '연변대학'이 연변시에 설립되었고, 이어 1952년에는 '연변 조선족 자치주'가, 그리고 1958년에는 '장백 조선족 자치현' 등 1개 자치주와 1개의 자치현이 건설될 수 있었다.

중국 정부는 또한 55개 소수민족 중에서 '조선 민족'이란 소수민족 이름을 따서 이름도 "조선족(朝鮮族)" 혹은 "선족(鮮族)"으로 명명하고, 조선족에게는 중국어 외에도 '조선어'를 사용할 수 있도록 허용하고, 또한 조선족 고유의 문화 혹은 관습을 계승, 발전시킬 수 있도록 허용했다.

3 조선족 동포의 중국 내 지위

한편, 소수민족으로서 조선족 동포들이 중국 내에서 향유하고 있는 지위를 정치적, 경제적 및 사회문화적 차원에서 설명하면, 다음과 같다.

정치적 지위

우선 조선족 동포는 중국의 10대 소수민족에 포함되어 소수민족자치제를 운용할 수 있다. 중국의 '소수민족자치법'의 관련 법령에 따라 조선족은 1) 중앙 정부와 지방 정부의 정치에의 직접 참여를 허용하며, 2) 조선족이 집단적으로 거주하는 거주지에 소수민족 자치기관을 설치할 수 있으며, 또한 3) 자치기관에 의한 자치권을 행사할 수 있다는 것이다.

이에 따라 조선족은 1952년 9월에 길림성 연변지역에 "연변 조선족 자치주"와 이어 1958년 9월에는 백두산 접경 지역에 "장백 조선족 자치현" 등 2개 지역에 조선족 자치 지역을 설립할 수 있었다.

하지만 이러한 '소수민족자치제'는 공식적으로는 "모든 민족은 중국의 공민(公民)"이라는 대전제 하에서 완전한 자치가 가능하나, 실질적으로는 동 자치권 부여가 소수민족의 분리독립 움직임을 미연에 방지하기 위한 일종의 유화책으로서 형식상의 자치형식에 불과한 것이었다.

즉, 동 자치권 부여는 소수민족이 실질적으로 스스로 통치하는 '주권적 자치'

가 아니라 중앙당과 정부에서 이미 결정된 사항을 단순히 집행하거나 혹은 당과 정부가 위임한 범위 내에서 극히 제한적으로 위임 업무를 관장하는 방식의 '형식상의 행정 자치'에 불과한 것이었다.

또한 자치주 조례에는 "자치주의 주장(州長)과 기타 주요 간부의 반 수 이상은 조선족이 차지할 수 있다."고 규정되어 있으나, 실질적으로 중요한 직책에는 한족(漢族)이 점유하여 조선족을 견제, 감시하는 체제를 유지함으로써 형식상의 행정적 자치에 지나지 않은 수준이었다.

경제적 지위

소수민족으로서 조선족은 관련 법령에 따라 민족기업을 육성할 권리와 기회가 부여되었다. 하지만, 경제 관련 중요 직책에는 주로 한족이 차지하여 통제함으로써 조선족은 대부분 영세 농, 상업에 종사할 수밖에 없었고, 이에 따라 지역 경제는 여전히 낙후된 수준에 머물 수밖에 없는 실정이었다.

특히 1978년 중국의 개혁 개방 정책이 진행되면서도 조선족 동포들은 개혁 개방 정책에 유연하게 대처하지 못했고, 기존의 공동체적 생산 방식에 익숙해져 새로운 변화에 빠르게 대응치 못하였다. 그 결과 한족 중심의 동부 연해도시들은 기계화와 공업화를 급격히 진행한 데 반해, 연변조선족자치주는 전통적 농업 기반의 산업을 지속함에 따라 두 지역 간 경제력 격차 또한 크게 벌어져 나타났다.

이러한 연변조선족자치주 경제의 저발전은 곧 조선족 동포들의 인구유출 요인으로 나타났으며, 조선 한인들은 돈을 벌기 위해 중국의 베이징, 상하이, 칭다오 등 동부 연안의 대도시 혹은 한국, 일본 등지로 이주하는 결과를 초래했다.

이러한 인구 이탈 현상은 곧 소수민족 자치주의 운영을 더욱 어렵게 하였고, 더 나아가 한민족의 정체성 유지나 한민족 문화의 계승 발전에도 부정적 영향을 미치는 요인으로 작용했다. 또한 유능한 젊은 교사와 학생들이 유출됨으로써 '조선족의 민족 교육' 문제에도 심각한 부정적 영향을 미치게 되었다.

사회, 문화적 지위

당초 소수민족으로 인정받은 조선족은 고유의 언어인 조선어(한국어)를 공식 언어로 사용할 수 있고, 또한 소수민족 고유의 전통문화를 자체적으로 계승, 발전시킬 수 있었다. 따라서 조선어(한국어)는 연변 자치주 정부에서 중국어와 함께 주정부의 공식 행정용어로 사용되었고, 주정부의 공식 문건이나 포고문에는 보통 '조선어와 중국어'가 병행해서 표기되었다.

오늘날 중국 연변지역을 방문할 경우, 거리의 상호 등에도 모두 조선어와 중국어가 병행 사용되고 있는데, 이는 곧 조선족이 소수민족으로 인정받아 조선어를 중국어와 함께 병용할 수 있기 때문이었다.

또한 앞에서 설명하였듯이, 연변에는 조선족인 소수민족 종합대학으로 중국 내 최초의 소수민족 대학인 '연변대학'이 설립되었고, 대학 내에서는 조선어로 토론 혹은 강의가 가능했다.

이와 동시에 소수민족 자치주를 중심으로 조선족 중심의 초, 중등학교 설립이 가능했고, 이곳에서 조선어 학습도 가능했다. 당초 1990년까지만 해도 동북 3성내에 약 1,000여 개를 상회하는 '조선족 학교'가 설립되었으나, 1992년 한·중 수교 이후 중국 남부 및 한국 등으로 조선족 인구가 유출됨에 따라 현재는 약 300개 정도의 학교만 운영되고 있는 실정이다.

한편, 조선족 동포들의 교육 수준은 중국 내 여타 소수민족에 비해 상당히 높은 수준인 것으로 평가되고 있다. 우리의 '학력고사'에 해당하는 중국의 '까오카오(高考)'시험에 조선족 자녀들이 매년 10위권 안에 드는 경우가 많았을 정도이다.

이렇게 한민족 동포들의 지적 수준이 높긴 하나, 대학을 졸업한 이후에는 사회적으로 두각을 나타낼 수 없고 중국의 주류사회에 편입되기도 어려운 것이 현실이다. 왜냐하면, 중국은 공식적으로는 각 민족 간 평등을 주장하나, 실질적으로는 소수민족에 대한 차별이 극심한 편이다. 비록 우수한 능력을 보유하였어도 소수민족이라는 이유로 외교, 안보, 공안, 군사 등 중국의 핵심이익과 관련된 공직에의 진출은 극히 제한될 뿐 아니라 설사 공직에 입문하더라도 승진에서 누락되는 경우가 다반사이기 때문이다.

이러한 이유로 조선족 출신의 지식 계층들은 일찍이 공직에의 진출을 포기하고 대신 학술, 연구 분야와 관련된 중국의 연구소, 학교 혹은 언론, 방송국 등 조선어와 관련된 분야, 혹은 전문기술 분야에 주로 진출하여 활동하고 있는 실정이다.

제4절 현재의 재중동포 사회 현황 및 실태

1 재중동포의 규모 및 현황

2023년 말 현재 중국에 체류하는 우리 재중동포의 규모는 총 210만 명으로 추산되고 있다. 2017년 기준 250만 명을 상회하였으나 2021년 코로나(Covid-19) 사태를 거치면서 현재는 210만 명으로 하향 조정되었다.

지역적으로는 동북3성 지역에 집중되어 있다. 중국 전체의 약 68%가 이곳에 거주하고 있는데, 이는 조선족 동포들이 이 지역에 집중적으로 거주해 왔기 때문이다. 그러나 이 지역을 제외하고는 주로 중국 베이징 지역과 우리 투자 기업이 많이 진출해 있는 산동성(칭다오)지역에 분산되어 거주하는 것으로 나타났다.

| 도표 9 | 재중동포의 규모 및 현황 통계

		2017	2019	2021	2023	백분율(%)
총계		2,548,030	2,373,729	2,350,422	2,109,727	100
중국	주중국(대)	280,463	250,053	227,839	204,717	9.70
	주광저우(총)	171,601	157,812	150,271	69,996	3.32
	주상하이(총)	144,781	136,473	127,313	103,688	4.91
	주선양(총)	1,650,910	1,548,199	1,545,066	1,429,418	67.75
	주시안(총)	8,028	7,669	6,783	5,166	0.24
	주우한(총)	8,321	9,818	6,700	9,360	0.44
	주청두(총)	8,742	8,960	8,060	11,961	0.57

주칭다오(총)	260,101	235,776	206,929	186,817	8.86
주홍콩(총)	15,083	18,969	16,391	16,604	0.79
주다롄(총)	-	87,657	55,070	72,000	3.41

출처: 재외동포현황, 2023, 16p

한편, 체류자격별 현황을 살펴보면, 외국국적 동포는 곧 '조선족 동포'를 의미한다. 현재 총 190만 명으로 추산되며, 지역적으로는 동북3성 지역에 148만 명이 거주하고, 있고, 그 외 베이징, 상하이, 산동성, 광동성 등 우리 기업들이 주로 진출해 있는 지역 중심으로 분포해 체류 중이다.

이와는 달리 중국은 홍콩을 제외하고는 영주권 제도를 두지 않아 우리 재외국민 중에는 대부분 상사 주재원, 자영업 등 일반 체류자와 유학생으로 구성되어 있다. 현재 재외국민으로는 약 21만 6천 명이 중국 전역에 골고루 분포되어 거주 중임을 알 수 있다.

| 도표 10 | 재중동포의 체류자격별 현황

		재외국민				외국국적 동포 (시민권자)	총계
		영주권자	일반 체류자	유학생	계		
총계		9,602	188,846	17,516	215,964	1,893,763	2,109,727
중국	주중국(대)	0	45,980	5,512	51,492	153,225	204,717
	주광저우(총)	0	31,276	324	31,600	38,396	69,996
	주상하이(총)	0	40,440	6,350	46,790	56,898	103,688
	주선양(총)	0	14,730	1,647	16,377	1,413,041	1,429,418
	주시안(총)	1	2,970	321	3,292	1,874	5,166
	주우한(총)	0	1,302	294	1,596	7,764	9,360
	주청두(총)	25	4,004	300	4,329	7,632	11,961
	주칭다오(총)	0	40,775	1,109	41,884	144,933	186,817
	주홍콩(총)	9,576	5,369	1,659	16,604	0	16,604
	주다롄(총)	0	2,000	0	2,000	70,000	72,000

출처: 재외동포현황, 2023, 16p

2 재중 한국인(재외국민)의 현 실태

'재중 한국인'은 중국에 장기 체류하고 있는 우리 재외국민을 의미한다. 주로 지·상사 주재원, 투자업체 직원, 자영업자 혹은 유학생 등으로 구성된다. 이들은 특히 1992년의 '한·중 수교'로 인해 양국 간 경제, 사회, 문화 등 각 방면에서 교류가 활발해지면서 중국으로 이주해 간 기업인, 유학생들이 주류를 이루고 있다.

현재 중국 내 주요 한인 단체로는, 중국 내 한인사회를 이끌고 있는 '중국 한국인회(1999년 창설)', 지상사 주재원이나 자영업자의 이익을 대변하는 '중국 한국상회(1993년 창설)', 그리고 한국 유학생의 권익과 실생활 지원을 위한 '북경 총한국인학생회 연합(1992년 창설)' 등 3개 단체가 가장 큰 규모로 운영되고 있다.

먼저 '중국 한국인회'는 1999년에 창설되었고, 설립 목적으로는 "중국 내에 거주하는 한국인 간의 친목을 도모하며, 이들의 권익 신장과 복지 향상을 위해 노력하며, 또한 한국과 중국 간에 민간 차원의 우호 협력 증진"을 목적으로 하고 있다. 현재 중국 전체 약 67개 지역의 한인회와 지역 연합회를 모두 총괄하는 연합 단체로서 그 조직 및 역할이 계속 확대되는 추세이다. 역할 및 기능으로는, 주로 각 지역 한인회의 활동을 지원하고, 특히 교민 사회의 화합과 권익 신장, 교민의 안전 활동을 계도하는 역할을 담당하고 있다.

'중국 한국상회'는 한·중 수교 다음 해인 1993년에 최초로 설립되었으며, 중국 정부에 등록된 유일한 한국인 등록단체(20개 외국 상회 중 7번째)이다. 현재 중국에 주재하는 지·상사 업체, 투자업체, 금융기관을 포함하여 중국 전역에 44개 지역상회의 연합체로 구성되어 있으며, 중국 전체적으로 약 6,000여 개 회원사를 두고, 운영되고 있다.

'북경 총한국인학생회 연합'은 한·중 수교가 이루어진 1992년에 창설되었는데, 당초 베이징 지역에서 유학하던 17개 대학의 한국 유학생회가 주축이 되어 결성되었다. 이후 톈진, 상하이, 선양, 하얼빈 등에도 별도 학생회를 구성하여 합류함으로써 조직이 확대되었고, 2023년 현재 총 2,300여 명의 학생들이 동 조직에 참여해 활동 중이다. 활동 내용으로는, 주로 각 학교별 학예, 문화 관련 학생 활동을 전개하며, 동시에 유학생들의 일상생활을 계도하거나 애로사항을 해결하는 활동을 전개하고 있다.

위 3개의 한인관련 단체 외에도 '민주평통 중국지회', '재중국 대한체육회 지부' 등도 운영 중이다. 민주평통의 경우 총 5개 지역에 자문위원을 두고 있는데, 베이징 79명, 광저우 63명, 칭다오 53명, 상하이 71명, 션양 협의회 63명 등 총 329명의 자문위원으로 구성되어 활동 중이다. 대한체육회는 중국 내 10개 지역 체육회, 13개 경기종목별 협회를 두고 대한체육회의 중국 내 지역 활동이나 혹은 한국 내 경기단체의 중국 방문 지원, 그리고 중국의 체육계 인사와의 교류 강화 활동 등을 전개하고 있다.

그 밖에 재외국민을 대상으로 한 언론 단체(베이징 저널 등)와 종교 단체도 지역별로 분포되어 있고, 또한 재외국민 자녀 교육을 위한 한국인 학교도 중국 전체적으로 약 13개 지역에 한국학교 혹은 국제학교 형식으로 개설되어 있다.

3 조선족 동포의 현 실태

조선족 동포의 인적 구성은 앞에서도 언급하였듯이, 최초로 조선 말기 1860년부터 시작하여 3가지 부류의 인적 이동과 정착에 의해 구성되었다. 첫 번째 부류는 1860년경부터 시작하여 가난을 탈피하기 위해 주로 함경도와 평안도 지역의 농민들이 중국의 간도 지역으로 이주한 그룹이고, 두 번째 부류는 1910년 한, 일 강제 병합이 이루어진 이후 해외에서 독립운동을 전개하기 위해 만주로 이주해 간 독립투사 그룹이며, 세 번째 부류는 1939년 이래 일본의 강제 징용과 징병책에 따라 한반도 전 지역에서 중국으로 강제 이주된 그룹 등 세 부류에 의해 형성되었던 것이다.

따라서 현재의 중국 내 조선족 동포들의 인적 구성도 이러한 3가지 부류의 집단들이 동북3성 지역 곳곳에 산재하며 오늘날 조선족 동포들의 성분과 인적 구성을 이루고 있다.

이 조선족 동포들은, 앞에서 설명한 바와 같이, 중국의 공산당 정권에 의해 '소수민족자치제'가 인정되어 중국의 55개 소수민족의 하나로서, "연변 조선족 자치주"와 "장백 조선족 자치현"의 두 개 지역에 소수민족자치제를 운영하고 있다. 또한 한민족이란 소수민족 이름을 따서 이름도 “조선족(朝鮮族)” 혹은 “선족(鮮族)”으로 명명되고 있다.

중국 전역에 거주하는 ‘조선족 동포’의 규모는 2023년 말 현재 총 1,873,763명으로 파악되었다. 당초 조선족 동포 인구는 해방을 맞이하던 1945년에 216만 명에 달하였으나, 이 중 절반 이상의 한인들이 고국으로 귀환하여 1953년에는 112만 명으로 감소했다. 그러다가 이후 35년이 지난 1990년에는 총 192만 명으로 추산되었다.

특히 1980년대 이래 중국의 개혁개방이 이루어지면서 많은 조선족 동포들이 베이징, 상하이, 칭다오, 광저우 등 중국 남부의 대도시 지역과 한국 등 해외로 이주한 결과, 그다지 크게 증가하지 않은 것으로 파악되었다.

중국 이외 해외 국가로의 이주는 한국이 약 66만 명으로 가장 많고, 그 밖에 미국(5만 명), 러시아(2만 명), 일본(5만 명) 및 기타 지역(약 10만 명)으로 이주해 간 것으로 파악되었다.

한편, 우리 국내에 체류하고 있는 조선족 동포의 총 규모는 2024년 1월 현재 약 629,572명이 체류하는 것으로 나타났다. 이들은 보통 국내에 입국할 때, 우리 해외동포들에게 발급하는 ‘재외동포(F-4) 사증’ 혹은 고용허가제의 특례로서 중국, 고려인 동포들에게 발급하는 ‘방문 취업(H-2) 사증’을 발급 받아 국내에 체류하고 있다. 따라서 이들은 국내에 체류하는 동안 ‘외국인등록증’이 아니라 우리의 주민등록증과 동일한 효과를 지닌 ‘재외동포 거소증’을 발급 받아 내국인에 준하는 법적 지위를 향유하며 장기 체류하고 있다.

제5절 국내 체류 조선족 동포사회의 발전 방안

먼저 국내 체류 중인 ‘조선족 동포’들은 중국 국적 보유자이나, 과거 한민족 혈통을 지닌 자로서, 우리의 ‘외국국적 동포’에 해당한다. 하지만 조선족 동포의 입장에서 보았을 때, 이들은 어디까지나 국적상으로는 외국인으로서 ‘중국인’에 해당된다. 이 조선족 동포들은 중국 공산당 체제 아래에서 전체주의적 교육을 받으며 성장해 왔고, 특히 중국의 소수민족으로 교육받으며 성장해 왔다.

특히 중국 정부는 전체주의 교육을 통해 조선족을 포함한 중국 인민들에게 국가에 대한 애국심과 중화 민족의 정체성을 강조해 왔다. 따라서 그동안 중국식 교육을 받아 왔던 조선족 동포들은 비록 한민족 혈통을 보유하고 있으나, 엄연한 중국인으로서 '국가에 대한 애국심'과 '한민족으로서의 혈통 의식' 사이에서 상호 충돌과 괴리감을 겪고 있다.

이러한 상황하에 만일 국내에 체류하는 조선족 동포들에게 한민족에 대한 정체성을 지나치게 강조할 경우, 중국의 국가 의식을 강조하는 중국의 정체성 문제와 대립하면서 자칫 '조선족 문제'를 두고 외교적 마찰을 유발할 가능성도 배제할 수 없다.

따라서, 우리 정부는 이러한 점을 충분히 고려하여 우선은 국내 체류 조선족 동포들을 대상으로 장기적 측면에서 보다 유연한 재외동포 정책을 추진하되, 조선족 동포들에게 맞는 '맞춤형 정책'을 추진해 나가야 할 것이다.

다음으로, 현재 국내 체류 중인 조선족 동포 중에서 상당수의 가정이 '다문화 가정'을 꾸리며 거주하고 있는 것으로 나타났다. 1990년대 이래 중국의 조선족 동포 여성들이 국내의 농촌 총각들과의 결혼을 위해 국내에 입국하여 '다문화 가정'을 이루게 된 것이다.

이들은 특히 중국 내에서 가난하게 자라 정상적인 교육을 받지 못한 채 낮은 학력과 기술력 등으로 윤리교육의 부재 현상을 보이고 있고, 또한 국내에서도 다문화 가정을 이루면서 지속되는 빈곤을 탈출하기가 어려워 한국의 주류 사회에 편입되기도 쉽지 않은 상황으로서, 자녀 세대들 또한 한국 사회에서 빈민화, 소외화될 수밖에 없는 실정이다.

현재 비록 정부차원에서 "다문화가족지원법(2007)"이 제정되어 다문화 가정에 대한 정부 지원을 확대하고 있으나, 우선은 우리 국민 모두가 '사회 통합'의 측면에서 '다문화 가정'을 적극 지원하고자 하는 국민적 인식과 배려가 아주 긴요하며, 특히 해당 지역사회 전체가 소외된 동포들을 배려하고, 필요시 적극적으로 지원하는 인식과 자세가 우선시되어야 할 것이다.

<중국의 민족구역자치(民族區域自治)제도>

민족구역자치(民族区域自治)는 중화인민공화국 인민정부가 채용하고 있는 「소수민족」에 대한 통치 방식으로 나타난 소수민족 자치 정책이다.

1. 민족 구분 작업

〈민족 식별 작업〉이란 중화인민공화국 국민에 대한 각 민족별로 구분하는 작업을 뜻한다. 즉, 중국의 국민을 구성하는 여러 집단이 어떠한 민족에게 귀속할까를 법적으로 확정시키는 행정 수속이다. 청대로부터 중화민국을 거쳐 전통적으로 다섯 민족으로 여겨져 온 민족의 수는 이 작업에 의해, 56개 민족으로 세분화되었다. 1935년에 실시한 조사 결과, 소수민족의 수는 400여개 정도로 나타났으나, 공산당 정부에 의한 민족 식별 작업을 통해 통합을 추진하여, 총 56개의 민족으로 공인되었다. 한족을 제외한 55개의 「소수민족」은 각 민족마다, 그 집단거주 지역이 구역 자치의 영역으로서 지정되어 그 땅에 대한 주거 권한과 그 민족에 대해 「민족의 문자와 언어를 사용할 권리」, 「일정한 재산의 관리권」, 「일정 규모의 경찰·민병 부대의 조직권」, 「구역 내에서 통용되는 시행 법령의 여러 정권」등이 인정되었다. 2001년에 개정된 「민족구역자치법」(民族区域自治法)에 "민족구역 자치제도는 국가의 제1항 기본적 정치제도"라 명확히 규정하고 있다.

2. 민족구역 자치 단위의 종류

중화인민공화국의 현행 제도하에서는 제1급 행정구역으로서 성, 자치구, 직할시가 있고, 그 아래에 위치하는 지급(지구급) 행정 단위로서 지구, 지급시, 자치주가 있으며, 그 아래에는 현급의 행정 단위로서 현, 현급시, 기가 있고, 최하층 단계의 행정 단위로서 향 등이 있다. 이로써 「민족구역자치」의 단위는 규모의 크기에 따라 자치구, 자치주, 자치현, 자치향 등으로 구분된다(멍, 기, 솜 등은 주로 청대에 몽골인에 대해 시행된 맹기제의 호칭을 답습한 내몽고에만 볼 수 있는 독특한 민족구역자치 단위이다).

5개 자치구: 내몽골 자치구(内蒙古自治区), 광시좡족 자치구(広西壮族自治区), 티베트 자치구(西蔵自治区),신장 위구르 자치구(新疆維吾爾自治区), 닝샤 후이족 자치구(寧夏回族自治区)

지급시: 성 급의 행정 단위와 현급의 행정 단위 중간에 있는 지구급의 행정 단위 일종으로, 각 성, 자치구의 핵심 도시에 설치되어 있었으나, 최근 각종 지구급 행정 단위의 지급 시로의 승격이 대규모로 추진되고 있다.

자치주: 자치주는 여러 현을 관할하는 행정 단위로서 중국에 있어 예부터 사용되어 온 행정 단위의 호칭이지만, 현행 제도에서는 주라는 이름이 붙는 지방자치체는 모두 민족구역자치 행정 단위인 자치주이다.

자치지구: 원래는 여러 현을 관할하며, 중국의 모든 성, 자치구 내에도 존재하였지만, 최

근 지급시로의 전환(일종의 승격)이 빠르게 이뤄지고 있고, 현재는 헤이룽장, 구이저우, 간쑤, 칭하이의 각 성의 일부분과 티베트 자치구 내에만 남아 있을 뿐이다.

자치현: 몇 개의 민족 자치주에 있고, 그 주의 자치 주요 민족과는 다른 민족의 집단 주거 영역이 현 규모인 경우, 그 민족의 이름을 딴 민족 자치현이 구성될 수 있다. 내몽고 자치구나 서장 자치구 내의 여러 현, 쓰촨, 칭하이, 간쑤, 윈난의 각 성 내의 티베트족 자치주를 구성하는 여러 현에서 「00족 자치현」으로 지칭된다.

출처: 위키백과

<조선족자치주 70년: ① 인구 줄고 해외로 떠나며 '정체성 위기'>

19세기부터 한반도에서 이주해 동북 3성에 밀집해 거주하던 조선족들은 대륙에 불어 닥친 개혁개방의 흐름을 타고 중국 내륙도시와 한국, 일본 등 해외로 활발하게 진출했다. 이로 인해 조선족의 활동 무대는 크게 넓어졌지만, 초창기 자치주 내 70%를 차지하던 조선족 비중이 지금은 30%로 떨어져 공동화(空洞化) 현상이 심해지고 있다. 조선족 정규학교도 급격히 줄어들면서 차세대의 한족(漢族)화도 심해져 연변(延邊)조선족자치주의 존속과 미래에 대한 불안감이 고조하고 있다.

◆ 조선족, 동북3성에서 내륙과 해외로 뻗어나가

중국의 행정구역은 4개 직할시, 5개 자치구, 22개 성, 2개 특별행정구로 이뤄졌다. 자치주는 성의 하급 단위로, 중국 전역에는 30개의 자치주가 있다. 중국 지린(吉林)성 내 자치주인 '연변조선족자치주'는 중국, 러시아, 북한의 교차 지점에 자리하고 있다. 면적은 4만3천509km^2로 경상남북도와 전라남도를 합친 것보다 크다.

중국의 조선족은 연변조선족자치주를 중심으로 헤이룽장(黑龍江)성, 랴오닝(遼寧)성 등 주로 동북 3성에 거주하고 있다. 중국 정부는 1952년 9월 3일 연변 지역을 '조선족자치주'로 지정하고 고유의 언어와 풍습을 허용해 왔다. 당초 조선족의 형성은 고조선, 고구려, 발해의 후손들로 보는 견해서부터 명·청 교체기인 17세기에 국경을 넘은 것으로 보는 시각 등 여러 설이 있다.

하지만 19세기 이전 이주자는 이미 중국에 동화돼 역사적 흔적을 찾기 어렵다. 일반적으로는 추적이 가능한 19세기 구한말부터 조선족 이주가 본격화한 것으로 보고 있다. 1860년대부터 기근과 수탈을 피해 한반도에서 중국으로 이주하는 사람이 늘었고, 일제강점기에는 그 규모가 더욱 커졌다.

이주 초기에는 국경 인근의 벼농사가 유리한 지역으로 이주가 시작됐다. 국경을 바로 넘을 수 있는 평안·함경도 출신이 건너와 연변 등에 자리 잡았다. 이후 경상·전라도 등에서 온 이들은 더 북쪽으로 올라가 헤이룽장(黑龍江)성 등으로 이주했다. 1907년 7만여 명이었던 조선족 규모는 1945년 216만여 명으로 늘었다. 해방 후에는 절반 가량 한반도로 귀향하면서 112만여 명으로 줄었다. 이후 다시 꾸준히 증가해 2000년에 192만여 명으로 정점을 찍었지만, 이후 줄곧 감소해 중국 내 조선족 규모는 현재 170만 명 수준이다.

조선족 사회는 1970년대까지는 농촌 등 마을에 기반을 둔 '밀집형 지역공동체'였다. 하지만 개혁개방과 한·중 수교를 계기로 탈농촌과 도시화, 내륙도시 및 해외 진출 등의 추세에 속도가 붙으면서 '네트워크 공동체'로 바뀌고 있다. 현재 170만 조선족의 중국 내 분포를 보면 베이징 등 수도권 8만, 칭다오(靑島) 등 산둥(山東)성 20만, 상하이 5만, 광둥(廣東)성 4만 등 동북 3성을 제외한 지역에 37만 명이 산다. 해외로도 대거 빠져나가 한국에 70만여 명, 일본에 8만여 명, 미국과 유럽 등 기타 지역에 5만여 명이 거주하는 것으로 추산된다.

내륙도시나 해외로 이주하더라도 고향에 가족 일부가 남아 있으면 주소지를 그대로 두는 경우가 많아 정확한 인구를 파악하기는 쉽지 않은 게 현실이다. 분명한 것은 연변조선족자치주 등 전통적 집거지인 동북 3성을 벗어나 사는 인구가 훨씬 많아졌다는 점이다.

◆ 조선족 이탈에 자치주 지위마저 '흔들'

2020년 기준으로 연변조선족자치주 인구 194만 명 가운데 조선족은 59만7천여 명으로, 비중이 30%가량에 불과하다. 자치주 성립 초기인 1953년에는 70%가량 차지했던 조선족 비중이 70년 동안 절반 이하로 줄어든 것이다. 반면에 30%가 안 됐던 한족 비중은 66%까지 늘었다.

조선족 비중이 줄어든 가장 큰 원인은 한국으로의 이주다. 현재 재한 조선족은 70만 명을 넘어섰다. 연변 자치주 내 조선족보다 더 큰 규모다. 조선족 비중이 30%를 밑돌면서 자치주 지정이 해제되는 것 아니냐는 우려마저 나온다.

중국 정부가 1993년 발표한 조례에 따르면, 소수민족이 전체 인구의 30%를 넘어야만 '민족향(鄕)' 설립을 신청할 수 있다는 규정이 있다. 향은 자치주보다 작은 단위로, 현재 자치주 관련 규정은 없다.

다만 자치주보다 윗 급인 자치구를 보면, 네이멍구(內蒙古) 자치구의 경우 몽골족 비중이 17.66%에 불과하지만, 아직 자치구 폐지 논의는 나오지 않고 있다. 연변조선족자치주 정부는 지난 7월 25일 '조선 언어문자 공작조례 실시세칙'을 공포하고 시행에 들어갔다. 이 세칙은 국가기관·기업·사회단체·자영업자들이 문자를 표기할 때 중국어와 한글을 병기하되, 중국어가 앞에 나오도록 했다. 이전에 제작돼 세칙에 부합하지 않는 현판과 광고 등 모든 표지판은 교체해야 한다. 이에 한글이 앞쪽에 쓰인 간판 일색이던 자치주 주도 옌지(延吉)가 점점 조선족 특유의 모습을 잃어가는 것 아니냐는 우려가 나온다.

중국동포타운신문의 김정룡 대표는 "조선족자치주의 상징 중 하나였던 한글 표기가 뒤로 밀린 것은 자치주의 위상이 약화한 탓도 있지만, 중국 정부가 국가 통합을 강조하는 분위기도 작용했다"고 분석했다. 표성룡 중국조선족기업가협회 회장은 "조선족은 중국 55개 소수민족 가운데 고유 언어와 문화를 가장 잘 지켜왔고, 문맹률도 가장 낮고, 대학 진학률은 제일 높아 어디에 살아도 자부심을 느끼고 살아왔다"며 "조선족자치주의 존재는 조선족을 하나로 묶는 강력한 구심점이기에 사라지지 않을 것"이라고 단언했다. 다만 제도적으로 자치주 지위가 유지되더라도, 지금과 같은 인구 감소 속도를 보면 자치주로서 실질적 역할을 계속할 수 있을지 의문이라는 우려도 나온다.

◆ 인구 감소·중화주의 대두에 민족교육도 '위기'

이러한 조선족 공동화 현상으로 조선족 학교가 80% 이상 줄면서 민족교육도 위기에 처했다. 인구 감소와 이주 탓에 학생 수도 급격하게 줄어들었다. 연변의 학생신문인 조선족중학생보에 따르면, 1990년대 초만 해도 동북 3성에 1천500여 개 조선족 중고등학교와

40만 명의 학생이있었으나, 2015년에는 학생 수가 2만3천여 명으로 급감했다.
더구나 근래에 중국 내 소수민족의 자치권보다 중화민족주의와 국가통합이 강조되는 분위기가 조성되면서 민족교육은 더욱 어려운 처지에 놓이게 됐다.
2020년부터 중국 교육 당국은 일선 학교에 중국어, 도덕과 법치, 역사 과목 등의 교과서를 단계적으로 '국가 통일편찬 서적'으로 바꾸고, 수업도 중국 표준어로 하도록 했다.
연변자치주를 비롯해 동북 3성 조선족 학교는 수업을 조선어로 해왔는데, 조선족 학생이 줄고 한족 학생 비율이 높아지면서 중국어 수업 과목이 늘어나고 있다.

* 출처: 연합뉴스, 강성철 기자, 한민족센터, 2022.09.02.
https://www.koreancenter.or.kr/news/curationView.html?idxno=703851

제9장

러시아·CIS 지역 재외동포 사회 (고려인 동포)

제1절 재러·CIS 동포(고려인)의 의의

우리는 보통 러시아 및 CIS 지역에 거주하는 우리 한민족 혈통을 "고려인" 혹은 "고려사람"이라 부른다. 과거 한민족 혈통을 가진 사람들이 역사적 요인으로 인해 강제 이주당하여 현재 러시아 및 CIS 지역에 거주하고 있는 사람을 일컫는 말이다.

이를 토대로 '고려인'의 개념을 정의해 보면, "당초 연해주 지역으로 이주하여 거주하던 조선 한인 중 소련에 의해 강제 이주해 간 한민족 혈통 혹은 그 자손"을 의미한다 할 수 있다. 이들 고려인의 범주에는 최초에 우즈베키스탄, 카자흐스탄, 키르기스스탄, 타지키스탄, 투르크메니스탄 등지에 정착, 거주한 한인과 함께 1990년 구소련이 해체된 이후 일부 한인들이 다시 러시아 남서부 지역과 우크라이나, 몰도바 등지로 재이주해 간 한인들을 모두 포함한다.

현재 '고려인'의 총규모는 약 48만 명으로 추산하고 있다. 국가별로는 우선 우즈베키스탄이 약 173,000명으로 가장 많이 거주하고 있고, 그 외에 러시아 130,000명, 카자흐스탄 120,000명, 키르기스스탄 19,000명, 우크라이나 13,000명 등으로 중앙아시아 각 지역에 분포해 거주 중이다.

한편, 여기서 말하는 'CIS 국가'란 바로 "독립국가연합(Commonwealth of Independent States)"이란 용어의 약자(C.I.S.)를 의미한다. 즉, '독립국가연합'이란, "1991년 구소련이 해체된 직후 러시아, 우크라이나, 벨라루스를 중심으로 발틱 3국을 제외한 12개의 구소련 지방 공화국들이 결성하여 이룬 국가 간의 정치연합체이며, 사실상의 '국가들의 연합체' 형태를 말한다. 비록 구소련이 해체되었지만, 구소련을 대체한 '러시아'가 중심이 되어 기존의 공화국들을 하나의 연합체로 묶어 서방 세력에 대응하기 위한 국가 간 연합체를 구성한 것이다.

우리 고려인들은 이 CIS 정치연합체 중에서도 특히 카자흐스탄, 우즈베키스탄, 키르기스스탄과 같은 중앙아시아 국가와 러시아, 우크라이나, 벨라루스 등에 집중 거주하고 있어 이들을 보통 '재러시아·CIS 동포'라 부르기도 한다.

제2절 고려인 동포사회의 형성 과정

1 조선 한인의 최초 러시아 이주

역사적으로 고려인 동포들의 최초 러시아 이주는 제정 러시아 시기부터 시작되었다. 당시 중국의 청(淸)왕조는 서방 열강과의 아편전쟁에서 패하면서 1860년 '베이징 조약'을 통해, 홍콩을 영국에게 그리고 연해주 지역을 러시아에 할양했다. 이로써 당시의 러시아는 우수리 강 동쪽 지역을 획득하면서, 러시아와 조선이 유사 이래 처음으로 국경을 접하게 된 것이다.

이러한 지리적 근접성은 양국 간에 인구와 물자가 쉽게 이동하는 등 상호 교류를 촉진시키는 계기로 작용했다. 이러한 와중에 1865년부터 1870년 사이 평안도 및 함경도 지역에 자연재해로 인한 대기근이 발생하자, 가난을 탈피하기 위해 조선 한인들이 국경을 넘어 러시아 지역으로 대규모로 이주해 갔다. 물론 이들은 가난과 고난을 벗어나기 위한 경제적 이유에 의해 러시아로 이주하였던 것이다.

러시아의 연해주 정부는 처음 조선 한인의 이민을 적극 환영했다. 당시 이 지역은 중국의 최 동북단에 위치해 있어 인구도 많지 않은데다 황무지들이 많아 러시아가 비록 땅을 할양 받았지만, 이를 개간할 노동력 인구가 부족한 실정이었다. 그리하여 러시아 정부는 이들 조선인들이 이주해 와 황무지를 개간해주길 희망했다.

조선 한인들은 이주 후 황무지 땅을 직접 개간하거나 혹은 소작인, 임차인, 또는 농업노동자로서 농업 생산에 필요한 값싼 노동력을 제공했다. 이에 따라 이 지역 지방 관리들은 처음 약 10년 동안은 한인 이민자들에게 매우 관대하게 대했다. 당시 연해주 정부 문헌에서도 "연해주 정부는 한인 14세대 65명에게 정주권(영주권)을 부여하였다."고 기록한 바 있다.

이후 러시아 혁명정부가 들어서며 극동지역에 대한 직접 개발을 장려함에 따라 이곳 극동지역으로 이주하는 러시아인이 급격히 늘어났다. 그 결과 러시아인과 조선 한인들 간에 경작할 토지를 둘러싸고 상호 경쟁이 일어났고, 현지 주민과 관료들은 경쟁으로부터 한인을 배제시키기 위해 더 이상의 한인 이주를 금지시켰으며, 심지어는 이미 정착한 한인들을 내륙 지방으로 이주하려는 계획까지 세우기도 했다.

그럼에도 불구하고 일제의 강제 병합 이후 한인의 연해주 지역 이주는 계속 이어졌고, 한인에 의한 연해주 개발은 이후에도 계속 추진되어 1917년 10월 러시아 혁명이 일어날 즈음 러시아 전역에 거주하던 한인의 수는 약 10만 명에 이르렀으며, 이 중 80% 이상인 81,825명이 연해주 지역에 거주하였는데, 이 인원 규모는 당시 연해주 전체 인구의 약 1/3을 차지할 정도였다고 한다.

2 해외 독립운동을 위한 연해주 이주

연해주 지역으로의 이주는 처음에는 경제적 이유가 주를 이루었으나, 1910년 한일 강제병합이 있은 이후에는 연해주 지역을 '독립운동의 전진기지'로 삼기 위한 정치적 목적에서의 이주가 이루어졌다. 당시 독립운동가, 지식인들이 고국 땅을 넘어 독립운동을 위해 이 지역으로 이동한 것이었다. 이로써 연해주 지역은 점차 일제로부터 독립운동을 전개하기 위한 전초기지로 변모해 갔다.

이러한 정치망명, 독립운동을 위한 이주는 일본의 식민지 통치 압박이 강해지면서 더욱 빠른 속도로 진행되어 갔다. 1900년 당시 27,880명가량의 러시아에 거주하던 한인 인구가 1910년에는 54,076명으로 거의 두 배로 증가하였고, 이후 식민 통치 기간인 1917년에는 약 10만 명 정도의 규모로 급증해 갔다.

초기의 연해주 한인들은 대부분 농업에 종사하였고 만주에서와 마찬가지로 이 지역에 논농사를 최초로 도입했다. 이들은 소규모 가족을 이루며, 파종에서부터 수확에 이르기까지 영농의 전 과정을 가족 중심으로 수확해 갔다. 가족의 노동력을 배경으로 비록 넓은 토지일지라도 특유의 근면성을 배경으로 노동력을 집중 투입함으로써 단위 면적당 수확량을 높여 나갈 수 있었다. 이러한 한인들의 선진적인 영농 방법과 특유의 근면성은 연해주 지역에서 상당한 역량을 인정받으며 사회·경제적 지위를 누리는 근원이 되었다.

더욱이 당시 한인들은 이러한 경제적 성장에 기초하여 한민족 문화를 창달하고 민족 교육을 장려하며 군대를 양성하여 이 지역을 고국의 독립운동을 수행하기 위한 전진기지로 발전시키려 했다.

이러한 노력은 조선인에 의한 '자치주 건설운동'으로 표면화되어 나타났다. 연해주 한인들은 1928년에 러시아 중앙집행위원회 측에 청원하여 가칭 "극동 조선자치공화국"이라는 자치국 수립을 요구하는 민원을 제출했다. 즉, 이곳 연해주 지역에 한인에 의한 '소수민족 자치 공화국'을 만들어 한인들의 권익을 신장하는 한편, 나아가 독립운동을 위한 전초기지로 활용코자 하였다.

그러나 이러한 민족주의적 움직임은 결국 좌절되어, 중앙아시아 지역으로 강제 이주당하는 결과를 초래했다. 특히 구소련의 독재자 스탈린은 1937년 일본과의 전쟁을 앞두고 한인이 일본의 첩자역할을 할 것이라는 '군사적 우려'와 함께 중앙아시아의 낙후된 지역을 이들의 노동력에 의해 개간한다는 '경제적 목적'을 가지고 이 지역에 거주하던 한인 약 171,781명을 중앙아시아 지역으로 전격적으로 강제 이주시켰던 것이다.

3 스탈린에 의한 중앙아시아 강제 이주

연해주 한인에게 가장 황당하면서도 자신들의 운명을 순식간에 바꾸어 놓은 날은 바로 1937년 8월 21일이었다. 이날은 소련 지도부가 극동지역의 한인을 카자흐스탄과 우즈베키스탄으로 집단 이주시킬 것을 최종 결정한 날이었다.

최초의 결정 내용은, ① 이주 대상이 된 사람은 소유물, 농기구, 동물 등을 소지할 수 있고, ② 이주민이 두고 간 동산, 부동산, 파종 종자 등은 가격을 계산하여 적절히 보상한다는 것이었다. 그리고 ③ 이주민을 위해 정주구역과 지점들을 빠른 시일 내에 선정하고, ④ 이주민들이 새로운 장소에서 경제활동을 재개하도록 보장하고 필요한 도움을 줄 수 있도록 한다는 것이었다.

그러나 이러한 지시와 명령은 문서상으로만 인도적 처우를 한 것처럼 보였고, 실상은 완전히 상반되었다. 이들 한인들은 최초 이주 통보를 받은 후 이주에 필요한 충분한 준비시간도 주어지지 않았을 뿐 아니라, 비좁은 차량에 연료, 의료, 식량 외에는 어떤 다른 소지품도 가져갈 수조차 없었다. 또한 두고 간 재산에 대한 보상은 끝내 이루어지지 않았고, 일부 한인 중 만주와 조선으로 다시 이주하려고 할 경우에는 이적행위자로 간주되어 처벌받기도 했다.

더군다나 강제 이주 후 카자흐스탄 당국은 한인이 이주한 지 6개월이 지난 1938년 3월에야 이주민에게 정주구역을 정해주었고, 경제활동 재개에 필요한 기본적인 물자 공급도 일체 없었다. 스탈린의 공산주의 집단화 정책의 직접적인 희생자였던 중앙아시아의 원주민들도 결코 한인 이주민의 생활을 지원해 줄 상황이 아니었던 것이다.

따라서 강제 이주 후의 고려인의 현지 정착 과정은 처절한 고난의 연속적 과정이었다. 당장 물자의 부족과 함께 주거 문제, 취업 문제, 농기구 부족, 의료시설 미비 등 수많은 난관들이 닥쳐왔다. 이주민들은 주로 새로운 집단농장(콜호즈)을 형성하며 거주하였는데, 1939년 초 카자흐스탄 통계에 의하면, 전 지역에 총 70개의 고려인 집단농장이 형성되어 8,037가구 약 35,724명이 거주하였으며, 이 중 13개는 어업 집단농장이었고 나머지는 모두 농업 집단농장이었다고 한다.

이곳에 정착한 고려인들은 일제히 집단 농장에 거주하면서 공동 거주, 공동

생산, 공동 분배의 집단화 정책에 따라 성실히 근무했다. 비록 힘든 고난의 생활이었으나, 생존을 위해 주변 환경과 처절한 투쟁을 해야 했다. 그리고는 러시아인과 원주민 간의 상호 관계에서 적절한 중재 역할을 수행하며 자신들의 권익을 보장받기 위해 노력했다.

이후 고려인들은 구소련의 러시아인 지배에 의한 민족계층 체계에서 러시아인과 원주민족 간의 중간에서 중개 역할을 수행하면서 원주민족(카자흐, 우즈벡, 키르기스 등)에 비해 상대적으로 높은 사회경제적 지위를 누릴 수 있게 되었다.

이들은 원주민인 '거주국 사회에의 동화'를 추구하면서도 하류 계층으로 머물기 보다는 자신에게 주어진 기회 구조를 최대한 활용하여 신분 상승을 추구해 갔다.

특히 고려인의 경우 적성 국가 민족이라는 신분상 제약으로 인해 정치, 군사, 공직 분야로의 진출이 제한되었기 때문에 이를 포기하고 대신 자신의 재능과 노력으로 승부를 볼 수 있는 경제 분야, 즉 고본질(高本質, 고부가가치) 계절농업, 집단농장, 자영농업 등 분야에서 경제적 자립의 토대를 마련하기 시작했다. 농업분야에서도 쌀, 야채, 과일 등 현지 원주민들이 경작하지 않는 작물에 집중하면서 원주민들과의 경쟁을 피하기도 했다.

이렇게 이민 1세대들은 농업을 통해 점차 자본을 축적해 나갔고, 이후 축적된 자본을 토대로 자녀 세대를 위한 고등교육에 집중 투자했다. 특히 일부 1세대 부모들은 자녀 교육을 위해 농촌을 떠나 대도시로 이주하기 시작하면서 고려인들은 타민족에 비해 높은 도시화율을 보였다.

이후 대도시에서 고등교육을 받은 이민 2세대들은 졸업 후 도시에서 전문직, 기술직에 종사하면서 주로 도시에 정착했다. 이들은 비록 현지의 주류사회에 진출하긴 했지만, 상층 계급으로는 진출하지 못하고 러시아인과 원주민 사이의 중간 계층에 머물면서 러시아인이 지배하는 사회체제를 유지하는데 기여하면서 자신들의 지위를 어느 정도 보장받을 수 있었다.

요컨대, 고려인들이 신분 상승을 위해 추구해 온 전략으로는 주로 도시화, 고등교육화, 전문직화를 추구하면서 언어, 의식, 생활방식 등에서 러시아의 사회

문화에 적극 동화해 가는 것이었다. 러시아 문화에는 동화되었지만, 그럼에도 한인으로서의 민족 정체성을 결코 상실하지는 않았다. 이들은 주류사회에 진출할 수 있는 자격을 확보한 후에도 여전히 한민족으로서의 자긍심을 유지한 채, 전통문화를 계승 발전시키는 데 주력했다.

4 구소련 해체(1991) 이후 고려인들의 도전 시기

1991년에 구소련이 해체되고 중앙아시아 국가들이 독립하면서 고려인들은 새로운 도전에 직면했다. 그동안 중앙아시아 지역에서 고려인의 방패막이 역할을 해왔던 러시아인이 힘을 잃고 러시아로 철수하였고, 대신 자신들이 경멸하고 거리감을 두어왔던 원주민족(카자흐, 우즈벡 등)들이 독립하여 실권을 잡게 되었다.

이들 원주민족들은 구소련 해체 직후, 각각 독립하여 별도의 CIS(독립국가연합) 국가를 형성하였고, 과거 구소련 체제 당시 잃었던 자신의 민족 언어와 역사를 되찾고 민족 정체성을 확립해 갔다. 또한 이 과정에서 고려인을 포함한 타민족들에 대한 차별과 배척도 심화되어 갔다. 그리고 사회주의 경제 체제에서 자본주의 경제 체제로 이행되는 과정에서 고실업, 부정부패, 빈익빈 부익부 등의 사회 불평등 문제들도 심화되었다.

이러한 경제사회적 문제의 심화는 희소한 자원을 둘러싼 민족들 간의 경쟁과 갈등을 증폭시켰고, 러시아인, 독일인, 유태인들은 이들의 차별과 배척을 피해 모국으로 이주하는 수가 증가했다. 그러나 고려인들의 경우는 돌아갈 모국이 없는 상태에서 현지에서 문제를 직접 해결해야 했다.

결국 고려인들은 기정착한 카자흐스탄, 우즈베키스탄, 키르기스스탄 등 CIS 국가들의 정치경제적 불안과 민족주의 정책을 피해 1990년대부터 남부 러시아, 우크라이나, 벨라루스 등으로 재이주하기 시작했다. 1989년부터 1999년 사이 러시아의 한인 인구는 107,051명에서 125,000명으로 증가하여 16.8%의 인구증가율을 보였고, 이후 2011년에는 213,020명으로 증가하여 1999년 대비 70% 증가했다.

특히 당시 고려인들은 농사짓기에 적합한 남부 볼고그라드 지역이나 우크라이나 지역으로 집중하여 이주해갔다. '고본질(高本質)'이라 불리는 계절 농사에 익숙했던 고려인들은 이곳에서도 당근, 양배추, 고추, 오이, 가지, 토마토 등 채소류와 수박, 메론 등 부가가치가 높은 과일류 생업에 종사하며 부를 축적하였다.

사할린 한인 이주 문제

한편, 중앙아시아의 고려인 외에도 극동의 사할린 지역에도 한인들이 거주하고 있었다. 이들은 처음 1860년대 경 조선한인들의 자발적인 농업 이주에 의해 최초로 한인사회가 형성되었으나, 본격적인 이주가 이루어졌던 것은 일제 말기의 강제 징용과 징병에 의한 이주였다. 일제말기 이 지역에 강제 징용된 한인은 무려 15만 명에 이른 것으로 알려졌으나, 제2차 세계대전 종전 당시에는 약 43,000명의 한인이 거주하고 있었으며, 대부분이 강제 징용으로 끌려 온 경상, 전라, 충청 등 남부 출신 한인들이었다.

제2차 세계대전에서 일본이 패망함에 따라 구소련은 사할린 지역을 다시 점령했다. 그리고는 이듬해인 1946년 미국과 소련 간에 사할린 지역에 거주하는 일본인의 본국 송환(추방)에 대한 합의가 이루어졌다.

사할린 거주 일본인들은 일본으로 귀환하였지만, 한인들은 일본인이 아니고 일본 내 가족이 없다는 이유로 일본으로의 송환에 무관심하였으며, 또한 한인들은 대부분이 남한 출신들이 많아 북한으로 귀환되기를 거부하였다. 또한 구소련은 한국과 수교를 맺지 않았다는 이유로 이들의 송환 문제를 해결하는데 적극적이지 않았다. 이러한 배경 하에 이들은 현지에 잔류할 수밖에 없었으며, '무국적자 신세'를 유지하며 구소련 체제에서 고국으로의 귀환을 기다리며 고난의 세월을 보내야 했다.

이들의 고국 방문은 1991년 한국과 러시아 간 국교가 수립되면서 가능했다. 한·러 수교가 이루어진 1991년부터 사할린 동포들의 모국 방문이 이루어질 수 있었다.

현재 사할린에는 약 55,000명의 한인이 거주하고 있는 것으로 파악되었다. 이중에서 1945년 이전 출생자인 한인 1세대는 약 1,500명에 불과한 것으로 밝혀졌다. 우리 정부는 사할린동포들의 영주 귀국을 지원하기 위해 2020년에 "사할린동포지원에 관한 특별법"을 제정하여 이들의 영주 귀국과 안정적인 정착을 법적, 제도적으로 지원하고 있다.

현재 매년 약 350명의 사할린 한인 1세대와 그 가족들이 귀국하고 있으며, 지금까지 총 5,086명이 한국에 영주 귀국, 정착하여, 이중 사망하거나 해외로 재이주한 경우를 제외하고 약 3,000명가량이 한국에 정착, 거주 중이다.

제3절 러시아·CIS지역 재외동포의 규모 및 실태

2023년 말 현재 러시아 및 CIS 지역에는 한인 동포들이 약 48만여 명 거주하는 것으로 추산하고 있다. 이 중에서 95% 이상 대다수가 외국국적 동포인 '고려인' 동포가 차지하고 있고, 나머지 약 1만 명 남짓의 '재외국민'들이 현지에서 장기 체류하고 있는 것으로 나타났다.

| 도표 11 | 재러·CIS 동포의 지역별, 체류자격별 현황

체류자격별	재외국민				외국국적 동포	총 계(명)
	영주권자	일반 체류자	유학생	소계		
총계	790	6,685	1,164	8,639	446,251	454,890
우즈베키스탄	106	1,717	112	1,935	172,555	174,490
러시아	422	2,453	748	3,623	121,188	124,811
카자흐스탄	75	1,485	28	1,588	119,542	121,130
키르기스스탄	175	829	272	1,276	18,953	20,229
우크라이나	12	41	1	54	12,711	12,765
타지키스탄	0	132	3	135	643	778
투르크메니스탄	0	28	0	28	659	687

우선 국가별 현황을 보면, 고려인(외국국적 동포)의 경우는 우즈베키스탄에 약 180,000명으로 가장 많이 거주하고 있고, 다음으로는 러시아 지역에 130,000명이, 카자흐스탄은 약 120,000명, 키르기스스탄은 19,000 명 등으로 분포해 거주하고 있는 것으로 나타났다. 특히 러시아 지역에 고려인 동포 인구가 급증한 것은, 당초 우즈베키스탄, 카자흐스탄, 키르기스스탄에 거주하던 고려인들이 1991년 구소련이 해체되고, 이들 국가들이 독립하면서 이들 원주민들의 핍박과 정치적 불안정을 피하여 남부 러시아 및 볼고그라드 지역, 우크라이나 등지로 재이주함으로써 나타난 현상이었다.

한편, 우리 재외국민의 체류 현황에 있어서는, 1991년 구소련 해체 이후 우리나라가 러시아 및 CIS 국가들과 국교를 수립함으로써 이 지역으로 상사 주재원 혹은 자영업자, 그리고 유학생들의 이주가 증가하였는데, 동 지역에 약 1만여 명의 재외국민들이 각 지역에 골고루 분포되어 장기 체류하고 있는 것으로 나타났다.

이들 재외국민의 인적 구성 및 성분, 실태 등을 살펴보면, 전체적인 재외국민의 구성 인원은 많지는 않지만, 주로 고려인 동포들이 집중 거주하고 있는 지역을 중심으로 집중 거주하고 있음을 알 수 있다. 특히 고려인들이 집중 거주하고 있는 우즈베키스탄, 카자흐스탄 및 키르기스스탄 지역에 고려인과 함께 밀집 거주하고 있는 것으로 나타났다.

먼저 우즈베키스탄 지역에는 수도 타슈켄트를 중심으로 약 3,000명의 재외국민이 거주하고 있다. 삼성, 현대, 롯데, GS건설과 산업은행, 가스공사 등을 포함하여 현지 약 636개의 한국 투자기업들이 진출하여 활동 중이다. 특히 우즈베키스탄은 2018년 이래 우리나라를 포함하여 관광 목적(30일 이내 체류)의 입국사증 발급을 면제하고 있어, 우리 국민이 단기 관광 목적으로 입국하고자 할 때는 사증 없이 입국이 가능하다.

카자흐스탄은 제2의 도시인 알마티를 중심으로 약 2,000명의 재외국민이 체류하고 있는데, 이들은 주로 지·상사 주재원, 무역업, 자영업, 혹은 선교 또는 유학 목적으로 거주하는 것으로 나타났다. 주요 한인단체로는 아스타나(현 수르놀탄) 경제인 연합회를 비롯해 알마티 한인회, 지상사 협의회, 선교사 협의회 등이 활동 중이다.

러시아 지역에는 총 4,600명의 재외국민들이 수도인 모스크바 지역 외에 러시아 중부, 서부, 남부 등지에 광범위하게 분포하여 거주 중이다. 이들은 주로 모스크바 및 남부 볼가강과 우랄지역에 약 3,000명, 생페테르부르그 지역에 약 1,000명, 이르쿠츠크와 노보시비르스크 등 중부 지역에 약 100명, 그리고 연해주, 하바로브스크, 사할린 등 극동 지역에 약 500명 정도 거주하는 것으로 파악되고 있다.

한편, '고려인 동포'들의 인적 구성 및 현 거주 실태를 살펴보면, 우선 우즈베키스탄에 약 180,000명이 거주하고 있는데, 현 CIS 국가(48만 명) 중 고려인 동포가 가장 많이 거주하는 지역이기도 하다. 고려인들은 주로 수도인 타슈겐트 지역에 밀집해 거주하며, 이들 중에서도 장 발레리(상원의원), 신 아그리피나(상원의원 겸 초대 교육부 장관), 박 빅토르(하원의원 겸 고려문화협회장) 등이 정치인으로서 거주국의 주류사회에 편입되어 활약하고 있다.

현지 동포 단체로는 '우즈베키스탄 고려문화협회'(1991년 창설)가 결성되어 동 협회를 중심으로 『고려신문』을 발행하는 한편, '고려가무단' 및 '고려인 학자협회' 등을 운영하면서 고려인의 정체성 함양과 한민족의 전통문화 보존을 위해 노력 중이다.

둘째, 카자흐스탄에는 약 109,000명의 고려인이 주로 제2의 도시인 알마티 지역을 중심으로 밀집해 거주하고 있다. 카자흐스탄에는 일찍이 정치계에서는 김 게오르기 상원의원과 최 유리 전 상원의원이, 경제계에서는 김 블라디미르 카자흐스탄 구리광업회사 사장(1위), 김 비아체슬라프 Kaspi 은행 회장(21위), 김 에드워드 Technodom(전자제품) 회장(29위) 등이, 그리고 관계에서는 강 게오르기 카자흐스탄 국립사범대 교수와 김 비올레타 전 대법관 등이 거주국의 주류사회에서 맹활약하며, 고려인의 위상을 한층 드높이고 있다.

현지 동포단체로는 '카자흐스탄 고려인 협회(1990년 창설)'가 창설되어, 동 협회를 중심으로 『고려일보』를 발행하는 한편, '고려인 회관', '고려인 문화센터' 및 '국립 고려극장' 등을 운영하면서 고려인의 정체성을 함양하는 동시에 전통문화를 계승, 발전시키는 데 기여하고 있다.

셋째, 러시아의 경우, 고려인의 일부 집단이 1991년 구소련 해체 이후 CIS지역에서 러시아 남부 지역과 우크라이나, 벨라루스 등으로 재이주해 갔는데, 당시 러시아 지역으로 재이주해 간 고려인들이 현재의 러시아 고려인 사회를 구성하고 있다.

당시 러시아 지역으로 재이주해 간 고려인들은 약 16만여 명으로 추산되는데, 이들은 주로 모스크바(2만 명), 남부 로스토프나도누(4만 1천 명), 생페테르스부르그(7천 명), 중부 우랄 및 시베리아 지역(2만 7천 명), 극동지역(6만 5천 명) 등 곳곳으로 분산 이주한 것으로 알려졌다.

러시아 지역 고려인 동포 중에는 러시아 정·관계, 재계 및 문화계 등에 폭넓게 진출한 인사가 많다. 정치계에서는 텐 세르게이 하원의원, 김 올렉 전 하원의원, 엄유리 전 하원의원, 박 올렉 전 통신부 제1차관 등이 있으며, 경제계에서는 조 파벨 캐피탈그룹 이사장, 김 이고르 엑스포뱅크 이사장, 최 세르게이 로스테르티사 부사장 등이, 그리고 문화계에서는 소설가인 김 아나톨리와 대중 가수(연예인) 최 아니타 등이 활동하고 있다.

러시아 내 동포 단체로는 모스크바를 중심으로 전 러시아 고려인연합회와 독립유공자 후손협회, 모스크바-사할린 협회, 고려인과학자협회, 모스크바 고려인 청년연합 등 직능별로 결성되어 있으며, 또한 각 지역별로도 지역 협회가 구성되어 활동 중이다.

제4절 우리 정부의 고려인 동포 지원 정책

우리 정부는 구소련 체제하에서 여러 정치적 이유로 인해 강제 이주당하거나 귀환하지 못한 '고려인 동포'와 '사할린 동포'들을 대상으로 소외된 동포로서 관련 법령 제정을 통해 제도적으로 지원하는 정책을 추진하고 있다.

1 '고려인 동포 지원 특별법' 제정, 시행

정부는 중앙아시아 지역에 거주하는 고려인 동포를 지원하기 위해 2013년 3월에 "고려인동포 합법적 체류자격 취득 및 정착 지원을 위한 특별법(약칭: 고려인동포법)"을 제정하였다.

이 법을 제정하게 된 취지와 목적은 동 법 제1조(목적)에 잘 나타나 있다. 제1조에서는, "이 법은 고려인 동포의 합법적인 체류자격 취득을 지원하고, 이들의 권익 증진과 생활 안정을 도모하기 위해 제정되었음"을 밝히고 있다. 이는 앞에서 살펴본 바와 같이, 우리 정부의 재외동포 정책의 목적으로서, '재외동포가 거주국에서 안정적으로 정착하여 거주국의 모범적인 구성원으로 성장하고, 자체 역량을 발휘할 수 있도록 한다.'는 취지와 일맥상통함을 알 수 있다.

또한 제2조의 정의 조항에서는, 동 법의 적용을 받는 '고려인 동포'의 의미로서, "고려인 동포란, 1860~1945년 시기에 농업 이민, 항일독립운동, 강제 동원 등으로 러시아 및 구소련 지역으로 이주한 자 및 그 친족으로 현재 해당 지역에 거주하고 있는 자"로 규정하고 있다.

이와 동시에 제6조에서는 '고려인동포에 대한 지원사업'으로서 1) 고려인동포의 실태조사, 2) 거주국 국적 등 합법적인 체류자격 취득을 위한 지원, 3) 경제적 자립기반 마련을 위한 지원, 4) 한인문화센터 건립 등 문화활동 지원, 5) 한국어 및 정보기술 교육 등 교육활동 지원, 6) 그 밖에 재외동포청장이 필요하다고 인정하는 사업 등을 규정하고 있다.

2 '사할린동포 지원에 관한 특별법' 제정, 시행

정부는 또한 일제 강점기에 사할린 지역으로 강제 징용당한 한인들이 1945년 해방 이후 구소련에 의해 귀환하지 못한 채 1991년 러시아와 수교가 이루어질 때까지 사할린에 잔류한 동포들을 지원하기 위해 2021년 1월에 "사할린동포 지원에 관한 특별법(약칭: 사할린동포법)"을 제정하였다.

이 법의 제정 취지와 목적 또한 동 법 제1조(목적)에 잘 나타나 있다. 제1조는,

"이 법은 일제 강점기에 강제 동원 등으로 사할린에 이주한 사할린동포에 대하여 관련 국가와의 외교적 노력을 통하여 그 피해를 구제하고, 사할린동포와 그 동반가족의 영주귀국과 정착을 지원함을 목적으로 한다."고 규정하고 있다.

이 또한 우리 정부의 재외동포 정책의 목적으로서, 재외동포가 거주국에 안정적으로 정착하도록 지원하거나 '소외된 동포'들을 적극 발굴하여 적극 지원한다는 취지의 일환임을 알 수 있다.

또한 제2조(정의)에서는, 동 법의 적용을 받는 '사할린동포'의 정의로서, '사할린동포란, 1945년 8월 15일까지 사할린에서 출생하였거나 사할린으로 이주한 한인'을 말하며, 또한 '동반 가족이란, 사할린동포의 배우자 및 직계비속 1명과 그 배우자'로 규정하고 있다.

그리고 동 법은 제3조에서 '국가의 책무'를 명시하고 있다. 즉, "국가는 사할린동포에 대한 영주 귀국 및 정착 지원에 필요한 정책을 수립, 시행하며, 아울러 사할린 동포에 대한 피해 구제, 유해 발굴 및 봉환을 위한 외교적 노력을 기울이며, 사할린동포의 명예 회복에 필요한 기념사업을 추진하여야 한다."면서 국가의 책무를 강조했다.

제5조에서는 정부가 사할린동포에 대한 영주귀국과 정착 지원을 위한 구체 사업으로서 정책적, 재정적 지원을 하도록 하였다. 즉, 사할린동포의 영주 귀국 및 정착을 위하여 1) 귀국에 필요한 항공 운임 및 초기 정착비 지원 2) 거주 및 생활 시설에 대한 운영비 지원 3) 임대 주택 등 주거 지원 4) 그 밖에 영주 귀국 및 정착을 지원하기 위하여 대통령령으로 정하는 사항 등을 지원토록 했다.

제5절 국내 체류 고려인 동포 사회의 현황 및 발전 방안

2023년 말 현재 국내에 체류하고 있는 고려인 동포의 인원수는 약 112,508명으로 집계되었다. 이들은 국가별로는 우즈베키스탄 고려인이 43,000명으로 가장 많고, 이어 러시아 38,400명, 카자흐스탄이 22,700명 수준으로 국내에 입국, 체류 중이다.

이들의 체류자격별 유형은, 과반수 이상이 방문취업(H-2) 체류자격(54%)으로 거주하고 있다. 이는 상당수가 국내에 단순노무 취업을 위해 고용허가제의 재외동포 특례 조치로서, 국내에 입국, 체류하고 있음을 알 수 있다. 이 외에 재외동포(F-4)사증(32.4%) 혹은 재외동포의 가족, 동거인으로서 방문 동거(F-1)자격(7.6%)으로 국내에서 체류하고 있다.

또한 고려인 동포들은 국내에서 '고려인 타운'을 형성하며 밀집해 집중 거주하고 있다. 경기도 안산시의 땟골 사거리(혹은 '우갈록 거리'라고도 한다.) 지역이나, 전남 광주시 월곡동, 그리고 최근 인천시 연수동에 위치한 '함박마을' 등에 형성된 '고려인 타운'이 그것으로, 이곳을 중심으로 밀집하여 거주하며 서로를 도우며 살아가고 있다.

당초 정부는 방문 취업(H-2)을 처음 실시한 2007년 이전까지만 하더라도 국내 고용시장의 안정적 측면을 고려하여 외국인의 불법 체류를 엄격히 금지하는 조치를 취한 경우가 많았다.

또한 고려인 자신들도 가능한 한 국내 체류 중 큰 목돈을 모은 후 본국으로 조속 귀환하길 희망했기 때문에 경우에 따라서는 체류기간을 재연장하거나 아니면 사실상 불법 체류를 하는 경우도 있었다. 이로 인해 국내 체류 고려인들은 체류기간 연장 문제와 불법체류 등으로 상당한 어려움을 겪은 적도 있었다.

| 도표 12 | 국내 체류 고려인 동포의 국가별 현황

국가명	인원수
우즈베키스탄	42,805
러시아	38,387
카자흐스탄	22,695
키르기스스탄	4,161
우크라이나	3,333
타지키스탄	490
투르크메니스탄	537
기타	100
합계	112,508

| 도표 13 | 국내 체류 고려인 동포의 체류자격별 현황

체류자격	재외동포(F-4)	방문취업(H-2)	방문동거(F-1)	고용허가	결혼	전문인력	유학연수	영주(F-5)	난민	기타	계
%	32.4	54.0	7.6	3.7	0.9	0.1	0.3	0.1	0.8	0.1	100

그러나 정부는 최근 들어 '소외된 동포'들에 대한 정부의 지원 정책이 보다 강화되면서, 조선족 동포와 함께 고려인 동포들의 국내 체류기간 연장 문제에 대해 보다 유연하고 관대한 입장을 보이고 있다.

정부는 특히 2023년 '재외동포청' 신설을 계기로 국내 체류 중인 재외 동포 중 재중 동포(조선족)와 재러·CIS 동포(고려인)들이 국내에 입국한 후 안정적으로 부를 축적하여 귀환할 수 있도록 지원하고 있고, 동시에 국내에 장기적으로 정착하길 희망할 경우 영주권(F-5)을 비교적 쉽게 취득할 수 있도록 지원하고 있는 것이다.

또한 함께 체류 중인 18세 미만의 자녀 세대의 경우도, 이들은 당초 방문동거(F-1)자격으로 체류함으로써 18세가 되는 해에는 본국으로 귀환하여 별도의 사증(재외동포 혹은 방문 취업 사증 등)을 발급받아 입국해야 하는 문제가 있었고, 이로 인해 국내 대학에의 입학 문제도 어려움을 겪고 있던 상황이었다.

이들의 애로사항을 해소하기 위해, 정부는 2018년 관련법을 개정하여 재외동포사증(F-4)에 대해 제4세대를 포함한 가족 모두에게 재외동포사증(F-4)을 부여할 수 있도록 개정함으로써 동 문제를 해소한 바 있다.

이러한 개선 조치에도 불구하고, 고려인 동포들은 여전히 국내에 장기 체류하면서도 특히 2~3세대를 중심으로 한국어 습득 부족 등 국내 사회에 적응하는데 어려움을 겪고 있고, 또한 한민족 정체성을 함양하는 문제 등도 과제로 대두되고 있다.

특히 이들 고려인 동포 중에는 주로 돈을 벌기 위한 경제적 목적으로 입국한 경우(방문 취업)가 많아 한국 내에서도 여전히 빈곤층을 유지하며 고려인끼리 밀집하여 거주하는 경우가 많아 이들이 지역사회에 편입되지 못하고 단절되어 있는 형편이며, 따라서 국내 지역사회와의 사회통합을 위한 노력에도 어려움이 많은 실정이다.

구소련(스탈린)의 고려인 강제 이주 사유?

1. 정의

1937년 소련의 극동(연해주) 지역에 거주하고 있던 고려인 약 172,000명이 당시 소련 인민위원회 및 공산당 중앙위원회 결정 No. 1428-326cc(1937년 8월 21일)에 의해 중앙아시아의 카자흐스탄과 우즈베키스탄 등지로 강제 이주되었다.

2. 강제 이주의 원인

우선 첫 번째는 스탈린이 서명한 문서에도 적시되었듯이 극동 지역에서 있을지도 모르는 일본첩자의 활동을 미연에 방지하는 데 있었다. 외모에서 고려인과 일본인이 서로 유사했기 때문에 일본 첩자를 가려내기가 어렵다는 이유에서 였다.

두 번째는 극동주에 거주하고 있던 고려인들의 규모가 생각보다 컸고 특히 한반도와 경계를 이루었던 포시에트 군의 경우는 고려인들이 절대 다수를 형성하고 있었다. 또한 그 이전에도 고려인들의 자치구 요구가 비등하였고 향후에도 영토적 자치 요구가 있을 것으로 본 중앙 당국에서는 미래에 있을지 모르는 이러한 가능성을 사전에 차단할 필요성이 있었다. 1934년에 이미 극동주 지역에 유태인 자치주가 설립된 바 있었다.

세 번째는 소련에서 실시된 농업 집단화 정책으로 자체 인구가 급감하게 된 카자흐 공화국 등 중앙 아시아 지역에 인구를 공급하고 아울러 농업생산력 증대를 위한 노동수요가 있었고 이를 충족하기 위하여 인위적인 인구 유입책이 필요하였다. 사실 극동 지역에서 카자흐 공화국으로 초청된 농업전문가들이 이미 1928년에 이주하여 활동하면서 벼농사를 성공시키고 있었으며, 농업기술을 가진 극동 거주 고려인들이 농업생산력 향상을 위해 적합한 민족으로 판단되었던 것이다.

3. 이주 경로 및 과정

강제 이주 행로는 시베리아 횡단철도가 이용되었고 블라디보스톡을 비롯한 해당 지역의 역을 출발하여 노보시비리스크까지 갔고, 거기에서 남하하여 중앙아시아 방면으로 지속적으로 진행하였다. 소요 기간은 대략 30~40일이 소요되었다. 열차 환경은 매우 열악한 것으로 알려졌다. 한편의 열차는 객차 50량, 위생객차 1량, 식당차 1량 등으로 구성되었고 대체적으로 화물 열차가 이용되었다. 객차는 이층칸으로 되어 있었고 1개의 난로가 있었는데 하나의 객차에 56가구(30명 정도)가 배치되었다. 열차 이동 중 노약자의 사망도 나타났고 그 인원은 554명에 이르렀다. 강제 이주 과정의 실상에 관해서는 원로 고려인들의 회상을 통하여 많이 알려졌다. 한 마디로 부실한 식사와 불결한 위생상태, 식수 부족, 의료 지원의 부족 등 한 달여의 여정은 고통의 시간이었던 것이다.

국가별 배치 상황과 관련, 소련 내무인민부의 1937년 12월 5일자 문서자료에 의하면, 극동주의 고려인 총 36,442가구 171,781명이 이주를 해 왔는데, 이들 고려인들은 카자흐 공화국에 20,141가구 95,427명, 우즈베크 공화국에 16,079가구 73,990명, 타지크 공화국에 13가구 89명, 키르기즈 공화국에 215가구 421명 등 총 36,448가구 169,927명의 고려인들이 각각 배치되었다고 보고되었다.

* 출처: 한국민족문화대백과사전, 고려인 강제 이주, 2025.
https://encykorea.aks.ac.kr/Article/E0072274

고려인의 강제 이주 과정: 20만 극동 한인 오디세이

1937년 7월 17일 소련 공산당 중앙위원회는 국경 일대를 특별방위지역으로 선포하고, 독일인, 폴란드인, 한인 등이 소비에트 안보에 위협을 주고 있다고 선언했다. 당 기관지 프라우다가 앞장 서서 한인이 일본 스파이라고 주장하는 기사를 실었고, 당국은 국경이동을 폐쇄했다.

그해 8월 21일 소련 인민위원회는 '포고령 1428-326cc호'를 채택했다. 포고령은 뱌체슬라프 몰로토프(Vyacheslav Molotov)인민위원회 위원장과 스탈린 서기장의 승인을 받아 곧바로 시행되었다. 포고령은 ▲ 극동의 모든 한인은 카자흐와 우즈벡으로 재배치한다 ▲ 이주는 즉각 시행하되 1938년 1월 1일까지 완료한다 ▲ 한인은 동산과 가축을 동반해도 좋다, 다만 포기할 경우 보상한다 ▲ 한인 이주를 위해 3,000명의 병력을 동원한다는 것이었다.

이렇게 해서 연해주를 비롯해 극동시베리아의 한인들의 중앙아시아 강제 이주가 시작되었다. 전체 이주인원은 소련 공식 집계로 17만 1,781명이다. 하지만 통계에 잡히지 않은 인원까지 포함하면, 20만 명 내외로 보는 견해가 지배적이다. 이동 거리는 6,400km, 124대의 열차가 동원되었다. 이동 중에 굶주리거나 질병에 걸려 사망한 사람만 1만 6,500~5만명으로 추산된다.

극동 한인의 강제 이주는 소련 비밀경찰이었던 내무위원회(NKVD)가 집행했고, 그 책임자는 스탈린 시대에 대숙청의 칼을 휘둘렀던 니콜라이 예조프(Nikolai Yezhov)였다.

스탈린은 1930년에 트로츠키와 지노비예프를 간첩 혐의를 씌워 숙청하고, NKVD를 앞세워 자본주의 제국의 앞잡이들을 색출하는데 혈안이 되었다. 스탈린은 독일, 이탈리아, 일본을 파시즘으로 규정했고, 반파쇼 연합전선 구축을 위해 국내 소수민족의 반역 가능성을 차단하기 위해 사전에 스파이 혐의를 씌운 것이다. '스탈린의 개'라는 별명을 가진 예조프가 NKVD를 거머쥐고 피의 숙청을 단행했다.

예조프는 스탈린과 몰로토프의 명령서를 근거로 구체적인 행동지침을 담은 비밀지령을 하달했다. 동 비밀 전문에는 ▲ 이주대상 한인에 대한 정확한 통계를 작성할 것 ▲ 반소비에트 행위자들과 간첩행위자들을 체포할 것 ▲ 적군과 군수업체와 관련 있는 한인들이 국경을 드나드는 것을 금지할 것 ▲ 이송을 위한 열차를 준비할 것 ▲ 이주준비 과정과 진행에 대해 보고할 것 등 10가지 항목이 담겨 있었다.

이주 명령은 즉각 시행되지 않았고 약 20일간 지체되었는데, 한인 농가가 추수를 마치길 기다렸다가 한인들이 수확한 농산물을 빼앗기 위한 책략이었다.

이주는 그해 9월 1일 시작되었다. 한인들이 밀집한 포시예트와 그로데코보 지역의 한인이 우선 대상이었고, 그 인원은 1만 1,807명이었다. 사전 통보도 없었다. 옷가지 몇 개와 식량 일부만 가지고 그들은 열차에 탔다. 나머지 가재도구, 주택 등은 교환증 하나만 달랑 주었다. 여행경비는 1인당 하루 5루블, 기껏해야 한 사람이 370루블을 받았다. 그것도 말 잘 듣는 사람에게만 주었다. NKVD 요원들은 집집마다 돌아다니며 대상자에게 이주를 통보했다. 비밀경찰은 간단한 것만 소지하고 반시간 내에 자신을 따라 올 것을 명령했다. 갑작스런 이주명령에 대해 불만을 토로한 한인들도 있었다. 단, 이주를 거부한 사람은 체포되었고, 그 인원이 2,500명으로 추정되었고, 대부분 처형되었다는 증언이 있다. 저항할 수 없게 만들어 불과 두 달 만에 20만 명의 인구를 사지로 내몰았던 것이다. 소련공산당이 저지른 인종 청소 범죄였다.

당시 극동 한인의 총 이주인원은 17만 2,481명으로 보고되었다. 하지만 한인 이주는 극동에 그치지 않았다. 부랴트, 치타 등 중부시베리아의 한인들도 강제로 이주해야 했고, 심지어 북유럽핀란드 옆에 있는 무르만스크 거주 한인들도 알타이 크라이로 이주시켰다. 그래서 강제 이주된 한인 수는 20만 명이 넘는다는 추산이 나온다.

그러나 총책인 예조프는 1939년 3월 모든 지위에서 해임되었고, 4월 10일 체포되어 정부기금 착복, 독일 스파이 혐의를 받았다. 1940년 2월 4일, 그는 모스크바 근교에서 비밀리에 처형되었다. 한인 강제 이주의 실무를 주도한 사람은 NKVD 극동담당총책 겐리히 류쉬코프(Genrikh Lyushkov)였다. 그도 스탈린 정권에 충성했지만 끝내 목숨에 위협을 느끼고 1938년 6월 일본으로 달아났다. 극동 한인에게 일본 스파이 혐의를 뒤집어 씌운 그는 일본에 부역하다 일본 패망직후인 1945년 9월 19일 사망했다. 그의 죽음에 관해 자살했다는 설, 총살당했다는 설 등 다양하다.

* 출처 : 아틀라스뉴스. 시베리아, 고려인의 강제 이주
http://www.atlasnews.co.kr/news/articleView.html?idxno=5700

<고려인동포 합법적 체류자격 취득 및 정착지원을 위한 특별법>
(약칭: 고려인동포법)
(시행 2023. 6. 5.)(법률 제19228호, 2023. 3. 4., 타법개정)

제1조(목적) 이 법은 고려인동포의 합법적인 체류자격 취득을 지원하고 고려인동포의 권익 증진과 생활안정을 도모함을 목적으로 한다.

제2조(정의) 이 법에서 "고려인동포"란 1860년 무렵부터 1945년 8월 15일까지의 시기에 농업이민, 항일독립운동, 강제동원 등으로 러시아 및 구소련 지역으로 이주한 자 및 「민법」 제777조에 따른 그 친족으로 현재 해당 지역에 거주하고 있는 자를 말한다.

제3조(정책의 수립 등) 정부는 고려인동포의 합법적인 거주국 체류자격 취득 및 생활안정 지원을 위한 정책을 수립·시행하고 관련 국가와의 협력 등 외교적 노력을 다하여야 한다.

제4조(다른 법률과의 관계) 고려인동포의 지원에 관하여는 다른 법률에 특별한 규정이 있는 경우를 제외하고는 이 법에서 정하는 바에 따른다.

제5조(국회에 대한 보고) 정부는 매년 정기국회 개회 전까지 제6조의 지원사업 등의 추진현황에 관한 보고서를 국회에 제출하여야 한다.

제6조(지원사업 등) 정부는 고려인동포를 위하여 다음 각 호의 사업을 수행한다.

1. 고려인동포의 실태조사
2. 거주국 국적 등 합법적인 체류자격 취득을 위한 지원
3. 경제적 자립기반 마련을 위한 지원
4. 한인문화센터 건립 등 문화활동 지원
5. 한국어 및 정보기술 교육 등 교육활동 지원
6. 그 밖에 재외동포청장이 필요하다고 인정하는 사업

제7조(관련 단체의 지원신청 등) ① 재외동포청장은 제6조 각 호와 관련된 사업을 하는 고려인동포 관련 단체를 지원할 수 있다.

② 제1항에 따른 지원을 받고자 하는 고려인동포 관련 단체는 재외동포청장에게 지원신청을 하여야 한다.

③ 재외동포청장은 제2항에 따른 신청이 있는 경우 지원 여부를 결정하고, 그 결과를 신청인에게 통지하여야 한다.

④ 고려인동포 관련 단체에 대한 지원 여부의 기준, 심사방법 및 절차 등 필요한 사항은 대통령령으로 정한다.

부칙

제1조(시행일) 이 법은 공포 후 3개월이 경과한 날부터 시행한다. 다만, 부칙 제7조에 따라 개정되는 법률 중 이 법 시행 전에 공포되었으나 시행일이 도래하지 아니한 법률을 개

정한 부분은 각각 해당 법률의 시행일부터 시행한다.

제2조부터 제6조까지 생략

제7조(다른 법률의 개정) ①부터 ③까지 생략

④ 고려인동포 합법적 체류자격 취득 및 정착 지원을 위한 특별법 일부를 다음과 같이 개정한다. "외교부장관"을 각각 "재외동포청장"으로 한다.

<사할린동포 지원에 관한 특별법>(약칭: 사할린동포법)
(시행 2024. 7. 17.)(법률 제19997호, 2024. 1. 16., 일부개정)

제1조(목적) 이 법은 일제강점기에 강제동원 등으로 사할린에 이주한 사할린동포에 대하여 관련 국가와의 외교적 노력을 통하여 그 피해를 구제하고, 사할린동포와 그 동반가족의 영주귀국·정착 및 생활안정을 지원함을 목적으로 한다.

제2조(정의) 이 법에서 사용하는 용어의 뜻은 다음과 같다.

1. "사할린동포"란 1945년 8월 15일까지 사할린에서 출생하였거나 사할린으로 이주한 한인(韓人)을 말한다.
2. "동반가족"이란 국내 영주를 목적으로 귀국하는 사할린동포의 배우자 및 자녀와 그 배우자를 말한다. 다만, 사망 등으로 인하여 자녀와 그 배우자가 없는 경우 직계비속 1명과 그 배우자를 동반가족으로 본다.

제3조(국가의 책무) ① 국가는 사할린동포에 대한 영주귀국 및 정착 지원에 필요한 정책을 수립·시행하여야 한다.

② 국가는 사할린동포에 대한 피해구제, 유해 발굴 및 봉환을 위한 외교적 노력을 다하여야 한다.

③ 국가는 사할린동포의 명예 회복에 필요한 기념사업을 추진하여야 한다.

제4조(다른 법률과의 관계) 사할린동포와 그 동반가족에 대한 지원에 관하여는 다른 법률에 특별한 규정이 있는 경우를 제외하고는 이 법에서 정하는 바에 따른다.

제4조의2(실태조사) 정부는 영주귀국한 사할린동포와 그 동반가족의 생활여건 등을 파악하기 위하여 실태조사를 2년마다 실시하여야 한다.

제5조(영주귀국·정착 및 생활안정 지원) ① 정부는 사할린동포의 영주귀국·정착 및 생활안정을 위하여 다음 각 호의 지원을 할 수 있다.

1. 귀국에 필요한 항공운임 및 초기정착비 지원
2. 거주 및 생활 시설에 대한 운영비 지원
3. 임대주택 등 주거 지원
4. 그 외 영주귀국·정착 및 생활안정을 지원하기 위하여 대통령령으로 정하는 사항

② 정부는 사할린동포의 동반가족에 대하여도 제1항에 따른 지원을 할 수 있다.

제6조(영주귀국·정착 및 생활안정 지원 신청 등) ① 사할린동포와 그 동반가족으로서 국내 영주를 목적으로 제5조에 따른 영주귀국·정착 및 생활안정 지원을 받고자 하는 사람은 재외동포청장에게 신청하여야 한다.

② 재외동포청장은 제1항에 따른 신청이 있는 경우 지원 여부를 결정하고, 그 결과를 신청인에게 통지하여야 한다.

③ 제1항에 따른 신청 절차 및 제2항에 따른 지원 여부의 결정기준과 심사 방법·절차에 필요한 사항은 대통령령으로 정한다.

제7조(업무의 위탁) 이 법에 따른 재외동포청장의 업무는 그 일부를 대통령령으로 정하는 바에 따라 다른 행정기관의 장이나 관련 법인·단체에 위탁할 수 있다.

제8조(조례의 제정) 지방자치단체는 영주귀국한 사할린동포 및 그 동반가족의 정착 및 생활 안정을 지원하기 위하여 필요한 사항을 조례로 정할 수 있다.

부 칙 〈법률 제17305호, 2020. 5. 26.〉

제1조(시행일) 이 법은 2021년 1월 1일부터 시행한다.

제2조(영주귀국한 사할린동포와 그 동반가족에 대한 경과조치) 이 법 시행 당시 정부로부터 영주귀국 및 정착을 위한 지원을 받은 사할린동포와 그 동반가족은 제5조에 따라 영주귀국 및 정착을 위한 지원을 받은 것으로 본다.

부 칙 〈법률 제19228호, 2023. 3. 4.〉

제1조(시행일) 이 법은 공포 후 3개월이 경과한 날부터 시행한다. 다만, 부칙 제7조에 따라 개정되는 법률 중 이 법 시행 전에 공포되었으나 시행일이 도래하지 아니한 법률을 개정한 부분은 각각 해당 법률의 시행일부터 시행한다.

제2조 부터 **제6조**까지 생략

제7조(다른 법률의 개정) ①부터 ⑤까지 생략

⑥ 사할린동포 지원에 관한 특별법 일부를 다음과 같이 개정한다.

제6조제1항 · 제2항 및 제7조 중 “외교부장관”을 각각 “재외동포청장”으로 한다.

⑦부터 ㊻까지 생략

제8조 생략

부칙〈법률 제19997호, 2024. 1. 16.〉

이 법은 공포 후 6개월이 경과한 날부터 시행한다.

제10장

미주지역 재외동포 사회 (미국, 캐나다, 중남미)

제1절 미국 재외동포 사회의 형성 과정 및 실태

1 초기 재미동포 사회의 발생 배경

앞서 제3장에서 살펴보았듯이, 초기의 재미한인사회 형성 과정은 역사적으로 세 가지 부류에 의해 형성되었다고 보고 있다.

우선 최초의 부류는 대한제국 시기인 1903년부터 1905년까지 조선의 젊은 청년들이 하와이 사탕수수 농장으로 노동 이민을 떠났던 집단이고, 두 번째 부류는 이른바 '사진 신부'로 불리며, 하와이에 거주하던 한인 청년들과의 결혼을 위해 이들의 초청에 의해 하와이로 건너가 결혼과 함께 한인 가족을 형성하게 된 부류이며, 나머지 세 번째 부류는 1910년 한일 강제병합 이후 항일독립운동을 위해 미국 유학 등 명목으로 정치적 망명을 한 부류 등 이 세 부류에 의해 초기 재미동포 사회가 형성되었다고 본다.

특히 이들 세 부류의 집단들이 모여 오늘날 최초의 '제1세대 재미동포 사회'를 형성하게 되었다고 할 수 있다. 이렇게 초기의 재미동포 사회를 형성한 세 집단들의 이민사회 형성 과정을 좀 더 구체적으로 살펴보면, 다음과 같다.

가) 하와이 사탕수수 농장으로의 노동 이민

우리 한인의 최초의 미주지역 이민은 대한제국 당시인 1903년 1월 일단의 한인들이 하와이 사탕수수농장 계약노동자로 이주하면서 시작되었다.

당시 조선 한인을 하와이로 끌어들인 유입 요인으로는, 이 당시 하와이 사탕수수 농장에서 값싼 노동력에 대한 수요가 컸기 때문이었다. 본래 하와이는 해외 무역선이나 고래잡이 어선들의 기항지로서, 또는 미국 선교사들의 해외 선교를 위한 전초기지로서의 역할을 하는 작은 어촌마을이었다. 이후 유럽에서 산업혁명이 일어나면서 유럽인의 일상생활이 개선되어 커피, 홍차를 마시기 위해 설탕에 대한 수요가 급증하였고, 사탕수수 작물 재배가 용이한 하와이에서 이를 대규모로 생산하는 사탕수수 재배 농업이 급성장했다.

이에 따라 1830년대부터 하와이에서는 대규모의 노동집약적인 사탕수수 농장이 들어서기 시작했고, 사탕수수 재배가 본격화되면서 원주민만의 노동력으로는 감당하기 어려울 정도로 노동력이 부족해지자, 19세기 중반부터는 외국인 노동자의 도입을 고려하기 시작했다.

1852년에 중국 광둥성(廣東省) 출신 중국인 293명이 처음으로 하와이에 도착했고, 이후 약 20년 간 총 5만 명에 달하는 중국인들이 하와이로 이주함으로써 중국인의 하와이 노동력 독점 현상이 일어났다. 당시 하와이 정부와 농장주들은 일부 중국 노동자들이 음주, 폭행 등 불법 행위를 자행함으로써 이들을 관리하는데 어려움을 느끼게 되자 급기야 1882년에 '중국인 이민금지법(Chinese Exclusion Act)'을 통과시켰다.

이후 하와이 정부는 중국인을 대체할 노동자로서 일본인 노동자를 도입하기 시작했다. 1885년부터 이주해 간 일본인들은 1890년대 초반 이미 가장 큰 규모의 노동이민 집단으로 부상했으며, 1900년경에는 총 6만 명 수준으로 전체 하와이 노동자의 약 80%를 차지하게 되었다.

그러나 이들도 당시 하와이 농장의 열악한 근로 조건에 불만을 표하며, 농장의 부당한 노동자 처우에 대해 대규모 동맹 파업으로 대항했다. 일본 노동자들의 이러한 저항 움직임에 불안을 느낀 하와이 농장주들은 또다시 일본인을 대체할 대체 노동력으로 한국인 노동자의 도입을 추진했다.

하와이 농장주들은 당시 조선에 파송되어 있던 미국인 선교사 겸 주한 외교관이었던 '호러스 알렌'에게 연락하여 조선 노동자의 송출을 요청했고, 알렌 선교사는 곧바로 고종 황제를 알현한 후, 조선인 노동자의 하와이 송출을 허락 받았다.

최초의 조선인 노동자 102명은 1903년 1월 인천항을 출발하여 약 20일 간의 항해를 거쳐 하와이에 도착했다. 이는 조선 한인이 미국지역으로 이주하게 된 '최초의 하와이 이주'로 기록된다. 이들 이민자들은 당시 해외 이주자의 여행권 발급 업무를 위해 신설된 '수민원(綏民院)'이란 정부기관의 보호 아래 진행된 최초의 집단적 노동이민의 형식이었다.

1903년 102명의 젊은 한인 청년들이 인천을 출발하여 하와이 호놀룰루항에 도착한 것은 동년 1월 13일이었다. 하와이에 도착한 한인 노동자들은 약 65개 농장으로 분산 배치되어 사탕수수 재배와 수송, 기계 수리 등을 담당했으며, 하루 16시간 이상의 중노동에 시달려야 했다.

하지만 하와이로의 노동 이민은 1905년 을사늑약 체결로 대한제국이 외교권을 박탈당하면서 중단되었다. 1905년 당시 하와이에 정착해 있던 일본인 노동자들이 자신들의 권리 보호를 위해 일본 정부를 압박하여 조선인 노동자들을 더 이상 송출하지 못하도록 강요한 것이었다.

이로써 한인들의 하와이 추가 이민은 더 이상 지속되지 못했다. 다만, 1905년 중단되기까지 총 56회에 걸쳐 약 7,226명이 하와이로 이주해 정주하였다. 이들 중 84%는 20대의 젊은 남성이 주를 이루었으며, 그 외 여성은 9%, 어린 아동은 7%에 달했다.

이 인원 규모는 당시 하와이 전체 노동자의 약 10%를 차지할 정도로 컸다. 특히 이들은 최초로 도착했을 당시에는 임시 체류자 신분으로서, 가능한 한 빠른 시기에 돈을 벌어 고국으로 돌아가고자 하는 마음이 컸었다. 그러나 점차 현지에 정착하여 장기 체류하면서 그러한 마음도 변해갔다.

나) '사진 신부' 초청에 의한 결혼 이민

특히 하와이의 초기 한인 사회는 주로 20대 독신 남성들이 많아 결혼 연령의 여성들이 태부족하여 1910년부터 결혼 가정을 꾸리기 위해 조선으로 사진을 보내거나 혹은 조선에서 예비 신부의 사진을 전달받아 결혼을 결정하는 경우가 많았다. 당시 약 1,000여 명의 한인 여성들이 조선에서 사진 하나만 보고 결혼을 위해 하와이로 이주해 왔다. 이렇게 사진을 통해서만 결혼을 결정하고 하와이에 도착했다 해서 이 한인 여성들을 '사진 신부'로 칭하게 된 것이다.

이들은 1924년 미국 이민법에 의해 한인의 미국 이민이 금지되기까지 총 1,000명의 신부들이 하와이로 이주해와 가정을 꾸렸다. 총각들만 있던 한인 사회가 신부들의 유입으로 가정을 이루게 되자, 2세들이 태어나면서 가족 중심의 사회로 변모해 갔다.

경제적 측면에서도 한인들은 사탕수수 노동자 또는 도시 주변 일용 노동자의 신분에서 벗어나 점차 장기적인 사업 분야를 찾아 도시의 자영업이나, 쌀 및 고구마 농사 등에 참여하며 현지에 정착해 가기 시작했다.

또한 일부는 태평양을 건너 미국 본토의 철도 건설 현장이나 과수원 등에서 일할 경우 하와이보다 높은 임금을 받을 수 있다는 소식에 따라 1903년부터 1915년까지 총 1,087명의 한인들이 미국 본토로 재이주해 갔다. 이들이 오늘날 '미주 한인사회의 제1세대'를 구성하는 중요한 한 구성 부분이 되었던 것이다.

한편, 이 '사진신부'의 초청 이민은 당시의 한인사회 형성에 부정적 영향을 안겨 주기도 했다. 단지 사진만 보고 결혼을 위해 하와이에 도착하였으나, 도착해 보니 실제 나이 차이가 컸다거나 혹은 실제 인물과 상당한 차이가 났었던 관계로 결혼 후에는 한인 부부간에 높은 이혼율을 유발하기도 했었다. 또한 일부 부인들의 경우는 배우자의 나이가 많아 얼마 지나지 않아 일찍 남편을 잃어 과부가 되는 등의 여러 문제점을 낳기도 했다.

다) 해외 독립운동을 위한 정치 망명자의 이민

초기 한인들의 미국 이민과정에서 또 하나의 중요한 부류는 일제의 강제 병합 이후 해외독립운동을 위해 미국으로 건너 간 정치 망명자 집단이었다. 1910

년부터 1924년까지 약 541명의 정치 망명자들이 유학이라는 명목으로 학생 신분으로 미국으로 이주했다. 그들은 도착하자마자, 하와이와 미국 본토의 초기 한인사회의 지적·정치적 지도자로 부상했고, 이들에 의해 해외 독립운동이 주도되었다.

이상과 같이, 세 부류의 집단으로 구성된 초기의 한인 동포사회는 1945년 조선이 독립을 쟁취하기까지 하와이에는 약 6,500명 그리고 미국 본토(주로 서부 캘리포니아 지역)에는 약 3,000명 등 총 1만 명가량의 한인이 미국의 주류 사회와는 완전히 고립된 채 한인 공동체끼리만 상호 교류하면서 '제1세대 한인동포 사회'를 형성하게 되었다.

2 해방 이후 주한미군에 의한 특수 이민(국제결혼, 입양 등)

광복 직후 한인들의 미국 이민은 주한미군과의 관계 속에서 시작되었다. 미군정과 6.25 한국 전쟁을 겪으면서 우리나라에는 약 4만 명의 주한미군이 주둔하게 되었다. 이들 주한미군은 한국에 주둔하는 기간 우리나라 여성들과 결혼을 하였고, 근무를 마친 후에는 한국 여성과 함께 미국으로 이주했다. 당시만 해도 한국사회는 국제결혼에 대한 편견이 심했고 이에 따라 많은 한인 여성들이 남편의 한국 근무가 끝나면 대부분 미국으로 이주해 갔다.

정부의 관련 통계에 의하면, 1950년부터 1964년까지 약 6,000명가량의 여성들이 미군 배우자로서 이주해 갔다. 그리고 1950년부터 현재까지 미군의 부인으로 미국으로 이주한 한인 여성의 총수도 약 10만 명에 이른 것으로 추산하고 있다.

한편, 한국전쟁 종료 직후에는 전쟁고아 문제가 사회문제로 대두되면서 1954년부터 전쟁고아에 대한 해외 입양이 이루어졌다. 해외 입양은 초기 주한미군을 포함하여 주로 한국전쟁 참전국 군인들에 의해 이루어졌다. 그러다가 1960~70년대 이후에는 한국의 입양 전문기관을 통해 국내는 물론 해외 각지로 입양이 이루어졌다.

2024년 말 현재 총 25만 명이 전세계로 입양된 것으로 추산하고 있고, 이 중에서 약 11만 명이 미국 가정에 입양된 것으로 파악되고 있다. 이 입양인 수는 전체 재미 한인사회(200만 명)의 약 5%에 해당하는 수치이기도 하다.

이들 피입양인들은 초기 제1세대 한인 이민자들이 일부 대도시를 중심으로 자신들만의 공동체를 구성하였던 것과는 달리 미국 전역에 흩어져 미국인 공동체 속에서 생활하였다. 이들은 오랫동안 한인사회와는 단절된 상태를 유지해왔고, 그렇다고 해서 또한 미국의 주류사회에도 편입되지 못한 채 외롭고 고립된 생활을 영위해 왔던 것이다.

다만 최근 한국의 국제적 위상이 높아지고 한인 공동체들의 노력으로 인해 최근 미국 내에서 '해외입양인연대', '한국인·미국인 아내협회' 등과 같은 단체들이 결성되면서 한인 공동체 사회와 직접적인 교류가 이루어지기 시작했다. 그리고 한인 공동체와 상호 연대가 강화됨으로써 이들도 점차 한인으로서의 정체성을 찾고자 노력 중에 있다.

한편, 해방 직후 한인의 미국 이주의 또 다른 흐름은 바로 학업을 위한 미국 유학이었다. 비록 일부 극소수 계층의 작은 규모이지만, 1945년부터 1965년까지 6,000명가량의 학생이 유학을 목적으로 미국으로 건너갔다.

그러나 대부분의 유학생들이 학위를 취득한 후 국내로 귀환치 않고 미국에 그대로 정주하거나 혹은 학위를 취득하지 못한 채 취업을 위해 미국에 정착하는 경우가 많았다. 이들은 미군과 결혼한 한인 여성들과 마찬가지로 1965년 이민법 개정 이후 한인의 미국 이민 문호가 개방되자, 한국에 있던 친지, 가족들을 미국으로 초청하는 등 이른바 '가족 초청 이민'을 성행시켰던 '연쇄이민'의 주도 그룹으로서, 그 기틀을 마련하는데 기여했다.

3 미국 이민법 개정(1965) 이후 다양한 형태의 이민

1965년의 '미국 이민법 개정'은 미주 한인 역사에서 하나의 커다란 마중물 역할을 했다. 역사적으로 미국 정부는 1924년에 '이민법'을 제정하여 주로 서유럽의 백인 계층을 대상으로 미국 이민을 허용하였고, 대신 홍콩, 필리핀 등 아시아계 이민을 전면 금지하는 반민주적, 인종 차별적 이민법을 시행했다.

이후 제2차 세계대전에 승전하여 최강대국으로 부상하면서 1952년에 이민법과 국적법을 통합하여 '이민국적법'이 제정되면서 시민권, 즉 국적 취득에 있어서 인종차별적 요소를 철폐하였다. 다만 여전히 외국인의 이민에 대해서는 국가별 '이민할당제(Quater System)'를 유지하며, 아시아계의 미국 이민을 여전히 제한했다.

그러다가 1965년에 이르러서야 이민국적법을 재개정하여 국가별 이민할당제를 폐지하고 대신 점수능력제(Merit System)로 전환하면서, 아시아계의 미국 이민 문호를 전면 개방하기에 이르렀다.

이 점수능력제 실시는, 곧 국적을 불문하고 개인의 능력, 성향에 따라 심사를 통해 결정함으로써 의사, 간호사, 기능사 등 전문직을 가진 아시아계 이민자들이 미국으로 이민할 수 있는, 이민 문호가 대폭 개방된 것이었다.

인근국인 캐나다도 미국을 따라 2년 후인 1967년에 이민법을 개정하여 아시아계 이민자에 대한 문호를 전면 개방함에 따라, 이로써 우리 한인들의 미국 및 캐나다 지역으로의 본격적 이주가 이루어질 수 있었다.

우리 한인들은 미국의 개정된 이민법에 따라 유학생, 간호사, 의사 및 기능사의 신분으로 미국에 입국한 후 영주권을 취득할 수 있었으며, 이들은 특히 1965년 이래 1980년대 말에 이르기까지 기존의 제1세대 한인사회와는 달리 '새로운 미주한인 사회'라는 새로운 부류의 한인사회 형성을 주도했다.

이들은 특히 당시 국제 결혼한 한인 여성들과 함께 '가족 초청'에 의한 '연쇄이민' 현상을 불러일으키며 '다양한 형태의 재미동포 사회'를 형성하는 기본적 토대를 형성하는데 기여했다.

이를 통계 수치로 확인해 보면, 우선 1970년 초부터 한인의 미국 이민이 본궤도에 오르면서 매년 30,000명 이상의 한인들이 미국 이민을 떠났다. 특히 한인 이민의 정점을 이룬 1985년과 1987년 사이에는 매년 35,000명의 한인들이 미국으로 이민하여 정착하였다.

그러나 이러한 미국 이민의 흐름은 1987년의 35,849명을 기점으로 해서 점차 완화되기 시작하여 서울올림픽이 개최된 1988년을 기점으로 소강 국면에 접어들기 시작했다. 이후 1999년에는 단지 12,301명만이 미국으로 이민을 하였고,

이는 1972년 이래 최저점을 기록한 수치였다.

그럼에도, 2000년대 이후에는 한인 이민자 수가 연평균 15,000명 정도로 꾸준히 유지되고 있다. 이들 중 약 50%는 처음부터 이민을 계획하여 이주한 사람들인데 반해, 나머지 50%는 처음에는 비영주 목적으로 미국에 왔다가 후에 영주권을 취득한 사람들로 파악되었다.

또한 2020년대에 들어서는, 재미동포 중 노년 세대 한인을 중심으로 국내로 '역이민'하는 추세를 보이고 있다. 최근 한국이 경제 발전을 이루고 국내 생활수준도 향상됨에 따라 노년 시기를 모국에서 보낼 목적으로 귀환하는 현상이 나타나고 있다.

이들의 '역이민' 이유로는, 1970~80년대 미국으로 이민했던 세대들이 미국에서의 언어 장벽이나 인종 차별적 요소를 수시로 경험해 왔고, 또한 은퇴 후의 고정비용 상승에 따라 미국에서의 노후 생활에 어려움이 있는 점, 그리고 한국 내의 편리한 의료 시스템과 모국에 대한 향수 등 요인 등에 의해 고국을 다시 찾는 것으로 알려졌다.

한편, 1965년 이후 이민을 갔던 재미 동포들은 그 이전의 초기 제1세대 한인 동포들과는 인구학적, 사회경제적으로 크게 구별되는 특성을 지니며, 이른바 '새로운 재미동포 사회'를 형성하는데 기여했다.

먼저 이들의 인구학적 특성을 살펴보면, 이들은 핵가족을 단위로 하여 가족 중심으로 이민을 갔었고, 이민 후에도 가족이 계속 유지되어 상부상조하면서 경제적으로 현지에 적응하는데 훨씬 용이했다.

또한 이들은 대도시, 대졸, 전문직 또는 화이트칼라 직종의 신 중간계층 출신들로서, 대학 이상의 교육을 받고, 취업을 위해 지방에서 서울이나 부산 등 대도시로 나와 거주해 오거나 또는 부모 세대에 비해 훨씬 높은 수입과 권위를 갖는 직업을 갖는 등 수직적인 신분 상승을 해 왔던 세대였다.

따라서 이들은 미국으로 이민을 가기 전에 이미 고국에서 서울 등 대도시 자본주의 사회경제 체제에 잘 적응한 경험이 있기 때문에 미국의 뉴욕, 시카고, 로스앤젤레스와 같은 대도시 자본주의 체제에 쉽게 적응할 수 있는 기반을 갖추고 있었다.

또한 직업적, 사회경제적 특성에 있어서도, 최초 한국 내에서 전문적인 기술을 가진 의사, 간호사, 혹은 전문직, 관리직 등 화이트칼라 직종의 계층이거나 적어도 판매직, 사무직 등과 같이 대학 이상의 교육을 받은 중산층 출신이 압도적이었다.

다만, 이러한 양상은 1970년대 중반을 거치면서 점차 변화하는 경향을 보였다. 당시 '가족 초청 이민'이 허용되면서 주한미군과 결혼한 국제결혼 여성 혹은 미국에 유학중인 유학생들에 의한 가족 초청이 급증하게 되면서 보다 다양한 계층에서 미국 이민이 이루어졌던 결과였다.

이 결과 1970년대 중반 이후부터는 노동직, 기능직, 서비스직, 농업 등의 블루칼라 직종에 종사했던 사람들의 미국 이민이 점차 증가해 갔고, 이어 1980년대 초에는 재미 한인동포 사회도 화이트칼라 출신과 함께 블루칼라 계층이 혼재하는, 다양한 질적 구성요소를 포함하는 '복합적인 이민사회'를 형성하게 된 계기가 되었다.

이와 같이, 1965년 이후 미국으로 이민을 한 한인들은 서로 상이한 동기와 목적을 가지고 그 이전 제1세대 한인들과는 확연히 다른, 보다 다양하고 질적으로 다른 성분, 계층 등이 복합적으로 얽혀 있는, 새로운 형태의 한인동포 사회를 구성하게 되었던 것이다.

특히 미국의 동, 서부 각 지역으로 다양한 계층들이 복합적으로 모이면서 보다 이질적이고 복잡한 한인사회가 구성되었고, 각종 현안 문제에 있어서도 소속 단체별로 다양한 이해관계 속에서 이들의 상호 조정과정에 어려움을 겪으며, 해결해 나가고 있다.

3 재미동포 사회의 규모 및 현 실태

과거 제1세대 재미 한인들이 주로 하와이 혹은 미국 서부 캘리포니아 지역을 중심으로 밀집 거주하며 한인 동포사회를 형성한 데 반해, 1965년 이후의 이민자들은 이전과는 구별되는 새로운 한인사회를 형성하였다.

즉, 대도시 핵가족을 기반으로 가족 중심의 한인 사회를 형성하며, 직업에 있어서도 대졸 이상의 학력을 가진 전문직 또는 화이트칼라 직종을 중심으로 한 신 중간계층이 주요 구성원으로 참여하였다.

이들의 지역 기반도 미국 서부 캘리포니아 지역의 '코리아 타운'에 집중되지 않고, 미국 중, 동, 남부의 대도시 지역인 뉴욕, 시카고, 댈러스 등에 분산하여 거주하였으며, 이들은 특히 미국의 자본주의 체제에 용이하게 적응하며, 미국 내 주류사회에의 편입을 적극적으로 시도하고 있다.

한편, 재미 한인의 세대별 인적 구성을 보면, 우선 제1세대의 경우는 이민 초기에 미국에 정착하여, 이민자로서의 고난과 역경을 경험한 세대이다. 따라서 이들은 미국의 생활 방식, 즉 언어, 문화, 사고방식 등에서 많은 어려움을 느끼며, 여전히 모국인 한국과의 깊은 유대감을 가지며, 한국과의 관계 속에서 살아왔다.

이와는 달리 중간 세대로서 미국과 캐나다 한인 중 '1.5세대'가 존재한다. 이들은 당초 한국에서 출생하여 유년 시절을 보내다가 1960~70년대에 부모를 따라 미국으로 함께 이주하여 미국에 정착한 세대를 말한다.

이들은 유년 시절에 가졌던 한국에서의 기억 등에 의해 한국과의 관계 혹은 연대는 어느 정도 유지하고 있지만, 그렇다고 그렇게 강하지는 않은 세대이다.

이들은 특히 중, 고등학교 혹은 대학 등 성장기를 미국에서 보내면서 한국계 혹은 미국 사회 중 어느 하나에 집중적으로 편입되어 살아가는 편이다. 즉, 한국에 대한 향수가 강할 경우에는 여전히 한국과의 유대 혹은 미국 내 한인 사회 내에 편입되어 생활하든가, 혹은 그렇지 않고 성장기를 거치면서 미국 사회에 완전히 적응하며 미국의 언어, 습관, 생활방식에 익숙한 경우 사실상 미국인으로 살아가거나 하는 등 어느 한 길을 택하여 생활하고 있다.

이와는 또 다른 세대로서, '한인 2~3세대'가 있다. 이들은 미국의 한인 가정에서 출생하여 미국의 국적을 보유하며 주로 미국 공동체 내에서 성장해 온 한인 2세대 혹은 3세대들이다.

이들은 미국에서 출생하여 자동적으로 미국의 시민권을 획득한 자로서, 미국에서 초, 중, 고 및 대학을 나온 세대이다. 따라서 이들의 사용 언어는 영어가 제

1언어로서 아주 유창하며, 사고방식이나 생활 양태에 있어서도 일반 미국인과 완전히 동일한 사실상의 미국인이다. 따라서 이들은 모국과의 연대보다는 현지 정주의식이 더욱 강하여 한인으로서의 정체성보다는 스스로 미국인이라는 감정이 강하게 작용한다.

이러한 이유로 미국 내 한인가정에서는 종종 이들 제2~3세대과 제1세대 부모들 간의 세대갈등을 겪는 경우도 있다. 이러한 세대 간의 갈등과 소통 문제, 그리고 차세대들의 한인 정체성 함양 문제는 오늘날 '미주 한인 사회'가 안고 있는, 해결해야 할 중요한 과제로 대두되고 있다.

한편, 이와는 달리 우리 국민으로서, 미국에 장기 체류하고 있는 '재외국민'이 있다. 이들은 1989년 해외여행 자유화 이후, 미국의 지·상사 주재원으로 파견되었거나 혹은 투자, 자영업 및 유학 등을 위해 이주해 간 장기 체류자 혹은 영주권자 등으로 구성된다.

이들은 특히 2000년대 이후 젊은 세대를 중심으로 미국으로의 유학 혹은 언어 연수 목적으로 미국으로 이주하는 경우도 있고, 또한 자녀 교육을 위해 부모 중 한 사람이 자녀와 함께 미국에 장기 체류하는 경우도 존재한다.

| 도표 14 | 미주 한인 동포사회의 체류자격별 현황

		재외국민				외국국적 동포 (시민권자)	총계
		영주권자	일반 체류자	유학생	계		
총계		510,737	620,824	60,027	1,191,588	1,671,193	2,862,781
미국	주미국(대)	27,582	11,774	2,574	41,930	115,848	157,778
미국	주뉴욕(총)	50,945	52,882	7,724	111,551	192,908	304,459
미국	주로스앤젤레스(총)	116,095	98,048	7,616	221,759	440,624	662,383
미국	주보스턴(총)	11,797	15,172	3,669	30,638	30,326	60,964
미국	주샌프란시스코(총)	37,417	120,274	2,949	160,640	120,732	281,372
미국	주시애틀(총)	55,398	12,556	1,772	69,726	114,719	184,445
미국	주시카고(총)	40,565	86,018	9,463	136,046	211,854	347,900
미국	주애틀랜타(총)	42,621	100,651	4,689	147,961	118,748	266,709

		재외국민				외국국적 동포 (시민권자)	총계
		영주권자	일반 체류자	유학생	계		
총계		510,737	620,824	60,027	1,191,588	1,671,193	2,862,781
미국	주호놀룰루(총)	3,435	28,924	432	32,791	43,273	76,064
	주휴스턴(총)	24,181	33,508	734	58,423	41,401	99,824
	주댈러스(출)	18,366	23,738	260	42,364	44,461	86,825
	주앵커리지(출)	670	45	20	735	6,252	6,987
	주필라델피아(출)	9,056	21,220	2,187	32,463	40,176	72,639
	주하갓냐(출)	2,043	2,523	3	4,569	2,501	7,070
	소계	440,171	607,333	44,092	1,091,596	1,523,823	2,615,419

위 도표에서 보는 바와 같이, 2023년 말 현재 미국에 거주하는 재외동포의 총 인원수는 총 286만 명으로 집계되었다. 이는 전 세계에 분포해 있는 우리 재외동포 중에서 국가별로 가장 많은 인구를 보유한 국가이기도 하다.

이들 재미동포 중 미국 시민권자인 외국국적 동포는 총 167만 명인 데 반해, 재외국민은 120만 명으로 적지 않은 인원이 여전히 재외국민으로 거주하고 있다.

지역별로는 미국 서부의 캘리포니아 지역(LA, 샌프란시스코)에 약 95만 명으로, 가장 많은 인구가 거주하고 있다. 다음으로는 뉴욕 지역에 약 30만 명이 거주하고 있으며, 그 외에 보스턴, 시카고, 시애틀 및 휴스턴 등 대도시를 중심으로 분산 거주하고 있다. 특히 최근에는 미국의 남부 텍사스, 애틀랜타, 댈러스 지역을 중심으로 삼성, SK 등 우리 투자기업들이 많이 진출하면서 이 지역 거주 인구도 급증하는 추세다.

이렇게 현재 미국 내에는 총 286만 명의 재미동포들이 LA, 뉴욕, 워싱턴 DC, 시카고, 샌프란시스코, 시애틀 등 대도시를 중심으로 집단적으로 거주하고 있으며, 이는 미국 내 아시아계 이민자 중에서도 중국, 필리핀, 인도, 베트남에 이어 제5위를 차지한다.

또한 한인 사회 내에서도 점차 1.5세대와 제2세대의 비중이 커지면서 1세대에서 2세대로 주류가 이동해 가는 세대교체 과정을 겪고 있다.

취업 업종에 있어서도 과거 1세대의 자영업이나 서비스업 중심에서 이제는 2세대를 중심으로 높은 고학력에 전문적인 교육과 영어 구사력을 바탕으로 전문직, 사무직, 첨단산업 분야 등으로 전환하고 있으며, 이들 1.5세대와 2세대를 중심으로 미국의 정치, 경제, 언론 등 미국 주류사회로의 진입도 활발히 추진 중에 있다.

제2절 캐나다 재외동포 사회의 형성 과정 및 실태

1 캐나다 동포 사회의 형성 과정

한인의 최초 캐나다 이주는, 미국의 초기 이민과는 달리 '종교적인 목적'에 의해 이민이 이루어졌다.

대한제국 말기 조선에 파송된 개신교 목사들이 계몽운동과 선교 목적으로 젊은 지도자나 목사 후보자들을 캐나다로 유학 보냈던 것이 계기가 되었다. 다시 말해, 개신교 선교사들이 한인의 캐나다 이민을 위한 산파 역할을 했던 것이다.

역사적으로 구한말 조선에 파송된 선교사들은 종교 외에도 교육, 의료 등 계몽 사업에 투신해 종사했었다. 이들은 계몽 운동과 개발 사업을 통해 조선인들의 환심을 사고자 했다. 조선에서도 자연스레 신도가 늘어나면서 캐나다 선교사들은 자신들의 목회와 선교 역할을 지원하고 분담할 조선인을 목회자로 양성할 필요가 있었다. 이를 위해 유망하고 젊은 조선인들을 선발하여 캐나다로 유학을 보냈는데, 이것이 캐나다로의 이주의 시작이었다.

이 선교 목적의 유학생 파견은 제2차 세계대전이 발발하면서 잠시 중단되었다가 전쟁이 종료된 후 다시 '전후 복구지원 프로그램'의 일환으로 캐나다 교회에서 한인 유학생을 다시 초청하기 시작했다. 1950~1960년대에는 신학 외에도 공학, 물리학 등 전공 분야를 확대하여 유학생을 초청하였다.

이에 따라 1960년대 초, 중반까지 정착한 한인들은 주로 목사, 의사, 학자들이 주를 이루었다. 1965년 당시 캐나다의 한인 인구는 70여 명으로 추정되었고,

이들은 주로 미국 오대호 연안과 국경에 인접해 있는 토론토 시를 중심으로 최초의 한인사회가 형성되었다.

캐나다 한인 이주에 있어 획기적 전기를 마련하게 된 계기는, 1967년에 이루어진 캐나다의 '이민법 개정'이었다. 캐나다도 미국에 이어 1967년 이민법을 개정함으로써 아시아계 이민자들에게도 이민 문호를 대폭 확대, 개방했다.

캐나다로의 이민 문호가 한인에게도 열리면서 한국에서 직접 이주하려는 사람들의 수도 급증했다. 캐나다 정부는 이민법 개정을 통해 아시아계 이민자에 대해 과거 '지역별 할당제(Quarter system)'에서 '점수제(merit system)'로 바꾸면서 한인의 이주가 본격적으로 이루어졌다. 그 이전까지만 해도 아시아에서는 홍콩과 일본만이 동 국가별 이민 쿼터를 할당받았고, 그 외 국가들은 캐나다 이민 자체가 불가능했었다.

이후 1973년에 서울에 주한 캐나다 대사관이 개설되면서 한인의 캐나다 이민은 더욱 가속화되었고, 1976년까지 캐나다 한인 인구수는 약 1만 명으로 급증했다. 다만, 캐나다 정부는 1976년에 이민법을 재개정하여 친척 초청에 의한 이민을 중단함으로써 이른바 캐나다로의 '연쇄 이민'은 사실상 중단되었고, 개인별 능력에 의한 이민만이 가능해졌다.

이에도 불구하고, 캐나다로의 이민은 꾸준히 증가하여 1980년부터 1991년까지 12년간 캐나다로 이민 온 한인 수는 약 2만 명에 육박했다. 이들은 대부분 중남부의 온타리오 지역에 위치한 토론토에 주로 정착했다. 그 이유로는 온타리오주가 미국 오대호 연안에 위치하여 이민 노동력을 쉽게 흡수할 수 있는 풍부한 산업기반 시설을 보유하고 있었고, 더군다나 비교적 온화한 기후대에 위치하고 있어 살기 좋은 곳으로 알려졌기 때문이었다.

최근에는 이곳 토론토를 떠나 밴쿠버, 캘거리 등 서부 도시로 이민을 간 사람도 있고, 혹은 동부 퀘벡 지역에 위치한 몬트리얼로 이주해 간 사람도 있다. 하지만 현재 한인사회는 토론토 지역에 집중 거주하며 이곳에 거대한 '코리아 타운'을 형성하고 있어 직업과 사업 기회를 찾아 이곳으로 재이주하는 경우도 늘어 토론토는 여전히 캐나다의 한인사회의 중심지 역할을 하고 있다.

1997년에 일어난 한국의 재정 위기는, 캐나다로의 한인 이민을 위한 기폭제 역할을 했다. 당시 국내 고용에 있어 불안정이 심화되고 생활에 불안감을 느낀 3~40대 젊은 신세대들이 일자리를 찾아 해외로 진출하기 시작했다. 대졸 학력 이상을 주 대상으로 하는 취업비자 발급 건수가 급증하면서 캐나다로의 이주 또한 증가했다.

당시의 통계에 의하면, 1999년 한 해만 해도 5,267명의 전문직 종사자가 캐나다로 취업 이민을 떠났고, 2000년에는 그 수가 8,369명으로 증가했다고 한다.

2000년대에 들어와 캐나다 한인 사회의 또 하나의 새로운 이민 인구 구성이 나타났다. 즉, 젊은 학생을 중심으로 한국에서 조기유학 또는 영어연수 목적으로 단기 체류하는 조기 유학생과 언어 연수생이 늘어난 것이다.

이는 특히 1994년 5월 한국과 캐나다 사이에 입국사증 면제 협정이 발효되면서 미국에 비해 입국 및 체류가 비교적 용이하였고, 또한 미국으로 유학하는 경우보다 상대적으로 교육비나 생활비가 저렴하고, 그리고 어학연수 기관에도 간편하게 입학할 수 있다는 이유 등이 작용했다.

이와 관련하여 최근에는 자녀교육을 위해 부모들도 함께 동반하는 '동반 이주'도 증가하는 추세를 보이고 있다. 이들 유학 및 어학연수 목적의 이민 가족들도 현재 캐나다의 새로운 한인사회를 구성하는 중요한 한 부류로서 자리매김하고 있다.

2 캐나다 동포 사회의 규모 및 현 실태

2023년 말 현재 캐나다 지역 우리 동포사회의 인원수는 총 247,362명으로 추계되고 있다. 이 중에서 캐나다 국적을 보유한 외국국적 동포(시민권자)는 총 147,370명이며, 우리 재외국민으로서 장기 체류하거나 영주권을 가지고 있는 사람은 약 10만 명으로 추산하고 있다. 이들은 현재 토론토(12.7만 명)와 밴쿠버(10만 명)지역의 대도시에 집중적으로 거주하고 있고, 일부는 퀘벡의 몬트리올과 수도인 오타와 지역에 주로 거주하는 것으로 나타났다.

| 도표 15 | 캐나다 동포사회의 체류자격별 현황

		재외국민				외국국적 동포 (시민권자)	총계
		영주권자	일반체류자	유학생	계		
캐나다	주캐나다(대)	620	380	155	1,155	3,125	4,280
	주몬트리올(총)	3,180	2,471	1,354	7,005	8,195	15,200
	주밴쿠버(총) 2	23,500	8,078	6,945	39,523	62,185	100,708
	주토론토(총)	43,266	2,562	7,481	53,309	73,865	127,174
	소계	70,566	13,491	15,935	99,992	147,370	247,362

캐나다 동포사회의 인적 구성 및 성분 현황을 살펴보면, 캐나다 한인의 짧은 이민 역사로 인해 현재 정치, 사회적으로 주류사회에서 현저히 두각을 나타내는 한인은 극소수에 불과하다. 다만, 이러한 짧은 이민 역사와 언어상의 차이, 그리고 소규모의 민족 구성에도 불구하고 여타 소수민족에 비해 급속한 성장세를 보이고 있다.

이들은 특히 여타 지역 한인사회에 비해 캐나다의 시민권(국적) 혹은 영주권 보유비율이 높은 편이며, 현지에 비교적 안정적으로 정착하여 중류층 이상의 생활을 영위하고 있다. 그리고 최근 한인 2세대를 중심으로 캐나다 주류사회에의 편입 및 진출도 활발히 진행 중이다.

캐나다 한인동포 사회의 현지 정치, 경제 및 사회적 지위를 살펴보면, 먼저 정치적 지위로는, 짧은 이민 역사와 낮은 인구 비중으로 인해 거주국에서의 정치적 영향력은 그렇게 크지는 않으나, 최근 들어 동포들의 정치적 참여가 증가하고 있어 점차 영향력을 확대해 가는 추세이다.

우리 한인 중에서 가장 정치적으로 두각을 나타낸 인물은 '연아 마틴(한국명: 김연아)' 상원의원을 들 수 있다. 동인은 2009년 하퍼(Harper) 보수당 총리 시절에 한인 중에서는 최초로 캐나다 상원의원(종신제)에 임명된 인물이다. 그녀는 이른바 1.5세대 한인으로서, 한국에서 출생하였으나, 1976년 초등학교 5학년 당시 부모를 따라 캐나다 밴쿠버로 이주해 갔다. 그리고 밴쿠버에서 대학을 졸업한 후 중학교 교사로 활동하다 시 교육위원회 활동을 하면서 교육 전문가로서 캐나다 보수당의 하퍼 총리에 의해 발탁되어 최초의 한인 캐나다 상원의원이 되었다.

이 외에도 이민 1.5세대와 2세대를 중심으로 변호사, 회계사, 음악가, 연예인(산드라 오), 극작가(인스 최) 등 차세대 전문가 그룹이 형성되는 등 캐나다 주류사회에서 열심히 활약 중이다.

경제적 지위에 있어 크게 두각을 나타낸 인물은 없으나, 이민 초기인 50~60년대보다는 소득 수준이 점차 향상되고 있고, 대부분 중류층 수준으로 비교적 안정적 생활을 영위하고 있다. 캐나다의 국내 경제 특성상 한인들도 주로 가족 단위의 중, 소규모 상업에 종사하고 있다.

사회 문화적 지위에 있어서, 기존의 제1세대의 경우는 언어 장벽과 관습의 차이, 그리고 사고방식의 이질성 등으로 인해 비교적 모국인 한국에 대한 유착 현상이 강한 모습을 보인데 반해, 동포 2세의 경우는 캐나다에서 출생하고 성장하면서 한국과의 연대는 거의 없고 현실 정주의식이 강함과 동시에 현지 주류사회에의 진출을 도모하며, 특히 문화, 예술, 체육 분야에서 두각을 나타내고 있다.

2016년부터 2021년까지 약 5년간 캐나다 방송 매체에서 인기리에 방영된 주말 드라마 "김씨네 편의점(Kim's Conveniences)"은 캐나다에서 큰 인기리에 방영된 작품이기도 하다. 이 작품은 캐나다로 이주한 초기 한인 가정이 조그만 편의점을 운영하면서 느끼게 되는 각종 애환과 에피소드를 해학적으로 풀어낸 작품으로서, 동 작품의 감독을 맡은 인스 최(한국명: 최인섭)는 제2세대 한인으로서 캐나다 방송계에서 작품 활동에 두각을 나타내고 있는 중이다.

3 캐나다 동포 사회의 발전 방안

캐나다 동포사회는 여타 한인 사회에 비해 여전히 발전 가능성이 높은 편이라 할 수 있다. 우선 한인들의 성분 구성이 이질적이지 않고, 또한 대부분의 가정이 가족 중심의 중류층 이상의 안정적인 생활을 영위하고 있어 앞으로 2~3세대를 중심으로 발전 여지가 더욱 큰 동포사회로 여겨진다.

다만 한인 동포사회가 안정적 생활을 유지하는 가운데 거주국 내에서 정치적 영향력을 잘 발휘하기 위해서는 차세대 동포(2~3세대)에 대한 정부 차원의 적극적 지원이 긴요한 실정이다.

2019년에 밴쿠버 지역구 하원의원 선거에 출마한 넬리 신(한국명: 신윤주)의 경우도 한인으로서는 최초의 하원의원 선거에 도전했으나 실패한 후, 차기 선거를 기다리는 등 제2세대 동포를 중심으로 현재 캐나다 상, 하원 등 정치권 진입을 꾸준히 시도 중이다.

현재는 연아 마틴 상원의원이 한·캐 양국 정치 관계는 물론 차세대 정치 입문자를 대상으로 이들의 역량 강화를 위해 적극 노력하고 있으나, 여전히 역부족이며 따라서 우리 정부 차원의 실질적, 구체적인 지원방안을 마련, 지원해 나갈 필요가 있다고 본다.

둘째는, 동포사회의 제1세대와 제2, 3세대 간의 원활한 소통 문제이다. 한인사회가 점차 복잡, 다양화됨에 따라 동포 1세대와 2~3세대 간의 세대 간 격차 문제가 발생하고 있다.

특히 제1세대들은 초기에 캐나다로 이주해 와서 언어 장벽이나 관습 차이, 사고방식의 이질성 등으로 여전히 모국과의 관계성이나 정체성이 강한 데 반해, 제2~3세대들은 현지에서 출생하여 유년기와 청년기를 모두 현지에서 성장하여 현지 문화에 잘 적응하고 있으나, 반면 모국에 대한 정체성은 그렇게 크지 않아 세대 간 소통과 결집을 이루는데 어려운 점이 많은 편이다. 이에 따라 동포 2세들의 한민족 자긍심 고취와 정체성 함양에 큰 문제가 대두되고 있다.

물론 모든 차세대 동포에게 해당되지만, 차세대 동포들이 한민족 네트워크에 적극 참여함으로써, 글로벌 한민족 네트워크를 통해 소통을 강화하고 세대 간 격차를 해소하여 한민족 정체성을 함양할 수 있다고 보는 바, 차세대 동포들의 네트워크 참여 방안을 적극 마련하는 것도 이러한 문제를 해소하는 하나의 대안이 될 수 있다고 본다.

제3절 중남미 재외동포 사회의 형성과정 및 실태

1 중남미 동포사회의 형성 과정

한인의 이주 역사상 중남미로의 이민 과정은 다음과 같이 3단계로 나누어 설명될 수 있다. 먼저 제1기는 1905년 멕시코의 에네켄 농장 이민을 시작으로 1921년 일부가 쿠바로 재이주해 간 시기(1903-1956), 제2기는 1963년 브라질로의 농업 이민을 시작으로 아르헨티나, 파라과이, 볼리비아 등으로 집단 및 기획 이민이 이루어진 시기(1963-1980), 제3기는 1980년대 이래 가족 초청, 투자 이민 등에 의해 중남미 한인사회가 새로운 성장 단계를 맞이하게 된 시기(1981-현재) 등으로 구분하여 형성되어 왔다고 볼 수 있다.

가) 제1기: 멕시코의 에네켄 농장 및 쿠바 재이민(1903~1956)

중남미로의 최초 이민은 멕시코 에네켄 농장으로의 노동 이민에서 비롯되었다. 당초 1903년에 하와이 사탕수수 농장으로의 한인 이민이 이루어졌으나 1905년 일본 정부의 강압에 의해 중단되면서, 대체 지역으로 멕시코 에네켄 농장으로의 노동 이민이 고려되었다. 이 멕시코 노동이민은 하와이의 경우와는 달리 '개인 중개업자'에 의해 이루어졌던 것으로, 우리 한인의 중남미 지역 최초의 노동 이민으로 기록된다.

원래 '에네켄'이란, 용설란(龍舌蘭, agave)과 식물의 일종으로서 주로 노끈, 밧줄, 가방, 기타 생활용품을 만드는 섬유의 원료로 쓰이며, 멕시코와 라틴아메리카 지역이 원산지로 알려졌다.

과거 마야인들은 이 에네켄을 자급자족용 필수용품으로 간주하여 여기에서 섬유를 추출하여 노끈, 밧줄, 가방 등 생활용품을 만들어 사용했다 한다. 그러다가 19세기 중반 밀 생산이 급증하면서 밀을 포장하는 포대용 밧줄 수요가 증가하자, 멕시코 정부는 자국의 경제 발전을 위해 이 에네켄 산업을 국가 산업으로 적극 육성하기 시작했다. 다만, 이 에네켄 산업은 노동집약형 산업이었기 때문에 많은 노동력이 필요했고, 이러한 이유로 멕시코 원주민 외에도 전 세계 각지에서 적지 않은 외국인 노동자들이 유입되어 멕시코에서 일하고 있었다.

우리 한인의 경우도, 1905년 개인중개업자의 소개로 멕시코의 에네켄 농장의 계약 노동자로 송출되었다. 최초 약 1,033명의 한인들이 1905년 4월 인천항을 떠나 유카탄 반도에 위치한 메리다 항구에 도착했다. 도착하자마자 이들은 약 20여 개의 에네켄 농장에 분산되어 계약노동자로 일을 했다.

하지만 도착한 직후의 근로 여건은 아주 열악하기 짝이 없었다. 말로만 계약 노동자였지 실제로는 노예와 같은 생활을 4년 계약 기간 동안 참아 내야 했다. 이들은 베라크루스, 유카탄, 메리다 등지 약 20여 곳에 분산되어 근무하며, 하루에 약 2,500개의 에네켄 잎을 자르고 풀을 제거해야 했었는데, 노동 여건이 하와이 농장보다 훨씬 열악한 상태였다.

즉, 이들의 노동은 마치 노예와 같은 가혹한 계약 노동이나 마찬가지였다. 만일 계약 조건을 지키지 못하면 벌금을 임금에서 차감했고, 계약이 만료되었을 때는 기대했던 돈을 모으지 못한 채 대부분 실업자로 전락했다.

당시의 기록에 의하면, 전체 한인 중 약 140명이 농장을 탈출했고 49명이 사망했다고 한다. 일부 소수 탈출자들은 미국으로 건너가거나, 다시 조선으로 귀국하기도 했다. 하지만 대부분은 계약이 만료되는 시점을 기다려 계약이 만료되자마자 인근 지역으로 흩어져 어려운 생활 속에서 새로운 분야를 개척하며, 현지에 정착해 갔다.

이 에네켄 농장의 노동자들이 오늘날 '멕시코 제1세대 한인 동포사회'를 형성하게 되었으며, 이들이 이른바 '멕시코 한인 이주의 상징'으로 일컬어지고 있다.

쿠바 재이주 이민

한편, 생활고에 시달리던 이들 중 약 288명은 쿠바 지역으로 재이주를 시도했다. 이들은 1921년 3월 멕시코 유카탄 반도를 떠나 쿠바의 라스뚜나스 지방의 마나티 항에 도착했다.

이들이 쿠바로 유입하게 된 배경은 외국인 노동력에 대한 수요 때문이었다.

1910~20년 당시 쿠바는 미국인들이 들어와 사탕수수 농장을 개척하며 사탕수수 산업이 활성화되었다. 이로 인해 현지 노동력이 부족하자 외국인 노동자들을 적극 유치했다. 쿠바 농업의 전성기였던 1902년과 1920년 당시 중국, 유럽, 남미 국가로부터 유입된 외국인 노동자 수만도 100만 명에 달하였다 한다.

1921년 멕시코에서 쿠바로 이주해 간 한인들도 이런 외국인 노동자의 한 부류에 속했다. 그러나 이들이 쿠바에 도착했을 때에는 국제 설탕 가격이 이미 폭락하여 사탕수수 농장에서의 일자리가 줄고 임금도 크게 하락하던 상황으로 변모했다. 결국 한인들은 처음에 의도했던 농장에서 일하지 못하고 주변 지역에서 잡역 노동자로 생계를 꾸려 나갈 수밖에 없었다.

이후에도 쿠바 한인들의 생활은 결코 나아지지 않았다. 1933년에 집권한 바티스타 혁명 정부는 1929년부터 발생한 세계 대공황 극복을 위해 자국의 하층 노동자들에게 유리한 보호주의 정책을 추진했다. 그러면서 외국인 노동자들에게는 취업을 금지하는 외국인 취업금지 조치를 단행했다.

이어 1946년에 그라우 산 마르틴 정부에 들어와서도 국수주의 정책은 더욱 강화되면서 외국인의 노동 상황은 더욱 심각해졌고, 이를 해결하기 위해서는 한인들이 쿠바 국적을 취득할 수밖에 없었다.

1940년에 헌법이 개정되어 쿠바 태생이 아닌 외국인도 국적 취득을 할 수 있게 됨에 따라 1946년부터 많은 한인들이 대부분 쿠바 국적을 취득하였다.

이들의 쿠바 국적 취득은 곧 국내 취업이 가능해짐을 의미하는 것이었으며, 이때부터 이들은 쿠바에서 보다 안정적인 생활을 영위할 수 있게 되었던 것이다.

그러나 이들 한인들은 쿠바 국적을 취득하면서 현지 문화에 빠르게 동화되어 갔고, 점차 한인으로서의 정체성도 잃어가게 되었다. 1951년 당시 쿠바의 한인 인구는 약 400명 정도였는데, 이 중에서 쿠바 태생은 약 250여 명이었다고 한다. 이렇게 이민 2, 3세들이 점증해 가면서 이들의 한인 정체성은 더욱 약화되어 갔고, 특히 한인사회의 관련 조직들도 점차 사라져갔다.

더욱이 1959년 카스트로 정권에 의한 쿠바 공산화혁명이 성공하면서 남한 등 서방국가와의 관계가 단절되었고, 한국과의 관계는 물론 미국 및 중남미 한인사회와의 교류도 중단됨에 따라 결국 쿠바 한인들은 한민족으로서의 정체성 의식과 전통적인 한인 문화까지도 상실해 가는 결과를 초래했다.

소수의 조선인 브라질, 아르헨티나 이민

이와는 별도로 1920년대 일제 치하에서 8명의 한인(일본국적 보유)이 브라질로 노동 이주해 온 경우도 있었다. 당시 일본 정부는 외화 획득을 목적으로 브라질의 커피 농장으로 일본인 노동자(日系人)를 대거 이주시켰는데, 이 일본인 집단에 포함되어 한인들이 브라질로 이민해 왔던 것이다.

당시 이 일본의 이민 집단에 포함된 한인 '김수조'는 1920년대 후반에 일본의 '모범 케이스' 이민으로 온 4명의 독신자 중의 한 명이었으며, 동인은 특히 1963년 우리 정부가 브라질로의 집단 농업 이민을 보낼 당시, 중개 역할을 담당하며, 이들의 브라질 이민을 도왔던 장본인이기도 했다.

또한 1956년에는 한국전쟁 당시 유엔군 포로로 잡혀 인도에 수용되어 있던 한인 반공포로들이 한국으로 송환되기를 원치 않고 중립국인 브라질과 아르헨티나로의 이민을 희망함에 따라 브라질에 50명, 아르헨티나에 7명이 이주하여 현지에 정착하기도 했다.

나) 제2기: 해외이주법 제정에 의한 집단 농업 이민(1963~1980)

1960년대에 들어 중남미 지역으로의 한인 이민은 정부의 지원 아래 본격적인 집단 이민이 이루어졌다. 1963년 브라질로의 농업 이민은 한국 정부에 의한 최초의 집단 이민 형식을 띠었다.

우리 정부는 1962년 '해외이주법'을 제정하여 잉여인구를 외국으로 내보냄으로써 인구 압력을 줄이는 동시에 경제 개발을 위한 외화 획득을 목적으로 노동력을 해외로 송출할 필요가 있었다. 이에 반해, 브라질과 아르헨티나 정부는 오히려 외국의 노동력을 적극 유치하여 이들을 통해 광대한 황무지와 농토를 개발하여 국내 경제를 발전시키길 희망했다.

따라서 1960년대의 농업 이민은 송출국과 수용국 간의 이해관계가 서로 일치함에 따라 이루어진 '최초의 기획 이민'형태였다.

최초의 브라질 농업 이민은 1962년 12월 말 제1차 브라질 이민단이 부산항을 출발하여 1963년 2월에 브라질 산토스항에 도착했다. 이후 브라질로의 이민은 1966년 제5차 이민단까지 이어지면서 총 193세대가 브라질에 정착했다.

브라질 이민에 이어 아르헨티나, 파라과이, 볼리비아 등지 농장으로도 집단 이주가 확대되어 이루어졌다. 아르헨티나로의 이민은 1962년 정부로부터 리오네그로주의 라마르께 지역에 약 400헥타르에 달하는 개간지를 무상 임대 받는 형식으로 진행되었는데, 1965년 10월 라마르께 영농 이민단 1진 13세대 78명이 부에노스아이레스에 도착했다.

파라과이 농업 이민은 한국의 이민 사업가 '이관복'이 당시 파라과이 정부의 실권자와의 개인적 친분을 토대로 150여 명 분의 이주 허가를 받아내면서 시작됐다. 이들도 1965년 2월 농업 이민 1진 30세대 95명이 부산항을 출발하여 아순시온 항에 도착했다.

이들의 현지 근로 여건 또한 상상 이상으로 열악했다. 더군다나 대부분의 이민자들은 정부의 엄격한 심사에 의해 선발되었으나, 농업에 대한 사전 지식이나 경험이 없는 등 고학력자들이 주를 이루었기에 현지에 정착한 이후 황무지 개간 등 열악한 환경에 쉽게 적응하지 못하였다.

결국 이들은 최초 4년 계약을 마친 후 곧바로 상파울루, 부에노스아이레스, 아순시온 등과 같은 대도시로 재이주했다. 대도시로 이주한 한인들은 처음에는 행상, 의류 수선, 방문 판매업 등 단순노무 일자리를 찾아 종사하다가 나중에는 점차 안정적인 봉제업을 차리기 시작했다. 이 봉제업도 처음에는 동네 바느질처럼 하청 봉제업 위주로 운영해오다가 나중에는 점차 자체 생산과 판매 구조를 갖춘 중소기업으로 변모해갔다.

이 봉제업은 중남미 대부분 지역에서 한인들이 가장 많이 관장하는 사업 분야이기도 했다. 1980년대에는 신규 한인 이민자들이 자본과 기술력을 가지고 중남미 지역에 진출하면서 이들과의 협업을 통해 한인의류업이 질적으로 성장하게 되었고, 이를 기반으로 전문의류 상가로의 진출도 본격화되었다.

현재 브라질에서는 브라질 의류 생산의 40%를 한인들이 차지하고 있고, 아르헨티나에서도 의류 산업 분야에서 원단 제조, 봉제, 도매업과 소매업 등 모든 공정에 이르기까지 한인들이 모두 담당함으로써 한인들 간의 수직적, 수평적 분업체계가 형성될 정도로 동 분야에서 경쟁력을 갖추게 되었다.

다) 제3기: 1980년대 새로운 단계의 중남미 투자 이민(1981~현재)

1980년대 중반부터 1990년대 전반기에 걸쳐 멕시코는 중남미 한인사회의 중심지로 부상했다. 1987년 멕시코 정부가 '무역 자유화' 조치를 실시하고 또한 미국이 중남미 국가들에 대한 관세 혜택을 부여하면서 멕시코의 한인사회는 크게 확장해 갔다.

특히 당시 멕시코 대우지사에 파견되었던 일부 직원들이 독립하여 섬유 무역과 의류 산업에 뛰어들었고, 이에 더해 에콰도르에서 이주한 한인 이민자들도 자본과 사업 경험을 바탕으로 의류업에 참여하면서 멕시코 한인 사회는 의류업의 새로운 메카로 등장했다. 이때부터 한국의 저가 물건인 의류, 신발, 액세서리 등을 수입하는 소규모 무역이 급증하였고, 1990년대 전반기까지 멕시코 한인사회의 경제는 최고조에 달했다.

2000년대에 들어와 아르헨티나, 브라질, 파라과이 등 남미 국가에서 경제 위기가 가속화되면서 동 지역의 한인들도 멕시코로 재이주해 갔다. 이들은 멕시코에 도착하여 의류 도매업을 시작했고 식당, 식품점과 같은 일부 서비스 업종에도 참여했다. 다만, 이후 브라질과 아르헨티나 등 남미 경제가 다시 회복되면서 멕시코로 유입하는 한인 수는 줄어 들었고, 한인사회도 점차 안정을 되찾아갔다.

2 중남미 동포 사회의 규모 및 현 실태

2023년 말 현재 중남미 지역 국가에는 약 102,751명의 한인이 거주하고 있는 것으로 나타났다. 이들은 미국이나 캐나다 동포와는 달리 현지 시민권을 가진 외국국적 동포는 40,296명에 지나지 않고, 대신 재외국민이 약 62,455명으로서 우리 국민으로서 현지에 장기 체류하거나 영주권을 취득하는 경우가 훨씬 많은 경우이다.

이는 곧 해외로 이주해 갔을 때, 한국의 국격과 높은 대외 위상에 따라 현지 국적을 취득하기 보다는 '재외국민'으로서 생활하는데 전혀 불편함을 느끼지 못했기 때문일 것이다.

각 국가별 현황을 살펴보면, 중남미 지역에서는 브라질이 47,544명으로 가장 많이 거주하고 있고, 이어 아르헨티나에 23,089명과 멕시코에 13,158명으로 각각 2, 3위를 차지하고 있다. 다음으로는 과테말라(5,629명), 파나마(4,348명), 칠레(2,348명) 순으로 분포되어 거주하고 있다.

이들 중 브라질이 약 3만 명, 아르헨티나 약 8천 명의 외국국적 동포(현지 국적 취득자)를 제외하고는 대부분이 '재외국민'으로서 현지 지·상사 주재원, 자영업 및 투자업체 직원, 혹은 유학생 등 신분으로 장기 거주하고 있음을 알 수 있다.

| 도표 16 | 중남미 지역 동포사회의 체류자격별 현황

	재외국민				외국국적 동포(시민권자)	총계
	영주권자	일반 체류자	유학생	계		
총계	52,704	9,452	297	62,455	40,296	102,751
과테말라	4,719	897	13	5,629	0	5,629
그레나다	0	1	72	73	0	73
니카라과	603	79	0	682	23	705
도미니카공화국	234	340	0	574	55	629
멕시코	7,200	4,870	98	12,168	990	13,158
베네수엘라	97	27	0	127	21	145
볼리비아	**421**	**30**	**10**	**461**	**37**	**498**
브라질	16,610	301	25	16,936	30,608	47,544
아르헨티나	14,574	400	2	14,976	8,113	23,089
에콰도르	483	101	0	584	36	620
칠레	1,992	261	0	2,253	92	2,345
코스타리카	173	148	0	321	39	360
콜롬비아	325	594	42	853	4	857

	재외국민				외국국적 동포 (시민권자)	총계
	영주권자	일반 체류자	유학생	계		
쿠바	**12**	**14**	**3**	**29**	**3**	**32**
파라과이	3,927	289	9	4,225	123	4,348
페루	630	594	0	1,224	6	1,230

앞으로도 중남미로의 한인 이민은 비록 소규모이겠지만 꾸준히 증가, 확대될 가능성이 많다고 본다. 예컨대, 최근 개정된 멕시코, 미국, 캐나다 간에 맺은 북미자유무역협정(USCMA), 한·칠레 FTA 협정(2004), 한·페루 FTA 협정(2011), 한·콜롬비아 FTA 협정(2016), 한·중미 5개국 FTA 협정(2021) 등이 이미 체결, 발효되어 한국과 보다 안정적인 경제 협력이 이루어질 것으로 예상되며, 특히 2010년 이래 중남미 국가들의 경제 상황이 전반적으로 호전되고 있어 앞으로도 한국인들의 중남미 진출은 더욱 확대될 것으로 예상된다.

또한 현지 이민 1.5세와 2세들도 거주국의 주류사회에 꾸준히 진출하면서 한인사회가 보다 안정적인 이민 공동체로 정착할 가능성이 높다는 점도 향후 동포사회가 더욱 발전할 가능성을 보여주는 요인이기도 하다.

이런 낙관적인 기대와 희망에도 불구하고 중남미 한인사회는 여전히 극복해야 할 과제들이 산재해 있다.

가장 중요한 문제는 우리 한인들이 중남미로 이민할 경우, 이들 국가들을 최종 정착지로 여기지 않고 미국과 같은 선진국으로의 재이주를 위한 '일종의 경유지'로 여긴다는 점이다. 이렇게 되면, 중남미 지역을 '중간 거점지' 혹은 '임시 거주지'로 생각하여 현지 사회와의 유대도 없고 다른 지역으로 재이주할 기회만 노리게 되어 현지 한인사회도 발전하기 어렵다는 점이다.

따라서, 앞으로 중남미 지역으로 이주할 경우, 현지 사회를 최후의 보루이며 자신들의 중요한 터전으로 인식하고, 특히 거주국 사회가 발전하도록 애착을 갖고 살아감과 동시에 현지 주류사회와도 적극 소통하면서 그 나라 발전에 적극 기여하는 자세와 노력, 인식 등이 필요하다고 본다.

쿠바 한인의 대부-임천택

1. 의의

임천택은 일제강점기 쿠바에서 대한인 국민회 카르데나스지방회 회장, 마탄사스지방회 고문 등을 역임한 조선 교민이자 독립운동가였다. 그는 멕시코와 쿠바로 이민하여 살면서 대한인국민회(大韓人國民會)를 중심으로 한인들에 대한 교육활동에 힘썼으며, 특히 쿠바 한인의 민족 정체성 확립과 함께 조국의 독립 운동에 헌신하였다.

2. 생애

경기도 광주 출신으로, 2살 때인 1905년 4월에 어머니를 따라 멕시코 유카탄(Yucatán)으로 이민을 갔다. 그 뒤 에네켄(henequén) 농장에서 일하다가 1921년 3월에 다시 쿠바로 건너가서 마탄사스(Matanzas)에 정착했다. 동년 6월 마탄사스에서 대한인국민회 쿠바지회(Cuba地方會)가 설립되자 서기로 활동하였으며, 이후 1942년에는 마탄사스지방회의 고문으로 추대되기도 했다.

3. 민족 교육 및 정체성 활동

1922년 11월 민성국어학교(民成國語學校)가 설립되었는데, 이곳에서 교사를 맡아 한인 2세의 민족교육에 힘썼다. 그 뒤 1929년에 카르데나스(Cardenas)로 이주하여 다음 해부터 대한인 국민회 카르데나스지방회 회장으로 활동하며 진성국어학교(進成國語學校) 교장을 맡았다. 1932년 마탄사스로 다시 돌아온 뒤에는 민성국어학교 교장으로 활동하며 청년학원(靑年學院)을 설립했다. 이 청년학원은 12세 이상의 한인 청소년에게 조선의 역사와 문화를 가르쳐, 한인 청년들을 장래 한인 사회의 지도자이자 독립한 조국의 건설 일꾼으로 육성하려 했다. 또한 1938년에는 마탄사스에서 창설된 대한여자애국단(大韓女子愛國團)고문으로도 추대되어 쿠바 한인 여성들이 독립운동에 조직적으로 참여할 수 있는 길을 열어 놓았다.

1943년 쿠바의 중심지인 아바나(Habana)에서 아바나지방회, 마탄사스지방회, 카르데나스지방회 등 3곳의 지방회 대표가 모여 '재큐바 한족단'을 발족할 때도 주요 인물로 참여하였다. 이를 통해서 대일항전을 전개하려는 쿠바 정부에게 한인의 신분 보장, 일본에 대한 공동 항일전쟁 수행 등을 요구하였고, 중국 충칭[重慶]의 대한민국임시정부를 지원하였다.

특히 10여 년 동안 『신한민보』 통신원으로 일하면서, 쿠바 한인의 사정을 국내외에 알리기도했다. 1931년에 대한민국임시정부와 연락한 것을 계기로, 임시정부의 『공보』를 비롯하여, 중국에서 발행된 『한민』,『한청』등의 잡지를 쿠바 한인 사회에 배포하며 독립운동을 도왔다. 1941년 4월부터는『신한민보』에 「쿠바 재류동포의 이주 20년 역사」를 게

재하였다. 1954년 2월에는 이 글을 묶어 쿠바 한인의 역사를 처음으로 체계적으로 정리한 『큐바이민사』를 태평양주보사에서 발간하였다.
1997년 8월에 쿠바 한인으로는 처음으로 대한민국 건국훈장 애국장을 받았다.

* 출처: 임천택(林千澤) - 한국민족문화대백과사전, 쿠바한인사, 임천택 (aks.ac.kr)

캐나다 재외동포의 선도자 - 제임스 게일과 올리버 에비슨

1. 제임스 게일

제임스 게일(James Scarth Gale, 奇一, 1863~1937)은 캐나다 장로교 선교사이자 신학박사 및 한국어 학자이다. 1900년 종로 5가에 소재하고 있는 연동교회의 제1대 담임목사로 부임하였다. 본래 캐나다의 온타리오주에서 출생하여 1888년 토론토 대학교를 졸업 후, 토론토 대학교 YMCA의 지원으로 조선 선교사가 되었다. 이는 당시 미국의 평신도 설교자였던 드와이트라이먼 무디와 아서 태펀 피어선 박사의 주도로 만들어진 학생자원운동(SVM)의 영향이었다. 1889년 황해도 해주 지방과 경상도 지방에서 전도하며 대한성서공회에서 성서를 한글로 번역했고, 1890년 예수교 학당에서 영어를 가르쳤다. 1892년 성서 번역에 참여하여 마태복음서, 에베소서등 신약성서 중 일부를 번역했다. 1897년에는 한국 최초의 〈한영 사전〉을 간행하였으며 〈신·구약 성서〉와 〈천로 역정〉을 한국어로 발간했다.

그는 또한 연동교회의 1대 담임목사였다. 연동교회는 조선 말기인 1894년에 설립된 교회로서, 이 교회가 설립한 연동소학교는 오늘날 정신여자고등학교의 전신이 되었다. 1900년에 제임스게일이 이 교회 초대 담임목사로 부임해 왔고, 이후 본격적으로 교회가 발전하기 시작했다.

또한 한국인의 교육을 장려하기 위하여 이원긍·유성준·김정식과 한국 교육기관의 효시인 '교육협회'를 창립했다. 또 〈춘향전〉 〈구운몽〉 등을 영역하여 한국의 언어·풍습 등을 세계에 널리알리기도 했다. 왕립 아시아 학회 한국부회 간사를 역임하였으며, 1928년 은퇴한 후 영국으로 건너가 그 곳에서 사망했다.

2. 올리버 에비슨

올리버 R. 에비슨(Oliver R. Avison, 어비신(魚丕信), 1860~1956)은 캐나다 선교사이자의사로서, 1893년부터 1935년까지 한국에서 체류하며 활동했다. 제중원의 제4대 원장, 세브란스 의학전문학교와 연희전문학교 교장을 역임하며, 오늘날 연세대학교의 기틀을 마련했다.

그는 1860년 영국 요크셔에서 태어나 1866년 캐나다로 이주하였다. 1879년 오타와의 고등사범학교를 졸업하였고, 이후 토론토의 온타리오 약학교 졸업 후 교수로 활동하다. 1884년 토론토 대학교 의과대학에 편입하여 1887년 6월에 졸업했다

1893년 조선에 도착한 후 제중원 원장으로 취임하였으며, 제중원 신축을 위해 기부금을 낸 미국인 사업가 루이스 헨리 세버런스(Louis H. Severance) 이름을 따서 세브란스 병원(Severance Memorial Hospital)으로 변경하였다. 이 제중원 의학교는 세브란스 병원의학교로 불리게 되어 1908년 에비슨에 의해 조선 최초의 면허 의사인 첫 졸업생 7명이 배출되었다. 이후 세브란스 의학교는 세브란스 연합의학교, 세브란스 연합의학전문학

교로 명칭이 변경되었고, 1916년 교장인 언더우드가 사망하자 부교장이었던 에비슨이 교장으로 취임하였다. 동 학교는 1917년 사립 연희전문학교로 인가를 받았고 오늘날 연세대학교의 전신으로 자리 잡았다.

* 출처 : 위키피디아 백과사전, 제임스 게일, 올리버 에비슨

중남미 한인 이민의 역사적 과정

최초의 중남미 한인 이민은 1905년 멕시코 에네켄 농장으로의 이주이다. 당시 조선에는 1902년 하와이 한인 계약이민에 대한 긍정적 분위기가 형성되어 있어 이민을 희망하는 조선인들이있었고, 멕시코는 유카탄(Yucatán) 반도의 에네켄 농장에서 일할 노동력이 부족했기 때문에 외국인 노동자를 대거 받아들여 노동력 부족을 해소하려 했다. 일본 이민회사는 4년 계약조건으로 조선인 이민을 모집했고, 하와이 이민처럼 풍족하게 살 수 있다는 기대감에 1,033명의 조선인들이 계약서에 서명했다. 하지만 멕시코 농장에서의 생활은 노예와 다름없었고, 4년 노동계약이 종료되었을 때는 귀국 비용도 마련하지 못할 만큼 빈곤하였다. 뿐만 아니라 1910년 멕시코 혁명으로 집권한 혁명 세력이 외국인노동자에 대한 부정적 시각을 가지면서 농장주들이 한인 고용연장을 꺼렸고, 일자리를 잃은 한인들은 생존을 위해 멕시코와 쿠바 등으로 이주했다.

1921년 유카탄 반도의 한인 288명이 일자리를 찾아 쿠바로 이주했으나 사탕수수 산업이 불황을 맞으면서 쿠바에서의 생활도 멕시코와 다르지 않았다. 조선을 떠나온 멕시코와 쿠바 거주 한인들은 그사이 나라를 잃었지만 일본 재외국민 등록을 거부했다. 또한 경제적 곤궁에도 불구하고 독립자금을 모금해 임시정부와 북미 국민회에 송금하고, 한글학교를 설립하여 2세들을 교육하는데 힘썼다. 그러다가 1946년 쿠바 국적 취득이 가능해지고, 1959년 쿠바 공산혁명이 성공하면서 조국과의 교류가 단절되자 쿠바 사회에 동화되어 갔다.

이와는 별도로 일제 강점기에 일본 국적의 조선인이 일본인 이민단에 포함되어 브라질과 아르헨티나에 이주하기도 하였으며, 1956년에는 55명의 반공포로들이 브라질에 도착했고, 1957년에는 12명이 아르헨티나에 입국하여 정착했다. 이념 대립과 전쟁 공포가 없는 중립국을 희망한 반공포로들을 받아주는 국가는 브라질, 아르헨티나, 인도뿐이었기 때문이었다.

이처럼 중남미의 한인 이민은 멕시코 유카탄 반도 에네켄 농장 이민에서 시작하여 쿠바를 비롯한 중남미 국가로의 재이주, 일본 국적의 한인 이민, 반공 청년의 브라질과 아르헨티나 이주를 통해 중남미 전 지역으로 확산되었다.

한편, 1962년 제정된 해외이주법에 의한 최초의 이주는 1963년의 브라질 이민이다.

이 시기 중남미 이민은 국가 주도의 대규모 농업 이민이었다. 정부가 직접 이민단을 모집하고, 경작할 토지를 매입하여 '농업 이민단'을 파견하였던 것이다. 그러나 브라질, 아르헨티나, 파라과이에 대규모로 송출된 이민자들은 대부분 농업 이민에 실패하였고, 정착하려던 농장을 떠나 도시로 이주하거나 다른 국가로 재이주하여 한인사회를 형성하였다.

빈곤했던 한인들은 가내수공업 형태로 봉제 일을 시작하였고, 1970-80년대 기술이민자들의 유입과 투자 환경 변화의 영향으로 의류업은 크게 성장하였다. 현재는 중남미 거주 한인 대부분이 원단 및 의류 제조, 의류 도소매 등의 의류업에 종사하고 있고, 의류시장 점유율도 상당하다.

즉, 1960년대 정부가 해외이주법 제정 후 첫 공식 이민으로 브라질을 선택한 이유는 당시 미국이 이민자 수를 제한하였기 때문이었다. 반면 농업 인구가 부족했던 브라질은 외국인들의 농업 이민으로 노동력을 확보하려 했다. 양국의 이해가 일치하게 되자, 한국 정부는 최초의 농업 이민단을 송출하게 되었고, 1963년 2월 제1차 한인 영농이민단 103명을 태운 배 한 척이 상파울루 인근 산토스 항에 도착했다. 그러나 제1차 영농이민단은 정착 과정에서 큰 어려움에 부딪혔는데, 그들이 도착했을 때 브라질 현지 브로커 김수조는 정착지를 매입하지 않은 채 이민단을 받았고, 살 곳이 없던 제1차 이민단은 흩어졌다. 제2-4차 이민단도 농업에 실패하여 상파울루로 옮겨 정착했는데, 이들의 이민 목적은 한국 출국 자체였고, 농사 경험이 없는 고졸 이상의 중산층들이 대부분이었다(김기현 2017, 447). 도시로 이주한 한인들은 우선 적은 자본으로도 가능했던 의류 봉제업을 가내수공업 형태로 시작했다. 또한 볼리비아에서 의류사업을 하다 브라질로 이주한 한인들이 상파울루에 정착하면서 한인들의 의류사업 종사가 급격히 늘었다.

이렇게 한국의 농업 이민단이 브라질 정부와 체결한 농업 이민 3년 계약을 채우지 못하고 도시로 이주해 버리자 1969년 브라질 정부는 한인 농업 이민을 금지하였다. 이에 한국 정부는 1971년 외무부 산하 한국해외개발공사를 통해 1,400명의 기술 이민자들을 파견하였고, 이들의 입국으로 한인들의 의류 제품 생산은 보다 체계화되기 시작했다. 즉, 이들 기술 이민자들은 1970년대 당시 남대문이나 동대문에서 의류업에 종사한 경험이 있던 상인들이었기 때문에 이 중남미 지역의류업의 질적인 발전을 이룰 수 있었다. 이후 1990년대에 이르러 한인의 90%가 의류 제조나 판매업에 종사하였고, 2000년대 들어서도 약 70%가 의류 관련 사업에 종사하게 되었다.

* 출처: 민족연구 72호 특집, 재외동포정책 20년, pp. 74~78.

제11장

유럽 및 중동, 아프리카 지역 재외동포 사회

제1절 유럽 재외동포 사회의 형성 과정 및 실태

유럽 지역의 한인 이주 과정은, 지역적으로 크게 4가지 유형으로 구분하여 설명될 수 있다. 먼저 독일, 스위스, 오스트리아 등지의 중유럽 지역, 영국, 프랑스, 스페인, 이탈리아 등 서유럽 지역, 그리고 스웨덴, 노르웨이, 핀란드 등 북유럽 지역과, 마지막으로 폴란드, 체코, 헝가리 등지의 중동부 유럽 지역으로 나눌 수 있는데, 이들 각 지역의 한인 이주 과정 및 주요 특징을 살펴보면, 다음과 같다.

첫째는 독일, 오스트리아 등 중부유럽 지역이다. 이곳은 1960년대 우리 정부가 독일 지역으로 광부와 간호사를 파견함으로써 이들 한인 가족들이 유럽 최초로 한인사회를 형성한 바 있고, 이후 인근 스위스, 오스트리아, 혹은 미국 등지로 재이주해 간 지역이다.

우리 정부는 1962년 제3공화국 정부가 들어서면서 '해외이주법'을 제정하여 국내의 과잉인구를 해소하는 한편, 경제 개발을 위한 외화 획득을 목적으로 해외로 노동력을 송출하고자 했다. 반면 독일의 경우도 당시 '라인강의 기적'을 일으키며 경제가 급속히 성장함에 따라 노동 인력의 부족 현상이 발생했다. 이러한 양국의 이해관계가 맞아 떨어져 한국의 광부와 간호사들이 독일로 파송되게 되었던 것이다.

독일로의 광부 파견은 1963년 '한국-독일 간 기술협정'이 체결되면서 시작되었다. 한인 노동자들은 처음 247명을 시작으로 독일 광산에의 취업을 위해 주기적으로 송출되었다. 이들은 엄격한 신체검사를 통해 선발되었고, 3년마다 인력을 교체하는 방식을 취했다. 그러나 파송된 노동자들은 대부분 도시에 거주하던 고학력층으로서 광산에서 일해 본 경험이 전무한 일반인이었다. 그럼에도 광부 파견은 계속 이어져 1977년까지 총 8,395명이 독일로 진출하였고, 이들은 계약이 종료된 이후에도 귀환치 않고 현지에 장기 체류하며 독일 한인 사회의 한 구성 부분을 이루었다.

한편 독일로의 간호사 파견은, 1965년 한국 의사 이수길씨가 한국인 간호사를 독일 병원에 취업시켰던 것이 계기가 되어 이루어졌다. 이후 독일병원협회측이 한국의 해외개발공사와 계약을 체결하여, 1969년부터 공식적으로 한국에서 간호사를 모집, 독일로 파견하기 시작했다.

당시 파견된 간호사는 1965년 18명을 시작으로 1977년까지 총 10,371명에 이르렀다. 이들도 광부와 마찬가지로 최초 3년 계약을 맺었다. 진출 초기에는 언어장벽과 문화적 차이 등으로 어려움이 많았으나 독일어를 어느 정도 습득하게 되면서 성실성과 간호 능력을 인정받아 독일병원에서 장기 체류할 수 있었다.

한편, 독일로 간 광부와 간호사들의 상당수는 결혼 적령기의 미혼자인 경우가 많았다. 그리하여 광부와 간호사들이 서로 함께 결혼하거나 독일에 유학 온 유학생, 혹은 현지 독일인과의 결혼을 통해 한인 가족을 형성하면서 '최초의 제1세대 독일 한인사회'를 형성하게 되었다. 이들 중 일부는 이후 인근 스위스, 오스트리아 등으로 이동해 거주하거나 혹은 미국의 한인사회 지역(LA, 시카고)으로 재이주하여 정착하기도 했다.

특히 독일 파견 광부와 간호사들이 돈을 벌어 고향으로 송금된 외화 자금은 당시 외화가 긴요했던 우리나라의 경제 발전에 크게 기여한 바 있다.

둘째, 영국, 프랑스, 이탈리아, 스페인 등 서유럽 지역이다. 이 지역은 주로 언어 및 학술 연구를 목적으로 유학하는 유학생, 혹은 현지에 상사 혹은 지사에서 파견되어 장기 체류하는 한인들로 한인사회가 주로 형성되어 왔으며, 이에 따라 상당수가 한국 국적을 보유한 '재외국민'들이 주류를 이루고 있다.

셋째, 스웨덴, 노르웨이, 핀란드, 덴마크 등 북유럽 지역이다. 이 중에서 한인이 가장 많이 거주하는 나라는 스웨덴(12,986명)으로서, 당초 6.25전쟁 참전을 계기로 스웨덴과 인연을 맺었던 한국인들이 이주하기 시작했던 곳이다. 특히 이 중에서도 약 9천 명 이상이 한국에서 입양해 간 입양인으로 구성되어 있다. 당초 이 지역에는 한국전쟁으로 인해 발생한 전쟁고아 4만여 명이 스웨덴 각 가정으로 입양되어 성장했다. 현재는 이들 한인 입양인이 '스웨덴의 한인 사회'의 주요 토대를 이루고 있다.

넷째, 폴란드, 체코, 헝가리 등 동유럽 지역이다. 이들 국가는 1991년 구소련 해체 직후 우리나라와 수교를 맺기 시작하면서, 상사 주재원, 유학생, 자영업자 등이 현지에 진출하여 한인사회를 이루고 있다. 이들은 특히 90년대 이후 이주해 갔기 때문에 대부분 한국 국적을 보유하고 있는 '재외국민'이 거의 대부분을 차지한다.

최근 한국과 유럽 간의 교역 규모도 점차 증가하고 있고, 이에 따라 유럽지역에 진출한 한인들의 경제 규모도 빠른 속도로 증가하는 추세이다.

특히 영국 등 서유럽 국가 외에도 중·동부 유럽 국가들에 대한 한국 기업의 진출도 가속화되고 있다. 주요 교역대상국은 한인들이 많이 거주하고 있는 독일, 프랑스, 영국, 이탈리아 등이나, 최근 들어 폴란드, 체코, 헝가리 지역에의 우리 기업의 진출도 두드러진 상황이다.

2024년 외교부 통계에 의하면, 유럽지역의 재외동포 수는 약 18만 명 정도로 추산하고 있다. 이 중에서도 한인이 가장 많이 거주하고 있는 나라는 독일(49,683명), 영국(39,097명), 프랑스(27,055명), 스웨덴(12,986명), 네덜란드(9,398명), 덴마크(8,844명) 등 순으로 분포해 거주 중이다.

| 도표 17 | 유럽 지역 동포사회의 체류자격별 현황

지역별 \ 거주자격별	재외국민				외국국적 동포 (시민권자)	총계
	영주권자	일반 체류자	유학생	계		
포르투갈	53	149	69	271	43	314
폴란드	40	4,141	147	4,328	58	4,386
프랑스	3,256	6,586	4,507	14,349	12,706	27,055
핀란드	0	935	0	935	0	935
헝가리	509	5,020	816	6,345	7	6,352
영국	**11,933**	**7,821**	**8,324**	**28,078**	**11,019**	**39,097**
오스트리아	575	1,051	494	2,120	561	2,681
스웨덴	**810**	**870**	**191**	**1,871**	**11,115**	**12,986**
스위스	688	1,495	0	2,183	1,926	4,109
스페인	2,046	1,197	514	3,757	1,017	4,774
슬로바키아	706	768	7	1,481	0	1,481
네덜란드	932	2,170	1,024	4,126	5,272	9,398
노르웨이	412	941	99	1,452	5,218	6,670
덴마크	0	700	68	768	8,076	8,844
독일	11,790	20,300	6,385	38,475	11,208	49,683
벨기에	**150**	**741**	**244**	**1,135**	**4,086**	**5,221**
이탈리아	**1,711**	**1,887**	**528**	**4,126**	**373**	**4,499**
체코	496	1,836	482	2,814	10	2,824
룩셈부르크	**83**	**104**	**6**	**193**	**653**	**846**

제2절 호주 및 뉴질랜드 재외동포 사회 실태

호주와 뉴질랜드 지역에는 현재 약 19만여 명의 한인이 거주하는 것으로 추산하고 있다. 한인의 오스트레일리아 최초 이민은 1973년 이전에는 백호주의 정책에 따라 한인 이주가 금지되었다가, 1973년 백인위주의 이민 정책이 폐지됨에 따라 가능해 졌고, 이 때부터 소수의 전문 기술자를 중심으로 이주가 이루어지기 시작했다.

그 이후 1974년 베트남 전쟁에 파견되었던 기술자 5백여 명이 귀국하지 않고 대거 오스트레일리아로 이주하면서 한인의 이주가 본격화 되었다. 이어 남미로 이민을 갔던 사람들의 일부와 서남아시아의 건설 근로자들이 호주로 재이주하여 한인 사회에 합류하였으며, 이후 1990년대부터는 입양, 가족초청, 취업, 투자 등 다양한 형태로의 이주가 급증하면서 호주의 한인사회도 급속히 확대되어 갔다.

이에 반해, 뉴질랜드의 경우 이전까지 한인 이주가 거의 이루어지지 않다가 1991년 새로운 이민법이 제정되면서 뉴질랜드로의 이주를 위한 한인 이민자들도 급증하게 되었다. 특히 2000년대 이후로는 주로 어학 등 언어 연수를 목적으로 단기 체류를 위해 이주하는 청소년, 유학생 등도 증가했다.

현재 외교부의 재외동포 통계에 의하면, 호주에 159,771명, 뉴질랜드에 약 31,810명의 한인이 거주 중인 것으로 나타났다. 호주의 경우 호주 시민권을 취득한 외국국적 동포가 83,133명인데 반해, 영주권을 갖거나 장기 체류 중인 재외국민도 76,638명으로서, 재외국민과 외국국적 동포(시민권자)가 상호 50% 정도를 차지하며 혼합되어 거주 중인 것으로 나타났다.

반면, 뉴질랜드의 경우는 총 31,810명 중에서 시민권자인 외국국적 동포는 11,152명 정도로서, 뉴질랜드 전체 한인 인구 중 약 70% 이상이 '재외국민'으로 체류하고 있음을 알 수 있다.

| 도표 18 | 호주 및 뉴질랜드 동포사회의 체류자격별 현황

		재외국민				외국국적 동포 (시민권자)	총계
		영주권자	일반 체류자	유학생	계		
호주	주호주(대)	7,216	2,498	1,101	10,815	9,979	20,794
	주시드니(총)	22,713	8,705	3,935	35,353	48,762	84,115
	주브리즈번(출)	11,347	3,804	2,499	17,650	13,105	30,755
	주멜번(분)	8,597	2,949	1,274	12,820	11,287	24,107
	소계	49,873	17,956	8,809	76,638	83,133	159,771

		재외국민				외국국적 동포 (시민권자)	총계
		영주권자	일반 체류자	유학생	계		
뉴질랜드	주뉴질랜드(대)	2,630	697	742	4,069	2,197	6,266
	주오클랜드(분)	10,716	2,849	3,024	16,589	8,955	25,544
	소계	13,346	3,546	3,766	20,658	11,152	31,810

제3절 동남아 및 중동, 아프리카 지역 재외동포 사회 실태

동남아시아 지역의 한인 이주는 일제강점기 강제 징용의 역사 과정 속에서 이루어지긴 했으나, 사실상의 자발적 이주가 이루어졌던 것은 1960년대 이후부터였다.

1960년대 초 정부의 경제개발 계획에 따라 우리 기업들이 목재, 석유 등 천연자원이 풍부한 동남아시아 지역으로 진출하였다. 이와 함께 1970년대에는 베트남전쟁이 종료된 직후 대다수 우리 기술자들이 귀국하지 않고, 사업 확장을 위해 중동과 동남아시아, 호주 등지로 퍼져 재진출을 시도했다.

그러다가 1990년대 이후 한-베트남 수교 및 베트남의 개혁개방(도이모이)정책의 영향으로 특히 동남아시아의 저임금을 활용할 목적으로 투자 이민이 증가하였고, 2000년대 이후에는 중국에 투자했던 기업들이 중국의 노동임금 상승 등 사업 환경 악화에 따라 동남아시아로 거점을 옮기는 기업들이 늘어나면서 한인 사회도 크게 확장되어 갔다.

최근에는 필리핀, 말레이시아, 태국 등 영어권 국가에 어학연수를 가거나, 혹은 은퇴이민을 목적으로 한 한인 이주도 많지는 않지만 꾸준히 증가하는 추세이다.

2024년 외교부 통계에 의하면, 동남아시아 지역에서 한인이 가장 많이 거주하는 국가로는 베트남(178,122명), 필리핀(34,138명), 인도네시아(25,153명), 싱가폴(21,203명), 태국(20,350명), 말레이시아(13,152명)순으로 거주 중인 것으로 나타났다.

| 도표 19 | 동남아지역 동포사회의 체류자격별 거주 현황

거주자격별 / 지역별	재외국민				외국국적 동포 (시민권자)	총계
	영주권자	일반 체류자	유학생	계		
말레이시아	145	9,904	3,068	13,117	35	13,152
몰디브	0	43	0	43	0	43
몽골	0	1,664	122	1,786	0	1,786
미얀마	20	1,477	19	1,516	0	1,516
바누아투	1	68	0	69	1	70
방글라데시	1	1,903	0	1,904	0	1,904
베트남	**0**	**169,352**	**8,770**	**178,122**	**0**	**178,122**
네팔	0	469	130	599	0	599
대만	1,464	2,675	732	4,871	521	5,392
동티모르	0	133	2	135	2	137
라오스	10	3,264	16	3,290	1	3,291
태국	141	17,837	2,310	20,288	65	20,353
파키스탄	189	661	29	879	0	879
필리핀	**1,156**	**28,919**	**4,046**	**34,121**	**27**	**34,148**
인도	35	11,257	67	113,529	1	11,360
인도네시아	**3,180**	**21,023**	**107**	**24,310**	**843**	**25,153**
캄보디아	0	7,758	42	7,800	0	7,800
스리랑카	0	279	118	397	0	397
싱가포르	2,849	16,047	1,541	20,437	766	21,203

한편, 중동 및 서남아시아 지역에는 1970년대 이후 '중동 특수'라는 건설 붐의 영향으로 동 지역으로의 이주가 본격화 되었다. 당시 건설 근로자들의 이주는 가족을 동반하지 않는 남자들만의 집단 이주가 주를 이루었고, 따라서 이들은 현지에서 일정기간 근무 후 집단으로 귀국하는 형태를 띠었다.

이런 이유로 이들 중 극소수의 한인들만 현지에 잔류하여 정착하였고, 나머지 대부분은 취업 등을 위한 장기 체류자의 성격을 지니고 있었다. 따라서 1990

년대 이후 중동지역에 건설 붐이 한풀 꺾이자 이 지역 한인들도 타 지역으로 재이주하거나 혹은 귀국하는 등 한인 인구수가 급격히 감소했다.

그럼에도 당시 동 지역에 진출하였던 우리 건설 근로자들은 우리나라 경제개발에 필요한 외화 획득에 기여함으로써 우리나라 경제발전에 획기적인 기여를 하였다.

현재 이 지역에는 총 18,939명의 한인이 거주한 것으로 나타났다. 2024년 외교부 통계에 의하면, 이 지역 한인이 가장 많이 거주하는 국가로는 아랍에미리트(9,227명), 사우디아라비아(2,098명), 카타르(2,325명), 이집트(1,005명), 이라크(934명), 이스라엘(572명), 쿠웨이트(532명) 순이다.

| 도표 20 | 중동지역 동포사회의 체류자격별 현황

거주자격별 / 지역별	재외국민				외국국적 동포 (시민권자)	총계
	영주권자	일반 체류자	유학생	계		
총계	120	18,000	698	18,818	121	18,939
레바논	0	214	0	214	0	214
모로코	23	313	0	336	26	362
바레인	0	222	0	222	12	234
사우디아라비아	**0**	**2,069**	**8**	**2,077**	**21**	**2,098**
알제리	0	403	0	403	0	403
오만	0	240	1	241	1	242
요르단	0	341	4	345	0	345
아랍에미리트	**0**	**8,777**	**450**	**9,227**	**0**	**9,227**
이라크	0	934	0	934	0	934
이란	0	142	8	150	17	167
이스라엘	81	302	167	550	22	572
이집트	0	977	28	1,005	0	1,005
카타르	**0**	**2,307**	**18**	**2,325**	**0**	**2,325**
쿠웨이트	0	520	1	521	11	532
튀니지	0	160	13	173	9	182

특히 아랍에미리트의 경우, 우리나라가 2009년부터 시공 중인 '바라카 원전(APR1400, 4기)' 건설을 위해 건설기술자 및 군사훈련 협력단으로서 아크(Arh) 부대 요원들이 파견되어 있으며, 동 원전은 2025년 완공을 목표로 건설 중이다.

이 외에도 사우디아라비아, 카타르, 이라크 등에도 담수 발전, 교통, 병원 신축 등을 위해 건설 기술자들이 파견되어 있다. 또한 현지에 장기 정착한 한인들을 중심으로 식품판매업, 무역업, 간호사, 선원, 태권도 사범 등 다양한 직종에 진출해 생활하고 있다.

아프리카 지역으로의 한인 이주는 여타 지역과는 달리 주로 개발 원조에 기인한 '봉사 이주'가 주를 이루고 있다. 즉, 이 지역 한인 이주의 목적은 의료 봉사나 경제 원조를 위한 인적 자원의 이동이 주를 이루고 있다. 또한 이 외에도 선교사나 태권도 사범, 기업 진출을 통한 상사 주재원 등이 이 지역에서 한인사회의 주류를 형성하고 있다.

특히 과거 스페인령 라스팔마스는 우리나라 수산업의 전진기지로서, 전성기인 1975년에는 약 7천 명의 선원들이 상시 주재했을 정도로 번창한 곳이기도 하였다. 또한 광물 자원 등 천연자원이 풍부한 나이지리아, 가나, 우간다 등에도 우리 상사 주재원들이 상시 거주하고 있다. 이와 동시에 1990년대 이후 흑인차별 철폐 정책을 시행한 남아프리카 공화국이 아프리카 최대의 경제권으로 부상하면서 한인 이주자도 급증하고 있는 추세이다.

현재 아프리카 지역 전체로 약 10,455명의 한인이 거주 중인 것으로 나타났다. 2024년 외교부 자료에 의하면, 아프리카에서 한인이 가장 많이 살고 있는 국가로는 남아프리카공화국(4,369명), 케냐(1,068명), 우간다(664명), 탄자니아(605명), 가나(445명), 나이지리아(405명), 세네갈(302명) 순으로 분포하여 거주하고 있다.

이 지역의 한인 동포들도 대부분이 우리국적을 보유한 채 '재외국민'의 신분으로 거주 중이며, 거주국의 국적을 취득한 외국국적 동포는 149명으로 극히 일부분에 지나지 않는다.

| 도표 21 | 아프리카 지역 동포사회의 체류자격별 현황

거주자격별 / 지역별	재외국민				외국국적 동포 (시민권자)	총계
	영주권자	일반 체류자	유학생	계		
총계	2,158	7,484	664	10,306	149	10,455
가나	7	435	0	442	3	445
나이지리아	0	404	0	404	1	405
남아프리카공화국	**1,957**	**1,776**	**601**	**4,334**	**35**	**4,369**
세네갈	0	300	0	300	2	302
에티오피아	0	282	3	285	3	288
우간다	3	652	0	655	9	664
잠비아	15	155	1	171	2	173
케냐	**11**	**1,020**	**16**	**1,047**	**21**	**1,068**
탄자니아	**0**	**594**	**0**	**594**	**11**	**605**

<파독 광부·간호사·간호조무사에 대한 지원 및 기념사업에 관한 법률>

(약칭: 파독광부간호사법)

(시행 2021. 6. 10.)(법률 제17436호, 2020. 6. 9., 제정)

제1조(목적) 이 법은 대한민국 정부 및 독일연방공화국 정부 간 경제 및 기술협조 등의 일환으로 독일에 진출하여 근로한 광부·간호사·간호조무사의 노고와 희생을 기념하고 국가경제 발전에 기여한 이들의 공로에 걸맞은 기념사업 및 지원에 필요한 사항을 규정함을 목적으로 한다.

제2조(지원대상) 이 법에서 적용받는 지원대상은 다음과 같다.

1. 1961년에 체결된 「대한민국 정부와 독일연방공화국간의 경제 및 기술원조에 관한 의정서」, 1963년 12월 체결된 「한국 광부의 임시 고용계획에 관한 협정」에 따라 1963년 12월 21일부터 1977년 12월 31일까지 독일에 진출하여 임금을 목적으로 근로를 제공한 광부
2. 1966년 1월 29일부터 한국해외개발공사를 통한 알선과 1969년 8월 체결된 「한국해외개발공사와 독일 병원협회 간 협정」에 따라 1976년 12월 31일까지 독일에 진출하여 임금을 목적으로 근로를 제공한 간호사 및 간호조무사

제3조(지원대상자에 대한 지원) ① 국가는 지원대상자에게 다음 각 호의 지원을 할 수 있다.

1. 대한민국 또는 거주 중인 국가에서의 생활에 필요한 사회서비스 안내 등 기본정보의 제공
2. 대한민국 정착에 필요한 교육 또는 상담
3. 파독 광부·간호사·간호조무사 관련 기관 및 단체와의 연계

② 그 밖에 제1항 각 호에 따른 지원의 범위, 방법 등에 관하여 필요한 사항은 대통령령으로 정한다.

제4조(기념사업 등) ① 국가는 파독 광부·간호사·간호조무사와 관련된 다음 각 호의 사업을 할 수 있다.

1. 기념관 건립 등 기념사업
2. 역사적 자료의 수집·보존·관리·전시 및 조사·연구
3. 교육·홍보 및 학술활동
4. 국제교류, 공동조사 등 국내외 활동
5. 그 밖에 제1호부터 제4호까지의 사업에 부수되는 사업

② 제1항에 따른 사업을 수행하기 위하여 필요한 사항은 대통령령으로 정한다.

제5조(경비의 보조) 국가는 대통령령으로 정하는 요건을 갖춘 법인 또는 단체가 제4조제1항 각 호의 사업을 수행하는 경우 예산의 범위에서 사업에 필요한 비용의 전부 또는 일부를 보조할 수 있다.

제6조(업무의 위탁) 이 법에 따른 고용노동부장관의 업무는 그 일부를 대통령령으로 정하는 바에 따라 관련 법인 또는 단체에 위탁할 수 있다.

부칙〈법률 제17436호, 2020. 6. 9.〉 이 법은 공포 후 1년이 경과한 날부터 시행한다.

한국-베트남에서 버려진 '투명인간' 아이들

중개 국제결혼의 또 다른 희생양-'고국 잃은 아이들.'
베트남 현지 언론 뚜오이쩨는 5년 전 베트남에서 무등록 외국인 신분으로 사는 국제결혼 자녀들의 실태를 다루며 이런 표현을 썼다. 한국인 아버지와 베트남인 어머니 사이에서 태어난 아이들(한·베 아동)이었다. 남편과 시댁의 폭력을 견디다 못한 베트남 여성들은 자녀를 데리고 쫓기듯 고향으로 돌아왔다. 아이들의 국적은 한국이지만 이를 증명할 서류를 가지고 있는 경우는 드물다. 실거주지인 베트남에서조차 이들은 무등록 외국인으로 숨죽인 채 살고 있다.
어느 국가에서도 온전히 존재하지 않는 '투명인간' 아이들은 어른의 필요로 만들어진 중개 국제 결혼의 희생양이다.
뚜오이쩨는 2014년 8월 허우장시에 사는 홍대준(13)군의 사연을 소개했다. 베트남 국적이 없어 8살(베트남 취학 연령은 6세)이 될 때까지 학교에 가지 못한 채 방치됐다는 이야기였다. 엄마 뜨티무어이(32)는 한국인 남성과의 결혼 생활 중 아픈 친정아버지를 잠깐 보기 위해 베트남에 들어왔다가 강제로 '귀환 여성'이 돼 버렸다. 귀국편 비행기표를 보내 주기로 한 남편과 시댁이 모두 연락 두절됐기 때문이다.
베트남에서 학교에 다니려면 현지에서 출생신고를 해야 한다. 이를 위해 아버지의 동의서와 기본적인 증명서들이 필요하지만 갑작스레 버려진 모자에게 그런 서류는 없었다. 아이 양육비를 벌어야 하는 엄마는 도심에 나가 일자리를 구했고 대준군은 홀로 외가에 맡겨졌다.
한국인 아버지와 베트남 어머니 사이에서 태어난 홍대준군은 한국인이지만 이를 증명할 서류는 2015년 1월 15일자로 만료돼 버린 여권이 유일하다. 껀터·허우장 지역에 살고 있는 그는 지방 정부의 도움으로 지방소학교에 입학할 수 있었다. 학교에서는 알아주는 모범생이다. 3학기 연속으로 '성적우수상'을 타기도 했다. 하지만 대준군과 어머니는 여전히 살얼음판 위를 걷듯 불안하다. 엄마 무어이는 "학교에 정식으로 다니는 것은 아니라서 졸업장이 나올지 모르겠다"고 했다. 현지 학교에서는 한·베 아동들이 공식문서 없이 입학하면 일반 학생기록부를 작성하지 않고 별도로 관리한다. 또 대준군은 법적으로 베트남에 살 근거도 없다. 비자도 진작 만료됐다.
불법체류 상태로 사는 셈이다. 그의 존재를 증명할 유일한 서류는 2015년 1월 15일자로 만료돼 버린 한국 여권이 유일하다.
그럼에도 대준군은 현지 한·베 아이들 가운데 운이 좋은 편이다. 베트남에 살고 있는 무등록 한·베 아동의 수는 집계조차 되지 않는다. 규모조차 알 수 없는 이 아이들은 기초적 복지와 의료권에서 소외돼 있다. 유엔 인권관련기관의 조사에 따르면, 베트남 거주 귀환 여성과 한·베 아동 301가구를 대상으로 실태조사한 결과 아동의 55.8%가 미등록 체류 상태였다. 귀환여성 가운데 42.7%가 자녀를 뒀고 이 중 87.4%가 자녀와 함께 귀환했다. 한국 통계청에 따르면, 2000년 이후 한·베 가족 해체 자녀는 최소 3858명이다. 전체 국제 결혼 이혼 부부 자녀의 수는 최소 1만 2281명으로 조사됐다.

* 출처: 서울신문, 2019.09.30.자 사회면 (허우장·껀터 이하영 기자)
hiyoung@seoul.co.kr. 2019-09-30 9면

참 고 문 헌

1. **국내 단행본**

곽승지. 2008. 동북아시아 시대의 연변과 조선족. 서울: 아이필드.

권태환. 2005. 중국 조선족 사회의 변화. 서울: 서울대학교출판부.

김 게르만(황영삼 역). 2010. 해외 한인사: 1945~2000. 파주: 한국학술정보.

박광성. 2008. (세계화시대) 중국조선족의 초국적 이동과 사회변화. 파주: 한국학술정보.

반병률 외. 2009. CIS 지역 한인자료와 고려인 집단농장. 서울: 다해.

설용수. 2004. (재중동포)조선족 이야기. 서울 : 미래문화사.

신희석. 1981. 「재일한국인」 월간 조선.

이광규. 1983. 『재일한국인』. 서울: 일조각.

이상근. 2010. 러시아·중앙아시아 이주한인의 역사. 서울: 국학자료원.

임영상 외. 2005. (소련 해체 이후) 고려인 사회의 변화와 한민족. 서울: 한국외국어대학교 출판부.

임영상 외. 2009. 해외한인의 정체성과 네트워크. 서울: 다해.

재독한인글뤽아우프회. 2009. 파독광부 45년사: 1963~2008. 서울: 재독한인글뤽아우프회.

한국외국어대학교 역사문화연구소(임영상 엮). 2003. 독립국가연합(CIS) 고려인 사회 연구. 서울: 재외동포재단.

허성태, 임영언. 2014. 글로벌 디아스포라와 세계의 한민족. 성남: 북코리아.

2. **국외 단행본**

황유복. 2002. 중국 조선족 사회와 문화의 재조명. 료녕민족출판사.

3. 국내 논문

김영철. 2016. 중남미 재외동포 사회와 한류. 한국민족문화. (58).

리단. 2015. 한반도 통일 공공외교: 중국 조선족 동포의 역할을 중심으로. 재외한인연구. (35).

박영미. 2003. 하와이 한인이민과 비교한 멕시코 초기 한인 이민과정에 대한 고찰, 한국스페인어문학회. (28).

서성철. 2005. 라틴아메리카와 한국인 이민: 아르헨티나 한인사회와 현지적응. 라틴아메리카연구. 18(3).

세키네 히데유키. 2021. 일본 교과서 속의 일계인 - 한국 재외동포 교육에 주는 함의 - . 도덕윤리과교육. (72).

안금영. 2003. 초기 멕시코 한인 이주민의 쿠바 정착 과정. 스페인어문학. (28).

이병조. 2013. 독립국가연합(CIS) 고려인 사회 지원에 따른 문제점과 개선방안. 민족연구. (54).

이종득. 2003. 멕시코 한인 이민자들의 성격과 정체성 변화 - 농장생활(1905-1909)을 중심으로 -. 스페인어문학. (28).

임영언 외. 2018. 재일동포정책의 회고와 전망 고찰. 민족연구. (72).

임채완. 1999. 중앙아시아 한인 연구. 전남대학교 사회과학연구소.

조형재. 2015. 중국동포의 대이주 현황과 바람직한 지원 방안. 재외한인연구. (36)

황유복. 2013. '조선족'은 누구인가? - 조선족의 정의 및 개관. 한중미래연구. (1)

4. 기타 자료

(1) 국가 기관 자료집

국사편찬위원회. 2008. 러시아·중앙아시아 한인의 역사(상, 하권). 과천: 국사편찬위원회.

외교부. 1965. 한일회담백서. 서울: 대한민국정부.

한국민족문화대백과사전. 재일교포 법적지위협정(在日僑胞法的地位協定).

한일의원연맹. 1984.『한일 의련(韓日議聯)』

(2) 기사

한국계캐나다작가, https://www.donga.com/news/Culture/article/all/20190515/95526182/1

(3) 웹사이트

고려인동포법, https://www.law.go.kr/lsInfoP.do?lsiSeq=136662#0000

남미이민의 선구'브라질 한인' *http://webzine.korean.net/201205/pages/*

브라질 한인 이민역사, *http://www.hanaro.com.br/zbxe/gag_video/75361.*

애니깽 멕시코 이민자들 1033명의 여권, *http://bonlivre.tistory.com/584.2015.*

재외한인의역사, *https://theme.archives.go.kr/next/immigration/yanbianSettle.*

재일 민단, https://www.mindan.org/kr/syakai.php

재일 한인의 역사, *https://theme.archives.go.kr//next/immigration/*

재캐나다 한국인, *https://hmn.wiki/ko/Korean_Canadians*

중남미 한인개요, *http://m.blog.daum.net/gunrichonjang/7206005*

한국계 캐나다인, *https://namu.wiki/w/%ED*

한국민족문화대백과사전, http://encykorea.aks.ac.kr/Contents/Item/E0068435

제4부

우리 재외동포 사회의 나아갈 길

제12장

정부의 정책 추진과 재외동포 사회의 역할

제1절 정부의 재외동포 지원 정책 추진

2023년 제정된 "재외동포기본법" 제4조에서는 "정부가 재외동포 정책을 시행함에 있어 준수해야 할 주요 책무"를 다음과 같이 규정하고 있다.

첫째, 국가는 재외동포의 권익보호와 대한민국과의 유대감 강화를 위한 각종 시책을 수립하고 시행하여야 한다.

둘째, 국가는 재외동포가 거주하고 있는 지역별·국가별 현지 특성과 세대, 연령 등 다양한 여건을 고려하여 재외동포 정책을 수립하고 시행하여야 한다.

셋째, 재외동포 정책을 수립·시행할 경우 국가는 거주국을 기준으로 재외동포를 차별하여서는 아니 된다.

넷째, 국가는 재외동포 정책의 원활한 추진을 위해 인력과 조직의 확보 및 예산 지원 등 여건을 조성하여야 한다.

다섯째, 국가는 재외동포 정책을 수립하는 경우 국내에 체류하고 있는 외국인에 대한 정책과 조화를 이루도록 노력하여야 한다는 것이다.

이러한 국가의 책무(제4조) 규정에 근거하여 우리 정부는 현재 재외동포가 한민족 정체성을 유지, 함양해 나감과 동시에 거주국에서 모범적인 구성원으로서 안정적인 생활을 영위할 수 있도록 각종 정책을 시행하고 추진 중이다. 현재 정부가 추진하는 재외동포 정책의 주요 내용을 살펴보면, 다음과 같다.

1 "세계 한인의 날" 기념식(10.5)

정부는 매년 10월 5일을 '세계 한인의 날'로 지정하고, 세계 각지에 거주하는 재외동포들의 민족적 의의를 되새기는 행사를 외교부와 재외동포청 주관으로 개최하여 기념하고 있다. 이 기념일은 2007년 최초로 개최된 이후 2024년 현재 제18회 '세계 한인의 날' 기념식을 개최해 오고 있다.

본래 이 기념일이 제정되게 된 배경은, 참여정부 시절 노무현 당시 대통령이 해외 순방길에서 만났던 재외동포들로부터 세계 곳곳에 흩어진 한인들을 위한 정부 기념일을 만들어 달라는 청원을 받고, 이를 받아들여 '국가 기념일'로 제정하게 되었던 것이다.

당시 날짜를 10월 5일로 정하였던 이유는, 한민족 최초의 고대국가 창설일인 개천절과 한민족 고유 문자인 한글 창제일인 한글날 사이의 날짜를 골라서 세계 곳곳에 퍼져 있는 한국인의 자긍심을 고취한다는 취지에서 그 사이 날짜인 10월 5일로 정하였다 한다.

2 "세계 한인회장 대회" 개최

전 세계에 퍼져있는 재외동포 단체인 '한인회' 간의 네트워크 구축을 위한 교류의 장으로서, 전 세계 한인회장과 간부들이 한 자리에 모이는 행사이다. 동 행사는 2000년부터 개최되어 왔으며, 보통 '세계 한인의 날(10.5) 기념식'을 전후하여 이어서 개최해 오고 있다.

매년 400~450명의 각 지역 한인회장 및 한인회 간부들이 모이고 있으며, 주요 행사 프로그램으로는 개·폐회식, 정부부처별 재외동포정책 설명회, 정부와의 대화, 한인회 우수사업 사례 발표회 등 우리 정부의 재외동포 정책과 해외 한인

회들의 활동을 소개하고, 마지막 모두 함께 모여 네트워크 강화를 위한 '한인회장의 밤' 행사로 마무리하는 프로그램으로 진행되고 있다.

3 세계 한인 비즈니스(韓商) 대회

이전에는 '세계 한상(韓商)대회'로 불렸으나, 최근 이를 '세계 한인비즈니스 대회'로 고쳐 부르고 있다. 이 대회는 곧 전 세계 재외동포 경제인 및 경제 단체들의 글로벌 경제 모임이라 할 수 있다.

여기서 '한상(韓商)'이란 본래 국적을 불문하고 해외에 거주하는 한민족 혈통의 비즈니스 종사자를 의미한다. 이 '한상'이란 단어는 2002년 최초로 서울 롯데호텔에서 '제1차 한상대회'를 개최하면서 공식화되었고, 이후 매년 10월 중순 모국인 한국에서 지속적으로 개최되어 왔다.

2005년부터는 지방자치단체와도 공동 주관하면서 지방경제 활성화를 도모하기 위해 노력해 왔으며, 2023년 이후부터는 해외에서 주최하기 시작하여 격년제로 한번은 해외, 다음 해는 모국에서 개최하는 방식으로 주최하고 있으며, 그 명칭에 있어서도 전 세계 비즈니스맨들이 쉽게 이해할 수 있도록 '세계 한인비즈니스 대회'로 변경한 바 있다. 이에 따라 2023년(제21차)에는 미국 로스앤젤레스, 2024년(제22차)에는 전북 전주, 그리고 2025년(제23차)에는 미국 애틀란타에서 각각 개최되어 오고 있다.

해마다 총 50여 개국 약 1,000여 명의 해외 한상들이 함께 참여하고 있으며, 대회 세부 프로그램으로는, 다양한 비즈니스 정보 제공을 위한 세미나, 멘토링, 상담회, 지자체의 투자유치 설명회, 글로벌 네트워킹을 위한 행사 등으로 구성되어 있다.

이는 정부가 2000년대 이래 재외동포들을 민족의 중요한 해외 자산으로 재평가하면서 재외동포 특히 한인 비즈니스맨들 간의 상호 네트워크를 결집함으로써 전 세계의 한민족 경제자본을 형성하기 위한 중요한 네트워크 구축의 장으로 평가되고 있다.

4 "세계 한인 정치인 포럼" 개최

'세계 한인 정치인 포럼'은 세계 한인 정치인들 간의 네트워크 구축, 거주국 내 정치력 신장, 모국과의 유대 강화 등을 목적으로 '세계한인정치인협의회'가 주최하고 재외동포협력센터가 후원하는 정기적인 연례 행사이다. 본래 2007년에 최초로 제1차 대회가 개최되었으나, 2009년 이후 예산 사정상 열리지 못하다가 2015년 제3차 대회부터 다시 정기적으로 개최되어 2024년 8월 제10차 대회를 개최해 오고 있다.

2024년 제10차 대회에서는 역대 최대 규모로 14개국에서 약 100여 명의 정치인들이 참가하여 성황리에 개최되었으며, 행사 내용으로는, 포럼 및 특별 강연, 유관기관 방문, 주요인사 초청 오·만찬, 역사 문화 및 산업시찰 프로그램 등으로 이루어졌다.

5 "세계 한인 차세대 대회" 개최

재외동포청은 각국 동포사회의 미래를 이끌어 갈 한인 차세대 재외동포들의 한인 정체성을 함양하고 모국과의 네트워크 교류 및 협력 강화를 위해 매년 4~5월경 "세계 한인 차세대 대회"를 개최하고 있다.

동 대회의 주요 목적으로는, 재외동포 정책(한국의 정치, 경제상 알리기 등)의 구현을 위한 차세대 협력방안 모색, 차세대 동포가 한인 리더로서 주류사회에 진출할 수 있는 방안 모색, 차세대 한인들 간의 글로벌 네트워크 구축 등을 지원하기 위해 개최하고 있다.

동 대회에는 매년 미국을 비롯하여 캐나다, 호주, 러시아, 벨라루스, 영국, 베트남 등 약 20여 개국에서 정치, 경제, 법률, 의료 각 분야에서 활발히 활동하고 있는 한인 차세대 리더 약 70~100여 명이 참가 중이다.

주요 프로그램은, 한국 문화 체험 및 산업 시설 방문, 국무총리 공관 방문, 거주국 주류사회 진출 사례 발표, 한국의 발전상 알리기 및 해외 교과서 수록 프로젝트 참여를 위한 역할과 방안 등에 관한 토론 행사 등으로 진행되고 있다.

6 차세대 동포 모국 초청 연수

재외동포청은 또한 전 세계 차세대 동포들이 모국인 대한민국에 초청되어 한국의 우수한 역사, 문화와 함께 한국의 경제 발전상을 직접 체험하도록 하기 위해 차세대 동포 모국 초청 연수를 주기적으로 실시하고 있다.

특히 해외에서 출생하여 성장한 재외동포 2~3세 자녀들로 하여금 모국의 발전상을 직접 체험하고, 한국의 우수한 역사, 문화를 이해하게 함으로써 모국에 대한 자긍심을 고취시켜, 한인으로서의 정체성을 함양하도록 하는데 그 목적이 있다.

동 행사는 매년 총 4차례(하계 2기, 동계 2기)에 걸쳐 각각 6박 7일 동안 국내 인천, 경주, 서울 등 역사 문화 유적 혹은 산업 시설을 견학하는 프로그램으로 진행하며, 현재까지 약 75개국 재외동포 청소년, 대학생 등 총 2,000명가량이 모국방문 연수에 참가하고 있다.

주요 프로그램으로는, 청소년과 대학생들을 그룹별로 나누어 서울 경복궁, 남산 타워, 코엑스, 롯데 월드타워 방문 외에도 각 지방별로 인천, 경주, 백제 유적, 강원, 전북 등지 역사 유적을 탐방하게 된다.

7 소외된 동포에 대한 정책적 지원(고려인, 사할린동포 등)

우리 정부는 구소련 체제하에서 정치적 사유에 의해 강제 이주당하거나 귀환하지 못한 '고려인 동포'와 '사할린동포'들을 대상으로 '소외된 동포'로서, 관련 법령 제정을 통해 이들을 제도적으로 지원하는 정책을 추진하고 있다.

먼저, 1937년 중앙아시아 지역으로 강제 이주 당한 고려인 동포에 대한 지원을 위해 2013년 3월에 "고려인동포 합법적 체류자격 취득 및 정착 지원을 위한 특별법(약칭: 고려인동포법)"을 제정하였다.

동 법은 제1조(목적)에서도, "고려인 동포의 합법적인 체류자격 취득을 지원하고, 이들의 권익 증진과 생활 안정을 도모하기 위해 제정되었음"을 밝히고 있다.

또한 제2조의 정의 조항에서는, 동 법의 적용을 받는 '고려인동포'의 의미로서, "고려인동포란, 1860~1945년 시기에 농업 이민, 항일독립운동, 강제 동원 등으로 러시아 및 구소련 지역으로 이주한 자 및 그 친족으로 현재 해당 지역에 거주하고 있는 자"로 규정하고 있다.

동시에 제6조에서 '고려인동포에 대한 정부의 정책적 지원 내용'으로서, 1) 고려인동포에 대한 실태 조사, 2) 거주국 국적 등 합법적인 체류자격 취득을 위한 지원, 3) 경제적 자립기반 마련을 위한 지원, 4) 한인문화센터 건립 등 문화활동 지원, 5) 한국어 정보기술 교육 등 교육활동 지원, 6) 그 밖에 재외동포청장이 필요하다고 인정하는 사업 등을 규정하고 있다.

다음으로는 '사할린동포 지원에 관한 특별법'을 2021년 1월에 제정한 것이다. 즉, 정부는 일제 강점기에 사할린 지역으로 강제 징용 당한 한인들이 1945년 해방이후 귀환하지 못하고 사할린에 잔류하게 된 동포들을 지원하기 위해 2021년 1월에 "사할린동포 지원에 관한 특별법"(약칭: 사할린동포법)을 제정하였다.

이 법의 제정 취지 또한 동 법 제1조(목적)에서, "일제 강점기에 강제 동원 등으로 사할린에 이주한 사할린동포에 대하여 관련 국가와의 외교적 노력을 통하여 그 피해를 구제하고, 사할린동포와 그 동반가족의 영주귀국과 정착을 지원함을 목적으로 한다."고 규정하였다.

또한 제2조(정의)에서는, 동 법의 적용을 받는 '사할린동포'의 정의로서, '사할린동포란, 1945년 8월 15일까지 사할린에서 출생하였거나 사할린으로 이주한 한인'을 말하며, 또한 '동반 가족이란, 사할린동포의 배우자 및 직계비속 1명과 그 배우자'로 규정하고 있다.

그리고 정부의 책무(제3조)로서 "국가는 사할린동포에 대한 영주 귀국 및 정착 지원에 필요한 정책을 수립, 시행하며, 아울러 사할린동포에 대한 피해 구제, 유해 발굴 및 봉환을 위한 외교적 노력을 기울이며, 사할린동포의 명예 회복에 필요한 기념사업을 추진하여야 한다."면서 정부의 책무를 부여하고 있다.

이어 제5조에서는 정부가 사할린동포에 대한 영주귀국과 정착 지원을 위한 정책적, 재정적 지원 내용으로, 1) 귀국에 필요한 항공 운임 및 초기 정착비 지원 2) 거주 및 생활 시설에 대한 운영비 지원 3) 임대 주택 등 주거 지원 4) 그밖에 영주 귀국 및 정착 지원을 위해 대통령령으로 정하는 사항 등을 지원토록 했다.

8 해외 한인입양인 대상 마스크 지원 및 한국 내 가족 찾기 지원

정부는 소외된 동포에 대한 지원으로서, 1950년 한국전쟁 이후 해외로 입양된 한인입양아에 대해 관심을 갖고, 이들을 정책적으로 지원하고 있다. 1950년 한국전쟁 종료 직후 전쟁고아 문제가 사회문제로 대두되면서 1954년부터 전쟁고아에 대한 해외 입양이 이루어진 바 있다.

특히 이러한 입양은 당시 한국에 주둔하던 주한미군을 포함하여 한국전쟁 참전국 군인들에 의해 이루어졌다. 그러다가 6~70년대 이후에는 한국의 입양 전문기관을 통해 국내는 물론 해외 각지로 입양이 확대되었다.

현재 한인입양인 규모는 2024년 현재 총 25만 명(국내 8만 명, 해외 17만 명)으로 추산하고 있다. 이 중에서도 해외입양의 경우는 1950년 이래 해외 14개국에 총 17만 명이 입양된 것으로 확인되었다. 국가별로는 미국이 약 11만 명, 프랑스가 약 1만 1천명, 스웨덴이 9,700명, 덴마크 8,819명, 네덜란드 6,700명 순으로 해외로 입양된 것으로 나타났다.

이들 피입양인들은 각국의 외국인 공동체 속에서 생활하며, 한인 사회와는 오랫동안 단절된 상태로 생활해 왔으며, 또한 극히 일부를 제외하곤 현지 주류 사회에 편입되지 못한 채 외롭고 고립된 생활을 해 왔던 것으로 알려졌다.

정부는 최근 해외 한인입양인들을 지원하기 위해, 지난 2020년 발생한 코로나(Covid-19) 사태 당시 14개국 약 7,000여 한인입양인 가정을 대상으로 마스크 37만 장을 무상 지원함으로써 이들 한인입양인들에게 좋은 인상을 심어 주었으며, 특히 이들이 한인으로서의 자긍심을 갖도록 하는 계기를 마련하였다.

이후 정부는 2020년부터 외교부와 보건복지부 공동으로 "해외 한인입양인 가족 찾기" 제도를 도입하여 이들을 지원하고 있다.

동 제도는, 해외 한인입양인들이 국내 가족을 찾기 위해 한국을 직접 방문해야 하는 불편함을 해소하기 위해 현지의 해외주재 우리 재외공관(14개국 34개 공관)을 통해, 유전자 채취 및 등록을 할 수 있는 제도로서, 이들의 유전자 검사 접근성을 제고시키도록 했다.

관련 절차로는, 우선 해외 입양자들은 우리 재외공관을 통해 한국의 '아동권리보장원(보건복지부 산하기관)'에 '입양정보 공개 청구'를 요청하도록 하고, 이후 가족 대상자를 어느 정도 파악하게 되면, 해당 재외공관에서 유전자를 채취하여 표본을 국내로 송부하게 된다.

국내로 이송된 표본은 경찰청을 거쳐 국립과학수사연구소에서 동 유전자 검체를 인수하여 시스템에 등록한 후 양측의 가족 여부를 유전자로 직접 확인한 후 결과를 회신토록 하고 있다.

동 제도 실시 이후 첫 성과로는, 1974년에 국내에서 실종되었던 한 여성이 해외로 입양된 후 44년 간 헤어져 살다가 2020년 10월 동 제도 실시를 통해 실제 부모와 극적으로 상봉한 사례를 들 수 있다.

제2절 재외동포 사회의 역할 및 모국에의 기여 방안

이상과 같이, 우리 정부가 재외동포를 해외의 중요한 인적 자산으로 간주하여 재외동포 및 동포사회가 잘 발전할 수 있도록 지원하는 반면, 재외동포들도 상생 발전의 차원에서 모국과의 관계에서 재외동포의 역할과 모국에의 기여 방안을 모색해 나갈 필요가 있다.

이러한 재외동포의 역할과 모국에의 기여 방안을 탐구하기 위해 우선 각 지역별 재외동포사회가 그동안 역사적으로 어떻게 모국에 기여해 왔는지 그 역할 및 활동 등을 살펴보고자 한다.

1 재외동포 사회의 지역별 활동 및 역할

역사적으로 재외동포들은 이주 배경과 이주 시기에 따라 매우 다른 정체성을 띠며 발전해 왔고, 특히 지역적 특성에 따라 모국에 대한 기여와 역할들도 달리 나타났음을 알 수 있다.

즉, 각 지역별 재외동포들은 모두 이질적인 생활환경과 문화에 적응하면서 크고 작은 환란과 고난의 역사를 겪으면서 발전해 왔다. 동 과정에서 현지 문화에 동화되기도 하였으나, 여전히 모국과의 관계 속에서 한민족의 정체성을 유지하며 동포사회로서의 해야 할 역할과 활동 등을 나름대로 모색해 왔던 것이다.

우리 재외동포사회가 역사적으로 형성해 오면서 모국을 위해 추진해 온 기여와 역할들을 각 지역별로 살펴보면, 다음과 같다.

재일동포

먼저 재일동포들은 1950년 6·25 전쟁이 발발하자, 조국을 지키기 위해 '재일학도의용군'을 조직하여 약 642명이 참전했다. 당시 모국에서 전쟁이 발발하였다는 소식을 듣고, 일본에 체류하던 재일동포 학생과 청년들은 모두 학업과 직장을 그만두고 자진해서 참전하였던 것이다. 이들은 유엔군의 일원으로 맥아더 사령부와 함께 인천상륙작전에 참여했고, 또한 갑산·혜산진 탈환작전, 백마고지 전투 등에서 혁혁한 공을 세웠으나 안타깝게도 이 중에서 135명이 전투에서 사망했다.

한편, 한-일 국교 정상화 직후 우리의 일본 주재 공관을 건립하는 과정에서 재일동포 기업인들의 건물 기증 및 물질적 기여가 있었다. 재일동포 기업인 서갑호씨는 당초 1951년 도쿄 미나토구에 있는 자신의 개인 사저를 출연하여 주일본 대한민국대표부 공관으로 사용하도록 무상으로 대여해 주었다가, 1965년 국교 정상화 이후에는 이를 주일한국대사관 용도로 사용하도록 정부에 헌납했다. 서갑호씨의 기증에 따라 동 부지는 지금까지도 한국을 대표하는 '주일한국대사관' 부지 및 건물(2013년 재건축)로 사용되고 있다.

서갑호 씨의 기증을 시작으로 재일동포 사회 내에서 '영사관은 우리 손으로 짓자'는 운동이 퍼짐에 따라 이후 오사카 총영사관도 3년간의 모금을 통해 지어졌고, 이어 요코하마, 후쿠오카, 나고야, 고베, 히로시마, 삿포로, 센다이 총영사관 등 총 9개 총영사관도 민단을 위시한 재일동포의 기부와 성금으로 설립될 수 있었다. 이 기금은 현재의 가치로 약 2조 원의 가치를 지닌 것으로 평가되고 있다.

이 외에도 재일동포 기업인들은 1964년 오늘날 수출 국가의 토대가 된 한국 최초의 수출산업공단인 '구로공단'에 대한 건설을 주도했다. 제3공화국 정부는 해외 수출만이 곧 가난을 벗어나는 길이라고 판단하여 최초의 수출 공단인 '구로공단 조성계획'을 발표하고, 재일동포 기업인의 도움을 요청했다. 이때 최초로 입주한 28개 기업 가운데 18개 기업이 모두 재일동포의 투자로 이루어졌던 것이다. 당시 수출을 주도했던 섬유·가발 분야 기업은 물론 기아자동차, 삼천리자전거, 한일합섬, 방림방적 등 재일동포 기업들이 적극 동참했다.

또한 재일동포 경제인들은 자본금 250억 원을 전액 출자하여 '신한은행'을 설립하였는데, 이는 한국 최초의 순수 민간은행으로 자리 잡게 되었다. 1982년 3개 지점으로 시작한 신한은행은 현재 한국 금융의 새로운 역사를 선도하고 있다.

이와 동시에 1988년에는 서울 올림픽 개최에 100억 엔의 성금 전달, 1997년 외환위기 당시에는 15억 달러 송금과 국채 300억 엔 매입 등 한국의 경제발전 과정 속에서 재일동포 기업인들은 모금을 통해 모국의 경제 발전에 크게 기여해 왔다.

재미동포

초기의 재미동포 사회를 구성한 한 부류는 곧 일제의 강제 병합 직후 해외독립운동을 위해 미국으로 건너 간 정치 망명자 집단이었다. 이들은 1910년부터 1924년까지 약 541명의 정치 망명자들이 유학이라는 명목으로 학생 신분으로 미국으로 이주해 갔다. 그들은 도착하자마자, 하와이와 미국 본토의 초기 한인사회의 지적·정치적 지도자로 부상하였고, 이들에 의해 해외독립운동이 주도(안창호, 서재필 등)되었으며, 해방 이후에는 대한민국 건국에도 참여(이승만 등)했다.

이후 1965년 미국의 이민법이 개정되면서 미국으로 이주해 간 화이트칼라 계층의 이민자들은 미국 유학을 배경으로 1970년대 이래 우리 과학영재 육성기관인 KAIST, 포항공대 설립에 참여하는 한편, 우리 경제 및 과학기술의 발전, 특히 핵물리학, 중화학 공업, 우주항공 산업 등 신 산업분야를 발전시키는데 크게 기여하였다.

2000년대 이후에는 한인들의 정치력 신장을 바탕으로 풀뿌리운동을 통해 '아시아계 혐오범죄 단절 캠페인', '우리나라의 동해병기 법안' 수용, '일본군 위안부 결의안' 통과 등 주요 정치, 외교적 현안에 대해 미국 의회, 정부 및 민간 기관에 우리 입장을 적극 대변하며 우리의 국익 신장에 앞장서 왔다.

재중동포

일제 강점기에 중국의 간도와 연해주 지역은 항일독립운동의 중심지 역할을 했다. 재중 한인 중 일단은 1910년 일본의 강제 병합에 반대하여 해외 독립운동 전개를 위해 이주해 온 사람들이었다.

이들은 상하이, 밀산, 간도지역에 '임시정부'를 세우고 '광복군'을 구성하는 등 해외에서 독립운동을 주도했다. 또한 이상설이 설립한 '서전서숙', 조선 유교회가 주도한 '대성중학교' 등 민족학교를 만들면서 민족 교육에도 힘썼다. 이 서전서숙과 대성중학은 인근 동흥 중학, 은진 중학과 함께 당시 만주 지역의 대표적인 한인 중등교육기관으로서 조선인의 항일독립투쟁과도 긴밀히 연결되어 있었다.

그러다가 1949년 중국 공산당에 의해 '중화인민공화국'이 설립되면서 만주 지역에 잔류한 재중 한인들은 중국의 소수민족(조선족)으로 편입되어 1952년 '연변조선족자치주'가 설치되었다. 이후 '연변조선족자치주'는 인구뿐만 아니라 경제와 문화, 교육 등 모든 면에서 재중 한인동포 사회의 중심지가 되었다. 자치주의 수도인 연길에는 자치단체인 조선족자치주 인민정부와 인민위원회, 당위원회 등이 설치되는 등 '제도적으로 완결된 공동체'를 구축했다.

하지만 1978년 중국의 개혁 개방 이후 연해 도시를 중심으로 공업화가 추진되면서 전통적으로 농업에 기반을 둔 '연변조선족자치주'의 경제력은 감소하기 시작했다. 이러한 연변 경제의 저발전과 실업, 생활수준 저하에 따른 경제적 격차는 조선족 동포들로 하여금 중국의 동남부 대도시 혹은 한국 등 국외로 유출하게 하는 유출 요인으로 작용했다. 이러한 이농현상은 또한 조선족 동포들의 집거지 약화 현상을 초래하여 최근에는 조선족 자치주가 장차 소멸될 위기에 처해 있다.

그럼에도 현재 연변지역에 거주하는 조선족 동포들은 북한과 지리적으로 가깝고, 또한 같은 민족이라는 민족적 요인에 의해 남, 북 간 교류에 있어 중요한 중개자 역할을 하며, 향후 남북 간의 민족 통합과 남북통일의 중요한 가교 역할을 할 것으로 기대된다.

고려인 동포

'고려인'이라 함은 '당초 연해주 지역으로 이주하여 거주하던 조선 한인 중 소련에 의해 강제 이주해 간 한민족 혈통 혹은 그 자손'을 의미한다. 이들 고려인들은 최초에 우즈베키스탄, 카자흐스탄, 키르기스스탄, 타지키스탄, 투르크메니스탄 등지에 정착, 거주하다가 1990년 구소련이 해체된 이후에는 다시 러시아 남서부 지역과 우크라이나, 몰도바 등지로 재이주해 간 우리 한인들을 모두 포함하고 있다.

이들 고려인들은 이역 땅에서 강제 이주와 재이주 등의 고난의 역사 과정을 거치면서 다양한 민족적 시련을 극복해 왔다. 당시 물자 부족과 함께 주거 문제, 취업 문제, 농기구 부족, 의료시설 미비 등 수많은 난관들을 극복해야 했다.

그럼에도 불구하고, 고려인들은 러시아인과 원주민들 간에 중재 역할을 수행하며 자신들의 권익을 보장받을 수 있는 방안을 마련해 갔다. 그리고 거주국 내에서 모범적인 소수민족(고려인)으로 자리 잡으며, 비교적 높은 사회경제적 지위를 누릴 수 있었다.

이들은 비록 신분 상승을 위해 러시아의 사회 문화에 동화되었지만, 한인으로서의 민족 정체성을 결코 상실하지 않은 채 현지 주류사회에 진출하면서 한민족으로서의 자긍심과 위상을 증진시키는데 크게 기여했다.

앞으로도 이들은 우리의 신북방 정책 추진 등 러시아 및 CIS 국가들과의 관계 발전에 중요한 가교 역할을 할 것이며, 이들 동 국가들과의 정치, 경제, 사회, 문화 발전에 기여하는 매개자로서의 역할을 할 것으로 기대된다.

2 재외동포 사회의 모국에의 기여 방안

위에서 살펴 본 지역별 재외동포들의 역할을 토대로 우리는 향후 재외동포들이 모국과의 관계에서 할 수 있는 역할과 모국 정부에 기여할 수 있는 기여 방안을 도출해 낼 수 있다. 이를 세 가지 분야에서 나누어 보면, 1) 정치·외교 분야, 2) 경제 협력 분야 그리고 3) 문화·예술적 측면에서 설명할 수 있다.

가. 정치·외교 분야

재외동포들은 해외 거주국에 장기 체류하거나 혹은 시민권을 가진 현지 국적자로서, 거주국의 발전에 기여하면서도 모국과 거주국 간의 우호협력 관계 증진에 기여할 수 있는 외교 중재자로 인식되고 있다.

따라서 재외동포들은 해외에 거주하면서 모국-거주국 간의 우호 증진 및 양국 간 협력관계 구축에 적극적으로 기여하며, 또한 개인 혹은 동포 사회의 정치력 신장을 바탕으로 거주국에서 한민족의 영향력을 확대하여 우리의 국가이익 증진을 위해 적극 노력할 수 있을 것이다.

이와 동시에 우리 정부의 궁극적인 외교 목표인 '한반도 안정과 평화 통일 달성'을 위해 거주국의 이해와 지지를 확보하기 위해 민간 외교관으로서 활동하고, 특히 한반도 통일을 지지하는 여론을 전 세계적으로 확산시켜 남북통일에도 기여하는 민간 외교의 한 축으로서의 역할을 할 수 있다.

이와 관련한 주요 사례들을 살펴보면, 우선 지난 2024년 한국계로는 최초로 미국 상원의원에 당선된 앤디 김(42. 뉴저지, 민주당)은 당선 인터뷰에서 "트럼프 행정부가 만일 동맹과의 파트너십을 약화하는 행동을 한다면 단호히 맞설 것"이라고 밝혔다. 또한 그는 워싱턴 연방의회에서 가진 기자회견에서 "미국은 동맹 없이는 생존할 수 없다. 미국의 리더십은 곧 동맹을 구축하는데서 비롯된다."고 강조하면서 한·미 동맹의 중요성을 강조했다.

이처럼, 한국계 재외동포가 미국의 상원의원으로서, 트럼프 정부의 주한 미군 철수 입장에 강력 반대하는 등 우리 정부의 입장을 대변하고, 강화하는 데 기여할 수 있다.

또한 미 뉴욕주의 4선 하원의원으로 당선된 론 김(45, 뉴욕주 하원의원) 의원은 2019년에 3.1운동의 의의를 기념하기 위해 '유관순 결의안'을 뉴욕주 의회에 직접 상정하여 이를 통과시킨 바 있다. 그리고 이후 3.1운동과 인권 운동가로서의 유관순 리더십을 젊은 세대에 전파하도록 뉴욕주 공립학교 교과 과정에 이를 반영하기 위해 적극 노력 중이다.

이처럼 동인 또한 한인 차세대 리더로서, 우리의 3.1운동과 유관순 열사의 역사적 의의를 미국 젊은 차세대들에게 전파하여 한민족의 우수성을 홍보하는 역할을 하고 있는 것이다.

2008년 최초의 한국계 국회의원으로 뉴질랜드 의회에 진출한 멜리사 리(59, 국민당) 의원은, 2016년에 전세계적으로 북한 인권 문제가 제기된 상황에서 뉴질랜드 의회에 '북한인권 결의안'을 상정하여 통과시킨 바 있다.

이 결의안은 북한의 조직적 인권 침해와 인권 탄압이 이루어지는 상황을 비난하고, 국제기구 혹은 인권단체가 북한 인권에 접근할 수 있도록 허용할 것을 촉구하는 뉴질랜드 의회의 결의안 채택이었다. 이와 같이, 한국계 국회의원이 뉴질랜드 주류사회에서 한국의 국가이익 증진을 위해 지원, 기여하는 역할을 할 수도 있다.

한편, 미주지역 한인단체인 "미주한인의 목소리" 측은, 우리 정부가 추진하고 있는 '동해 병기 운동'을 2007년부터 민간 차원에서 시작하여 2014년에는 미 버지니아주 정부가 각급 교과서에 동해(東海)를 병기(竝記)하도록 의무화하는 법안을 통과시키는데 적극적 역할을 하였으며, 이후 미 전역에서도 동해 병기 운동 캠페인을 벌이면서 미국 전체의 약 60%의 학교 교과서에 '동해 병기'를 채택하는 성과를 거두기도 했다.

이 단체는 특히 2017년에는 재미동포 약 11만 명으로부터 서명을 받아 미 백악관에 '동해 병기'를 청원하는 한편, 국제기구인 IHO(국제수로기구)에도 공문을 발송하여 동해 병기를 요청하는데 기여하기도 했다.

이처럼 한인 재외동포 단체도 한민족의 높아진 정치력을 기반으로 우리 정부가 추진하는 정책들을 측면 지원하는 역할을 할 수 있다.

나. 경제 협력 분야

재외동포들은 한민족 기업 공동체인 한인 비즈니스 네트워크를 활용하여 모국 기업과 해외 한민족 기업이 동반 성장할 수 있는 협력 파트너로서의 역할을 할 수 있다.

즉, 전 세계에 흩어져 있는 한상 기업인들의 경제 활동은 곧 모국의 경제 영토를 전 세계로 확대하는 효과를 가져옴을 의미한다. 이들 해외 민족 기업인 상호간 혹은 해외 민족기업-모국 기업인 간의 경제 네트워크 구축은 결국 우리의 해외 경제활동 영역을 전 세계로 확장시켜 경제활동을 최대로 확산시킬 수 있는 이점이 있다.

이와 동시에 재외동포 기업인들은 경제활동 영역 확장을 토대로 우리 국내 기업들의 제품수출 촉진, 투자 확대, 외화자금 유입 및 일자리 창출에도 기여하며, 또한 모국 기업과의 협력을 통해 경제적 이득을 취할 수 있는 등 상생 발전을 위한 중요한 경제협력 파트너 역할을 할 수 있는 것이다.

현재 전 세계적으로 한민족 출신 기업인은 총 97개국에서 약 7,000여 기업인들이 활동 중인 것으로 추산하고 있다. 이들 한인 기업인들의 활동은 앞으로도 영역을 넓혀 지속 확대될 것으로 예상되며, 이에 따라 우리 국가의 브랜드 제고 및 한국의 경제적 영토 확장에도 크게 기여할 것으로 전망된다. 특히 2015년부터 시행 중인 해외 민족기업에 우리청년들을 취업시키는, 이른바 '청년 해외인턴십 제도' 시행은 우리 모국의 젊은 청년을 대상으로 해외 일자리 창출 및 창업정신 함양에도 기여하는 것으로 평가되고 있다.

다. 문화·예술 분야

재외동포들은 해외에 체류하며 우리 한민족의 전통과 문화를 거주국에 적극 홍보하고 선전함으로써 국가 이미지 제고 및 국격 향상에 기여하는 공공 외교의 중요한 자산으로 인식되고 있다.

특히 최근 전 세계적으로 일고 있는 '한류(韓流, Korean Wave)열풍'의 확산의 매개체로서, 각 지역별로 재외동포 및 재외동포 단체는 한류 확산에 있어서 중요한 구심점 역할을 하고 있다. 최근의 한류 붐으로서는 K-pop을 시작으로 이후 K-Music, K-Drama, K-Film, K-food, K-Beauty 등 다양한 형태로 확대되어 나타나고 있으며, 해외에 거주 중인 우리 재외동포 및 재외동포단체는 곧 각자의 취향에 따라 이를 개별적으로 혹은 집단적으로 전파하는 매개자 역할을 충분히 할 수 있는 것이다.

게다가 한인사회 공동체를 중심으로 정례적으로 '한인 문화행사'를 개최함으로써 대한민국을 해외에 적극 홍보하는 한류 문화의 전파자 역할을 할 수 있다. 이 한인 문화 행사 개최를 통해 전 세계 181개국 708만 명의 재외동포들은 각자가 현지에서 살아가는 방식이나 직업과는 상관없이 한류 문화를 직접 소비하거나 혹은 직접 생산, 그리고 이를 현지에 전파, 홍보하는 직접적인 매개자가 될 수 있는 것이다.

이와 같이 현지의 재외동포들은 한국의 국가 이미지 제고는 물론 한국 문화의 우수성을 홍보, 전파하는 '문화홍보 대사'로서의 역할을 충분히 할 수 있는 것이다.

"전세계 한인입양동포 대회" 개최

1. 개요

재외동포청은 해외 입양동포와 모국 간 유대감 형성과 연대 강화를 위해 전세계 한인입양동포대회를 개최하기로 하고, '2024 세계한인입양동포대회'를 2024.5.21. 서울 여의도 콘래드호텔에서 개최했다.

'연결의 힘: 함께 더 밝은 미래를 향해'라는 슬로건으로 동 대회에는 미국을 비롯해 캐나다, 프랑스, 덴마크, 스웨덴, 노르웨이, 호주 등 15개국 입양동포와 동반 가족 100여 명이 참가했다.

2. 주요 프로그램

개막식과 함께 입양동포로서 마음속에 모국에 대한 생각을 나누는 '공감콘서트'가 진행되었다. 이어 법무부, 아동권리보장원 등 유관기관으로부터 재외동포비자(F-4) 취득에 관한 설명을 듣고 친족 찾기와 유전자 검사, 재외동포청의 입양동포 위한 각종 사업 설명회가 진행된다. 또한 용인 한국민속촌 등을 방문해 '한국의 역사문화'를 체험하고, 수원 삼성이노베이션 뮤지엄과 서울 강남의 코엑스 등을 찾아 '모국의 발전상'을 돌아보는 시간도 갖는다. 이와 동시에 입양 동포와 모국의 공동 발전, 세계평화와 인류 공영을 위한 기여, 한국 발전상 알리기 사업 동참 등과 관련해 국가 · 지역별 참가자 간 그룹토의를 진행한다.

3. 주요 참석 대상

미국의 토미 겐젤 세계한인입양인협회(IKAA) 회장, 한 · 미 입양인 단체 네트워크(KAAN)의 단체장 케이티 보젝을 비롯한 미국과 유럽의 입양동포 단체 대표 임원진 10명이 참석하였다. 이와 더불어 벨기에 남부 나무르의 한 대학에서 디지털 아트 강사로 일하는 샹탈 보엘(한국명 사영자 · 60), 생후 2~3개월 때 스웨덴에 입양된 정학(34), 한국인이라는 자부심이 남다른 캐나다의 케이틀린 노베크(37)도 참가했다. 참가자들은 이날 폐회에 앞서 모국의 공동발전을 위해 노력하고, 모국과의 연결을 통해 권익신장과 네트워크 구축, 교류 협력을 강화하기로 하는 등 지역별 그룹회의에서 논의한 이행계획(Action Plan)도 발표했다.

특히 거주국 여러 단체와 협력해 재외동포청이 추진하는 '한국 발전상 알리기'에도 적극 동참하겠다고 뜻을 모았다.

올해 대회에서는 해외입양인연대 등과 함께 입양동포에게 효과적인 정보를 제공하는 '인포부스'를 운영했고, 아동권리보장원과는 무연고 가족 찾기를 위한 서비스 신청서 작성 서비스를 현장에서 제공했다.

* 출처 : 연합뉴스, 최신뉴스,2024.5.24./월드코리안, 국내뉴스, 2024.5.22.

<미 국회에 입성한 한국계 여성 3인방 순자·은주·영옥의 전성시대> : 한인들의 권익 증진 위해 힘쓸 것으로 기대돼

여성동아, 뉴시스, 오영제. 2021. 1. 29.

제117대 미국 연방의회가 지난 1월 3일 공식 출범했다. 3명의 한국계 여성 의원들이 의회에 입성해 화제를 모았는데, 특히 메릴린 스트리클런드 의원은 한복 차림으로 등장해 시선을 한 몸에 받았다.
이번 117대 의회는 역사상 가장 많은 다양성을 보여주는 의회라는 평가를 받고 있다. 여성과 유색인종, 성소수자, 초선 의원의 진출이 눈에 띄게 늘었기 때문이다. 전체 4백35명의 하원의원중 여성은 1백18명으로 미 하원 역사상 가장 많고, 한국계 하원의원 또한 4명에 이른다. 한국계 하원의원 중 뉴저지의 한인 밀집 지역을 기반으로 하는 남성 의원 앤디 김(39)의 재선을 제외하면 새롭게 당선된 의원들은 모두 여성이다.
취임식에 한복을 입고 등장해 이목을 집중시킨 메릴린 스트리클런드(한국명 순자 스트리클런드, 59)의원을 필두로 캘리포니아 48선거구의 미셸 박 스틸(한국명 박은주, 66)과 캘리포니아주 39선거구에서 당선된 영 김(한국명 김영옥, 59) 의원까지, 새로운 한국계 연방 하원의원들의 등장 덕에 이번 의회를 지켜보는 미국 한인 사회는 상당히 고무된 분위기다. 미국은 단원제를 택한 우리나라와 달리 상원의원과 하원의원으로 구성된 양원제다. 상원의원은 외교·안보와 같은 국가적 업무를 주로 맡고, 하원의원은 지역 발전을 위해 일하는 우리나라의 국회의원과 같은 역할을 한다. 지금까지 이렇게 많은 수의 한국인이, 그것도 여성이 하원의원으로 선출된 것은 이번이 처음이다.

메릴린 스트리클런드 의원은 워싱턴주의 첫 흑인 하원의원이기도 하다. 한국인 어머니와 한국전쟁에 참전한 주한미군 출신 아버지 사이에서 태어난 그는 서울이 고향이다. 만 한 살 반을 넘기던 해 아버지가 버지니아주 포트리 기지로 전보되면서 미국으로 이주해 워싱턴주의 항구도시 타코마에 정착했다. 워싱턴대를 졸업하고, 클라크 애틀랜타대에서 경제학 석사(MBA)를 받은 그는 노던 생명보험회사와 스타벅스 등에서 일하며 커리어우먼으로서의 삶을 살았다. 메릴린을 정계로 이끈 것은 일하던 중 만난 놈 라이스 시애틀 시장이다. 라이스 시장의 권유로 타코마시의 시 의원에 도전장을 내민 그는 2년간 시의회 의원으로 재임했고, 2010년 타코마 시장에 당선되어 2018년까지 임기를 이어갔다. 시장직을 마친 이후엔 시애틀 메트로폴리탄 상공회의소 회장직을 맡았다. 그리고 이번 하원의원에 당선되면서는 '워싱턴주를 대표하는 첫 흑인 미국인이자 2백30년 의회 역사상 첫 한국계 미국인 여성'이라는 타이틀을 얻게 되었다.

미셸 박 스틸 의원 역시 서울이 고향이다. 공무원이었던 아버지의 파견 근무로 중학교와 고등학교를 모두 일본에서 졸업한 그는 일본여자대학 1학년을 마친 1975년 미국으로 이민했다. 이후 LA 인근에 위치한 캘리포니아주 말리부의 페퍼다인대를 졸업하고 서던캘리포니아대(USC)에서 경영학 석사 학위를 받았다. 1981년 숀 스틸 전 캘리포니아주 공화당 의장과 결혼한 후 한동안 평범한 주부로 지냈지만 이민 1세대로 지내며 느낀 여러 어려움과 이를 돕고자 하는 마음이 그를 정치로 이끌었다. 그는 과거 인터뷰에서 "아버지가 돌아가신 후 어머니는 혼자 옷 가게를 운영하셨다. 언어의 장벽 때문에 1980년대 초 캘리포니아주 조세형평위원회에서 큰 세금을 부과 받았는데 이의 제기도 제대로 하지 못했다. 이때 처음으로 어려운 처지에 있는 사람들을 위해 무언가를 해야 한다고 생각하게 됐다"고 말했다.
1992년 LA 폭동을 겪으며 이런 생각은 더욱 굳어졌다. 익히 알고 있는 것처럼 LA 폭동은 인종차별에 대한 분노 때문에 발생한 아픈 역사다. 이를 현지에서 오롯이 마주한 그는 인종 간의 갈등 속에서 희생당하는 한인들을 보면서 한인 사회의 정치적 영향력을 키워야 한다고 마음먹었다. 이후 지역 정치에 참여해 LA 소방감독위원, LA 카운티 아동복지국 감독위원, 한미 공화당협회 회장 등을 역임했다. 부시 행정부에서는 백악관 아시아 태평양계 자문위원을, 트럼프 행정부에서는 백악관 아시아 태평양계 공동 자문위원장을 지냈다.

캘리포니아주 39 선거구에서 당선된 공화당 소속 **영 김 의원**은 1962년 인천에서 태어나 13세에 미국으로 이민을 갔다. 괌에서 중학교를, 하와이에서 고등학교를 졸업한 그는 서던캘리포니아대에서 경영학을 전공한 후 남편의 권유로 정치계에 입문했다. 13선(選)을 한 에드 로이스 전 하원의원의 아시아 정책보좌관으로 21년 동안 일하면서 한미 자유무역협정, 북한 인권, 위안부 문제와 같은 정책을 도맡았다. 그는 선거운동을 하던 당시 미국의 소리와 진행한 인터뷰에서 "미국과 한국이 서로에게 도움을 주고 또 도움을 받으며, 함께 나은 삶을 누릴 수 있도록 한국계 미국인(Korean American)으로서 가교 역할을 하겠다."는 의지를 내비쳤다. 또한 그는 최근 미국 하원에 '미주 한인의 날'을 기념하는 결의안을 발의했다. 1백 18년 전인 1903년 한인들이 미국에 처음 정착한 날을 기념하는 내용으로 의회 내 아시아 태평양 아메리칸 코커스 의장인 주디 추 의원, 민주당의 지미 고메즈 의원과 공동 발의하였다.

현재 미국 내 한국계 미국인은 1백 80만 명에 달한다. 많은 사람들이 미국 주류 사회에 진출하고 이전보다 위상이 높아졌다고 하지만 여전히 불이익과 불평등이 존재한다. 앞으로 그들의 행보가 기대되는 이유가 여기에 있다. 지금까지 한 많은 노력에 더해 한인의 권익 신장과 한미 관계 증진을 위한 움직임이 더욱 활발해졌으면 하는 바람이다.

* 출처: 여성 동아, people, 글 오영제, 2021.01.29.
https://woman.donga.com/people/article/all/12/2401351/1

제13장

우리 재외동포 정책의 나아갈 길

제1절 한국의 재외동포 정책 수립 과정

우리나라 재외동포 정책의 수립 과정은 1948년 정부수립 이래 동아시아의 국제정치 상황의 변화와 직접 연관되어 전개되어 왔다.

6.25 전쟁으로 남북이 분단되었고 또한 자유주의 진영과 사회주의 진영 간 냉전이 심화되면서 우리의 재외동포 정책도 이에 영향을 받을 수 밖에 없었다. 특히 해방 이후 중국 및 구소련에 잔류한 재외동포들은 한국과 수교가 없는 상태에서 북한과 연계되며 직접적인 교류가 단절되었고, 이에 따라 초기의 재외동포 정책도 한국의 대북 정책 및 통일 정책과 깊이 연관되어 논의될 수밖에 없었다.

이러한 국제정치적 배경을 토대로 이하에서는 해방 이후 한국의 재외동포 정책을 크게 세 단계로 나누어 고찰해 보고자 한다. 먼저 1950년대 동포정책 부재 시기(1948~1962), 문민정부 이전 시기(1962~1992) 및 문민정부 이후 시기(1993~현재)로 나누어 설명하고자 한다.

1 이승만 정부 시기(재외동포 정책 부재 시기)

1948년 대한민국 정부가 수립되었으나, 여전히 미군정에 의한 신탁통치가 지속됨에 따라 해외에 거주하던 재외동포들에 대한 정책은 근원적으로 제약될 수밖에 없었다. 즉, 당시 조국을 떠났던 사람들의 국내 귀환은 남, 북 분단과 38선 경계선 통제로 어려움이 있었고, 또한 제1공화국을 수립한 이승만 정부는 좌익과의 대결과정에서 '반일, 반공산주의'를 국시로 내걸었기 때문에 사실상 재외동포 정책을 수립할 여지가 없었다.

왜냐하면, 당시에는 해외 한인 동포들이 대부분 일본과 중국, 소련에 집단 거주한 상태였고, 미국이나 중남미지역에는 극소수 일부 동포만이 존재하였기 때문이었다.

따라서 이승만 정부는 동·서 냉전에 따른 대립으로 중국과 소련에 잔류한 동포들에 대해서는 어떠한 선언이나 정책을 추진할 처지가 안 되었고, 또한 일본과도 국교정상화가 이루어지지 않아 우선적으로 이들의 법적 지위 처리 문제에 집중해야 했다.

이승만 초대 정부는 특히 당시 재일동포들이 일본 공산당과 연계하여 '한신교육 투쟁' 등 민족교육 투쟁을 벌이는 것이 북한과 연계되어 있다고 판단하여 '재일 교포'를 공산주의자로 인식하였고, 이에 따라 한국 정부도 이들을 직접 규제하고 관리해야 할 '정책 대상'으로 간주했다. 이처럼 이승만 정부는 '반일 정서' 및 '반공산주의' 정책 기조를 토대로 재일동포를 일종의 공작 대상 혹은 관리 대상으로만 간주함으로써 당시의 재일동포 정책은 사실상 '무대응 기조'로 일관한 것으로 이해되고 있다.

2 박정희 정부 시기(문민정부 이전 시기)

5.16 군사정변으로 집권한 박정희의 제3공화국 정부는 재외국민에 대한 정책을 최초로 수립하면서, 재외동포 관련 정책을 최초로 탐색하기 시작했다.

먼저 1962년에 '해외이주법(海外移住法)'을 제정하여 이민공사(1964)와 해외개발공사(1965)를 설립하였고, 이 기관을 통해 해외로 '집단적 기획이민'을 수행케 했다. 노동 송출이라 할 수 있는 브라질로의 농업 이민을 비롯하여 독일의 광부, 간호사 송출, 베트남 파병 및 기술자 파견, 그리고 미국으로의 국제결혼, 입양 및 가족 초청 이민, 일본으로의 한국인 이주 등은 이전과는 다른 새로운 교민인 '재외국민(在外國民)'이란 개념이 대두되게 된 계기가 되었다.

이어 1965년 한-일 국교정상화가 이루어지면서 '재일 한인들의 법적 지위' 개선이란 차원에서 '재외국민'의 개념이 확립되었고, 이에 따라 외무부 내에 '교민과'(1961)가 설치되고, 재일교포 교육을 위한 교사 파견도 이루어졌다.

이렇게 '재외국민'이라는 개념이 정부 내에서 새롭게 정립되면서 1970년에는 외무부 내에 '영사교민국'이 설치되었다. 이는 재외국민을 영사적 측면 뿐만 아니라 교민적 측면에서도 정책을 추진하기 시작했음을 의미한다. 예를 들면, 경제 발전의 가속화를 위해 재일교포의 본국 투자 장려와 교육 투자 유치, 재미교포 과학자의 국내 유치, 그리고 재외동포 우수인재 유치 사업 등을 적극 장려하기에 이르렀다. 그 결과 재외국민 중심의 정책에서 또한 외국국적 동포에 대한 관심과 지평도 함께 넓혀 가는 계기가 되었다.

1970년대에 이르러 중국의 유엔 가입과 대만 축출, 1972년 일·중 수교에 이어 미·중 수교가 이루어짐에 따라 동·서 냉전 구도가 급변하여 화해 협력 분위기로 변모했다.

그러면서 국내에서는 중국, 소련 등 공산권 지역에 거주하는 한인 동포들에 대한 관심이 더욱 높아져 갔다. 특히 미주 및 일본 지역 동포들이 소련과 중국 등 과거 공산주의 국가들을 방문하면서, 중국의 '조선족' 동포와 중앙아시아의 '고려인' 동포들을 직접 접촉할 기회를 갖게 되면서 이 지역 한인 동포에 대한 관심도 한층 증가되어 갔다.

3 전두환, 노태우 정부 시기(문민정부 이전 시기)

1980년대는 동서 데탕트가 더욱 심화되어 가던 시기였다. 하지만 한반도는 세계적인 조류와는 다른 방향으로 가던 시기였다. 이 시기 전두환 정부는 1980

년 헌법을 개정하여 제2조 2항에 '국가의 재외국민 보호 의무' 조항을 삽입하여, 재외국민에 대한 정부 정책을 법제화시켰다.

그 결과 '재외국민정책심의위원회'가 설치되어 영사적 보호는 물론 교육 및 문화 등 재외국민에 대한 기본적인 정책 수립과 집행이 이루어지기 시작했다. 하지만 외국국적 동포를 포함한 전반적인 재외동포 정책에 대해서는 여전히 구체적인 정책 입법화 단계로까지 이어지지는 못했다.

한편 노태우 정부에 와서 88 올림픽의 성공적인 개최와 북방정책(1988) 실시로 공산권 국가에 위치한 외국국적 동포들이 한국과 직접 교류할 수 있는 기회가 제도적으로 확립되었다.

이 '북방정책'은 한반도 통일 방안으로 남북한의 민족 통합을 강조한 '한민족공동체 통일방안'에서 비롯되었으며, 이는 곧 그동안 정부가 '공작 대상'으로만 여겨왔던 중국, 러시아 지역 재외동포들을, 이제는 통일에 기여하는 한 축으로 간주하게 되었다. 그 결과 서울올림픽 개최 1주년을 기념하여 열린 세계한민족축전(1989)에 소련과 중국 동포들이 참여하면서 한국의 재외동포 정책은 새로운 전기를 맞이하게 되었다.

이어 한·러 수교(1990) 및 한·중 수교(1992)가 이루어지면서 중국의 '조선족 동포'와 구소련의 '고려인 동포'들은 우리의 재외동포 정책의 공식적 범주 대상에 편입될 수 있었다.

4 김영삼 정부 시기(문민정부 이후 시기)

문민정부 이후의 시기는 우리 정부의 재외동포 정책이 공식적으로 수립되고 발전되었던 시기라 할 수 있다. 이 문민정부 시기 정부의 재외동포 정책이 실질적으로 수립되는 주요 계기가 되었던 것은 바로 '세계화추진위원회'의 설립이었다.

김영삼의 문민정부는 '세계화(Globalization)'를 국정지표로 표방하면서, 탈냉전 구도에서 민족문제와 통일문제를 연결시켜 해외 동포에 대해서도 주요 정책의 대상으로 인정하는 새로운 접근을 시도했다.

그리하여 1995년에 '대통령직속 세계화추진위원회'를 발족시키고, '세계화의 비전과 전략'이란 추진목표를 통해 53개의 세계화 과제를 제시했다. 이 가운데 새로운 재외동포정책 목표의 하나로서, '재외동포사회의 활성화 지원'을 설정하였다. 이 목표에는, 1) 재외동포의 거주국 내 권익 신장과 역량 강화, 2) 한민족으로서의 정체성과 자긍심 고양, 3) 동포 간 화합 및 모국과 동포사회의 호혜적 발전이라는 기본 목표를 설정했다.

이 재외동포의 기본 정책방향을 토대로 대통령 비서실 내에 '교민비서관'직이 신설되었고, 또한 재외동포 업무를 총괄 심의, 조정하기 위해 1996년 국무총리실 산하에 '재외동포정책위원회'가 설립되었다. 이 재외동포정책위원회는 재외동포의 기본 정책방향을 심의, 조정하되, 이를 기초로 정부의 추진계획을 수립하고 구체화하도록 한 것이었다.

그 결과 1997년 2월 재외동포 사업 추진을 위해 "재외동포재단법"이 제정되었고, 이에 따라 동년 10월 외교부 산하에 '재외동포재단'이 설립되었다. 이는 곧 재외동포 정책이 국가의 주요 국정과제 속으로 포함되었음을 의미하며, 또한 재외동포의 범위, 동포정책, 및 수립기구 등이 보다 구체적으로 제도화되었음을 의미하는 것이었다.

그럼에도 불구하고 당시 한·중 수교 및 한·러 수교로 인해 한국에 입국하는 중국 및 구소련 지역 동포들의 출입국과 국내 고용 등 이들의 법적 지위 문제, 재외동포 정책 대상 및 방향(현지화 혹은 민족 정체성) 등 면에서 여전히 국내 정치권을 중심으로 상반된 시각을 드러내고 있었기 때문에, 이에 대한 새로운 정책 대응이 요구되면서 동 문제점들이 해결되지 못한 채 다음 정부로 넘어가게 되었다.

5 김대중 정부 시기(문민정부 이후 시기)

이러한 재외동포 정책의 법적 제도화 및 재외동포의 법적 지위 문제 등은 김대중 '국민의 정부'에 들어와 보다 체계적으로 제도화되었다. 즉, 이전 문민정부가 재외동포를 과거 공작의 대상으로부터 '한민족의 일원'이란 관점으로 전환시켰다면, 국민의 정부는 더 나아가 재외동포를 모국과 동등한 입장에서 '호혜적인 네트워크 대상'으로 간주했다.

특히 1997년 외환위기 당시 재외동포들이 적극 동참하여 보여준 모국에의 기여도를 감안하여 이제 재외동포도 한국의 경제 난국을 함께 헤쳐 나갈 '동반자'이자 한민족의 '중요한 해외 자산'이라는 시각을 가지게 되었다.

이러한 배경 하에 국민의 정부는 재외동포 정책의 기본 목표로서, 1) 한민족 정체성 유지 및 거주국 내 성장 지원 2) 모국과의 유대감 강화 3) 재외동포의 역량 강화 및 활용 등으로 설정했다. 그리고 재외동포의 국내 출입국 등 자유 왕래를 적극 허용하는 한편, 모국에서의 법적 지위를 보장하기 위한 법적 제도화 과정에 착수하기에 이르렀다.

1999년에 이른바 "재외동포의 출입국 및 법적 지위에 관한 법률"(약칭: 재외동포법)을 제정하여, 재외동포의 범위를 '재외국민'과 '외국국적 동포'로 범주화했다. 그러나 동 법에서는 다만 외국국적 동포에 대한 정의를 '대한민국 국적(1948년 정부수립 이후)을 보유하였던 자 또는 그 직계비속으로서, 현재 외국국적을 보유하고 있는 자'로 명기하여, 사실상 중국 및 구소련 동포를 포함하여 대한민국 정부수립 이전에 해외로 이주한 동포를 외국국적 동포의 범주에서 제외시키는 결과를 초래했다.

이는 결국 1948년 대한민국 정부 수립 이전에 비의도적으로 해외로 이주해 간 외국국적 동포들에게 절망과 좌절감을 가져다주었고, 동 법률에 대한 위헌 여부 문제가 제기되었다.

동 법이 제정되자마자, 중국 및 구소련 동포들은 동 문제점을 제기하여 헌법재판소에 '헌법 소원'을 제기하였다. 2004년 헌법재판소가 '위헌 판결'을 내림으로써 정부는 동 법령 개정(2004년)작업에 착수했다. 이로써 재외동포법 제2조의 외국국적 동포의 범주로서, '1948년 대한민국 정부 수립 이전에 해외로 이주해 간 동포를 모두 포함'하는 내용을 추가함으로써 일단락 짓게 되었다. 이 사건을 이른바 '재외동포법 파동'이라 일컫고 있다.

이와 같이 김대중 정부에서는 '재외동포법' 제정을 통해 불완전하나마 재외동포 정책이 어느 정도 체계를 갖추며 제도화되긴 했다.

다만 당시의 정책 추진체계는 여전히 다원화된 구조를 이루고 있었다. 즉, 주무부처로서 외교통상부가 업무를 총괄하고, 새로이 신설된 '재외동포재단'이 구체 사업을 추진토록 하였으나, 실제로는 정부의 각 부처들이 독립적으로 혹은 몇 개 부처의 연합으로 자체적인 재외동포 정책을 수립, 집행하는 구조를 이루고 있었다.

다시 말해 이 시기의 재외동포 정책은 비록 체계화는 이루어졌으나 구체적인 집행 및 추진체계는 일원화되지 못한 채 외교부와 여타 정부부처가 각자의 소관 업무를 독립적으로 수행하는 구조를 이루었고, 이러한 다원화된 집행 구조는 2023년 '재외동포청'이 설립되기까지 지속되었다.

6 노무현 정부 시기(문민정부 이후 시기)

노무현 '참여 정부'의 재외동포 정책은 이전 김대중 정부의 정책을 비교적 그대로 계승하는 방향으로 이루어졌다. 즉, 김대중 정부에서 재외동포 관련 법제화를 통해 기본적인 완성이 이루어졌다고 보고, 참여 정부에서는 원칙적인 수정이나 변화보다는 부분적인 정책 조정이나 문제 대응에 치중하고자 했다.

우선 재외동포 정책의 3대 목표로서 1) 거주국 내 권익 신장과 역량 강화 2) 한민족의 정체성과 자긍심 고양 3) 동포 간 화합 및 모국과 동포사회 간 호혜적 발전 등으로 제시하고, 2007년에는 해외 한인들의 민원을 적극 반영하여 매년 10월 5일을 "세계 한인의 날"로 지정하여 세계 곳곳에 퍼져 있는 한국인의 자긍심을 고취시키고자 했다.

이와 동시에 당시 국내 취업을 희망하던 중국 및 구소련 지역 동포들이 불법체류를 하지 않고 안정적으로 돈을 벌어 귀환하도록 고용허가제의 보완책인 '방문취업제'(H-2)를 2007년부터 시행하였다. 이 방문취업제는 국내 출입국과 체류 활동에서 상대적으로 소외되어 온 중국 및 구소련 지역 동포를 대상으로 국내 단순노무 취업을 허용하는 제도로서, 만 18세 이상 동포에게 5년간 유효하고 1회 입국할 경우 최장 3년간 체류할 수 있는 '방문취업 복수사증(H-2)'을 발급하며, 동 사증으로 입국한 동포들이 취업할 경우 제조업, 건설업, 서비스업, 농·어업, 축산업 등 5-6개의 단순노무분야 업종에 취업이 가능한 체류자격을 부여하는 제도이다.

이 제도의 시행으로 중국 및 구소련 지역 재외동포들이 국내에 취업하면서 장기 체류하는 수도 급증하였고, 이에 따라 재외동포 정책도 해외에 거주하는 재외동포뿐만 아니라 '국내체류 재외동포'들도 정책 대상에 포함되어, 이와 연관된 정책을 함께 고려하는 보다 확대된 정책으로 전환했다.

그 결과 당시의 재외동포정책은 점차 국내의 외국인 정책('재한외국인처우기본법')과 함께 마침 국내에 급증하던 결혼이민자를 중심으로 한 '다문화 정책'(다문화가정지원법)과도 결합되어 보다 '포괄적인 재외동포 정책'으로 발전하는 토대를 마련하였다.

7 이명박, 박근혜 정부 시기(문민정부 이후 시기)

이명박 정부의 재외동포정책은 기본 목표를 '모국과 동포사회 간 호혜적 발전을 통한 선진국가와 성숙한 한인사회 구현'에 두고, 이 목표 달성을 위해 4개의 세부 목표를 수립했다. 즉, 1) 모국과 거주국과의 관계 증진을 위한 동포사회의 전략적 기여, 2) 재외동포 사회 네트워크 활성화, 3) 모국과의 유대 증진을 위한 국내 법적, 제도적 기반 강화, 4) 한인 정체성 및 자긍심 고양을 위한 교육, 문화 교류 확대 등으로 제시했다.

이러한 목표는 문민정부 시기 이래 추진해 온 재외동포 정책의 성과를 집약하면서, 새로운 시대 변화에 맞게 정책 전환을 이루고자 한 것이었다. 다시 말해 재외동포를 단순한 네트워크의 한 축으로 인식하는데 머물지 않고, 적극적으로 '모국과 거주국을 매개하는 주요 행위자로서, 우리 국력의 외연을 구성하는 소중한 자산'으로 인식한 것이었다. 따라서 당시 한국이 지식기반경제로 이행하는 과정에서 재외동포를 '한국과 거주국의 언어, 문화, 제도에 모두 익숙한, 국제경쟁력을 갖춘 우수한 인재풀(pool)'로 인식하였다.

이와 동시에 우리 국민들의 해외 거주가 급증해 감에 따라 이들에게도 국민의 기본적 권리로서 참정권을 부여해야 한다는 의견이 제기되었다. 2004년 미국, 일본, 캐나다 및 프랑스 거주 재외국민들이 헌법재판소에 '헌법 소원'을 제기함에 따라 2007년 헌법재판소 측은 "재외국민을 대상으로 선거권을 제한하는 것은 위헌"이라며, 헌법 불합치 결정을 내렸다. 이에 따라 정부는 2009년 '공직선거법'을 개정하여 재외국민에게도 선거권을 보장하였으며, 이에 따라 2012년 4월 시행된 제19대 국회의원 선거 때부터 해외거주 재외국민에게도 '재외국민 선거'를 실시할 수 있도록 했다.

한편, 박근혜 정부에 들어와 재외동포 정책은 좀 더 실질적 조치들로 구체화되어 시행되었다. 우선 기본 목표를 "맞춤형 동포 서비스를 통한 국민행복 실현"으로 두고, 보다 특화된 맞춤형 동포 정책을 위한 범부처 간 협력을 강화하는 동시에 재외국민용 주민등록증을 발급한다든지 혹은 재외동포들의 국내 출입국 및 체류 편의를 도모하기 위해 제한적 복수 국적 허용 범위를 더욱 확대하는 조치를 취하였다.

8 문재인 정부 및 윤석열 정부 시기(문민정부 이후 시기)

문재인 정부에서는 재외동포들의 실질적인 민원을 해결하는데 중점을 두었다. 예컨대, 재외동포 대상 '해외안전지킴센터'를 개설하여 해외 안전 및 사건 사고에 대응하기 위해 '24시간 모니터링 시스템'을 구축했다. 그리고 동 센터와 재외공관을 온라인으로 연결하여 실시간으로 민원 해결이 이루어지도록 통합 민원 시스템을 구축했다.

이와 동시에 재외동포 정책을 보다 장기적이고 체계적으로 추진하기 위해 '재외동포정책위원회'의 심의, 조정을 거쳐 매 5년마다 기본계획을 수립하도록 했다. 이는 이후 '재외동포기본법' 제정의 기초를 마련하는 기반으로 작용했다.

2022년 윤석열 정부에 들어와 재외동포의 중요성에 대한 국민의 인식이 커지고, 아울러 재외동포의 기본정책 방향을 법제화할 필요성에 따라 '재외동포기본법'이 2023년 2월에 제정되었다. 또한 재외동포 관련 정책과 사업을 총괄적으로 수립, 집행하기 위한 전담 기구로서 '재외동포청'이 신설되어 동년 6월에 정식 출범하게 되었다.

제2절 현 정부의 재외동포 정책 내용 및 문제점

앞 장에서 살펴본 바와 같이, 우리 정부는 "재외동포 사회와 모국과의 상생 발전 및 공동 번영"이라는 재외동포 정책의 기본 목표를 토대로 이의 추진 전략에 있어서는, 첫째, 정체성 함양과 역량 강화 지원, 둘째, 글로벌 민족 네트워크 활성화, 셋째, 소외된 동포에 대한 지원 강화 등을 들 수 있다. 이러한 정부의 추진 전략을 좀 더 구체적으로 살펴보면, 다음과 같다.

1 정체성 함양과 역량 강화 지원

정부는 재외동포들이 한인으로서의 정체성을 함양하고, 거주국 내에서 이들의 역량이 더욱 강화될 수 있도록 지원을 확대하고 있다. 우선 한인 정체성 함양을 위한 중요한 사업으로는 '한국어 교육 진흥'과 함께 '차세대를 위한 지원 사업'을 들 수 있다.

우선 재외동포들이 한민족 정체성을 함양해 나가기 위해서는 제2~3세대 동포를 중심으로 한국어 및 한국 문화에 대한 교육을 우선시해야 할 것이다. 이를 위해 정부는, 재외동포들에게 한글학교 혹은 한국 국제학교에 대한 지원을 우선적으로 대폭 확대하고 있다.

또한 재외동포 2~3세대인 차세대 동포들이 거주국 사회에서 모범적인 구성원으로 성장함은 물론 이들의 역량이 잘 발휘되어 주류사회에 적극 편입될 수 있도록 지원을 확대하는 것이다. 이를 위해 차세대 동포들에게 각종 장학 제도를 실시하거나, 혹은 주기적으로 모국에 초청하여 모국의 발전상을 체험케 하는 등 연수와 초청 사업을 연계하여 교류 사업을 강화하고 있다.

2 글로벌 민족 네트워크 활성화

재외동포들이 지역별, 직능별로 '글로벌 민족 네트워크'를 구축하여 동포사회가 상호 간에 밀접히 결집하고 민족 네트워크를 활성화해 나가도록 지원하는 것이다.

이를 위해 우선 동포사회가 건전하게 육성, 발전될 수 있도록 각 지역별 한인회를 활성화하는 한편 동포 초청 대규모 행사를 주기적으로 개최하여 지역별, 직능별로 동포사회가 상호 역량을 잘 결집하도록 지원하는 것이다.

특히 세계한인비즈니스대회, 한인기업 청년 인턴쉽 등 민족 기업인들이 상호 네트워크를 구축하여 국내 기업과 해외 한인 기업들이 상호 간에 사업 기회를 창출해 내어 상생 발전할 수 있도록 환경적 기반을 조성하는 것이다. 이러한 정책 구현을 위해 정부는 재외동포를 대상으로 정례적인 초청 행사를 시행하고 있다.

우선 "세계 한인의 날" 기념식을 거행하고 있다. 동 기념일은 노무현 정부 시기에 재외동포들의 의견을 반영하여 2007년에 지정한 것으로서, 매년 10.5일을 기념일로 지정하여 모국에 대한 자긍심과 유대감을 강화하는 한편, 재외동포들의 민족적 의의를 고취하도록 하고 있다.

특히 2023년 제정된 재외동포기본법 제15조에서는 "세계 한인의 날"과 함께 "세계 한인 주간"을 특별히 명시하고 있다. 동 조항에서는 "재외동포와 대한민국 간의 유대감을 보다 강화하기 위하여 매년 10월 5일을 세계한인의 날로 정하고, 개천절부터 시작하여 한글날까지의 1주간을 "세계 한인 주간"으로 할 것을 규정하였다.

둘째는 "세계 한인회장 대회"를 매년 시행하고 있다. 이 대회는 대체로 "세계 한인의 날(10.5)" 행사 전후에 개최되고 있어, "세계 한인의 날"에 연이어 동시에 진행되는 경우가 많다. 특히 이 시기에 전 세계 한인회 회장 및 주요 간부들이 함께 모여 재외동포 사회 간 혹은 모국과 재외동포 사회 간 유대를 강화하는 한편, 한인들 간의 글로벌 네트워크를 구축함으로써 동포 사회와 모국 간의 상생 발전을 도모할 목적으로 매년 개최되고 있다. 이와 관련한 재외동포 웹사이트로 "코리안넷(Korean net)"을 운영 중이다.

셋째는 "세계 한상대회"를 매년 개최하고 있다. 여기에서 한상(韓商)이란 중국의 화상(華商)과 대비되는 개념으로서, '한인 기업인'을 의미한다. 즉, 해외에 거주하는 한인 기업인들이 함께 모여 동포사회의 최대 비즈니스 교류의 장으로 활용토록 하는 목적에서 개최되고 있다. 다만, 이 세계 한상대회는 제 21차 대회(2023)때 한상이란 표현보다는 '한인 비즈니스'란 표현이 적합하다고 판단하여 이후부터는 "세계 한인비즈니스 대회"로 변경하여 사용하고 있다.

아무튼 매년 4~5월 개최되는 이 "세계 한인비즈니스 대회"는 재외동포 민족기업인 간 혹은 재외동포사회와 모국 간의 비즈니스 네트워크 강화에 크게 기여하고 있음은 주지의 사실이다. 이와 관련한 웹사이트로는 "한상넷(Hansang Net)"이 운영 중이다.

넷째, "세계 한인 차세대 대회"를 매년 개최하고 있다. 이 대회는 최근 한인사회의 주류를 형성하고 있는 한인 차세대 지도자들의 역량을 결집하고 상호 네트워크를 구축하기 위해 시행하고 있다. 동 대회는 매년 8월경에 국내에서 개최되고 있는데, 전 세계 다양한 분야에서 활동 중인 차세대 인재를 초청하여 글로벌 네트워크를 강화하는 동시에 차세대 한인들의 교류의 장으로 활용되도록 하고 있다.

다섯째로는 "한민족 여성네트워크(KOWIN)"가 있다. 이는 국내외 한민족 여성들이 상호 교류 및 연대 강화를 목적으로 개최되고 있으며, 주요 사업으로는 재외 한민족 여성 리더 양성, 한민족 여성의 정체성 제고를 통한 세대간, 지역간 연대 강화, 그리고 한민족 여성 네트워크 확산을 위한 교류 등을 추진하고 있다. 동 회의에는 주로 여성부 관계자와 함께 한민족 여성 리더, CEO, 정치인, 공무원, 법조인, 종교인, 예술인, 과학자 및 교육자 등 전문분야에서 두각을 나타내고 있는 한민족 여성이 참가하고 있다.

여섯째는 "세계 한인무역협회(OKTA)"가 있다. 이는 1981년에 설립되어 모국의 경제 발전과 무역 증진, 해외시장 진출에 기여하기 위해 회원 상호간의 친목도모와 네트워크 강화, 그리고 정보 교류를 목적으로 매년 개최되고 있다. 이는 재외동포 네트워크 중 가장 큰 한민족 경제 네트워크로서, 전 세계 70개국 7,000

여명의 CEO와 21,000명의 차세대 경제인으로 구성된 재외동포 경제인 단체이다.

일곱째, "한인 과학기술자 네트워크(KOSEN)"가 있다. 1999년 최초로 신설된 이래 매년 개최되어 오고 있다. 이는 전 세계 한인 과학기술자들을 하나로 연결하는 네트워크 서비스로서 현재 약 70개국에 16만 회원을 두고 있다. 동 회의는 네트워크를 통해 한인 과학기술자들 간의 정보와 지식 공유가 주 목적이며, 연구자들을 위한 다양한 서비스도 함께 제공하고 있다.

이 외에도 재외동포들의 직능별 초청 행사로서 "한인 정치인 포럼", "한인 IT 전문가 네트워크(KIN)", "한인 글로벌 벤쳐 네트워크(INKE)" 등이 주기적으로 동포 초청 및 교류 행사를 진행해 오고 있다.

3 소외된 동포 지원

다음으론, 재외동포 중에서 소외된 재외동포들을 발굴하여 적극 지원하는 것이다. 예컨대, 해외 입양인 가족 찾기 등 이들의 민원을 적극, 해결 지원하고, 아울러 사할린 및 러·CIS 지역의 무국적 고려인, 베트남에서 귀환한 한국 국적의 자녀, 그리고 국내체류 재외동포 등 소외된 동포들에 대한 지원을 강화하는 한편, 소외된 동포들을 지원하기 위한 중·장기적 대책도 마련하고 있다.

제3절 재외동포 정책의 개선 과제 및 방향

이상과 같이, 우리 정부의 재외동포 정책은 그동안 매 정부 시기마다 다양하고 복잡한 시행착오를 거치면서 점차 법제화되고, 제도화 하면서 현재에 이르고 있음을 알 수 있다.

다만, 앞으로도 재외동포들이 한인 정체성을 더욱 함양하고 거주국에서 모범적인 구성원으로 안정적으로 살아가기 위해서는, 현 재외동포 정책이 더욱 수요자 중심(Consumer-Centered) 정책으로 전환되고, 또한 법적, 제도적 기반을 갖춰 나가도록 하여야 할 것이다. 이는 곧, 재외동포들이 해외에서 겪는 현실적인 불편이나 어려움 등의 최신 요구를 잘 수렴하고 적극 반영하여 더욱 발전적인 방향에서 제도 개선이 이루어져야 함을 의미한다.

이를 위해서는 우선 정부의 최고 정책심의 기관인 "재외동포정책위원회"의 활동이 보다 활성화되어야 할 것이고, 또한 동 위원회의 활동을 통해 재외동포들의 불편, 불만에 대한 의견수렴 기능이 더욱 강화되어야 할 것이다. 또한 필요시 현장 실태조사를 통해 개선된 방안들이 도출되어 정책에 반영되어야 할 것이다.

현재까지 고려해 볼 수 있는 정부의 정책 관련 주요 개선방안을 제시해 보면, 첫째, 재외동포 정책 전담기구인 '재외동포청' 업무의 질적 향상 및 업무 추진 태도의 개선이다. 재외동포청은 2023년 정부의 차관급 행정기관으로 신설되었으나, 어디까지나 정부의 중앙행정기관으로서, 자칫 행정의 비효율성과 관료제적 행정 태도를 유발할 가능성을 언제든 내포하고 있다.

따라서 재외동포청이 정부의 실질적인 재외동포 정책 추진기관으로 거듭나기 위해서는, 직원 모두가 행정 서비스적 마인드를 갖고, 재외동포들에게 보다 더 가까이 접근하는 자세가 필요할 것이다.

또한 해외 및 국내 재외동포들이 느끼는 행정적 수요를 의견 수렴이나 실태조사를 통해 적극적으로 파악함으로써 이에 적극 부응하는 수요자 중심의 '맞춤형 정책'이 추진되도록 노력해야 할 것이다.

둘째, 차세대 동포들이 거주국의 주류사회에 적극 편입될 수 있도록 재외동포 정책의 차별화를 이뤄나갈 필요성이 있다. 오늘날 전 세계 한인동포사회는 제2~3세대가 점차 주류로서 대두되고 있는 추세이다. 이는 곧 정부의 재외동포 정책 대상이 제1세대 중심에서 벗어나 차세대 동포들을 대상으로 적극 전환되어야 함을 의미한다.

특히 최근 들어 제2~3세대의 차세대 동포들이 거주국의 주류사회에 적극적으로 진입하고 있는데 반해 이들이 모국에 대해 갖는 민족적 정체성이나 연대감은 그리 강하지 않다는 것이 문제이다.

따라서 정부의 재외동포 정책 또한 이들 차세대 동포들을 중점 대상으로 전환하여 이들이 모국과의 연대감을 강하게 느낄 수 있도록 유대를 강화시켜 나가는 한편, 모국에 대한 기여를 유도하는 재외동포 정책을 적극 발굴, 수립할 필요가 있다 하겠다.

셋째, 재외동포들이 중심이 된 자체적인 초국가적 네트워크를 강화해 나가도록 유도해 나가는 것이 긴요하다. 현재는 한국 정부가 주도하는 형식의 '글로벌 한민족 네트워크'가 구축되어 정부 차원에서 이의 활성화를 추진하고 있으나, 장기적으로는 이러한 초국가적 네트워크를 재외동포들이 직접 구축하거나 재외동포에 의한 자율적 운영이 이루어지도록 유도할 필요가 있다.

특히 정부의 정책과 관련, 우선은 국가 주도에 의한 네트워크 구축이 긴요하긴 하나, 장기적으로는 직능별, 지역별로 자율적인 글로벌 네트워크가 활성화될 수 있도록 동포들의 자발적 참여를 유도하고, 자율적 운영이 이루어지도록 유도하고 지원해야 할 것이다.

넷째, 소외된 동포들을 지속적으로 발굴하고, 이들에 대한 포용방안을 마련하는 것이다. 현재 정부는 정책적으로 해외 입양인 가족 찾기, 사할린 및 러·CIS 지역의 무국적 고려인에 대한 국적 취득 지원, 베트남, 필리핀 내 한국 국적의 자녀 지원, 그리고 국내체류 재외동포 등 현재까지 파악된 소외된 동포들에 대한 지원을 강화하고 있으나, 여전히 우리의 역사 과정 속에서 소외되거나 고통 받는 소외된 동포들이 곳곳에 산재해 있다. 정부로서는 이들을 적극적으로 발굴하여 실태 조사를 통해 정부차원에서 제도적인 포용과 함께 지원 방안을 적극 마련할 필요가 있다.

다섯째는, 재외국민을 위한 재외동포 선거 제도의 개선이다. 2012년부터 실시해 오고 있는 재외국민 선거와 관련, 해외에 체류하고 있는 재외국민들이 투표하는 과정에서 여전히 여러 불편과 개선점들이 제시되고 있다. 예를 들면, 해외투표소를 가능한 한 대폭 확대하는 방안과 '영구명부제의 도입' 문제, 인터넷을 활용한 투표 실시방안, 그리고 선거 캠페인 활성화 등 여러 개선 방안들이 제시되고 있다. 이러한 현실적 의견들을 잘 반영하여 앞으로도 지속적인 개선이 이루어져야 할 것이다.

<한국계 美이민 2세들, 韓 역이민…"소속감 찾으려">
동아일보, 국제면, 2023.05.16

◆ '완전한 미국인' 아냐…"이민자로 부끄러움 느꼈다"

스티븐 조 미국 샌디에이고주립대 아시아계 미국인 연구 조교수에 따르면, 한국으로 역이민을 꿈꾸는 이민 2세 대부분은 미국인이 아시아를 일본과 중국으로 규정하던 시기에 자란 이들이다.

이처럼 '완전한 미국인'으로 받아들여지지 않는 경험이 이들 다수를 부모의 조국으로 눈을 돌리게 한다는 것이다. 미국 사회에서 완전히 포용됐다면 벌어지지 않았을 일이라는 분석이다.

또 다른 이민 2세인 대니얼 오씨의 경우 어린 시절 가족들과 캐나다로 이민했다. 이후 미국으로 다시 이주했는데, 매일의 삶에서 통상적인 인종차별을 경험했다고 한다.

현재 32세인 오는 "이민자로서 부끄러움을 느꼈던 많은 일들"을 기억한다며 외국인이라는 인식에서 벗어나기 위해 노력했던 과거를 설명했다. 그는 그러나 "아무리 영어를 잘해도, 아무리 많은 문화가 당신을 대변한대도, 행동과 발언이 아무리 (미국적으로) 동화되더라도 여전히 소외된다."라며 "잘해봐야 '아시아계 미국인'"이라고 토로했다. 20대 시절 한국을 방문했던 그는 이후 자신의 한국말이 완벽하지 않음에도 어떤 면에서 집처럼 느꼈다"라고 털어놨다. 그는 결국 24살에 한국으로 이주했다.

◆ 이민 1세도 귀환 기류…트럼프 · 코로나 거치며 삶 힘들어져

보도에 따르면 이민 2세뿐만 아니라 이민 1세 사이에서도 한국으로 돌아가려는 기류는 있다.

1985년 서울에서 로스앤젤레스(LA)로 이주한 72세 김문국 씨는 지난 2020년 배우자와 함께 한국으로 돌아왔다. 의료보험, 한국말을 통한 소통의 원활함, 가족과의 접근성이 주된 이유였다.

그는 미국 이민 기간 식당, 플리마켓, 금은방, 바느질 공장 등 다양한 직업에 종사했지만, 그 시절 인종차별은 추악하고 지속적인 위험이었다고 한다.

1990년대 백인들이 밖으로 길게 줄을 선 바에 들렀다가 '회원제'라는 말을 듣고 돌아섰던 경험을 김 씨는 아직도 기억하고 있다. 한인 사회의 피해가 컸던 LA폭동의 기억도 남아있다. 폭동당시 김 씨를 비롯한 한국계 주민과 상점 주인들은 적절한 법 집행의 보호를 받지 못하고 스스로 보호해야만 했다.

아울러 도널드 트럼프 전 대통령 정권과 코로나19를 거치며 아시아계 미국인의 삶은 더욱 팍팍해졌다는 게 그의 설명이다.

트럼프 전 대통령은 코로나19를 '중국 바이러스'라고 부르거나, 회견에서 '쿵후'를 언급했다. CNN은 이 기간 반 아시아계 증오 범죄가 증가했다고 설명했다.

◆ 역이민 후에도 어려움…결국 美돌아가는 사례도

그러나 이런 한국으로의 귀환이 늘 좋은 결과만 낳는 것은 아니다. 일정 기간은 좋은 감정을 느끼지만, 이후 오히려 한국에서의 일상과 이민시절 습득한 생활 양상이 충돌하기 시작한 것이다.

거주할 아파트를 찾고, 은행 계좌를 만들고, 병원에 가는 일상에서 언어적 장벽과 친숙하지 않은 시스템에 부딪힌다는 설명이다.

앞서 소개한 오 씨는 아울러 "한국계 미국인이 한국으로 돌아왔을 때 가장 힘든 일 중 하나는 약간의 이중 잣대가 있다는 것"이라며 어떤 면에서 역이민자들이 외국인 취급을 받기도 한다고 설명했다.

오히려 완전한 외국인은 쉽게 받아들여질 수 있는 상황에서 역이민자는 '더욱 한국적'이어야 한다는 것이다. 그는 또 낯선 이들이 가끔 '한국인인데 왜 한국말을 못 하는가'라고 물었다고 전했다.

출처: 동아일보. 국제 뉴시스. 2023. 05.16. 한국계 美이민 2세들, 韓 역이민
https://www.donga.com/news/Inter/article/all/20230516/119323333/1

제24차 재외동포정책위원회 개최

정부는 2.11.(화) 조태열 외교부장관 주재로 제24차 재외동포정책위원회를 개최하여, 「2025년 재외동포정책 시행계획」에 대해 논의하였다.

※ 참석자 : 정부위원(외교부, 법무부, 통일부, 고용부, 국무조정실, 재외동포청 등), 관계기관(재외동포협력센터), 민간위원(해외동포, 전문가 등)

※ 재외동포정책위원회는 「재외동포기본법」에 따라 운영되는 외교부 장관 소속 위원회로, '96년부터 대통령훈령에 근거한 국무총리 소속 위원회로 운영되어 오다가, '21.9월 외교부장관 소속 위원회로 변경되었으며, '23년 「재외동포기본법」 제정(5월)·시행(11월)으로 법률에 근거한 위원회로 정비

이번 회의에서는 제1차 재외동포정책(2024-2028) 기본계획의 5대 정책목표*에 맞춰, 재외동포청과 외교부를 포함한 17개 중앙행정기관의 90개 세부과제로 구성된 「2025년 재외동포정책 시행계획」이 심의·의결되었다.

* ▲ 재외동포정책 강화체계 확립, ▲ 재외동포 정체성 함양, ▲ 국격에 걸맞는 동포 보호·지원 강화, ▲ 한인 네트워크 구축, ▲ 글로벌 중추국가 실현 기여

* ▲ 사할린동포, 원폭피해동포, 파독근로자 등 국내외 취약동포 지원 강화, ▲ 재외동포 국내정착 지원, ▲ 원스톱 민원서비스 강화, ▲ 비대면 신원 확인 체계 마련, ▲ 세계한인회장대회, 세계한인비즈니스 대회 개최 등

위원장인 외교부 장관은 700만 재외동포와 한인 글로벌 네트워크가 우리 정부의 주요 정책과제 추진과 역량 강화를 위한 소중한 동반자임을 강조하고, 재외동포청이 23년 6월 설립 이래 동포사회와 함께 한민족 공동체의 역량 확대를 위한 가시적인 성과*를 이루어냈다고 평가했다.

특히, 외교부 장관은 미 신행정부 출범 이후 추진되고 있는 이민 정책에 대한 재미동포 사회의 우려와 불안감이 커지고 있는 상황 하에서, 정부가 우리 국민에 대한 신속하고 적극적인 영사 조력 제공 등 우리 국민과 재외동포의 권익 보호를 위해 최선을 다할 것이라고 강조하였다.

정부는 이번 회의에서 의결된 「2025년 재외동포정책 시행계획」을 토대로 우리의 위상과 국격에 걸맞은 재외동포 정책을 수립하고 제도를 개선하여, 재외동포 사회를 촘촘히 연결하고 다양한 분야에서 동포와 모국과의 교류를 증진·강화해 나가기로 했다.

* 출처: 외교부 홈페이지, 영사안전국 보도자료, 2025.02.11.

참 고 문 헌

1. **국내 단행본**

김봉섭. 2011. 재외동포 강국을 꿈꾼다:한국 재외동포정책이 가야할 길. 서울: 엠-애드.

남성욱. 2016. 한반도 통일과 재외동포의 역할: 미주동포들의 통일의식과 글로벌 한인 통일네트워크 구축을 중심으로. 서울: 재외동포재단.

윤인진 외. 2018. 재외동포 사회의 현황과 정책과제. 성남: 북코리아.

윤인진 외. 2019. 재외동포 차세대와 주류화. 성남: 북코리아.

윤인진. 2004. 코리안 디아스포라. 서울: 고려대학교 출판부.

이광규. 2012. 국제화시대의 재외한인동포. 성남: 북코리아.

2. **국내 논문**

고성호. 2000. 남북간 교류·협력과 재외동포의 역할. 동아시아연구논총. (11)

곽민정 외. 2023. 귀환 재외동포의 한국에서의 삶 연구에 관한 질적 메타분석 - 고려인과 사할린동포를 중심으로 -. 문화와융합. 45(10)

곽재석. 2012. 포용과 배제의 동포정책과 발전과제. 다문화사회연구. 5(1).

김봉섭. 2009. 한국 재외동포 정책 10년의 회고와 전망. 민족연구. (37).

윤인진 외, 2015, 재외동포에 대한 국민인식: 한민족 의식, 다문화 수용성, 접촉 경험의 효과. 통일문제연구. 27(1).

윤인진. 2005. 재외동포 차세대 현황과 한민족공동체로의 포용방안: 재미동포를 중심으로. 고조선단군학. 13(1).

윤인진. 2013. 재외동포정책의 목표와 추진체계의 재정립. 민족연구. 54.

이병훈. 2007. 한국의 재외동포정책: 현상과 과제. 고려법학. (48).

이용재. 2015. 한국의 재외동포정책의 과정과 과제. 민족연구. (61).

이진영. 2002. 한국의 재외동포정책: 재외동포법 개정의 쟁점과 대안. 한국과 국제정치 18(4).
진동섭 외. 2006. 재외동포교육의 실태와 개선방안 연구. 비교교육연구. 16(2).
최연혁. 2023. 유럽 입양인들과 차세대 재외동포들을 위한 디아스포라 정책의 고찰. 한국외교협회. 계간 외교. (147).
황신용. 2005. 한국의 재외동포정책 분석. 고려대 정책대학원 석사학위 논문.

3. **기타 자료**

재외동포재단 코리안 넷 https://www.korean.net/portal/support/pg_ust

저자 소개

박 인 규

저자는 서울대학교 인문대학과 동 대학 행정대학원(정책학 석사), 그리고 미국 Harvard Kennedy School(행정학 석사)을 졸업한 후, 고려대학교 행정대학원에서 정책학 박사 학위를 취득했다. 2023~24년간 이화여자대학교 정외과 초빙교수를 역임하였으며, 현재는 강남대학교 국제대학원 특임교수 및 중국 산둥성 노동(鲁东)대학 특별자문교수로 재직 중이다.

1986년 외무고등고시(제20회)를 통해 공직(외교부)을 시작한 이래 주로 중국 및 북한 업무를 다루어 왔으며, 본부에서는 대북정책협력과장, 동아시아통상과장, APEC 정상회의 기획단 특별보좌관, 국무총리비서실 의전관을 거쳐 이후 대통령직속위원회 대외협력국장, 동북아역사재단 정책기획실장 등을 역임하였으며, 2014~15년에는 미국 Harvard Kennedy School Ash Center에 방문학자(Visiting Scholar)로 파견, 근무했다. 해외 주재 공관으로는 중국, 홍콩, 폴란드, 선양(중국) 등에서 근무하였으며, 이후 주사우디대사관 공사, 주캐나다대사관 공사 겸 총영사, 주벨기에 겸 유럽연합(EU) 대표부 차석대표(사)를 역임했다.
주요 연구 실적으로는 『한국의 대중국 외교정책 결정 과정에 관한 연구』(1990), 『Can Kim Jung-un's regime remain stable? 』(2015), 『인민일보 보도 분석을 통한 중국의 대북정책 변인에 관한 연구』(2023) 외 다수 논문이 있으며, 개인 저서로는 『글로벌 시대를 비상하는 중국』(중국의 정치경제학, 2014), 『내가 본 유럽-유럽연합』(2022) 및 『중국의 북한관리 책략』(2024) 등이 있다.

재외동포의 이해

초판발행 2026년 1월 20일

지은이 박인규
펴낸이 안종만·안상준

편 집 장유나
기획/마케팅 장규식
표지디자인 BEN STORY
제 작 고철민·김원표

펴낸곳 (주) 박영사
서울특별시 금천구 가산디지털2로 53, 210호(가산동, 한라시그마밸리)
등록 1959.3.11. 제300-1959-1호(倫)
전 화 02)733-6771
f a x 02)736-4818
e-mail pys@pybook.co.kr
homepage www.pybook.co.kr
ISBN 979-11-303-2395-4 93340

정 가 24,000원